지피지기

성공술

지피지기
성공술

지은이 | 황상준
펴낸이 | 김원중

기　　획 | 김재운
편　　집 | 박순주, 박성연
디 자 인 | 옥미향, 변은경
제　　작 | 허석기
관　　리 | 차정심

초판인쇄 | 2013년 11월 20일
초판발행 | 2013년 11월 27일

출판등록 | 제313-2007-000172(2007.08.29)

펴 낸 곳 | (주)상상나무
　　　　　도서출판 상상예찬
주　　소 | 경기도 고양시 덕양구 행주내동 743-12
전　　화 | (031)973-5191
팩　　스 | (031)973-5020
홈페이지 | http://www.smbooks.com

ISBN 978-89-93484-81-6　03150

값 17,000원

* 잘못된 책은 바꾸어 드립니다.
* 본 도서는 무단 복제 및 전재를 금합니다.

성공을 위한 초강력 메시지

지피지기 성공술

知彼 성공술 智己

황상준 지음

상상나무

머리말

　사람은 누구나 장점과 단점을 지니고 있으며 단점이 없는 사람은 세상에 존재하지 않는다. 자신의 단점을 바로 알고 장점을 극대화 시킬 때 무한한 가능성으로 발전하여 능력을 최대한 발휘할 수 있다. 사회생활을 하면서도 수많은 사람들과 대인관계를 유지해야 하는데 처음 상대하는 사람의 성향을 파악하기란 그리 쉬운 일이 아니다.
　상대방의 겉만 보고 대하는 것과 내면의 특성을 정확히 파악하여 이에 맞게 대처하는 것은 엄청난 차이의 결과로 나타나게 된다. 자신의 분야에서 목표를 달성하여 성공한 사람이 있는 반면에 노력을 하면서도 상대방의 마음을 얻지 못하여 실패하는 경우도 적지 않다.
　이에 착안하여 사람들의 특성과 성향을 자세하게 세분하였으므로 상대방의 단점을 배제하고 장점을 부각시켜 대응한다면 앞에서 말한 바와 같이 상대의 마음을 얻지 못하여 일을 그르치는 경우를 줄이고 성공으로 한 발짝 다가설 수 있는 길이 보일 것이라 생각한다.

　인간은 한 치 앞을 모르기 때문에 성별과 지위 고하를 막론하고 누구나 미래에 대한 궁금증에서 자유로울 수 없는 것이 사실이다. 역학은 자연의 음양오행에 대하여 바뀌는 이치를 연구하고 진실을 전개해 나가는 학문이다. 자연은 항상 변화하고 움직이므로 이러한 현상을 관찰하고 추리하며 인생의 희로애락의 진리를 추명하는 것이다.
　역학을 공부하면 과도한 욕심을 삼가고 상대를 존중하는 겸손함과 현명한 지혜를 얻게 된다. 이는 모든 집착과 차별을 떠나 진리를 밝혀 보는 혜안을 가지고 순리를 거역하지 않으며 바른길로 가는 인생의 행로를 제시해 주기 때문이다. 보통 사람들이 운이 좋지 않을 때 새로운 일을 시작하거나 확장시키는 경우가 생겨 안타까움을 느낄 때가 너무 많다. 잘되는 사람은 더 잘되게 살펴주고 고통과 실의에 빠져있는 사람에게는 희망을 주어 좋은 길로 인도해준다면 얼마나 보람을 느끼게 해주는 일인가.

역학을 학문으로 인정받는 근거 제시를 한다면 천지인(天地人) 중에서 천(天)은 하늘의 이치를 연구하는 학문으로 천문학이 있고, 지(地)는 지리학 풍수지리학 기상학 방위학이 있으며, 인(人)은 인간이 살아가는 이치를 궁리하는 영역이다. 천(天)은 하늘이요 사주에서는 10천간을 말하고 지(地)는 대지로 12지지를 나타낸다. 인(人)은 여러 분야 중에서 사주학을 기본으로 하여 명리학 등이 있다. 10천간과 12지지로 음양오행을 대입하여 사주팔자를 분석하여 인간 위주로 이해하고 전개시키는 학문이다. 음양오행은 음과 양으로 균형을 이루면서 존재하고 오행은 목화토금수로 이루어져 서로 생해주고 합을 이루며 때로는 대립하면서 변화무쌍한 세상의 진리를 밝혀내 체계화를 이룬다.

필자는 20년 전 중국에서 사업 실패로 방황을 하던 중 상대를 정확하게 알아야 성공할 수 있다고 판단하여 책을 싸들고 절에 들어갔다. 그 곳에서 동양철학의 한 부분인 역학을 처음 접하고서 신비로움을 느끼고 세상을 새롭게 보는 전환점을 맞게 되었다.

처음에는 일반 독자들과 같이 왠지 모르게 부정적인 시각도 있었으나 공부를 하면서 깊이가 무궁무진하고 정확도가 우수한 학문이 그동안 사회에서 미신으로 경시받고 있다는 것을 알게 되고 안타까움을 느꼈다. 그러나 책만을 보고 독학을 한다는 것은 여간 어려운 일이 아니었다. 혼자서 공부하는 것에 한계를 느껴 역학계의 고수이며 40년 이상 수학하신 충남 비인의 도원 선생님, 전북 전주 월산 선생님을 찾아다니면서 학문의 깊이를 더하게 되었다.

일반인이 절에서 생활한다는 것은 상당히 힘들고 녹록한 일상이 아니다. 힘들 때마다 할 수 있는 것은 기도뿐이어서 대웅전에서 열심히 정진을 하던 중 순간적으로 암시가 떠오르게 되었다.

사주는 그 사람이 태어난 연월일시를 분석하여 인간의 길흉화복과 미래를 예측하는 통찰력을 지니고 있지만, 동양철학은 일반인들이 생소하고 어려워하므로 사람들이 곧잘 호기심을 갖는 혈액형과 접목을 시키면 많은 사람들이 쉽게 접하고 공감할 수 있을 것이란 생각이 들었다.

　혈액형에 관심은 있는데 확실하지 않고 애매모호하여 미흡한 부분을 동양철학과 접목시키면 처음 상대하는 사람을 쉽고 빠르며 정확하게 파악할 수 있을 것이다.

　자료 수집은 이 책을 집필할 때 절에서 수백 명의 신도들과 개인적으로 10년 넘게 수백 명의 사주로 통계내어 원고를 쓰는데 참고하였다.

　1장의 일간 해설은 개인의 성향을 태어난 일의 일간으로 간단하게 파악할 수 있도록 일간론으로 정리하였고, 2장 일주론과 혈액형은 혈액형 4가지에 60갑자를 접목하여 240가지로 분류하는데 종류가 너무 방대하고 정확도가 무엇보다 중요하므로 집필하는 기간이 오래 소요되었다. 혈액형과 성격을 관련지어 주장한 것은 일본이었으나 우리나라가 영향을 받아 일반인 사이에 친근한 개념으로 높은 관심을 나타낸다.

　현대의 ABO식 혈액형은 독일의 과학자 란트슈타이너가 1901년에 처음 발견하였다. 이것은 적혈구 막에 있는 당성분의 응집원으로 혈액형이 구분된다. 세계적으로 민족과 지역에 따라 혈액형 종류의 분포도가 서로 다르며, 우리나라는 조사 방법에 따라 조금씩 차이가 있지만 대략 A형이 34%, B형이 27%, O형이 28%, AB형이 11% 정도를 차지하고 있다.

　대략 A형은 완벽한 것을 선호하여 세심하고 신중하며, B형은 새로운 환경변화에 대한 적응력이 좋고 적극적이며, O형은 긍정적이고 행동력과 책임감이 뛰어나며, AB형은 균형적인 사고방식이 탁월하고 감정과 표현의 억제에 능숙하다.

　일반사람들은 혈액형에 관심은 많지만 혈액형별로 특성과 성향의 정확도는 그리 높지 않아 호기심이나 심심풀이로 생각하는 정도이므로 국내 최초로 정확도가 높은 동양철학과 접목을 하여 미비한 점을 보완하였다.

서양철학은 물질적인 것에 관심이 높고 동양철학은 정신적인 것에 비중을 둔다. 지금까지는 서양철학에 비해 동양철학이 관심을 제대로 받지 못하였지만 근래에 이르러 동양철학의 그 깊이와 심오함이 재조명 받고 있는 것은 세계적인 흐름이라 생각된다.

인간들의 행복한 삶을 영위하기 위하여 음과 양의 조화를 창출하고 동양철학과 서양철학의 우수성을 도출하여 발전시켜 나간다면 이상적인 화합과 조화를 이룰 것이다.

현재 원광 대학교와 동방 대학교에서 동양철학 역학 과정이 학사, 석사, 박사 과정이 개설되어 있어 역학의 학문으로서의 제도화와 그 발전 가능성을 그 누구보다 기대하는 바이다.

도예가가 자신이 만든 아까운 작품을 마음에 들지 않는다고 깨트리는 것을 보면서 싸게 팔든지 선물을 주면 될 것이라고 생각한 적도 있으나 내 자신이 직접 책을 써보니 절실한 예술가의 마음이 비로소 이해가 간다.

끝으로 몽불사 주지이신 법운 은사 큰스님께서 "세상을 크고 밝게 비추라"는 뜻으로 대경이라는 법명을 주셨는데 조그마한 거울이라도 되어 음지에 있는 사람을 따뜻하게 비추는 날이 오기를 고대해 본다.

많이 부족한 글을 넓은 아량으로 받아주시고 좋은 책으로 출간해 주신 상상나무 출판사 김원중 대표님과 편집을 해주신 박순주, 박성연 편집자님께 머리 숙여 깊은 감사를 드리는 바이다.

앞으로 독자 제현들의 무궁한 발전을 기원한다.

2013. 11.
전주 모악산에서 청호 **황상준**

이 책을 읽는 방법

　이 책의 내용은 미신이나 종교 서적이 아니고 어떠한 종교와도 전혀 관련이 없으며 점을 본다거나 미래를 예측하는 책이 아니다. 상대방의 장점과 단점의 특성과 성향을 쉽고 빠르며 정확하게 파악하여 사회적으로 성공률을 높이는데 목적을 두었다.

　우리는 살면서 대인관계를 필연적으로 가져야 하는데 상대방의 장점과 단점을 최대한 빠르게 파악하여 현실적으로 대처한다면 인생의 성공과 실패가 확연히 달라질 것이다.

　일반인들이 봐도 여러모로 많은 도움이 되겠지만 특히 사람들을 많이 상대하는 직업이나 고객들을 상대로 제품을 판매하거나 영업을 하는 직장인은 꼭 필요한 필독서이다. 처음 보는 사람의 성향을 정확하게 파악하여 고객 상담에 임한다면 계약 성공률이 훨씬 높을 것을 믿어 의심치 않는다.

　다른 책은 한두 번 보면 책꽂이에 꽂아 두지만 이 책은 평생 휴대하면서 고객은 물론이고 지인들도 파악할 수 있으며 나중에 자녀들에게 물려줄 수 있다.

　고가의 책도 아니면서 전문 서적의 내용을 담고 있으므로 자신에게 꼭 필요하다는 것을 실감할 것이며 간결하고 정확도가 높아 독자의 입장에서 감동을 받게 하였다.

　여러 사람들에게 임상실험을 한 결과 정확도의 적중률이 80~90%가 넘으므로 얼마나 신비한가. 아울러 유명 인사들의 일간과 혈액형을 해당되는 부분에 기재하였으므로 자신과 비교해 보는 것도 한층 재미가 있을 것이다.

　팔자 중에서 태어난 일만 기준하여 한 글자로 풀이한 것을 일간론이라고 하고 두 글자로 풀이한 것을 일주론이라고 하는데 60갑자를 혈액형 별로 나누어 240가지로 분류하였다.

　부록인 만세력에서는 모든 것이 음력을 기준으로 되어 있으므로 착오를 일으키거나 한 글자라도 옆의 것을 잘못 보면 다른 사람의 것으로 나올 수 있으니 특히 유의해서 찾아보아야 한다.

　먼저 출생 년도를 찾아 음력으로 보는 사람은 좌측에 월이 있고 해당되는 음력 칸의 날을 찾아서 세로로 위에 있는 한 글자가 일간이요, 두 글자를 합하여 일주라고 한다.

　양력으로 보는 사람은 책력 좌측의 월은 아예 무시하고 양력 칸으로 표시된 곳만을 찾아서 해당되는 월과 일을 보면 되므로 음력과 혼동하지 말아야 한다. 일부 사람이 나이를 속이는 경우가 있는데 결과가 틀리게 나오므로 보기 전에 실제 나이를 꼭 확인해야 한다.

　1장은 일간만 가지고 찾아볼 수 있도록 1.성격 2.직업관. 3.경제관 4.애정관 5.남성 6.여성의 6가지로 구분하여 놓았다.

　2장은 혈액형 별로 구분하여 60갑자로 세분하여 상대방의 특성과 성향을 파악하도록 하였으며, 혈액형을 아는 사람도 일간론을 참고하면 여러 가지로 많은 도움을 받을 것이다.

　사주팔자로 보아야 정확도가 높으나 독자들이 태어난 일자만 가지고서 간단하고 쉽게 보는데 중점을 두었으며 만세력도 한글로 간편하게 만들었다.

　동양 철학으로는 한 사람에게 미치는 길신이나 흉살은 혈액형이 달라도 똑같이 작용하므로 반복되는 단어와 문장이 있을 수 있다.

사주! 그것을 알려주마

'사주(四柱)' 하면 사람들은 일단 역술인이나 무속인 같은 특정인이나 볼 수 있는 어려운 것이라는 고정관념을 갖는 경우가 많다. 하지만 사람이라면 누구나 자기가 태어난 생년월일은 당연히 기억하고 있다. 사주를 보는데 필요한 것이 바로 생년(生年), 생월(生月), 생일(生日), 생시(生時)를 의미하는 것이므로 이제 막연히 어렵다는 생각은 한쪽으로 접어두고, 가벼운 마음으로 아래 표에 생년월일시를 적어 보는 것부터 시작해 보자.

생년	생월	생일	생시	양력 · 음력	윤달 · 평달

여기서 꼭 기억해 두어야 할 것은 태어난 생년월일의 음력과 양력을 구별하고 평달인지 윤달인지 확인해야 한다.

육십갑자(六十甲子)

사람은 누구나 태어난 년, 월, 일, 시가 있는데 이것을 음양오행, 천간과 지지로 구분하여 네 기둥을 사주(四柱)라 하고, 여덟 글자로 이루어져 팔자(八字)라고 말한다.

세상의 모든 사물과 생물은 음(-)과 양(+)으로 이루어져 있다. 하늘과 땅, 남자와 여자, 태양과 달 등 음과 양은 동시에 존재하면서 상반된 뜻을 가지고 있다. 하지만 이 둘이 조화를 이루어 천지만물이 맞물려 돌아가는 두 개의 톱니바퀴와 같이 순조롭게 돌아갈 때 비로소 천지간의 만물이 균형을 이루게 된다는 것이다. 이는 고대 중국 철학에서 비롯된 것으로 천지간 만물을 지배하는 진리, 이른바 천리(天理)이다. 인간 또한 천지간에 존재하는 삼라만상 중의 하나에 불과하므로 이 천리에 따라 음양의 영향을 받는 것은 정한 이치인 것이다.

　천간(天干)은 사주팔자를 보는데 가장 기본이 되는 것이다. 천간은 자연의 이치에서 하늘의 이치를 열 개의 기운으로 형상화 한 것으로 갑, 을, 병, 정, 무, 기, 경, 신, 임, 계 10종류이다. 천간은 음양의 구성이 각각 5개씩 균형을 맞추어 이루고 있는데 이것을 음간과 양간이라고 한다.

　양간은 갑(甲), 병(丙), 무(戊), 경(庚), 임(壬)이고, 음간은 을(乙), 정(丁), 기(己), 신(辛), 계(癸)이다. 양간의 특성은 활동적, 공격적, 직선적, 지배적, 적극적이고 음간의 특성은 방어적, 이성적, 곡선적, 소극적이다. 천간은 본래 음양관계에서는 양이라 하며 양은 빛나는 태양을 즉, 하늘을 상징하므로 천간이라 하고 하늘의 순환주기에 맞춰 돌아간다.

천간(天干)

천간	갑(甲)	을(乙)	병(丙)	정(丁)	무(戊)	기(己)	경(庚)	신(辛)	임(壬)	계(癸)
음양	+	-	+	-	+	-	+	-	+	-

　반면 지지(地支)는 음양관계에서 음이라 하며, 땅의 순환주기에 맞추어 돌아가며 지상의 변화를 12가지 동물로 표현하고 있다.

　지지(地支)는 자연의 이치에서 12가지 동물을 통해 땅의 기운을 형상화 한 것으로 자, 축, 인, 묘, 진, 사, 오, 미, 신, 유, 술, 해 12종류이다. 우리가 쉽게 말하는 띠가 바로 지지인 것이다. 그리고 천간과 지지가 번갈아가면서 60갑자를 형성하게 되는 것이다.

지지(地支)

지지	자(子)	축(丑)	인(寅)	묘(卯)	진(辰)	사(巳)	오(午)	미(未)	신(申)	유(酉)	술(戌)	해(亥)
동물	쥐	소	호랑이	토끼	용	뱀	말	양	원숭이	닭	개	돼지
음양	+	-	+	-	+	-	+	-	+	-	+	-

60갑자는 천간과 지지를 조합하는데 천간의 5개의 음과 5개의 양 그리고 지지의 6개의 음과 6개의 양으로 정확하게 균형과 조화를 이뤄 60개가 되는 것이다.

육십갑자(六十甲子)

1	2	3	4	5	6	7	8	9	10
갑자 甲子	을축 乙丑	병인 丙寅	정묘 丁卯	무진 戊辰	기사 己巳	경오 庚午	신미 辛未	임신 壬申	계유 癸酉
11	12	13	14	15	16	17	18	19	20
갑술 甲戌	을해 乙亥	병자 丙子	정축 丁丑	무인 戊寅	기묘 己卯	경진 庚辰	신사 辛巳	임오 壬午	계미 癸未
21	22	23	24	25	26	27	28	29	30
갑신 甲申	을유 乙酉	병술 丙戌	정해 丁亥	무자 戊子	기축 己丑	경인 庚寅	신묘 辛卯	임진 壬辰	계사 癸巳
31	32	33	34	35	36	37	38	39	40
갑오 甲午	을미 乙未	병신 丙申	정유 丁酉	무술 戊戌	기해 己亥	경자 庚子	신축 辛丑	임인 壬寅	계묘 癸卯
41	42	43	44	45	46	47	48	49	50
갑진 甲辰	을사 乙巳	병오 丙午	정미 丁未	무신 戊申	기유 己酉	경술 庚戌	신해 辛亥	임자 壬子	계축 癸丑
51	52	53	54	55	56	57	58	59	60
갑인 甲寅	을묘 乙卯	병진 丙辰	정사 丁巳	무오 戊午	기미 己未	경신 庚申	신유 辛酉	임술 壬戌	계해 癸亥

일간론과 일주론

일간이란 사람의 태어난 날의 천간을 말한다. 팔자를 이루는 60갑자는 천간과 지지를 결합 한 간지로 이루어지는데 그 중 앞의 한 글자를 일간이라 하고, 두 글자를 합하여 일주라고 한다.

이 책의 1장에서는 만세력의 첫 한 글자로 사주를 보는 일간을 설명하였고, 2장에서는 만세력의 두 글자로 보는 일주와 혈액형을 조합했다.

사주에서 천간 부분은 양의 자리 또는 남자의 자리로 할아버지, 아버지, 아들과의 관계를 의미하며, 지지 부분은 음의 자리 또는 여자의 자리로 할머니, 어머니, 딸과의 관계를 의미한다. 때문에 사주라는 것이 본래 본인을 중심으로 배우자를 비롯하여 본인의 부모 세대는 물론 자녀 세대까지 전체적인 가족관계를 살펴 볼 수 있는 것이다.

그런데 여기서는 일주천간의 일간과 일주만을 해석하여 사주를 보는 자신을 중심으로 찾아 볼 수 있도록 구성하였다. 『지피지기 성공술』이라는 책의 제목에서도 알 수 있듯이 자기 자신에 대해 제대로 알고 살피며 상대방의 장점과 단점을 파악하여 장점은 칭찬해 주고, 단점은 주의를 기울여 업무적으로 참고한다면 많은 도움이 되어 성공할 것을 확신하며 그 점이 이 책의 핵심이다.

이 책을 통해 자기 자신을 바로 알고 또 주변 사람들을 사랑과 배려, 관용과 관심의 미덕으로 바라보는 올바른 시각을 갖게 되어 자기 자신의 성격과 직업 그리고 나를 둘러싼 인간관계에 대한 해답을 찾을 수 있다면 그야말로 난세를 살아가는 지략을 터득한 것과 다름없을 것이다.

만세력은 운명의 달력

만세력은 운명의 달력이라고도 한다. 운명을 볼 수 있는 달력이라니 그리 간단하지 않을 수도 있겠다 싶지만 그 원리만 알면 어렵지 않게 자신의 사주를 볼 수 있도록 해주는 것이 바로 만세력이다. 만세력은 말 그대로 달력인데 우리가 평상시에 보는 달력과는 전혀 다른 달력이다. 앞에서 말한 천간과 지지를 조합하여 60갑자로 만들어진 달력이기 때문이다. 재 이제 자신과 상대방의 생년월일, 음력·양력, 평달·윤달을 꼼꼼히 확인하고 운명의 달력을 찾아보자.

● 만세력 보기 까다로운 예

음력 생일: 1967년 12월 29일 (양력 1968년 1월 29일)
일간: 정, 일주: 정유

양력 생일: 1974년 6월 11일 (음력 윤달 4월 21일)
일간: 계, 일주: 계미

양력 생일: 1967년 1월 4일 (음력 1966년 11월 24일)
일간: 무, 일주: 무진

양력 생일: 1953년 2월 8일 (음력 1952년 12월 25일)
일간: 경, 일주: 경인

● 만세력 보기 예시

정 미 丁未　　　　　　　　　　1967년생 (음력기준)

1월	음력	1	2	3	4	5	6	7	8	9	10	11	12	13	14	15	16	17	18	19	20	21	22	23	24	25	26	27	28	29	30
	일주	갑진	을사	병오	정미	무신	기유	경술	신해	임자	계축	갑인	을묘	병진	정사	무오	기미	경신	신유	임술	계해	갑자	을축	병인	정묘	무진	기사	경오	신미	임신	계유
	양력	9	10	11	12	13	14	15	16	17	18	19	20	21	22	23	24	25	26	27	28	3/1	2	3	4	5	6	7	8	9	10
2월	음력	1	2	3	4	5	6	7	8	9	10	11	12	13	14	15	16	17	18	19	20	21	22	23	24	25	26	27	28	29	30
	일주	갑술	을해	병자	정축	무인	기묘	경진	신사	임오	계미	갑신	을유	병술	정해	무자	기축	경인	신묘	임진	계사	갑오	을미	병신	정유	무술	기해	경자	신축	임인	계묘
	양력	11	12	13	14	15	16	17	18	19	20	21	22	23	24	25	26	27	28	29	30	31	4/1	2	3	4	5	6	7	8	9
3월	음력	1	2	3	4	5	6	7	8	9	10	11	12	13	14	15	16	17	18	19	20	21	22	23	24	25	26	27	28	29	
	일주	갑진	을사	병오	정미	무신	기유	경술	신해	임자	계축	갑인	을묘	병진	정사	무오	기미	경신	신유	임술	계해	갑자	을축	병인	정묘	무진	기사	경오	신미	임신	
	양력	10	11	12	13	14	15	16	17	18	19	20	21	22	23	24	25	26	27	28	29	30	5/1	2	3	4	5	6	7	8	
4월	음력	1	2	3	4	5	6	7	8	9	10	11	12	13	14	15	16	17	18	19	20	21	22	23	24	25	26	27	28	29	30
	일주	계유	갑술	을해	병자	정축	무인	기묘	경진	신사	임오	계미	갑신	을유	병술	정해	무자	기축	경인	신묘	임진	계사	갑오	을미	병신	정유	무술	기해	경자	신축	임인
	양력	9	10	11	12	13	14	15	16	17	18	19	20	21	22	23	24	25	26	27	28	29	30	31	6/1	2	3	4	5	6	7
5월	음력	1	2	3	4	5	6	7	8	9	10	11	12	13	14	15	16	17	18	19	20	21	22	23	24	25	26	27	28	29	30
	일주	계묘	갑진	을사	병오	정미	무신	기유	경술	신해	임자	계축	갑인	을묘	병진	정사	무오	기미	경신	신유	임술	계해	갑자	을축	병인	정묘	무진	기사	경오	신미	임신
	양력	8	9	10	11	12	13	14	15	16	17	18	19	20	21	22	23	24	25	26	27	28	29	30	7/1	2	3	4	5	6	7
6월	음력	1	2	3	4	5	6	7	8	9	10	11	12	13	14	15	16	17	18	19	20	21	22	23	24	25	26	27	28	29	
	일주	계유	갑술	을해	병자	정축	무인	기묘	경진	신사	임오	계미	갑신	을유	병술	정해	무자	기축	경인	신묘	임진	계사	갑오	을미	병신	정유	무술	기해	경자	신축	
	양력	8	9	10	11	12	13	14	15	16	17	18	19	20	21	22	23	24	25	26	27	28	29	30	31	8/1	2	3	4	5	
7월	음력	1	2	3	4	5	6	7	8	9	10	11	12	13	14	15	16	17	18	19	20	21	22	23	24	25	26	27	28	29	30
	일주	임인	계묘	갑진	을사	병오	정미	무신	기유	경술	신해	임자	계축	갑인	을묘	병진	정사	무오	기미	경신	신유	임술	계해	갑자	을축	병인	정묘	무진	기사	경오	신미
	양력	6	7	8	9	10	11	12	13	14	15	16	17	18	19	20	21	22	23	24	25	26	27	28	29	30	31	9/1	2	3	
8월	음력	1	2	3	4	5	6	7	8	9	10	11	12	13	14	15	16	17	18	19	20	21	22	23	24	25	26	27	28	29	30
	일주	신미	임신	계유	갑술	을해	병자	정축	무인	기묘	경진	신사	임오	계미	갑신	을유	병술	정해	무자	기축	경인	신묘	임진	계사	갑오	을미	병신	정유	무술	기해	경자
	양력	4	5	6	7	8	9	10	11	12	13	14	15	16	17	18	19	20	21	22	23	24	25	26	27	28	29	30	10/1	2	3
9월	음력	1	2	3	4	5	6	7	8	9	10	11	12	13	14	15	16	17	18	19	20	21	22	23	24	25	26	27	28	29	
	일주	신축	임인	계묘	갑진	을사	병오	정미	무신	기유	경술	신해	임자	계축	갑인	을묘	병진	정사	무오	기미	경신	신유	임술	계해	갑자	을축	병인	정묘	무진	기사	
	양력	4	5	6	7	8	9	10	11	12	13	14	15	16	17	18	19	20	21	22	23	24	25	26	27	28	29	30	31	11/1	
10월	음력	1	2	3	4	5	6	7	8	9	10	11	12	13	14	15	16	17	18	19	20	21	22	23	24	25	26	27	28	29	30
	일주	경오	신미	임신	계유	갑술	을해	병자	정축	무인	기묘	경진	신사	임오	계미	갑신	을유	병술	정해	무자	기축	경인	신묘	임진	계사	갑오	을미	병신	정유	무술	기해
	양력	2	3	4	5	6	7	8	9	10	11	12	13	14	15	16	17	18	19	20	21	22	23	24	25	26	27	28	29	30	12/1
11월	음력	1	2	3	4	5	6	7	8	9	10	11	12	13	14	15	16	17	18	19	20	21	22	23	24	25	26	27	28	29	
	일주	경자	신축	임인	계묘	갑진	을사	병오	정미	무신	기유	경술	신해	임자	계축	갑인	을묘	병진	정사	무오	기미	경신	신유	임술	계해	갑자	을축	병인	정묘	무진	
	양력	2	3	4	5	6	7	8	9	10	11	12	13	14	15	16	17	18	19	20	21	22	23	24	25	26	27	28	29	30	
12월	음력	1	2	3	4	5	6	7	8	9	10	11	12	13	14	15	16	17	18	19	20	21	22	23	24	25	26	27	28	29	30
	일주	기사	경오	신미	임신	계유	갑술	을해	병자	정축	무인	기묘	경진	신사	임오	계미	갑신	을유	병술	정해	무자	기축	경인	신묘	임진	계사	갑오	을미	병신	정유	무술
	양력	31	1/1	2	3	4	5	6	7	8	9	10	11	12	13	14	15	16	17	18	19	20	21	22	23	24	25	26	27	28	29

Contents

머리말 04
이 책을 읽는 방법 08

제1장
일간의 해설

- 갑의 해설 20
- 을의 해설 27
- 병의 해설 34
- 정의 해설 41
- 무의 해설 48
- 기의 해설 55
- 경의 해설 62
- 신의 해설 69
- 임의 해설 76
- 계의 해설 83

제2장
일주론과 혈액형

- 갑자 해설 96
- 갑술 해설 98
- 갑신 해설 100
- 갑오 해설 102
- 갑진 해설 104
- 갑인 해설 106
- 을축 해설 108
- 을해 해설 110
- 을유 해설 112
- 을미 해설 114
- 을사 해설 116
- 을묘 해설 118

●병인 해설	120	
●병자 해설	122	
●병술 해설	124	
●병신 해설	126	
●병오 해설	128	
●병진 해설	130	
●정묘 해설	132	
●정축 해설	134	
●정해 해설	136	
●정유 해설	138	
●정미 해설	140	
●정사 해설	142	
●무진 해설	144	
●무인 해설	146	
●무자 해설	148	
●무술 해설	150	
●무신 해설	152	
●무오 해설	154	
●기사 해설	156	
●기묘 해설	158	
●기축 해설	160	
●기해 해설	162	
●기유 해설	164	
●기미 해설	166	
●경오 해설	168	
●경진 해설	170	
●경인 해설	172	
●경자 해설	174	
●경술 해설	176	
●경신 해설	178	
●신미 해설	180	
●신사 해설	182	
●신묘 해설	184	
●신축 해설	186	
●신해 해설	188	
●신유 해설	190	
●임신 해설	192	
●임오 해설	194	
●임진 해설	196	
●임인 해설	198	
●임자 해설	200	
●임술 해설	202	
●계유 해설	204	
●계미 해설	206	
●계사 해설	208	
●계묘 해설	210	
●계축 해설	212	
●계해 해설	214	

제3장
만세력 218

日刊
甲 乙 丙 丁 戊 己 庚 辛 壬 癸

제1장
일간(日刊)의 해설

갑의 해설

일간 갑(甲) 유명인

공지영(소설가), 기성용(축구 선수), 김근태(전 국회의원), 김대중(전 대통령), 김두관(전 경남 도지사), 김성주(방송인), 김웅용(IQ 210 천재), 김종민(가수), 김지호(탤런트), 김희갑(영화배우), 남덕우(전 국무총리), 문재인(국회의원), 손태영(탤런트), 신익희(전 국회의장), 아이비(가수), 안호상(초대 문교부 장관), 안희정(충남 도지사), 우상호(국회의원), 원희룡(국회의원), 유이(가수), 유혜정(탤런트), 윤치영(초대 내무부 장관), 이미자(가수), 이은영(전 국회의원), 이재홍(KBS 아나운서), 임영신(전 중앙대 총장), 정몽헌(전 현대그룹 회장), 정호영(전 국방부 장관), 최민수(영화배우), 황정음(가수, 탤런트), 넬슨 록펠러(전 미국 부통령), 등소평(전 중국 지도자), 리오넬 메시(축구 선수), 쥘 베른(공상 과학 소설가), 훌리오 이글레시아스(라틴 가수)

1. 갑의 성격

마음이 어질고 착하며 인정과 배려심이 돋보인다.
부드럽고 온화하여 사교적으로 부담을 주지 않는다.
정직하고 담백하여 경우가 밝으며 사리판단이 분명하다.

설득력이 있어서 자신의 의견을 논리적으로 관철시킨다.
곧고 강하여 위로 오르려는 진취적인 기질로 이상이 높다.
진실성이 있어서 비굴하게 술수나 요령으로 속이지 않는다.

이해력이 풍부하고 견실하여 신용을 중시하며 덕망이 있다.
목적의식이 뚜렷하여 활발하고 활동적이며 매사 적극적이다.
이성적이고 긍정적이어서 지나간 일로 크게 고민하지 않는다.

단점

즉흥성이 강하고 단순하여 솔직하며 복잡한 것을 싫어한다.
주체성이 뚜렷하여 자기주장에 대해 강경한 입장을 취한다.
직선적이고 자존심이 강하여 체면이 손상되는 것을 싫어한다.

차분함이 부족하여 오랜 시간 고민하는 것이 적성에 맞지 않다.
자기 뜻대로 되지 않으면 조급성이 나타나 참을성이 부족해진다.
감정적이고 기분파이며 분위기에 취하면 기분대로 이끌려고 한다.

2. 갑의 직업관

장점

독립심이 강하고 진취적인 사고방식으로 솔선수범한다.
전문성에 대한 이해심이 높으며 과단성 있게 처리한다.
기획력이 뛰어나고 감각이 탁월하며 업무진행이 빠르다.

자부심이 강하여 대의와 중용을 지키며 욕심내지 않는다.
일을 하면 냉철한 판단력으로 본질을 파악하여 처리한다.
주변 사람과 조화를 중시하여 마찰이 생기지 않도록 한다.

미래지향적이어서 새로운 것에 도전하여 변화를 추구한다.
정상에 서고 싶은 욕구가 강하고 최선을 다하여 발전한다.
추진력이 뛰어나서 시작한 일은 시간이 걸려도 성사시킨다.

단점

아집이 있어서 옳다고 생각하면 성급하게 밀고 나간다.
일을 남에게 맡기지 않고 직접 해결하려는 기질이 있다.
자신만의 영역이 확실하므로 간섭이나 지시를 싫어한다.

선두에 서려는 욕망이 강하여 조급성이 나타나 서두른다.
결정이 내려지면 최선을 다하다가 실패하면 후유증이 크다.
동정심에 이끌려 일과 사람을 구분하지 못하여 손해를 본다.

3. 갑의 경제관

장점

고상하고 담백하여 부정한 행동으로 재물을 모으지 않는다.
재물에 크게 집착하지도 않지만 함부로 낭비하지도 않는다.
발전적인 기상이 있어서 의식주에 여유가 있는 사람이 많다.
자신이 경제 계획을 직접 수립하여 관리를 하는 경우가 많다.

현실주의자여서 조심성이 많으며 이재에 밝아서 실패가 적다.
투기와 모험적인 것을 좋아하지 않고 무모하게 무리하지 않는다.
설득력이 좋아 남의 기분을 상하게 하지 않으면서 실속도 차린다.

신용과 능력을 발휘하여 가계나 사업을 발전시키는 수완가가 많다.
견실하여 확실한 투자 계획을 수립하고 계획에 없는 낭비는 싫어한다.

단점

인정이 많아 지인의 금전 부탁을 쉽게 거절하지 못한다.
남들의 조언을 듣지 않고 밀고 나가다가 손실을 당한다.
기분파 기질이어서 겉으로는 화려하게 보이나 실속이 적다.

조그마한 것에 만족하지 못하고 목돈을 일시에 벌려고 한다.
감정적이고 즉흥적이어서 지출을 가볍게 여기는 경우가 있다.
남들과 어울리는 것을 선호하여 교제비로 지출되는 것이 많다.

4. 갑의 애정관

장점

사교적인 성향으로 교제의 폭이 넓고 대화가 잘 통한다.
지성미가 있어서 도덕적으로 무리한 행동은 하지 않는다.
부드러워서 오래 사귀지 않아도 편한 마음이 들게 해준다.

자상하고 배려심이 많아서 상대에게 부담감을 주지 않는다.
낭만적이고 활동적이어서 친밀감이 들게 하여 인기가 있다.
이성에게 정성을 다하여 금전도 아끼지 않고 베풀려고 한다.

온순하고 순수하여 마음에 드는 이성은 헌신적으로 대해준다.
인생을 즐기면서 자유스럽게 살려고 하는 삶의 여유가 있다.
감정과 애정관을 확인하고 사랑이 길어지면 연애결혼이 많다.

단점

비위에 거슬리면 충동적이고 아집으로 굽히지 않으려 한다.
감성을 중시하여 느낌이 통하지 않으면 깊게 사귀지 않는다.
불만을 느껴서 갈등이 커지면 인내심이 약해져 충돌이 생긴다.

좋아하는 이성을 지나치게 믿기 때문에 잘못되면 후유증이 크다.
좋아하는 이성이 나타나면 배려해주느라 금전적인 낭비가 심해진다.
인정과 배려하는 마음 때문에 상대가 당연하게 생각하여 손해 본다.

5. 갑의 남성

장점

이해심이 많아 융통성을 발휘하고 자부심이 뛰어나다.
주체성과 통제력이 강하므로 관리자 역할도 잘 해낸다.
긍정적이고 사교적이어서 사람들과 어울리기를 좋아한다.

온화하고 행동이 단정하며 부드러우면서 자신에게 엄격하다.
성실하고 현실에 처한 환경을 긍정적으로 생각하고 살아간다.
기획력이 풍부하고 미래지향적으로 창조적인 재능을 발휘한다.

진취적인 기상으로 이상이 높고 솔선수범하는 행동을 보여준다.
논리적이고 재치가 있어서 민첩하며 여유가 넘치는 매력이 있다.
체면이나 품위를 중요하게 생각하여 흐트러진 모습을 보기 힘들다.

단점

자제력이 부족하여 좋아하는 것에 집중을 하면 쉽게 빠져든다.
나서기를 좋아하고 남보다 빠르게 정상에 서려고 서두른다.
주체성이 강하여 남에게 비위맞추는 것을 싫어하여 손해 본다.

어느 정도 성공을 거두었어도 만족하지 못하고 과욕을 부린다.
겉으로 화려하여 없어도 있는 체 하고 자신의 영역이 확실하다.
결과가 쉽게 나타나지 않으면 끈기가 부족하여 용두사미가 된다.

6. 갑의 여성

장점

신용을 중시하여 경우가 바르고 공과 사가 분명하다.
낙천적이어서 명랑하고 활발하며 적극적으로 행동한다.
동정심과 인정이 많아서 남에게 베푸는 것을 좋아한다.

이성에게 마음의 상처를 받아도 다른 여성보다 충격은 적다.
이해심이 많으면서도 할 말은 숨김없이 해야 직성이 풀린다.
외향적인 성향으로 결혼 후에도 남편에게만 의지하지 않는다.

누구와도 대화가 가능하며 사치하지 않고 절약하며 살아간다.
생활력과 의지력이 강하여 무엇이든 하려는 의욕이 대단하다.
단정하고 좋고 싫음이 확실하며 용모가 아름다운 여성이 많다.

단점

귀가 얇아 누가 솔깃한 말을 하면 넘어가 손실을 당한다.
자신의 판단이 옳다고 생각되면 강직해져 물러서지 않는다.
누구에게 지는 것을 싫어하고 욕심을 부리다 화를 자초한다.

재물을 모았다가도 가까운 지인이 부탁하면 거절하지 못한다.
활동적이어서 가만히 있지 못하고 돌아다니는 것을 선호한다.
금전이 수중에 들어오면 금전 출입이 빈번하여 일정하지 않다.

을의 해설

일간 을(乙) 유명인

강금실(전 법무부 장관), 강 신성일(영화배우), 강재섭(전 한나라당 대표), 김강자(전 경찰서장), 김수현(작가), 노영심(가수), 박재완(명리학 대가), 박찬호(야구 선수), 소찬휘(가수), 손학규(정치인), 신영일(아나운서), 윤영미(아나운서), 이미숙(탤런트), 임성민(아나운서, 연기자), 조소앙(독립운동가, 전 국회의원), 조순형(전 국회의원), 조용필(가수), 최남선(시인), 홍미영(전 국회의원), 다이애나 스펜서(전 영국 황태자비), 레프 톨스토이(소설가, 사상가), 살바도르 달리(서양화가), 존 레논(팝 가수)

1. 을의 성격

장점

온순하고 겸손하여 자신을 낮추며 심성이 착하다.
세밀하고 꼼꼼하여 빈틈이 없을 정도로 정확하다.
분명한 행동으로 확실하게 맺고 끊는 것을 좋아한다.

이성적이고 생각성이 깊으며 성실하여 신뢰를 받는다.
마음에 없는 말을 가식적으로 꾸며서 표현하지 못한다.
사회의 규칙이나 상식에 벗어나는 행동은 하지 않는다.

행동이 단정하고 조용하며 마찰이 생기는 것을 싫어한다.
정직하여 거짓말하는 것을 싫어하고 공과 사가 분명하다.
내적으로 강하여 어떠한 환경에서도 생존 경쟁력이 높다.

단점

주장을 강하게 하지 않으므로 속마음을 알기 어렵다.
관념에 갇히면 시야가 좁아 자기 영역이 넓지 못하다.
포용력이 넓지 못하고 한꺼번에 모아서 터트리게 된다.

자기중심적이어서 한번 틀어지면 쉽게 회복되지 않는다.
경계심이 강하고 의심이 많아 상대를 쉽게 믿지 못한다.
예민하여 주위의 상황에 대해 민감하게 반응을 나타낸다.

2. 乙의 직업관

장점

섬세하고 차분하게 문제를 해결하여 실패할 확률이 적다.
치밀하고 꼼꼼하여 문제가 발생하더라도 서두르지 않는다.
사리판단이 분명하여 구체적이고 실체적인 것을 선호한다.

협조를 잘하고 비중 있는 업무를 맡겨주면 최선을 다한다.
집중력이 뛰어나 남들이 생각하지 못하는 부분도 관찰한다.
신용을 중요시하여 약속한 것은 끝까지 지키려고 노력한다.

인내심이 강하여 오래도록 유지할 수 있는 분야가 적합하다.
과정을 중요하게 생각하고 미래의 계획도 구상하여 준비한다.
무슨 일을 하더라도 정성을 다하여 변함없는 모습을 보여준다.

단점

감정이 예민하고 까다로워 사소한 것까지 신경을 쓴다.
통솔력이 부족하고 남들의 비위를 맞추는 것이 힘들다.
간섭하는 것도 싫어하고 참견하는 것도 원하지 않는다.

대세의 흐름에 적응하는 처세술이 떨어져 한계를 느낀다.
결단력이 부족하여 중요한 일은 결정하지 못하고 망설인다.
이익이 된다고 생각하면 주변의 것을 이용해서라도 획득한다.

3. 돈의 경제관

장점

경제 개념이 철저하여 절약하고 사치를 싫어한다.
계산이 정확하여 구체적으로 제시해주어야 만족한다.
담백하여 부정한 행위로 재물을 벌려고 하지 않는다.

축적심이 강하여 재산을 증식하여 진지하게 관리한다.
재물에 대한 욕심이 있어서 모아 놓아야 안심이 된다.
사업이나 금전 거래도 조심성이 많으며 무모하지 않다.

안정적인 것을 중요시하므로 웬만해서 무리하지 않는다.
재물 관리 능력이 뛰어나 실수가 없을 정도로 확실하다.
금전이 있어야 어디를 가서도 행세할 수 있다고 생각한다.

단점

이익이 없거나 이해관계가 없으면 인색한 면이 있다.
독립심이 부족하여 힘들면 의존하려는 모습을 보인다.
안정적으로 사는 것을 중시하여 급격한 발전은 어렵다.

이해타산이 빠르므로 계산하여 손해되는 행동은 안한다.
좋아하는 것에 한번 빠지면 끝장을 보려는 근성이 있다.
융통성이 부족하여 인색하고 빈틈이 없다는 인상을 준다.

4. 을의 애정관

장점

처음에 사귀는 것이 힘들지만 사귀면 변함이 없다.
사물에 대한 상식이 풍부하면서도 잘난 체를 않는다.
상대를 세심하게 관찰하고 차분히 생각한 뒤 결정한다.

상대방이 원하는 방식대로 가급적 맞추어 주려고 한다.
처음에는 어려워하면서도 시간이 지나면 성의를 다한다.
한번 인연이 맺어지면 흔들림이 없고 진한 애정을 준다.

상대가 생각하지 못하는 부분까지 세심하게 배려해준다.
연애도 신중하기 때문에 일시적인 감정으로 하지 않는다.
얌전하여 자신을 낮추고 예의바르게 대하여 호감을 준다.

단점

이성이 나타나도 소극적이어서 표현을 쉽게 하지 못한다.
낯가림이 심하여 사랑으로 발전하려면 시간이 많이 걸린다.
불만이 있어도 표현하지 않고 쌓아 두어 심각한 상황이 된다.

이성관이 뚜렷하여 만족하지 못하면 마음의 문을 열지 않는다.
사랑을 하면 깊이 빠져드므로 주위에서 반대해도 소신대로 한다.
이성을 고르는 눈이 까다로우면서도 갑자기 결혼하는 경우가 많다.

5. 을의 남성

장점

온순하고 순진한 면이 있으며 명분이나 명예를 중시한다.
안전한 생활을 선호하여 무리하지 않으므로 기복이 적다.
성실하고 심성이 착하며 책임감이 강하여 신뢰를 받는다.

이성적이고 침착하며 실질적으로 활용하여 실속을 챙긴다.
자부심이 있어서 자신이 인정을 받고 싶은 욕구가 강하다.
상대가 인정해주면 기대에 부응하여 능력 이상을 발휘한다.

정직하여 거짓을 싫어하고 치열한 경쟁시대에도 이겨나간다.
현실적이어서 정확한 것을 선호하고 약속은 철저하게 지킨다.
행동이 단정하고 규칙이나 상식에 벗어나는 것은 하지 않는다.

단점

대인관계가 능숙하지 못하여 사교성이 떨어진다.
대범하지 못하여 작은 부분까지 쉽게 잊지 못한다.
고지식하여 치밀하고 꼼꼼하며 융통성이 별로 없다.

진취적이지 못하고 새로운 것을 개척하는 것이 힘들다.
과감하고 적극적이지 못하여 마음속의 표현도 쌓아둔다.
결과에 대한 집착성이 강하여 조건에 민감하게 반응한다.

6. 을의 여성

장점

온순하고 얌전하여 품행이 단정하며 겸손하다.
이성적이고 교양미가 있어서 억세거나 거칠지 않다.
합리적이어서 무리를 하지 않아 생활의 기복이 적다.

경제적으로 여유가 생겨도 사치와 낭비를 하지 않는다.
전형적으로 여성스러워서 가정에 충실하고 희생적이다.
함부로 정을 주지 않고 참을성이 강하여 좌절하지 않는다.

생각이 깊고 마음씨가 아름다운 현모양처형의 여성이 많다.
현실성이 뛰어나고 생활력이 강하여 살림을 야무지게 한다.
상대가 기대에 못 미쳐도 자존심을 지켜주며 도리를 다한다.

단점

겉으로 볼 때는 활발한 것 같으나 낯가림이 심하다.
힘들어도 내색하지 않고 남에게 아쉬운 소리를 못한다.
실속을 중시하여 자신이 손해 보는 행동은 하지 않는다.

마음속에 간직하고 표현하지 않으므로 스트레스를 받는다.
감정이 예민하여 마음이 거슬리면 민감한 반응을 나타낸다.
마음에 상처를 받으면 쌓아두고 쉽게 잊지 못하여 오래간다.

丙

병의 해설

일간 병(丙) 유명인

고현정(탤런트), 구성애(성교육 센터 소장), 구자춘(전 내무부 장관), 김구라(방송인), 김대중(전 대통령), 김성은(아나운서), 김재규(전 중앙정보부장), 김현주(탤런트), 박준규(전 국회의장), 박지만(박정희 전 대통령 자), 송진우(교육가, 언론인, 정치가), 이맹희(고 이병철 삼성 회장 장남), 이승엽(야구선수), 이재룡(탤런트), 이지연(아나운서), 이지원(아나운서), 정형근(전 국회의원), 관운장(중국 삼국시대 무장), 미하일 고르바초프(러시아 초대 대통령), 블라디미르 푸틴(러시아 대통령), 알버트 아인슈타인(물리학자), 제갈공명(중국 삼국시대 정치가, 전략가), 프랑스와 미테랑(전 프랑스 대통령)

1. 병의 성격

명랑하고 개방적이어서 대인관계가 원만하며 사교적이다.
주관이 뚜렷하고 용기와 배짱이 있으며 화끈한 성격이다.
긍정적인 사고방식으로 어디에서나 분위기를 밝게 해준다.

상대를 한 번 신뢰하면 끝까지 변함없는 모습을 보여준다.
적극적이고 활발하며 자신의 마음에 들면 무엇이든 베푼다.
예의바르고 감정이 직선적이어서 좋고 싫은 것이 분명하다.

언어의 표현력이 뛰어나서 상대를 설득시키는 능력이 있다.
상대에게 서운한 일이 생겨도 오래가지 않고 뒤 끝이 없다.
솔직하고 담백하여 애매모호하거나 추상적인 것을 싫어한다.

비밀 내용을 가슴에 담아 두고 지키는 것이 쉽지 않다.
단순한 면이 있어서 세상을 복잡하게 사는 것을 싫어한다.
끈기가 부족하여 집중하여 빠져들었다가도 싫증이 빠르다.

주장이 강하여 굽히기 싫어하고 바른말을 잘하며 산만하다.
성질이 급하여 화가 나면 감정을 자제하지 못하고 폭발한다.
즉흥적이고 경솔한 면이 있으며 흥분을 잘하여 실수가 많다.

2. 병의 직업관

정직하고 공명정대하여 업무의 공과 사를 분명히 한다.
손해를 감수하더라도 남에게 피해를 전가시키지 않는다.
일을 할 때는 집중을 하여 몸을 사리지 않고 열정적이다.

용기와 기세가 당당하여 두려움이 적고 강함이 느껴진다.
명석하여 분별력이 뛰어나고 감각적이며 사리사욕이 적다.
잘못한 것이 있으면 돌려서 핑계대지 않고 핵심을 말한다.

앉아서 시키지만 않고 활동적으로 솔선수범하여 행동한다.
적극적이고 추진력이 강하여 남을 통솔하는 리더십이 있다.
배짱이 있어서 이상과 포부가 크며 두려움을 모르고 전진한다.

판단을 내리면 모험이나 무모한 도전도 밀고 나간다.
의견 대립이 생기면 물러서지 않는 강렬함이 나타난다.
서열을 중시하고 자존심을 건드리면 누구라도 참지 못한다.

하고 싶은 일은 참지 못하고 즉시 시행해야 직성이 풀린다.
개인적인 사정이나 상황은 고려하지 않고 결과를 서두른다.
무엇이고 시작은 잘하나 오래가지 못하고 마무리가 약하다.

3. 병의 경제관

장점

사람들과 대화 속에서 정보를 수집하여 응용을 한다.
금전을 써야 할 곳에는 과감하고 기분 좋게 지출한다.
기회가 오면 그냥 넘기지 않고 발판삼아 발전을 한다.

공명정대하여 사리사욕으로 뒷거래하는 것을 싫어한다.
자기 수중에 금전이 없어도 궁핍한 내색을 하지 않는다.
주어진 이익이나 개발을 위한 기회가 오면 놓치지 않는다.

경제 감각이 뛰어나고 정세 파악이 빠르므로 앞서 나간다.
현재 어려워도 긍정적이어서 다시 일어선다는 신념이 있다.
부정한 방법만 아니면 돈을 번다면 어떠한 일도 할 수 있다.

단점

씀씀이가 커서 지출이 많으므로 계획보다 시간이 걸린다.
계산하는 자리가 생기면 먼저 결제를 해야 마음이 편하다.
목돈 만들려고 적금을 들어도 만기까지 가는 것이 힘들다.

절제력이 부족하여 아껴야 한다고 생각하지만 실행이 안 된다.
조그마한 것에 만족하지 못하고 과욕을 부리다 손실이 생긴다.
기분파여서 분위기에 젖으면 생각지도 않은 곳에 지출이 된다.

 ## 4. 병의 애정관

장점

정열적이어서 마음만 통하면 조건을 가리지 않고 사귄다.
마음에 드는 이성이 나타나면 첫눈에 반하는 경우가 많다.
언변이 뛰어나 다양한 화제로 친절하고 기분 좋게 해준다.

곤란한 상황도 재치 있게 처리하여 이성의 호감을 받는다.
이해심이 많아 까탈을 부리지 않고 가리는 것이 별로 없다.
명랑하고 사교적이어서 처음 만나는 이성도 빠르게 친해진다.

마음의 상처를 받아도 시간이 지나면 금방 풀리고 뒤끝이 없다.
구체적인 결혼관을 생각하지 않으므로 적령기는 신경 쓰지 않는다.
배우자가 조그만 잘못을 해도 따지지 않고 눈감아 준다.

 ### 단점

상대가 어떻게 생각하건 상관하지 않고 의사 표시를 한다.
가리는 것이 없어서 상대가 부담감을 느끼거나 싫증을 낸다.
마음이 통하면 갑자기 뜨거워지므로 쉽게 타오르는 모습이다.

갑자기 정열적으로 사랑에 빠졌다가 싫어지면 식기도 잘한다.
소신대로 행동하여 감정관리가 안되기 때문에 마찰이 많아진다.
이상이 높고 화려함을 선호하여 평범한 결혼 생활은 힘들어한다.

5. 병의 남성

장점

예의가 바르고 긍정적으로 생각하며 활발하게 활동한다.
인간관계가 원만하여 사람을 빨리 사귀고 금방 친해진다.
일할 때는 몸을 아끼지 않고 화끈하게 덤벼들어 처리한다.

머리 회전이 빠르고 정세파악이 뛰어나 남보다 앞서나간다.
도움이 될 만한 인물이 있으면 활용할 줄 아는 수단가이다.
의협심이 있어서 가까운 사람이 어려움을 당하면 도와준다.

쾌활하고 개방적이어서 세상을 복잡하게 살지 않으려고 한다.
자신의 성공을 위하여 남에게 아부하거나 굽실거리지 못한다.
혈기가 왕성하고 응용 능력이 뛰어나며 성공을 위해 전진한다.

단점

좋고 싫은 감정을 가슴에 담아두지 못하고 직선적으로 표현한다.
성질이 급하여 화가 나면 순간적으로 폭발하여 자제하지 못한다.
자극을 받으면 자제심이 약하므로 투기나 모험은 자제해야 한다.

자신이 하는 일에 간섭이나 억압을 당하면 견디기 힘들어 한다.
무슨 일이고 시작을 잘하지만 끈기가 부족하여 마무리가 약하다.
주체성이 강하여 남의 의견에 귀를 기울이지 않고 소신대로 한다.

6. 병의 여성

장점

생각성이 깊고 포용력이 있어서 인정과 인간미가 풍부하다.
상대가 잘못한 것이 있어도 오래 담아두지 않고 풀어버린다.
예절이 바르며 주관이 분명하여 감정을 숨기지 않고 표현한다.

밝고 명랑하여 개방적이며 이해심이 많아 마음 씀씀이가 넓다.
활동적이고 교제가 활발하여 사람들과 어울리는 것을 좋아한다.
긍정적이어서 매사를 선하게 처리하면서도 옳고 그름이 확실하다.

동료가 잘못도 없이 당하면 손해를 감수하고 앞장서서 보호해준다.
목적의식과 사리 판단이 분명하고 남에게 신세지는 것을 싫어한다.
적극적이어서 할 일이 있으면 시원스럽게 추진하여 마무리를 한다.

단점

인내심이 적어서 변화가 많으며 감정 관리가 쉽지 않다.
직선적이어서 순간을 참지 못하여 갈등과 충돌이 생긴다.
산만하여 집중력이 부족하고 끝맺음을 하는 것이 약하다.

자기 생각을 그대로 표현하여 비밀을 지키는 것이 어렵다.
마찰이 생기면 물러서지 않으려 하여 더 큰 다툼으로 된다.
무슨 일을 하려고 계획한 것은 빨리 끝내야 직성이 풀린다.

정의 해설

일간 정(丁) 유명인

구혜선(탤런트), 권선국(가수, 녹색지대 멤버), 김만제(전 재무부 장관), 김병로(초대 대법원장), 김용완(전 전경련 회장), 단종(조선 임금), 박근영(박정희 전 대통령 차녀), 박지성(축구 선수), 박 진(전 국회의원), 변정수(모델, 방송인), 서용빈(전 야구 선수), 심은하(탤런트), 오세훈(전 서울 시장), 유일한(유한양행 창업주), 유재석(개그맨), 유준상(탤런트), 윤경식(개그맨), 율곡 이이(조선 중기 유학자), 이건희(삼성 회장), 이승만(전 대통령), 이해찬(전 국무총리), 어효리(가수), 장동건(영화배우), 정덕희(전 교수, 방송인), 조중훈(한진그룹 창업주), 주수도(전 JU 회장), 하희라(탤런트), 더스틴 호프만(영화배우, 영화감독), 로널드 레이건(전 미국 대통령), 무종(명나라 황제), 토니 블레어(전 영국 총리), 프랭크 시나트라(가수, 영화배우)

 ## 1. 정의 성격

심성이 착하고 내면이 따뜻한 마음씨의 소유자이다.
온순하고 예의가 바르며 남의 어려운 사정을 알아준다.
정직하고 행동이 반듯하여 나쁜 짓을 쉽게 하지 못한다.

한번 마음을 주면 언제나 변함이 없어서 배신을 모른다.
온화하고 부드러운 성향으로 침착하며 섬세한 면이 있다.
객관적이어서 이성적으로 판단을 하면서도 조심성이 많다.

상대에게 부담을 주거나 극단적인 표현은 잘 하지 않는다.
도덕성이 강하고 봉사정신이 있어서 헌신적이며 친절하다.
다정다감하게 상대를 감싸주므로 누구에게나 친근감을 준다.

고지식하고 융통성이 부족하며 원리원칙대로 생활한다.
단순한 면이 있어서 복잡한 것을 싫어하고 즉흥적이다.
대범하지 못하고 자기중심적으로 순간의 변화가 생긴다.

인간관계가 넓지 못하고 통하는 사람만 친밀하게 지낸다.
마음이 여리고 상대방 말이나 행동에 상처를 쉽게 받는다.
건드려서 화가 나면 자제하지 못하고 순간 격정적이 된다.

2. 정의 직업관

합리적이고 이성적이어서 객관적인 면을 중요시한다.
완벽함을 추구하여 치밀하게 처리하므로 실수가 적다.
칭찬과 인정을 해주면 능력 이상으로 효과를 발휘한다.

집념이 강하고 은근한 끈기와 열정으로 최선을 다한다.
순간 대응하는 재치가 있어서 기발한 생각을 많이 한다.
책임감이 강하고 인간적으로 대우해주면 감동을 받는다.

성실하고 의지력이 강하며 잠재력과 발전 가능성이 높다.
새로운 일을 추진하면 준비성이 철저하여 내실을 기한다.
순발력이 뛰어나 남보다 한발 앞서나가 목표를 달성한다.

능동적으로 대처하기 보다는 수동적이 되어 경직된다.
즉흥적인 면이 있어서 조급하게 충동적으로 판단한다.
개성이 강하여 비위를 맞추며 일하는 것을 힘들어한다.

상대가 조금만 잘해주면 넘어가 이용을 당하기도 한다.
경쟁심과 자존심이 강하여 지는 것을 극도로 싫어한다.
일을 미루다가 한꺼번에 몰아치기 하여 끝낼 때가 많다.

3. 힘의 경제관

장점

침착하여 자기 관리를 잘하고 절제를 할 줄 안다.
꼼꼼하고 세밀하여 경제 계획은 철저하게 수립한다.
재물에 대한 애착심이 있어서 분명하고 구체적이다.

공과 사가 분명하여 사사로운 이익을 챙기지 않는다.
경제적으로 여유가 있으면 자신감을 가지고 활발하다.
신용을 중시하여 금전에 관한 약속은 확실하게 지킨다.

조심성이 많고 빈틈이 적어 재산 증식에 기지를 보인다.
합리적인 사고방식으로 흐트러짐이 없으며 관리를 잘한다.
금전관리를 자신이 주도적으로 직접 하려는 자세를 보인다.

단점

자존심 때문에 남에게 민폐나 신세지는 것을 무척 싫어한다.
분위기에 젖으면 기분파 기질이 있어서 먼저 계산해야 한다.
욕심을 부리고 높이 오르려다가 성패의 기복이 생기기 쉽다.

자신이 대접을 받는 것보다 남에게 베풀어야 할 자리가 많다.
약속을 지키지 못하면 소심해져 안절부절 못하며 걱정이 많다.
금전이 없으면 사람을 만나는 것도 꺼리고 외출도 하지 않는다.

 **4. 정의 애정관**

온화하고 부드러우며 낭만적이어서 여행을 좋아한다.
객관적이고 이지적이어서 아무나 쉽게 사귀지 않는다.
예의가 반듯하여 정도에서 벗어나지 않고 대우해준다.

마음에 든다고 확신이 서면 적극적이고 개방적이 된다.
겉으로 차분하지만 내면에 뜨거운 열정을 지니고 있다.
마음이 통하는 것을 중시하고 마음을 주면 변함이 없다.

다정다감하여 이성에게 호감을 느끼게 하는 매력이 있다.
좋아하게 되면 거짓과 가식 없이 헌신적으로 배려해준다.
마음을 주기 시작하면 감동할 정도로 지극 정성을 다한다.

마음에 드는 이성이 나타나도 표현하지 못하고 감춘다.
감정이 예민하여 마음의 상처가 되는 말은 삼가야 한다.
자기중심적이어서 조그만 충돌로 감정의 갈등이 커진다.

교제하면 마음을 모두 주기 때문에 헤어지면 충격이 크다.
결과가 잘못되면 감당하기 힘들어 처음에 냉담하게 대한다.
마음이 통하면 열정적이 되어 주위에서 반대해도 빠져든다.

5. 쥠의 남성

믿음을 주면 신의를 가지고 변하지 않는 의리가 있다.
차분하고 헌신적이며 남에게 권모술수를 쓸 줄 모른다.
합리적인 사고방식으로 친절하여 부담감을 주지 않는다.

평소에 얌전하고 객관적이어서 상하를 구분 할 줄 안다.
업무처리가 정확하고 개성을 살려주면 능력발휘를 한다.
어려운 난관에 부딪쳐도 언젠가 해낸다는 믿음성이 있다.

눈치가 비상하여 분위기 파악을 잘하며 자중할 줄도 안다.
정직하고 담백하여 부정한 방법으로 재물을 모으지 않는다.
창조적이고 재치가 있으며 수용할 것은 자신의 것으로 만든다.

고지식하고 보수적인 성향이 강하여 융통성이 부족하다.
단순하여 직선적으로 감정표현을 하여 돌아서서 후회한다.
경계심이 강하면서도 주변에서 솔깃한 말을 하면 넘어간다.

감정의 기복이 있어서 기분의 좋고 나쁨의 구별이 확연하다.
비위가 없어서 수중에 금전이 없어도 아쉬운 소리를 못한다.
감정을 건드려 화가 나면 다혈질이 되어 격정적으로 변한다.

6. 정의 여성

장점

명랑하고 온순하면서 고상하여 깔끔한 것을 좋아한다.
활발하고 막힘이 없으며 이지적이어서 호감을 받는다.
객관적인 시야로 이성적으로 판단하며 조심성이 많다.

헌신적이 되어 무엇을 강요하지 않으며 내조를 잘한다.
신용을 중시하여 약속한 것은 틀림없이 지키려 노력한다.
인정과 신의가 있어서 지인이 어려움을 당하면 도와준다.

기품이 있고 친화성이 돋보이며 자신감을 가지고 생활한다.
감수성이 풍부하고 낭만적인 면이 있어서 여행을 좋아한다.
마음이 통한다고 느끼면 적극적이고 개방적인 모습이 된다.

단점

좋고 싫은 감정을 내면에 감추다가 기회가 되면 쏟아낸다.
자존심에 상처를 주면 성질이 급하여 감정 조절이 힘들다.
마음에 드는 이성이 나타나면 조건을 크게 따지지 않는다.

마음을 주고 잘못되면 상처가 크기 때문에 냉정한 척 한다.
마음이 유약하여 상대가 헌신적으로 보살펴주면 기울어진다.
마음의 상처를 받으면 가슴속에 쌓아 두고 쉽게 잊지 못한다.

무의 해설

일간 무(戊) 유명인

강 현(음악 평론가), 김근중(화가), 김남일(축구 선수), 김민석(전 국회의원), 김우중(전 대우 회장), 김혜수(영화배우), 노무현(전 대통령), 박근혜(대통령), 박세리(골프 선수), 반기문(UN 사무총장), 설운도(가수), 안중근(독립 운동가), 오지영(탤런트), 유세윤(개그맨), 이명박(전 대통령), 이범석(초대 국무총리), 이병철(삼성 창업주), 임진모(음악 평론가), 정두홍(영화배우, 무술 감독), 최종원(탤런트, 전 국회의원), 최진실(영화배우), 한상권(아나운서), 한화갑(전 국회의원), 허 정(전 대통령 직무대행), 황수경(아나운서), 에릭 클랩튼(팝가수, 기타리스트)

1. 무의 성격

장점

명분을 중시하고 차분하게 관찰하여 내실을 기한다.
중용을 지켜 중간적인 역할을 잘하여 신뢰를 받는다.
온화하고 원만하여 활동적이며 신의가 있어 듬직하다.

사교적이고 친화력이 있으면서 우직한 면도 존재한다.
주관이 뚜렷하고 준법정신이 뛰어나 흐트러짐이 없다.
균형이 조화를 이루고 인품이 수려하며 배려를 잘한다.

굳세고 대담하여 과감하면서도 무모하지 않으며 활달하다.
환경에 유연하게 적응하며 사람들과 어울리기를 좋아한다.
포용력이 있으며 신뢰하는 사람은 진심어린 충고도 해준다.

단점

뜻에 어긋나면 성급하고 강렬해져 물러설 줄 모른다.
직선적이고 보이지 않는 까다로움이 내면에 존재한다.
주체성이 강하고 영역이 확실하여 간섭하면 싫어한다.

보수적이고 주관이 강하며 고집이 세서 굽히지 않는다.
지나간 일도 쉽게 잊지 않고 좋지 않은 상황에 돌출한다.
마찰이 생기는 것을 싫어하고 현실에 적응이 느린 편이다.

2. 무의 직업관

적극적이고 과감하면서도 자기 분수를 알고 행동한다.
정직하고 담백하여 일을 정확하고 공정하게 처리한다.
솔선수범하고 통솔력이 있어서 선도적 역할도 잘한다.

합리적이고 사리 판단이 분명하며 공과 사가 확실하다.
아무리 힘들어도 남에게 의지하지 않고 스스로 해결한다.
사물을 관찰하는 능력이 뛰어나며 약속한 것은 실천한다.

투지와 집념이 있어서 해야 할 일은 끈기 있게 진행한다.
안정적인 것을 선호하여 상황 변화가 많은 것을 싫어한다.
세심한 관찰에 의해 심사숙고하여 결정하므로 실수가 적다.

매사에 원만하여 좋은 것이 좋다는 식이 되기 쉽다.
자신의 이상과 현실이 맞지 않아 내적 갈등을 겪는다.
자신이 선두에 서서 일을 주도해나가야 직성이 풀린다.

집착심이 있어서 자신이 하려고 하는 것은 기어이 한다.
아집이 있고 완고하여 남의 충고를 귀담아 듣지 않는다.
결정을 하기 까지 여러 변수를 고려하느라 시간이 걸린다.

3. 무의 경제관

장점

생활력이 강하여 안정된 생활을 하는 사람이 많다.
진중함으로 신용을 중요시하여 믿음과 신뢰가 든다.
재물의 흐름 파악이 빠르고 이상적인 것을 추구한다.

시대의 정세파악에 상식이 풍부하여 남보다 앞서간다.
경제의 중요성을 잘 알고 부동산에 대한 관심이 높다.
낭비를 싫어하지만 써야 할 곳에는 과감하게 사용한다.

자신을 따르는 사람은 자기 능력 이상으로 돌봐준다.
합리적인 사고방식으로 안전성을 중시하여 투자를 한다.
축적심이 강하고 견실하여 재물을 모으는데 재능이 있다.

단점

재물에 대한 욕심이 강하여 빨리 일어서려고 한다.
은행 이자 같은 소규모적인 곳에는 만족하지 못한다.
수준이 낮은 것은 금전의 수입이 좋더라도 만족 못한다.

자기가 갖고 싶은 물건은 수중에 넣어야 직성이 풀린다.
적은 것에 만족하지 못하고 항상 큰 것만을 염두에 둔다.
독점욕이 강하고 모험적인 일도 확신이 서면 투자를 한다.

4. 무의 애정관

신뢰를 중요시하여 원만하게 조화와 화합에 신경을 쓴다.
상대에게 친절하고 편안하게 대하여 매력을 느끼게 한다.
사교성이 있어서 교제의 폭이 넓고 이성에게 호감을 준다.

밝고 낭만적이며 활동적이어서 돌아다니는 것을 선호한다.
활발하여 분위기를 잘 살리고 누구에게도 구애받지 않는다.
중심이 바르고 침착하여 여유가 있으며 속이 트인 소유자다.

배우자를 고를 때 외적인 조건보다는 내적인 면을 중시한다.
한번 마음을 주면 조건 없는 애정을 쏟아 사랑으로 진행된다.
결혼하면 상대가 큰 잘못을 하지 않으면 이별의 확률이 낮다.

다정다감하지 못하여 친밀한 모습을 보여주지 못한다.
마음에 드는 이성이 나타나도 접근하는 것이 쉽지 않다.
주관이 강하고 고집이 있어서 한 번 틀어지면 오래간다.

신경전을 펼치면서 밀고 당기는 방식에는 익숙하지 못하다.
애정표현에 소극적이어서 사랑을 표현하는 것에 어색해한다.
사람을 좋아하고 하고 싶은 것이 많아 고독감을 줄 수 있다.

5. 무의 남성

정직하고 신의가 있어서 한번 믿음을 주면 변함이 없다.
분별력이 뛰어나 주변 상황에 대해서 정확하게 파악한다.
온화하고 활발하며 중간적인 역할을 잘하여 호감을 받는다.

대인관계가 원만하고 사교성이 뛰어나 주위에 사람이 많다.
주관이 뚜렷하고 불굴의 기상과 강인한 의지력이 돋보인다.
포용력이 있어서 좋고 싫은 것에 대해 크게 내색하지 않는다.

솔직하여 숨기는 것이 별로 없으며 하고 싶은 말은 표현한다.
굳세고 과감하면서도 무모하지 않으며 현실에 맞게 행동한다.
합리적이고 논리적인 판단력으로 균형 감각이 조화를 이룬다.

단점

주체 의식이 강하여 자기 소신대로 진행하려고 한다.
자신의 의지대로 안 되면 독선적인 성향이 나타난다.
의욕이 넘쳐 주위에서 인정을 받지 못하면 힘들어한다.

조급하여 마음을 먹으면 즉시 실행해야 마음이 편하다.
현실에 적응하는 것이 느리고 다툼이 생기면 물러선다.
독립심이 강하여 영역이 확실하므로 침범하면 싫어한다.

 ## 6. 무의 여성

활발하여 남자 앞에서도 기가 죽거나 수줍어하지 않는다.
언변이 능숙하고 모임에서도 앞장서며 주도적 역할을 한다.
명랑하고 활발하며 낭만적이어서 돌아다니는 것을 좋아한다.

중용과 지조가 있어서 이성의 유혹에 쉽게 넘어가지 않는다.
인간관계가 원만하고 사교적이며 중심이 바르고 여유가 있다.
여러 사람들이 모이면 중간적인 역할을 잘하여 호감을 받는다.

어려움을 호소하면 잘 들어주고 조언도 해주므로 소통이 잘된다.
세련되고 화합적으로 호응을 해주므로 부담감이 적고 인기 있다.
활동적이고 생활력이 강해서 결혼해도 직업을 갖는 여성이 많다.

아집이 있어서 잘못한 것이 있어도 쉽게 굽히지 않는다.
자존심이 강하여 힘들어도 내색하지 않고 혼자 해결한다.
사소한 것도 잊지 않으므로 상대가 처신에 주의해야 한다.

이해심이 있으면서도 내면에 은근한 까다로움이 존재한다.
주체성이 강하여 억압하거나 간섭이 심하면 견디지 못한다.
활동적으로 생활하여 집에 있지 못하고 밖으로 돌아다닌다.

기의 해설

일간 기(己) 유명인

김 구(독립운동가), 김생민(리포터), 김영삼(전 대통령), 김일중(아나운서), 김재중(가수, 동방신기), 김종필(전 자민련 총재), 박성미(개그우먼), 신정아(전 동국대 교수), 유호정(탤런트), 윤정희(영화배우), 이성계(조선 개국), 이소연(탤런트), 이원희(전 유도선수), 이인제(국회의원), 이청용(축구 선수), 이회창(전 국무총리), 정동영(국회의원), 정몽준(국회의원), 정지훈(가수, 탤런트), 지승현(아나운서), 최경주(골프선수), 최규하(전 대통령), 마이클 잭슨(미국 가수), 장 제스(초대 대만 총통)

1. 기의 성격

정확하고 빈틈이 없으며 웬만해서 실수하는 경우가 적다.
침착하고 냉철하여 어수룩하게 보이는 사람이 별로 없다.
말수가 적고 공정한 이론을 존중하며 시비를 분명히 한다.

온순하고 행동이 단정하며 성실하여 말과 행동이 일치한다.
신중하고 사려가 깊어서 정도에서 벗어나는 행동을 않는다.
세밀하고 치밀하여 남에게 피해주거나 부담을 주지 않는다.

착실하고 부드러운 성향에 모범적인 생활 자세를 유지한다.
차분하고 발달된 기상을 지니고 있어서 기회 포착을 잘한다.
솔직하고 진실성 있게 행동하며 약속에 대한 개념이 철저하다.

단점

욕심이 많고 이기적이며 마음 씀씀이가 좁아 답답하다.
의심이 많고 긍정적인 생각이 부족하며 과거에 집착한다.
환경에 따라 상대적으로 행동하고 감정을 숨길 때가 많다.

사물을 보는 시야가 좁고 상대를 배려해주는 것이 부족하다.
아집이 있어서 한번 비위에 거슬리면 다시 상대하지 않는다.
상대가 잘못하면 비판능력이 뛰어나고 사람을 가려서 사귄다.

2. 기의 직업관

섬세하고 자기 관리 능력이 뛰어나며 은근한 끈기가 있다.
목적을 위하여 지인을 이용할 줄 아는 영민함도 보여준다.
자신의 개성을 드러내기보다 주변의 분위기를 맞추어 준다.

꼼꼼하여 내실을 기하며 묵묵히 성장하려는 의욕이 강하다.
전문적으로 전념할 수 있는 분야에서 자기능력을 발휘한다.
자신에게 엄격하여 공과 사가 확실하며 사고력이 민첩하다.

자제력이 뛰어나 참을성이 많고 행동을 함부로 하지 않는다.
치밀하고 세밀하여 빈틈이 없으며 거의 실수를 하지 않는다.
안정성을 중시하여 모험과 변화를 싫어하여 무리하지 않는다.
겉으로 드러내지 않고 조용하게 인간관계를 형성해 나간다.
깔끔한 것을 선호하여 자기 주변의 정리 정돈을 잘한다.

단점

매사에 조심성이 많아서 의지대로 되지 않으면 위축된다.
활기가 부족하게 보이므로 질책보다는 격려가 효과 있다.
지위가 높은 관리자가 되려면 지도력과 통솔력을 키워야한다.

적극적이고 진취적이지 못하여 큰일을 하려면 부담감이 된다.
수동적이어서 주어진 일은 잘하지만 찾아서 하는 것은 약하다.
순간 대처능력이 떨어져 남들보다 늦게 움직이는 경우가 많다.

3. 기의 경제관

손익 계산에 철저하여 안정된 경제 계획을 유지 발전한다.
재물의 가치를 알아서 분수에 벗어나는 행동은 하지 않는다.
축적심이 강하여 적은 금액을 모아서 목돈으로 불려 나간다.

생활력이 강하고 점차 발전을 하여 자수성가한 사람도 많다.
견실한 경제 감각으로 모험적이거나 무모한 도전은 싫어한다.
신용을 중요시하여 약속을 철저하게 지키므로 신뢰를 받는다.

경제개념이 철저하고 과욕을 부리지 않아 생활의 기복이 적다.
이해득실에 민감하므로 대충 넘어가는 계산은 용납하지 못한다.
재테크에 관심이 많아 수입이 들어오면 확장시킬 방법을 찾는다.

단점

다른 사람과 함께 재물을 관리하면 불안하게 생각한다.
이상을 추구하기보다는 현실을 중시하고 계산이 빠르다.
경계심이 많아서 가급적 동업을 하는 것은 삼가야 한다.

인색한 면이 있으나 명예나 자신을 위해서는 과감하게 쓴다.
자신의 이익 앞에서는 냉철하여 손해 보는 일은 하지 않는다.
눈앞만 보고 작은 이익에 집착하다 소탐대실하지 말아야 한다.

4. 기의 애정관

장점

순박하고 부드러우면서 자기주장을 강하게 드러내지 않는다.
성실하여 한번 정을 주면 쉽게 변하지 않고 교제기간이 길다.
여러 가지 면을 고려해서 예의 있게 대해주고 정성을 다한다.

진심으로 성심을 다하여 모든 것을 해주려는 성의를 보여준다.
상대방 이야기를 잘 들어주고 처신에 따라 어느 정도 예감한다.
성향과 조건을 따져 자신과 맞는 안정된 교제를 하고 싶어 한다.

쉽게 정을 주지 않고 조건을 꼼꼼히 따져본 후에 애정을 쏟는다.
연애를 재미로만 생각하지 않고 결혼까지 염두에 두고 교제한다.
결혼 후에 결속력이 강하여 가족을 아끼고 사랑하는 마음이 크다.

단점

사람을 가리므로 이성에게는 머뭇거리고 낯가림이 심하다.
세심하고 섬세하여 주위의 소문에 민감한 반응을 나타낸다.
현실적인 면을 중시하여 외모나 지위에 약한 모습을 보인다.

사랑을 주는 것보다 받는 것에 익숙하여 편한 상대를 찾는다.
결혼 후에 배우자가 자신만 못하면 지배하려는 자세를 보인다.
질투심이 강하여 다른 이성에게 관심보이는 것을 무척 싫어한다.

5. 기의 남성

상대방에게 부담을 주거나 실수하는 경우가 적다.
행동이 단정하고 모범적인 생활 자세로 신뢰를 받는다.
빈틈이 적고 마찰이 생기는 것을 싫어하며 변함이 없다.

이상을 추구하기보다는 현실을 중시하여 실속을 차린다.
합리적이어서 실현가능한 범위 내에서 목표를 설정한다.
업무적으로 냉철하고 실무 능력이 탁월하여 인정을 받는다.

남의 말을 들어주고 아픈 마음을 헤아려주며 편하게 해준다.
한 가지 일에 집중하는 기질이 강하며 말수가 적고 착실하다.
업무적으로 냉철하고 끈끈한 의지와 정신력으로 인정을 받는다.

단점

독립심이 부족하고 자신이 편애하는 사람만 가까이 한다.
고지식하고 보수적이어서 융통성이 부족하며 유머가 적다.
빈틈이 없어서 주위 사람이 어려워하거나 피곤해할 수 있다.

새로운 환경에서 익숙해지려면 다른 사람보다 시간이 걸린다.
시야가 넓지 못하고 처음 대하는 사람에 대한 경계심이 강하다.
질투심이 강하고 배우자에게 보수적으로 대하여 마찰이 생긴다.

6. 기의 여성

장점

고상하고 깔끔하여 좋고 싫음이 분명하다.
생활력이 강하여 살림을 알뜰하고 야무지게 잘한다.
이성이 생기면 다른 남성에게 유혹당하지 않는 지조가 있다.

최소 비용으로 최대 효과를 창출하여 궁핍한 생활은 않는다.
경제적으로 절약성이 뛰어나 사치와 낭비하는 것을 싫어한다.
신중하여 흐트러지는 일이 없으며 행동을 함부로 하지 않는다.

남들이 들어서 기분 나쁜 이야기는 돌려서 말하는 재치가 있다.
가족을 각별하게 생각하여 평온한 가정을 만들려는 현모양처이다.
가정을 중시하여 남편이 잘못해도 웬만하면 이별까지 가지 않는다.

단점

마음에 드는 상대가 나타나도 속마음을 표현하지 않는다.
자기중심적이고 타산적이 되어 손해 보는 행동은 안한다.
배우자가 자신만 못하면 주체적이 되어 지배하려고 한다.

행동반경이 좁아서 마음이 통하는 사람만 친밀하게 지낸다.
유연하지 못하고 경계심이 강하여 마음을 쉽게 열지 않는다.
가족 사랑이 지나치나 남에게는 인색하여 베푸는 것이 약하다.

庚

경의 해설

일간 경(庚) 유명인

고소영(영화배우), 구천서(전 국회의원), 김미현(골프선수), 김유신(신라 장군), 김정일(전 북한 국방위원장), 김좌진(독립운동가), 김현규(전 경남 지사), 김흥국(가수), 노태우(전 대통령), 박명수(개그맨), 박수홍(개그맨), 박정희(전 대통령), 박철언(변호사), 박태환(수영선수), 송혜교(영화배우), 신지(가수), 심형래(영화감독. 개그맨), 오유경(아나운서), 이기붕(전 국회의장), 이주일(개그맨. 전 국회의원), 장미란(전 역도선수), 장종훈(전 야구선수), 정세균(전 민주당 대표), 정주영(현대그룹 창업주), 최수종(탤런트), 한명숙(전 국무총리), 홍수환(전 권투선수), 홍은희(탤런트), 황혜성(궁중 요리가, 무형 문화재), 헨리 키신저(전 미국 국무장관), 어니스트 헤밍웨이(소설가)

1. 경의 성격

적극적이고 활동적이며 외유내강형이다.
자신의 분수를 알고 사리판단이 분명하다.
원리원칙을 중시하고 감정표현이 확실하다.

주관이 뚜렷하여 맺고 끊는 것이 정확하다.
정직하고 담백하여 거짓과 불의를 싫어한다.
논리적이고 직선적이어서 바른말을 잘한다.

내면이 굳고 의로우며 강직하여 믿음직하다.
과단성과 결단력이 있어서 인생철학이 뚜렷하다.
의협심과 신의가 있어서 불의를 보면 참지 못한다.

단점

아집이 강하고 배신을 당하면 용서하지 않는다.
겉으로 차고 냉정하게 보이며 융통성이 부족하다.
뜻대로 안되면 성급하고 격렬해져 독선적이 된다.

잘못된 것은 지적하고 따져서 그냥 넘어가지 못한다.
선악의 구분이 심하여 자칫하면 주변에 적을 만든다.
소신이 강해 자신이 옳다고 판단하면 끝까지 밀고나간다.

2. 경의 직업관

계획성이 철저하여 업무 처리가 확실하다.
청렴결백하여 거짓과 불의에 타협하지 않는다.
사심이 적고 매사를 빈틈없이 정확하게 처리한다.

기획력이 뛰어나고 논리적이며 기회 포착을 잘한다.
진취적이고 포부가 커서 전진하는 기상을 보여준다.
현실적이어서 즉시 활용할 수 있는 것에 관심이 높다.

정의감이 강하여 불공정한 일은 지나치지 못하고 해결한다.
명분을 중시하고 동료의식이 강하며 명예와 권위를 존중한다.
임기응변이 능하여 상황 판단이 빠르며 위기를 기회로 만든다.

확신이 서면 모험적인 일도 두려워하지 않는다.
독선적이어서 자신의 소신대로 진행하려고 한다.
완벽주의 기질이 있어서 스트레스를 많이 받는다.

지배욕이 강하여 남들이 간섭하는 것을 싫어한다.
자신이 옳다고 판단하면 타협하는 것이 쉽지 않다.
한번 심사가 틀어지면 관계가 쉽게 회복되지 않는다.

3. 경의 경제관

장점

활동적이어서 무엇이든지 해보려는 의욕이 강하다.
독립성이 강하여 힘들어도 남에게 의지하지 않는다.
인색하게 안달을 하면서까지 재물을 모으지 않는다.

재물을 절약하여 필요 이상의 지출은 되도록 삼간다.
새로운 일을 하다가 실패해도 쉽게 좌절하지 않는다.
이상과 포부가 커서 조그마한 것에는 만족하지 못한다.

재물보다도 명예가 실추되는 것을 치욕스럽게 생각한다.
조그만 이익에 현혹되지 않고 공과 사의 구별이 확실하다.
실용적이어서 현실적으로 활용할 수 있는 것에 관심이 높다.

단점

사회적인 발전에 비하면 경제 감각이 조금 아쉽다.
기분에 치우칠 때는 한꺼번에 금전을 쓰는 기질도 있다.
세상 물정에 어두운 면이 있어 속임수에 조심해야 한다.

독선적이어서 타협이 쉽지 않으므로 동업은 삼가야한다.
욕심이 많아서 단기간에 목돈을 만들려고 과욕을 부린다.
자부심이 강해 재산의 다소에 관계없이 과감하게 지출한다.

4. 경의 애정관

이상과 안목이 높아서 이성을 바라보는 수준이 높다.
한번 마음을 주면 쉽게 변하지 않는 모습을 보여준다.
자기 관리가 철저하여 신세를 지거나 실수하지 않는다.

자제력이 강하여 이성의 유혹에 쉽게 넘어가지 않는다.
상대방이 요구하기 전에 자신이 할 것은 먼저 실천한다.
순간적인 재치가 있어서 상대방 기분을 빠르게 파악한다.

호감을 주는 매력이 있으면서도 쉽게 마음을 열지 않는다.
교제가 시작되면 냉철함은 사라지고 열정적으로 열애에 빠진다.
자부심이 강하여 상대가 인격적으로 대우해주는 것을 선호한다.

한번 심사가 틀어지면 쉽게 풀어지지 않는다.
배신을 당하면 시간이 지나도 용서하지 못한다.
이성을 보는 까다로움이 있어서 많이 가려서 사귄다.

자신보다 수준이 낮은 사람은 상대하지 않으려고 한다.
정을 쉽게 주지도 않고 받지도 않으므로 시간이 걸린다.
교제 중에 의견 대립으로 마찰이 생기면 물러서지 않는다.

5. 경의 남성

장점

대의와 중용을 지키면서 언행이 단정하다.
굳고 의로우며 흐트러진 모습을 보이지 않는다.
의리가 있고 결단력이 뛰어나며 소속감이 강하다.

정확하여 좋고 싫어하는 분명한 태도를 나타낸다.
강직하고 원칙을 선호하여 불의와 타협하지 않는다.
분별력이 뛰어나 사리 판단이 확실하고 빈틈이 적다.

추진력이 강하고 자신이 맡은 일은 반드시 해결한다.
담대하고 진취적인 기상이 강하여 발전적인 힘이 있다.
업무적으로 냉철하고 공과 사가 확실하며 청렴결백하다.

단점

자신의 판단이 맞다고 생각하면 물러서지 않는다.
주체성이 강하여 남의 의견에 무조건 따르지 않는다.
자존심이 강하여 비위를 맞추면서 굽실거리지 못한다.

지배욕이 강하여 남보다 위에 올라서야 직성이 풀린다.
상대방이 정도에 어긋나면 정확하게 해줄 것을 요구한다.
자신의 뜻에 어긋나면 성급하고 격렬해져 독선적이 된다.

6. 경의 여성

장점

사리 판단이 분명하고 자기 관리가 철저하다.
명랑하고 활달하여 외향적이며 임기응변이 좋다.
분위기에 빠지거나 유혹에 쉽게 넘어가지 않는다.

분수를 지켜 정도에 벗어나는 행동을 하지 않는다.
한번 마음을 주면 쉽게 변하지 않는 모습을 보여준다.
관찰력이 예리하고 사교술이 뛰어나며 설득력이 좋다.

꿈과 이상은 높아도 환경을 중시하여 현실에 충실하다.
활동적이므로 결혼해도 무슨 일이든 하려는 의욕이 강하다.
재치가 있어서 어른에게 사랑받고 기분 좋으면 애교도 부린다.

단점

상대에게 순종하는 경우가 적어 마찰이 생긴다.
비위에 거슬려 틀어지면 다시 상대하지 않는다.
너무 완벽한 것을 추구하여 스트레스를 받는다.

겉으로는 차고 냉정하여 처음에 접근이 쉽지 않다.
의견 대립으로 갈등이 생겨도 먼저 사과하지 않는다.
뜻대로 안되면 조급하고 소유욕이 강하며 질투심이 많다.

신의 해설

일간 신(辛) 유명인

고봉인(첼리스트), 김두한(협객, 전 국회의원), 김도연(초대 재무부 장관), 김수환(전 추기경), 김지영(탤런트), 김태희(영화배우), 민영환(독립 운동가), 박세직(전 국회의원), 박철우(IQ 200 천재), 박태준(전 국무총리), 성기영(아나운서), 신재민(전 문화체육부 차관), 우장춘(농학 박사), 유시민(전 국회의원), 이명박(전 대통령), 이 상(시인), 이수동(화가), 장 면(전 국무총리), 정윤호(가수, 동방신기), 지상욱(정치인), 현 빈(영화배우), 홍재형(전 부총리), 마돈나(팝 가수), 스티븐 호킹(물리학자), 조디 포스터(영화배우), 조지 부시(전 미국 대통령), 존 F 케네디(전 미국 대통령), 험프리 보가트(영화배우)

1. 신의 성격

경우가 밝아서 정확하고 분명한 것을 선호한다.
개성이 강하여 남을 따라 모방하지 않으려고 한다.
침착하고 깔끔하며 부드러움 속에 냉철한 면이 있다.

관리가 철저하고 명분이 서지 않는 일은 하지 않는다.
예리하여 논리적이고 분석적이며 단단하면서 야무지다.
눈치가 비상하여 상대가 한마디 하면 의미를 파악한다.

약자나 자신에게 의지하는 사람은 친절하게 보살펴준다.
강한 상대를 만나도 정당한 일에는 고개 숙이지 않는다.
자신의 마음에 들면 무엇을 주어도 아깝지 않게 생각한다.

정도에서 벗어나는 행동을 하면 직언도 서슴없이 한다.
의심이 많고 경계심이 강하여 쉽게 믿지 못하고 가린다.
자신이 좋아하는 것은 주변상황에 관심이 적고 빠져든다.

주관적이어서 자신이 계획하고 생각한대로 이끌려고 한다.
극단적이고 수동적이어서 남의 비위를 맞추는데 서투르다.
냉철하고 까다로움이 있으며 뜻대로 안되면 독선적이 된다.

2. 신의 직업관

생각성이 깊고 현실을 중시하여 안정성을 우선시한다.
신중하고 치밀하게 분석하여 응용하므로 실패가 적다.
다양한 각도에서 사물을 관찰하는 분별력이 뛰어나다.

생존 경쟁력이 강해서 양보하지 않고 끝까지 이겨낸다.
처세술이 뛰어나 시대적 변화를 수용하는 능력이 있다.
분석적이고 탁월한 기획능력으로 기발한 생각을 해낸다.

위기관리 능력이 뛰어나 순간적이 처세에 일가견이 있다.
결단을 내리면 두려움이 적고 집요하여 목적을 달성한다.
실행력이 뛰어나서 의욕적으로 밀고나가는 집요함이 있다.

단점

독립성이 강하여 통제가 심하면 적응하기가 어렵다.
현실적이어서 사물의 흐름에 민감하고 양보심이 적다.
모험적인 일도 진행하여 성패가 생기므로 기복이 있다.

완벽한 것을 선호하므로 남들의 실수를 용납하지 못한다.
뜻에 어긋나면 냉혹해지고 단호하며 타협의 여지가 적다.
행동력이 강할 때에는 편협해지며 비판도 마다하지 않는다.

3. 신의 경제관

장점

명분이 있는 일에는 금전을 아끼지 않는다.
안정성을 중시하여 위험한 행동은 자제한다.
실속이 있어서 재물에 대한 관리가 철저하다.

생존 경쟁력이 높아서 발전적인 힘을 보여준다.
수익이 된다면 무엇이든 해보려는 의욕이 강하다.
경제 감각이 탁월하여 재물을 모으는 능력이 있다.

예상하지 못한 기발한 생각으로 재미를 보기도 한다.
재테크에 대한 응용과 방법에 대하여 최선을 다한다.
생활력과 환경 적응력이 강하고 맞벌이 부부가 많다.

단점

자신의 이익 앞에서 손해 보는 행동은 하지 않는다.
현실주의자여서 금전이 없으면 압박감이 훨씬 심하다.
작은 것 하나도 일일이 따질 때는 상대를 피곤하게 한다.

집중하면 빠져드는 경향이 있어서 투기는 경계해야 한다.
기분이 좋거나 이해관계가 있으면 한꺼번에 지출을 한다.
이익이 된다고 생각하면 의리보다 유리한 쪽으로 기운다.

4. 신의 애정관

외모에 관심이 많고 멋쟁이들이 많다.
한번 인연이 맺어지면 쉽게 헤어지지 않는다.
주변 분위기에 따라 사교적인 행동도 보여준다.

자신보다 수준이 높은 사람과 어울리려고 한다.
생활이 안정되면 인생을 즐기면서 살려고 한다.
직설적으로 하지 않고 간접화법을 많이 사용한다.

포용력이 깊고 따뜻한 마음을 지닌 이성을 원한다.
기분만 맞으면 모든 것을 아끼지 않고 베풀어준다.
인격을 중요시하여 사귀기 전에 꼼꼼하게 파악한다.

단점

감수성이 풍부하고 예민하여 변화가 많다.
보수적이면서도 과감한 행동으로 놀라게 한다.
자기중심적이어서 상대가 봉사적이기를 원한다.

고백이 힘들고 마음을 열기까지 시간이 걸린다.
질투심이 강하여 조금만 이상해도 확대해석한다.
기분이 상하면 시간이 지나도 쉽게 풀리지 않는다.

5. 신의 남성

장점

겉으로 부드러우면서도 주관이 뚜렷하다.
침착하고 사고력이 예리하며 단호한 면이 있다.
자기 관리가 철저하고 상황에 냉철하게 대응한다.

순간적인 처세에는 유연하여 기회 포착이 빠르다.
주변 상황에 화합하고 사교적인 모습도 보여준다.
마음에 들면 무엇을 주어도 아깝지 않게 생각한다.

성취욕이 강하여 할 일은 밀어붙이는 기질이 있다.
명석하여 사물에 대한 지식이 풍부하며 막힘이 없다.
생존 경쟁력이 높아서 환경에 적응하는 것이 빠르다.

단점

수준이 낮거나 인격이 떨어지는 사람은 무시한다.
감정이 예민하고 까다로운 면이 있으며 양보심이 적다.
밖에서는 말도 잘하나 집에 오면 무뚝뚝하고 무정하다.

경계심이 강하여 쉽게 믿지 못하고 사람을 가려서 사귄다.
판단이 서면 모험적인 일도 감행하는 승부사 기질이 있다.
뜻대로 안되면 객관적이지 못하여 성급하고 격정적이 된다.

6. 신의 여성

활발하고 친절하면서 인정이 많으며 심성이 착하다.
눈치가 빠르고 상냥하며 아량이 넓어 이해심이 많다.
행동이 단정하고 품위가 있으며 외모에 관심이 많다.

상대 남성에게 한번 마음을 주면 쉽게 변하지 않는다.
감각이 뛰어나서 자기 개성을 창조하는 세련미가 있다.
인내심이 강하여 힘들어도 웬만한 것은 잘 참고 견딘다.

현모양처형으로 직업을 가져도 가정에 소홀하지 않는다.
실수를 해도 요령껏 기분상하지 않게 해주는 재치가 있다.
생활이 어느 정도 안정되면 인생을 즐기면서 살려고 한다.

자신의 욕구를 내면에 간직한 채 속으로 쌓아둔다.
마음을 주기 전에 충돌이 생기면 냉정하게 돌아선다.
고민이 있어도 쾌활한 척 하고 겉으로 표현하지 않는다.

속마음을 드러내지 않고 마음을 열기까지 시간이 걸린다.
무시를 당하면 용서하지 못하고 잘못 건드리면 냉혹하다.
관찰하여 확신이 서야 마음을 주므로 시간이 많이 걸린다.

壬

임의 해설

일간 임(壬) 유명인

강호동(MC, 개그맨), 고두심(탤런트), 고흥문(전 국회의원), 김명민(탤런트), 김성수(고려대 설립자), 김혜연(가수), 박재상(가수, 싸이), 박지원(국회의원), 박진영(가수, 음악PD), 배용준(영화배우), 서태지(가수), 세종대왕(조선 임금), 신윤주(아나운서), 안상수(전 한나라당 원내대표), 육영수(박정희 대통령 부인), 윤보선(전 대통령), 이경규(MC. 개그맨), 이상벽(방송인), 이승기(가수), 이하응(흥선 대원군), 이혁재(개그맨), 임종석(전 국회의원), 정몽헌(전 현대그룹 회장), 정선희(개그우먼), 정일형(전 외무부장관, 전 국회의원), 한복려(궁중 음식 연구원장), 홍사덕(전 국회의원), 홍정욱(전 국회의원), 황우석(수의학 박사), 찰리 채플린(영화배우)

1. 임의 성격

장점

솔직하고 사교적이며 사고방식이 개방되었다.
평소에 여유가 있으며 복잡한 것을 싫어한다.
차분하고 자신의 분수를 알며 경솔하지 않다.

마음이 유연하고 매사를 긍정적으로 생각한다.
지혜가 많아 총명하며 이해력과 창의력이 높다.
포용력과 배려심이 있어서 마음 씀씀이가 넓다.

상식이 풍부하여 누구와 대화를 해도 막힘이 없다.
생각성이 깊고 언행이 일치하며 균형 감각이 뛰어나다.
명예를 존중하여 품위가 손상되는 행동은 하지 않는다.

단점

충동적인 면이 강하여 격식에 얽매이면 답답해한다.
참을성이 부족하며 급하고 느린 것이 일정하지 않다.
끈기가 부족하여 의욕적으로 하다가도 싫증이 빠르다.

분위기에 따라 변화가 많아서 상대하는 것이 쉽지 않다.
다혈질 기질이 있어서 감정적으로 휩싸이는 경우가 있다.
속마음을 쉽게 드러내지 않아 무슨 생각을 하는지 모른다.

2. 임의 직업관

여유가 있어서 서두르지 않으므로 실수가 적다.
합리적이고 판단력이 뛰어나 핵심파악을 잘한다.
논리적이고 지적 욕구가 강하며 창조성이 풍부하다.

여러 경우의 변수를 고려하여 완벽한 것을 추구한다.
부지런하고 활동성이 강하며 수단이 뛰어나 앞서 나간다.
문제가 생겨도 사소한 일에 집착하거나 흔들리지 않는다.

기회포착을 잘하고 복잡한 문제도 해결 능력이 탁월하다.
환경이 바뀌어도 적응을 잘하며 전진하려는 마음이 강하다.
새로운 일에 결정을 내리면 추진력이 강하여 즉시 실행한다.

형식에 얽매이거나 지루한 일은 견디기 힘들어 한다.
충동성이 발휘되면 참지 못하고 시작해야 직성이 풀린다.
한 곳에 오래 머물러 있지 못하고 변화를 많이 하게 된다.

시간이 지나도 결과가 나타나지 않으면 참을성이 부족하다.
꼼꼼하고 세밀하게 반복적으로 하는 일은 적성에 맞지 않다.
일의 시작도 잘하지만 결과를 맺지 못하여 용두사미가 된다.

3. 임의 경제관

장점

무에서 유를 창조하여 재물을 응용하는 방법이 뛰어나다.
경제 개념이 철저하여 안정된 생활을 하는 사람들이 많다.
합리적으로 자신의 분수를 지켜서 정도에 벗어나지 않는다.

넓은 지식으로 수단이 좋아서 경제적인 부가가치를 높인다.
안정성을 선호하여 투기나 모험적인 것은 가급적 멀리한다.
현실에 맞추어서 생활하여 무리하게 금전을 지출하지 않는다.

현실적인 수치에 밝으므로 경제를 확장시킬 방법을 강구한다.
금전을 버는 것도 소중하지만 사용하는 것을 중요하게 여긴다.
자신이 꼭 써야 할 곳에는 뒤로 빠지지 않고 과감하게 사용한다.

단점

금전을 손해 보더라도 명예가 손상되는 행동은 안한다.
겉으로 대충하는 것 같아도 물질적인 흐름에 민감하다.
하고 싶은 것은 어떻게 해서든지 해봐야 직성이 풀린다.

목돈을 일시에 벌려다 기복이 생겨 어려움을 겪기도 한다.
신용을 의심하여 절대 믿는 사람이 아니면 거래하지 않는다.
안목이 높아 수준이 낮은 것은 쳐다보지 않고 과시욕이 있다.

4. 임의 애정관

이성 앞에서도 수줍어하거나 부끄러워하는 것이 적다.
친화력이 있어서 부드럽고 유연한 분위기를 조성한다.
낭만적이어서 돌아다니거나 여행 다니는 것을 좋아한다.

긍정적이면서도 치밀한 면이 존재하여 실수하지 않는다.
정서적으로 안정을 바라는 경향이 강하여 가정에 충실하다.
친절하고 예의 있게 대하여 상대가 싫어하는 행동은 안한다.

엉큼한 것을 싫어하며 마음을 터놓고 교제하는 것을 원한다.
상대가 실수를 하여도 내색하지 않고 순간의 재치로 넘긴다.
인격적으로 대우해주고 배려심을 발휘하여 많이 베풀어준다.

상대방을 섬세하게 챙겨주는 것에 서투르다.
주관이 강하여 다툼이 생기면 지지 않으려고 한다.
분위기에 따라 변화가 많아서 상대하기 쉽지 않다.

다혈질 기질이 있어서 감정을 건드리면 참지 못한다.
속마음을 쉽게 드러내지 않아 파악하려면 오래 걸린다.
상상력이 풍부하여 생각이 많고 필요 없는 걱정을 한다.

5. 임의 남성

장점

인간관계가 원만하고 사교적이며 화합을 중시한다.
인품이 수려하여 행동이 단정하고 언행이 일치한다.
온화하고 유연하여 생각이 깊고 마음 씀씀이가 넓다.

담백하고 균형 감각이 뛰어나서 사리 판단이 분명하다.
문제가 생겨도 남에게 의지하지 않고 스스로 해결한다.
솔직하고 매사에 자신감을 가지고 긍정적으로 생활한다.

창조성이 풍부하고 기획력이 뛰어나서 재능을 인정받는다.
평소에 이해심이 많고 여유가 있어서 급히 서두르지 않는다.
할 일이 있으면 앉아서 시키지만 않고 솔선수범하여 해결한다.

단점

속마음을 알 수가 없어서 접근하는 것이 부담스럽다.
참을성이 적어 한 곳에 오래 있으면 답답함을 느낀다.
다혈질이어서 자신의 뜻에 어긋나면 성급하고 격렬해진다.

상황에 따라 변화가 생겨 진정성이 의심받는 행동을 한다.
자부심이 강하여 간섭하거나 억압하면 견디기 힘들어한다.
충동적으로 시작은 잘하나 끈기가 약하여 마무리가 부족하다.

6. 임의 여성

장점

분위기에 휩쓸리지 않고 자신의 주관대로 행동한다.
상대가 무엇을 요구하기 전에 알아서 먼저 해결한다.
명랑하고 활달하여 활동적이며 사고방식이 개방적이다.

경제 개념이 발달하여 현실적인 수치에 밝고 민감하다.
기품이 있고 부지런하며 검소하여 사치를 하지 않는다.
성실하고 생활력이 강하여 살림도 규모 있게 알뜰하다.

배우자에게만 의지하지 않고 직업을 갖는 여성도 많다.
사회 활동도 활발하고 수단도 뛰어나 두각을 나타낸다.
솔직하고 직선적이며 생각이 깊어 정신적인 세계가 넓다.

단점

극단적인 면이 있어서 좋고 싫을 때의 차이가 크다.
자존심이 강하여 힘들거나 어려워도 내색하지 않는다.
할 일이 있으면 조급하여 즉시 해치워야 직성이 풀린다.

비위에 거슬리면 냉정해져 다시 상대하지 않으려고 한다.
배우자한테 잡혀 살지 않고 이기려고 하므로 갈등이 많다.
집에 있으면 답답하게 생각하여 돌아다니는 것을 좋아한다.

계의 해설

일간 계(癸) 유명인

고 종(조선 임금), 국혜정(아나운서), 길은정(전 가수), 김민종(탤런트), 김소월(시인), 김승연(한화그룹 회장), 김연아(피겨 스케이트), 김원준(가수), 김준수(가수, 동방신기), 도종환(시인, 국회의원), 박시환(전 대법관, 교수), 보아(가수), 송영길(인천 시장), 신동엽(MC, 개그맨), 심창민(가수, 동방신기), 엄앵란(영화배우), 유태평양(국악 신동), 이병헌(영화 배우), 이승만(전 대통령), 이은결(마술가), 이종원(탤런트), 장 상(전 민주당 최고위원), 정성룡(축구 선수), 최광수(전 외무부장관), 홍석현(중앙일보 회장), 아사다 마오(피겨 스케이트선수), 엘튼 존(팝 가수), 지미 카터(전 미국 대통령), 파블로 피카소(화가)

1. 계의 성격

온순하고 지혜가 많으며 이성적이면서 섬세하다.
환경에 따라 적응하고 대응하는 능력이 뛰어나다.
침착하고 차분하며 개방적이면서도 분수를 지킨다.

창의적인 성향으로 새로운 것에 대한 관심이 많다.
합리적이고 현실적이며 일목요연하게 정리를 한다.
가치관을 중시하여 체면이 손상되는 행동은 안한다.

애매모호한 것은 싫어하고 구체적인 것을 선호한다.
급하지 않게 감정 조절을 잘하여 느긋하게 대응한다.
공정한 이론을 중시하여 옳고 그른 것을 분명히 한다.

단점

감수성이 풍부하여 감성적이 되어 분위기에 빠져든다.
겉으로 강한 척해도 여리며 매사에 조심스러움이 많다.
속마음을 쉽게 열지 않아 비밀이 많은 사람처럼 보인다.

감정이 예민하여 분위기에 민감하고 감정 기복이 심하다.
적극성이 부족하고 자기 뜻대로 되지 않으면 변화가 많다.
시비가 분명하여 틀렸다고 생각한 것은 끝까지 고쳐야 한다.

2. 계의 직업관

장점

치밀하고 정확하며 거창한 것보다는 실속을 중요시한다.
자유로운 발상으로 재치가 있으며 객관적으로 판단한다.
안전하다고 판단이 될 때 실행에 옮기므로 실패가 적다.

사려가 깊고 신중하며 세밀하여 빈틈없이 내실을 기한다.
명예와 권위를 존중하여 체면이 손상되는 행동은 안한다.
서두르지 않고 느긋하게 대응하여 완벽한 일처리를 한다.

업무에 대한 전문성과 이해심이 많아 발전가능성이 높다.
분명한 것을 추구하여 실질적인 분야에서 능력을 발휘한다.
남에게 조언을 잘하여 옆에서 보좌하는 참모 역할도 잘한다.

단점

관념에 갇히면 시야가 좁아져 사물을 넓게 보지 못한다.
추진력이 부족하고 과감성이 떨어져 소극적으로 보인다.
형식과 격식에 구애를 받고 환경에 따라 변화가 생긴다.

여러 변수를 고려하여 너무 앞뒤를 재느라 시간이 걸린다.
안정을 중시하여 진취적이지 못하고 모험심과 야망이 적다.
분위기에 편승하여 듣기 싫어하는 말은 가급적 하지 않는다.

3. 계의 경제관

장점

실속이 있어서 물질의 흐름에 민감하고 계산이 빠르다.
신용과 약속은 철저하게 지켜서 주위에서 인정을 받는다.
금전이 들어오면 쉽게 지출하지 않고 세밀하게 관리한다.

과욕을 부리지 않고 조금씩 축적하여 재물을 늘려 나간다.
생활이 어느 정도 안정되면 만족하여 욕심 부리지 않는다.
정확하고 확실하여 대충 넘어가는 계산은 용납하지 못한다.

명예를 존중하여 체면이 손상되면서 재물을 모으지 않는다.
진실하여 잔재주나 요령으로 사람을 속이고 이용하지 않는다.
경제적인 개념이 꼼꼼하고 현실을 중시하여 투기는 싫어한다.

단점

안전을 우선시하여 비약적이고 수직적인 발전은 더디다.
자기중심적이어서 손해 보는 행동은 웬만해서 하지 않는다.
불안한 생활은 견디지 못하여 재물이 축적되어 있어야 한다.

대범하지 못하여 감당하지 못할 난관에 빠지면 좌절감이 크다.
이해타산이 빠르고 힘들거나 어려우면 남에게 의지하려고 한다.
모험심과 투기심이 적어 편안하고 안정된 생활을 즐기려고 한다.

4. 계의 애정관

장점

사색적이고 낭만적이어서 분위기에 민감하다.
행동이 단정하고 말이나 행동에 조심성이 많다.
품격을 중시하여 정신적인 교류를 소중하게 생각한다.

자유로운 발상과 재치가 있어서 생각의 전환이 빠르다.
신중하여 안심할 수 있는 사람이라고 확신해야 사귄다.
재치가 있어서 상대방 마음을 파악하여 편안하게 해준다.

상대방 인격을 존중해주고 가급적 수용하는 자세를 취한다.
듣기 싫어하는 말은 하지 않으며 하고 싶으면 돌려서 한다.
변함없는 애정을 주면서 시간이 지나면 대담한 행동도 한다.

단점

무심코 하는 한마디도 놓치지 않고 파고들어 생각한다.
마음의 상처를 받거나 배신을 당하면 후유증이 심하다.
교제 할 때 의견 대립이나 갈등이 커지면 돌아서 버린다.

표현하는 말과 다르게 속으로 생각하는 마음이 틀릴 수 있다.
한번 마음이 돌아서면 냉정하여 원위치 되는 것이 쉽지 않다.
감수성이 풍부하고 마음이 여려 감성적이 되어 분위기에 약하다.

5. 계의 남녀

장점

겸손하여 자신을 낮추고 상대방을 높여주는 미덕이 있다.
사물을 객관적으로 판단하여 흐트러짐이 없고 실수가 적다.
행동이 단정하고 정직하며 언행이 일치하여 인품이 수려하다.

남의 인격을 존중하여 상처가 되는 말은 함부로 하지 않는다.
지혜가 있어서 유연한 사고방식으로 내실을 기하여 실패가 적다.
출세욕이 있으나 술수를 부리면서 성공하는 것은 원하지 않는다.

합리적으로 논리가 정연하며 구체적이고 실질적인 것을 선호한다.
실속이 있어서 대충 넘어가는 것을 싫어하고 공과 사가 확실하다.
창의력이 높고 업무에 대한 이해력이 높아 실무 능력이 탁월하다.

단점

사람을 가려서 사귀므로 대인관계는 넓지 못하다.
복잡한 것을 싫어하여 밀고 당기는 방식은 못한다.
말이나 행동에 조심성이 많고 실수를 하면 자책한다.

위험한 곳에 노출시키지 않으려는 보호본능이 강하다.
감정이 예민하고 단순한 면이 있어서 집중하여 빠져든다.
친한 사이라도 진한 농담은 삼가고 예의를 지켜줘야 한다.

6. 계의 여성

장점

재치가 있어서 분위기를 파악하여 편안하게 대해준다.
지혜가 많고 명랑하면서도 감수성이 풍부하며 순수하다.
사색적이어서 나이를 먹어도 가슴에 꿈을 안고 살아간다.

상대에게 부담을 주거나 민폐를 끼치는 행동을 싫어한다.
행동이 단정하고 말에 품격이 있어서 지성미가 느껴진다.
온순하고 차분하여 정숙한 모습의 인상으로 호감을 준다.

자신의 가치관을 소중하게 생각하여 결혼은 심사숙고한다.
배우자에게 조언도 잘하여 가정이나 사업에 발전성이 있다.
활발하고 생기가 있어서 붙임성이 좋으며 적응력이 뛰어나다.

단점

마음이 여리고 감수성이 예민하여 변화에 민감하다.
감성적이 되면 분위기에 약하여 감정기복이 생긴다.
현실적이어서 편하고 안락하게 살려는 경향이 강하다.

표현하는 말과 마음속에 생각하는 것이 다를 때가 있다.
질투심이 강하고 속마음을 남에게 쉽게 보여주지 않는다.
조건에 맞는 상대를 찾기까지 시간이 걸리는 경우가 많다.

日柱

子　丑　寅　卯　辰　巳　午　未　申　酉　戌　亥

A　O　B　AB

제2장

일　주　론　과
혈　　액　　형

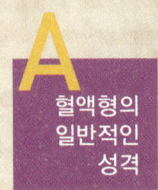
혈액형의 일반적인 성격

장점
성실하고 착실하게 노력하는 성격으로 꼼꼼하고 완벽주의적 성향이 강하고 주위와 협조를 잘하며 남을 잘 배려하는 세심한 성격이다. 노력파가 많고, 어떤 일이 완벽하게 되지 않으면 직성이 안 풀리는 편이다. 책임감이 강해 약속은 반드시 지킨다.
부드럽고 온화한 분위기를 가지며 되도록이면 남에게 피해를 주지 않으려고 하며, 상대방의 이야기를 차분히 잘 들어준다. 윗사람에 대한 예의가 깍듯하며 품위를 중요시한다. 사회에 대한 적응력이 높기 때문에 사회생활에서는 안정적으로 적응한다.

단점
사소한 일에 지나치게 신경을 쓰고, 예민하기 때문에 자칫 신경질적일 수 있다. 그래서 투덜투덜 불평을 자주 하거나 매사를 나쁘게 생각하려는 비관주의자가 다소 있다.
A형들은 사람을 쉽게 믿지 못하기 때문에 자신의 기분을 솔직히 전달하는 데 서툴다. 사람들과 쉽게 가까워지기 보다는 오랜 시간을 들여 알아가고 우정을 쌓아간다. 한번 화가 나면 그 기억을 오래가지고 가기 때문에 소심한 복수를 하거나 뒤끝이 있다.

혈액형 유명인

(가수) 김범수, 김종국, 나훈아, 배철수, 설운도, 양현석, 엄정화, 이승철, 이효리
(연기자) 강석우, 고두심, 고소영, 김혜자, 노주현, 박근형, 송강호, 송승헌, 수애
(개그맨) 김국진, 김미화, 김원희, 김준호, 김지선, 박명수, 신동엽, 이경규, 이경실
(영화감독) 여동균, 강제규 (작가) 김수현, 양귀자, 이외수, 조정래 (성악가) 조수미
(축구선수) 고종수, 고정운, 김영광, 김은중, 유상철, 윤정환, 이근호, 이기형, 이동국
(야구선수) 강명구, 강정호, 김병현, 김사율, 김성갑, 김인식, 김진욱, 나지완
(정치가) 강금실, 김을동, 김대중, 박정희, 원희룡, 안철수, 오세훈, 유승민, 유시민
(경제인) 강덕수(STX 회장), 신격호(롯데 회장), 윤종용(삼성 부회장), 이구택(포스 회장), 이용경 (KT 사장), 정몽국(전 한라그룹 부회장)
(외국인) 빌 게이츠, 타이거 우즈, 스티브 잡스, 오프라 윈프리, 고이즈미 준이치로, 마이클 잭슨, 비욘새, 빌 클린턴, 타이거 우즈

장점

정직하며 자기 주도적 성향이 강하다. 자신의 욕구나 감정에 솔직하다. 적극적인 성격으로 나서기를 좋아하고 분위기 메이커로 활약하기도 한다. 대부분 애교가 많고 씩씩하다. 허세부리지 않는 성격으로 겉과 속이 다르지 않으며 주위 사람들에게 친근감을 유발한다.

호기심이 왕성해 무슨 일이든 흥미를 갖고 있기 때문에 화제가 풍부하고, 유머감각도 많이 지니고 있다. 자기 생각에 대한 믿음이 확고하며, 사소한 일에 구애되지 않고 항상 적극적이며 시원스럽다.

단점

개성이 강하고 천성적으로 직감과 기분에 따라 행동한다. 쾌활한 성격이지만 의외로 잘 토라지기도 하고 질투가 강하다. 제멋대로이고 반항심도 강해 상식에서 벗어나는 행동을 하기도 한다. 한 가지 일에 열중하지 못하고 싫증을 쉽게 내므로, 협동성과 규율에 맞게 행동해야 하는 조직생활은 적응하기 힘들어하기도 한다.

(가수) 김완선, 김장훈, 박현빈, 백지영, 송대관, 아이비, 이문세, 이승기, 장윤정
(연기자) 감우성, 김수로, 김희애, 문근영, 박신양, 박하선, 백윤식, 유오성, 이덕화
(개그맨) 김용만, 김지혜, 김학래, 송은이, 심현섭, 심형래, 안선영, 유재석, 윤정수
(방송인) 이상벽, 임백천, 정은아 (작가) 박완서, 이청준
(축구선수) 김남일, 김병지, 김보경, 설기현, 오범석, 우성용, 이운재, 지동원, 차범근, 홍명보
(야구선수) 강봉규, 고효준, 김광현, 김동주, 김상현, 박병호, 박용택, 박정권
(정치가) 고건, 권영길, 김덕룡, 나경원, 문재인, 박근혜, 박지원, 이명박, 이인제
(경제인) 구본무(LG 회장), 김동진(현대자동차 부회장), 김승연(한화그룹 회장), 김영훈(대성그룹 회장), 박삼구(금호아시아나 회장)
(외국인) 마하트마 간디, 아베 신조, 첸수이볜

혈액형의 일반적인 성격

장점

기질적으로나 육체적으로도 생기가 있고 승부욕이 강하여 지기 싫어하는 성격을 가진 사람이 많다. 무슨 일이든 도전적인 근성을 가지고, 목표에 대한 달성도가 높다. 쾌활하고 너그러운 성격 덕분에 사람들이 잘 따르고 설득력도 있다. 긍정적 에너지가 넘쳐 밝고 건강한 이미지여서 사람의 마음을 끄는 무언가가 있다. 자존심이 강하지만 대인관계가 좋고 주변사람들과 어울리기를 좋아하는 성격이다. 정열적이고 감각파들도 많고 꿈꾸는 낭만주의자들이 많지만 노력파도 많다.

단점

자신의 생각대로 남을 움직이려 하는 경향이 있어 때로는 미움을 받기도 한다. 예를 들어 친구를 자기 혼자만 차지하고 싶어 자신도 모르게 붙들어 매기도 하고, 자신이 돋보이고자 하는 편이기 때문에 주제 넘는 참견을 하기도 한다. 잘난 척을 좋아하고 남들에게 인정받기를 좋아하여 말이 많고 장난치는 것을 좋아한다.

좋고 싫음이 분명하여 본인이 좋아하는 사람에게는 매우 잘하나 싫은 사람과는 쉽게 다투기도 하고 고집이 세서 싸우고 나면 좀처럼 먼저 사과하지 않는다.

O 혈액형 유명인

(가수) 김건모, 대성, 박상민, 비, 서태지, 손담비, 심수봉, 신승훈, 옥주현, 조용필
(연기자) 권상우, 김태희, 김희선, 박중훈, 배용준, 설경구, 장동건, 장 혁, 전도연
(개그맨) 김한국, 노홍철, 박미선, 박수홍, 이수근, 이영자, 이휘재, 전유성, 정찬우
(축구선수) 구자철, 기성용, 박지성, 송종국, 이영표, 이운재, 정조국, 조병국, 차두리
(야구선수) 김강민, 박찬호, 선동렬, 심수창, 양준혁, 양현종, 이대수, 이만수, 이범호, 이종범
(정치가) 강재섭, 김근태, 김문수, 김영삼, 김혁규, 노무현, 맹형규, 문국현
(경제인) 구자열(LG전선 부회장), 구자준(LIG 손해보험 상임고문), 구학서(신세계 전 회장), 김승유(하나은행 은행장), 김영대(대성 대표이사 회장)
(외국인) 간 나오토, 레이건, 루즈벨트, 조지 부시, 아이젠하워, 빌 클린턴, 포드, 후진타오, 케네디, 해리 트루먼, 하토야마 유키오

장점

AB형은 천재 아니면 바보라는 말이 있을 정도로 머리가 좋다. 예의 바르고 감정에 솔직하고 충실하며, 환경이나 변화에의 적응력이 뛰어나다. 이성적이기 때문에 본인의 생각을 논리적으로 표현하며, 관찰력과 미적 감각, 유머감각이 뛰어나다. 붙임성이 좋으며 남을 잘 도와주고, 부탁을 받으면 하기 싫은 일도 잘 들어준다. 평화주의자이기 때문에 싸움을 걸지 않는다. 침착하고 정의감이 강해 거짓말을 싫어하며 시원시원한 성격이어서 장황스럽지 않다.

단점

매몰찬 성격을 가지고 있다. 빈정거리기를 좋아하여 남의 기분을 상하게 만들기도 한다.
요령이 좋아 시킨 일은 빠르게 해내지만, 끈기가 부족해 싫증을 잘 내거나 단념해 버린다.
문제가 발생하면 남에게 떠맡기고 자신만 피해버리려는 경향도 있다. 공적인 자리와 사적인 장소에서의 인상이 완전히 다른 사람인 것처럼 행동해 주변 사람들을 당황하게 하는 경우도 많다.

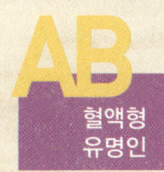

(가수) 김종서, 김현정, 박진영, 박형식, 보아, 수지, 유리, 윤하, 조성모, 현숙
(연기자) 강수연, 김남주, 신현준, 안성기, 유동근, 이영하, 장미희, 최명길, 한가인, 한석규
(개그맨) 강성범, 김태균, 박경림, 엄용수, 이병진
(아나운서) 손미나, 김성주, 백지연 (영화감독) 봉준호
(축구선수) 김도훈, 김민재, 박주영, 서정원, 손흥민, 안정환, 이민성, 이을용
(야구선수) 고영민, 김수경, 김태균, 김태훈, 김현수, 박석민, 박희수, 신종길
(정치인) 강기갑, 김구, 김영삼, 김옥두, 김일성, 노태우, 손학규, 안철수
(경제인) 노기호(LG화학 사장), 박용성(두산 중공업 회장), 박용오(전 두산그룹 회장), 박정인(현대 중공업 회장), 이건희(삼성 그룹 회장)
(외국인) 마릴린 먼로, 성룡, 버락 오바마, 유덕화, 이연걸, 거스 히딩크

甲子 갑자 해설

갑 공통점   어질고 착하여 이해심이 많으며 인정이 있다.
              활동적이고 사교성이 좋아 대인관계가 원만하다.

갑자 공통점 중심이 바르고 진취적이어서 추진력이 강하다.
               온화하고 안목이 높아서 이상적인 것을 추구한다.

여성 공통점 명랑하고 활발하며 낙천적인 성향으로 붙임성이 있다.
               호감을 주는 인상으로 무엇이든 하려는 의욕이 강하다.

● **갑자 A형 장점**
말이 적으면서도 부드러우며 중용을 지켜 처신한다.
이해득실을 따지기 보다는 명분이나 명예를 우선한다.
자부심이 강하고 연구심도 풍부하여 재능을 발휘한다.

● **단점**
상대가 거슬리는 행동을 하면 강직한 성향이 나타난다.
욕심이 있어서 어느 정도 성공으로는 만족하지 못한다.
뜻대로 안되면 직선적이고 감정적으로 대처하여 손해를 본다.

甲子 B

●갑자 B형 장점
머리가 총명하고 직감력이 뛰어나 심리파악이 빠르다.
상대가 자신의 마음에 들면 진심어린 조언과 배려를 한다.
언행이 일치하고 사리판단이 분명하며 이해력이 뛰어나다.

●단점
즉흥적인 성향이 있어서 오랜 시간 고민하는 것은 힘들다.
이성이 따르게 되어 문제가 생기므로 처신을 잘해야 한다.
마음이 호탕하여 기분이 좋으면 금전을 과감하게 지출한다.

甲子 O

●갑자 O형 장점
품위가 있어서 의젓하게 행동하며 신뢰를 주어 믿음직하다.
확신하면 대범하고 과감해져 조그만 일에 얽매이지 않는다.
포용력이 있으면서도 일을 할 때는 공정하고 결단력이 있다.

●단점
가까운 사람이 부탁하면 거절하지 못하고 손실을 당한다.
처음에 크게 시작을 하기 때문에 실패하면 어려움이 많다.
정상에 서고 싶은 마음이 강하여 높이 날려고 욕심 부린다.

甲子 AB

●갑자 AB형 장점
표현을 많이 하지는 않지만 생각이 유연하면서 의욕적이다.
이성적으로 상황을 분석하여 미래를 예측하므로 실패가 적다.
계획이 치밀하고 지성미가 있으며 중요한 일은 핵심을 찌른다.

●단점
자존심이 강하므로 체면과 품위가 손상되는 것을 싫어한다.
반복되는 일은 싫어하고 마무리 과정에서 끈기가 부족하다.
능력을 과신하여 조언도 듣지 않고 소신대로 일을 강행한다.

甲戌 갑술 해설

갑 공통점   어질고 착하여 이해심이 많으며 인정이 있다.
                활동적이고 사교성이 좋아 대인관계가 원만하다.

갑술 공통점   직선적이고 희생정신이 강하지만 남의 말을 쉽게 믿는다.
                관리능력이 뛰어나지만 야망을 꿈꾸기보다 현실에 충실하다.

여성 공통점   활발하고 적극적이며 하고 싶은 이야기는 해야 직성이 풀린다.
                생활력이 강하고 이해심이 많지만 눈에 거슬리는 것은 못 본다.

● 갑술 A형 장점
조심성이 있어서 무리를 하거나 불필요한 일은 않는다.
현실적이어서 구체적이고 실질적인 부분에 관심이 높다.
독창성을 살려주어야 업무적으로 능률이 오르는 사람이다.

● 단점
주체성이 강하여 자신의 위주로 생각하는 경향이 있다.
독선적으로 흐르면 남들로부터 불평과 불만을 사기 쉽다.
엉뚱한 일을 한 번씩 저질러서 어려운 상황이 되기도 한다.

甲戌 B

●갑술 B형 장점

명랑하고 활달하며 친절하여 남의 기분도 맞추어 준다.
남과 어울리기를 좋아하고 유연하여 친근감을 느끼게 한다.
머무르지 않고 항상 변화를 추구하여 새로운 것을 모색한다.

●단점

승부욕이 발동되면 참을성이 부족해져 무리하기 쉽다.
즉흥적이어서 자신의 생각과 감정을 그대로 표현한다.
장시간에 걸쳐서 꼼꼼하고 세밀한 작업은 적합하지 않다.

甲戌 O

●갑술 O형 장점

적극적이고 매사에 긍정적으로 생각하며 자신감이 있다.
자신의 발전을 위해서 적극적이고 솔선수범하여 활동한다.
처세술이 뛰어나서 사람을 빨리 사귀며 끝까지 변함이 없다.

●단점

참을성이 적어서 성질이 나면 급하고 과격한 면이 나타난다.
남의 일이라면 자신의 일을 제쳐놓고 봐주느라 실속이 적다.
전진하려는 성향이 강하여 주위를 파악하지 못하고 실수한다.

甲戌 AB

●갑술 AB형 장점

현실적이면서도 미래지향적으로 남들보다 생각이 앞선다.
평소에 합리적인 경제 개념을 보여주며 낭비하지 않는다.
성실하고 생각하는 수준이 높아서 발전의 기상을 보여준다.

●단점

참을성이 부족하여 조급하고 주관적으로 판단하여 결정한다.
과욕을 부리다가 어려운 난관에 직면하여 애로사항을 겪는다.
기복이 있어서 기분이 좋을 때와 그렇지 못할 때의 차이가 크다.

甲申 갑신 해설

갑 공통점   어질고 착하여 이해심이 많으며 인정이 있다.
활동적이고 사교성이 좋아 대인관계가 원만하다.

갑신 공통점   성품이 곧고 깨끗하며 영민하여 머리 회전이 빠르다.
통솔력이 있어서 이끌어가나 남의 말에 쉽게 넘어간다.

여성 공통점   직선적이면서 활발하여 좋고 싫음의 구분이 뚜렷하다.
남편에게만 의지하지 않고 마찰이 생겨도 굽히지 않는다.

● **갑신 A형 장점**
독립심이 강하여 다른 사람에게 의지하지 않고 해결한다.
말보다는 행동력이 앞서므로 솔선수범하여 모범을 보인다.
언변에 조리가 있고 계획성이 철저하여 목적의식이 뚜렷하다.

● **단점**
완벽함을 추구하여 자기 단점이 드러나는 것을 싫어한다.
아집이 있어서 누구 말도 듣지 않고 생각대로 밀고 나간다.
명예욕이 있어서 인정받기를 원하며 남의 위에 서려고 한다.

甲申 B ●갑신 B형 장점
명랑하고 활기가 넘쳐서 주변의 분위기를 밝게 해준다.
적극적이고 화제도 풍부하며 생활에 자신감을 보여준다.
처리해야 할 일이 있으면 뒤로 미루지 않고 해결을 한다.

●단점
성급하고 충동적이어서 시작은 잘하지만 끈기가 부족하다.
자유스러운 것을 선호하므로 격식에 얽매이면 힘들어한다.
친근한 사람에게는 자신의 모든 것을 보여주어 비밀이 적다.

갑신 O형 장점
안정된 성품으로 편하게 대해주므로 부담을 주지 않는다.
자신이 믿는 사람에게는 신의를 가지고 배신하지 않는다.
진취적인 기상으로 정상에 우뚝 서보고 싶은 욕망이 강하다.

●단점
완고하여 우직스럽게 밀고 나가니 주위 사람이 고생한다.
비위에 거슬리면 상대를 지배하고 억압하여 반발을 산다.
남을 너무 믿다가 기복이 생겨 몸과 마음을 힘들게 한다.

갑신 AB형 장점
남에게는 친절하고 다정하게 대하지만 자신에게 엄격하다.
언변이 조리가 있고 설득력이 뛰어나서 지도력을 발휘한다.
일을 할 때는 착실하고 냉철한 판단력으로 목표를 성취한다.

●단점
자신보다 수준이 떨어지는 사람은 낮추어보고 편애한다.
자신의 뜻에 어긋나면 냉혹함도 있어서 돌아보지 않는다.
싫증이 빠르고 변화가 생겨 한 가지 일에 전념하기 힘들다.

甲午 갑오 해설

갑 공통점 어질고 착하여 이해심이 많으며 인정이 있다.
활동적이고 사교성이 좋아 대인관계가 원만하다.

갑오 공통점 아집이 강하며 좋고 싫음의 자기표현을 확실하게 한다.
재치 있는 기지를 발휘하여 기회를 포착하는데 뛰어나다.

여성 공통점 현실성과 낭만성이 조화를 이루면서 활력이 넘친다.
남에게 지지 않으려는 기질이 있어서 갈등이 생긴다.

甲午 A

●**갑오 A형 장점**
완벽한 것을 추구하고 해야 할 일이 있으면 즉시 시작한다.
사물을 차분하게 관찰하고 일처리가 확실하여 인정을 받는다.
창의적이고 다재다능하며 일에 대해서도 욕심이 많은 사람이다.

●**단점**
자신보다 수준이 떨어지면 상대를 얕보는 경향이 있다.
상대와 사이가 틀어지거나 배신을 당하면 용서하지 못한다.
결정을 내리면 누구의 말도 듣지 않고 소신대로 밀고 나간다.

甲午 B

● 갑오 B형 장점
어떤 상황이든 빠르고 시원하게 결론을 내려서 실행한다.
독창적이고 개성이 강하여 멋쟁이가 많으며 수단이 뛰어하다.
순발력이 탁월하고 눈치가 비상하여 상대방 의도를 파악해낸다.

● 단점
자신과 느낌이 맞지 않는 사람은 깊이 사귀려고 하지 않는다.
인내심이 부족하고 베풀면서도 뒤에 좋은 소리를 듣지 못한다.
새로운 일을 시작하면 결과에 집착을 하고 성급하게 서두른다.

甲午 O

● 갑오 O형 장점
신념이 확고하고 의욕이 넘치며 결심하면 행동으로 옮긴다.
관리하는 자리에 있을 때 능력을 발휘하는 모습을 보여준다.
책임감이 강하여 일을 시작하면 어떻게 해서든지 마무리한다.

● 단점
자기중심적으로 생각하고 판단하여 상대방 의사를 억누른다.
출세하려는 욕망이 강하여 남보다 위에 서야 직성이 풀린다.
억압을 당하면 반항적인 기질이 나타나 오히려 역효과가 난다.

甲午 AB

● 갑오 AB형 장점
철저한 계획으로 실천을 하여 무리하지 않고 이루어낸다.
현실적이고 순발력이 좋으며 냉철한 판단력으로 실패가 적다.
재주가 많고 열정적으로 일하며 마무리를 하여 목표를 달성한다.

● 단점
의도대로 되지 않으면 보이지 않는 선을 긋고 대하게 된다.
뒤로 미루다가 기회를 놓치는 경우가 생겨서 손실을 당한다.
이익이 없으면 냉정하고 사회성이 떨어져 행동에 오해를 받는다.

甲辰 갑진 해설

갑 공통점   어질고 착하여 이해심이 많으며 인정이 있다.
                활동적이고 사교성이 좋아 대인관계가 원만하다.

갑진 공통점   온순하고 점잖으며 융통성이 많아 상대방 배려를 잘해준다.
                호인으로 강직성이 부족하여 큰일을 이루는데 장애가 된다.

여성 공통점   명랑하고 활발하며 생활력이 강하지만 솔깃한 말에 넘어간다.
                재물 관리 능력이 뛰어나 열심히 모아 놓아도 뒤로 새어나간다.

● **갑진 A형 장점**
자신만의 의견을 강하게 주장하지 않고 협조적으로 대해준다.
매사를 긍정적으로 생각하며 신의를 가지고 배신하지 않는다.
담백하고 겸손하여 경우가 밝으며 매사를 확실하게 마무리한다.

● **단점**
고집이 없게 보이지만 은근히 자신만의 아집이 있다.
고상한 면이 있어서 분위기에 체면이나 격식을 따진다.
어느 정도 성공을 이루면 과욕부리지 말고 지켜야 한다.

甲辰 B

● 갑진 B형 장점
자유스러움을 선호하여 형식에 얽매이는 것을 싫어한다.
융통성을 발휘하고 기분을 맞추어 웬만해서 화를 안낸다.
자상하고 재주가 많은 수완가가 많으며 관리능력이 뛰어나다.

● 단점
어울리는 것을 좋아하고 자제력이 약하여 실속이 적다.
주체성이 부족하여 남의 부탁을 받으면 거절하지 못한다.
능력이 있으면서도 실력을 발휘하지 못하여 마음고생을 한다.

甲辰 O

● 갑진 O형 장점
활기가 있고 표현력과 설득력이 뛰어나 호감을 받는다.
성실하고 정직하며 신의가 있어서 남에게 신뢰감을 준다.
완벽한 계획아래 행동을 하여 대부분 무리 없이 처리한다.

● 단점
은근히 자기주장을 강하게 밀고나가는 아집을 보인다.
남의 말에 속아서 생각지 못한 손실을 당하고 후회한다.
목표를 이루어도 그것을 지키려면 대비가 철저해야 한다.

甲辰 AB

● 갑진 AB형 장점
용모가 단정하고 예절이 바르며 이성적이어서 침착하다.
현실 감각이 뛰어나며 결과도 중요하지만 과정을 중시한다.
대화가 잘 통하고 순발력이 뛰어나서 분위기를 이끌어 간다.

● 단점
야무지게 보이지만 결정적일 때 우유부단함이 나타난다.
풍류가 기질이 있어서 낙천적으로 즐기면서 살려고 한다.
자기 뜻을 펴지 못하면 의욕을 상실하여 허송세월을 한다.

甲寅 갑인 해설

갑 공통점 어질고 착하여 이해심이 많으며 인정이 있다.
활동적이고 사교성이 좋아 대인관계가 원만하다.

갑인 공통점 배포가 있고 승부욕이 뛰어나며 행동이 앞서게 된다.
자기 영역이 확실하며 동업이나 금전거래는 삼가야 한다.

여성 공통점 온순하고 겸손하여 좋은 평가를 듣지만 참을성이 적다.
부부 운이 미약하여 갈등으로 외로움과 고독감을 느낀다.

甲寅 A

● **갑인 A형 장점**
공과 사가 확실하고 남을 모함할 줄 모르며 의리가 있다.
과묵하고 정직하며 주관성이 강하여 인생철학이 뚜렷하다.
일을 일단 시작하면 힘들거나 어려운 것을 생각하지 않는다.

● **단점**
표현력이 부족하고 의사 표시를 확실하게 하지 않는다.
독립심이 강하여 자기 위치를 확고히 하려는 아집이 있다.
완벽함을 추구하여 실수하면 자책하고 상처받으면 오래간다.

甲寅 B

●갑인 B형 장점

성실하고 정직하여 남들에게 솔직하며 진실성으로 대한다.
앉아서 시키기만 하는 것이 아니라 솔선수범하여 앞장선다.
일을 맡기면 업무 처리가 정확하여 주위에서 신뢰를 받는다.

●단점

환경에 의하여 마음껏 포부를 펴지 못하고 마음고생을 한다.
적은 것은 눈에 차지 않아 크게 시작하다가 후유증이 심하다.
자신이 계획하여 실행하려고 하는 것은 쉽게 단념하지 못한다.

甲寅 O

●갑인 O형 장점

믿을만한 사람이라고 확신하면 의리 있는 모습을 보여준다.
통솔력이 있고 정의감이 강하여 비굴한 행동은 하지 않는다.
강인한 성품으로 위축되지 않고 끈질기게 해내는 집념이 있다.

●단점

주관이 강하여 자신의 판단이 옳다고 생각하면 물러서지 않는다.
화가 나면 순간적으로 참지 못하여 변화가 생겨 어려움을 당한다.
남의 일에 앞장서기를 좋아하며 재물을 중시하지 않아 지출이 많다.

甲寅 AB

●갑인 AB형 장점

간섭받지 않고 마음이 우러나서 일을 할 때 능률이 높다.
추진력이 뛰어나 자신의 계획을 단기간에 이루기도 한다.
조직적인 실무 능력과 전문성이 우수하여 경쟁력이 뛰어나다.

●단점

독립심이 강하여 자기 위치를 확고히 하려는 아집이 있다.
경쟁에서 진다는 것은 참지 못하고 욕심 부리다가 낭패 당한다.
다혈질이어서 기분이 좋을 때와 그렇지 못할 때의 기복이 심하다.

乙丑 을축 해설

을 공통점 온순하고 고지식하며 속마음을 쉽게 내색하지 않는다.
꼼꼼하고 경우가 밝아 정확하며 환경의 적응력이 높다.

을축 공통점 섬세하고 부드러우며 주변 화합과 인화를 중시한다.
조용하고 생각성이 깊으며 우직할 정도로 성실하다.

여성 공통점 순진하고 마음씨가 고우며 현실적인 여성으로 가정적이다.
고집이 있고 민감하여 감성이 약하며 불만이 쌓이기 쉽다.

乙丑 A

●을축 A형 장점
단정하고 세밀하며 침착하여 급하게 서두르지 않는다.
말이 앞서기보다는 행동으로 보여주어 주위에 믿음을 준다.
비약적인 성공보다는 어떤 일이든 무리하지 않으려고 한다.

●단점
보수적이고 고지식하여 융통성이 적어서 스트레스가 많다.
처음 대하는 사람은 경계심이 많아 쉽게 친해지지 못한다.
박력과 배짱이 적어 통솔력 때문에 많은 애로사항을 느낀다.

乙丑 B

●을축 B형 장점
관찰력이 뛰어나서 상대 심리를 빠르게 파악하여 대처한다.
일에 대한 욕심이 많아서 스스로 하도록 하면 효과가 크다.
집중력이 높고 치밀하여 완벽하게 끝내야 마음이 편안하다.

●단점
새로운 것을 개척하기 보다는 익숙해진 것에 편안하다.
불만이 있어도 가슴속에 간직하다가 한꺼번에 터트린다.
의심이 많아 경계심이 강하고 소심하며 박력이 부족하다.

乙丑 O

●을축 O형 장점
겸손한 태도로 생활하며 현실적인 사안에 관심을 갖는다.
사회성이 뛰어나 능력을 발휘하며 활기와 의욕이 넘친다.
치밀하게 계획하고 노력하여 목적을 달성하는 끈기가 있다.

●단점
고집이 있어서 지기 싫어하므로 무리수를 두기도 한다.
구체적으로 사실을 인정할 때까지는 쉽게 믿지 못한다.
결과에 대한 집착성이 강하고 완벽주의 기질로 피곤하다.

乙丑 AB

●을축 AB형 장점
담백하고 빈틈이 없으며 규칙에서 벗어나는 행동을 않는다.
뛰어난 재치를 발휘하여 남을 보좌하는 업무에 재능이 있다.
경제적인 수완과 능력을 발휘하여 궁핍하게 사는 사람이 적다.

●단점
남의 말을 쉽게 믿지 못하고 직접 확인해야 안심이 된다.
부정적인 견해를 가지고 있어 쓸데없는 걱정을 많이 한다.
소심하여 너무 심사숙고하다가 좋은 기회를 놓치기도 한다.

乙亥 을해 해설

을 공통점 온순하고 고지식하며 속마음을 쉽게 내색하지 않는다.
꼼꼼하고 경우가 밝아 정확하며 환경의 적응력이 높다.

을해 공통점 차분하고 신중하여 안정감을 보여주며 실속을 중시한다.
빈틈이 없고 오래도록 유지할 수 있는 업무가 적성에 맞다.

여성 공통점 명랑하고 활동적이며 안목이 높아서 기대하는 것이 크다.
타산적이고 이재에 밝지만 자존심을 지켜주는 도리를 한다.

● **을해 A형 장점**
신중하여 세심한 관찰에 의해 차분하게 생각한 뒤 결정한다.
무슨 일을 하던 정확하고 확실하게 맺고 끊는 것을 선호한다.
진실하고 견실하며 절약정신이 강하여 사치와 낭비를 싫어한다.

● **단점**
대범하지 못하고 융통성이 부족하며 발전적인 모습이 느리다.
적극적으로 개척하기 보다는 안정적으로 사는 것을 추구한다.
다른 사람을 위하는 것 같아도 이익이 없으면 행동하지 않는다.

乙亥 B

●을해 B형 장점
준비하는 자세가 철저하고 현실적인 사안에 관심이 높다.
직관력이 뛰어나서 사물의 본질을 파악하는 능력이 뛰어나다.
이성적이고 지성미가 있어서 누구와 대화를 해도 막힘이 없다.

●단점
자기 위주로 생각하고 판단하여 결정한 것은 그대로 밀고 나간다.
진취적이지 못하여 적극적으로 개척하려는 마음 자세가 부족하다.
재물에 욕심이 많아 물질을 중시하여 손해되는 일은 하지 않는다.

乙亥 O

●을해 O형 장점
진중하고 안정감을 중시하며 미래의 계획을 확실하게 세운다.
명분을 소중하게 여기고 주변에 마찰이 생기는 것을 싫어한다.
성실하고 검소하며 실질적으로 활용할 수 있는 것에 관심이 높다.

●단점
외골수 기질이 있어서 상대가 싫어지면 쉽게 변하지 못한다.
자신의 공간을 중요시하여 사생활이 침범당하는 것을 싫어한다.
완고하고 아쉬운 소리를 못하여 내 것이 없으면 애로사항이 많다.

乙亥 AB

●을해 AB형 장점
직관력이 뛰어나서 사물의 본질을 파악하는 능력이 탁월하다.
경쟁의식이 강하므로 남에게 지면 노력하여 끝까지 만회한다.
연구심이 풍부하고 이해가 빠르며 구체적인 분야에 관심이 많다.

●단점
끈기가 부족하여 변화가 많이 나타나며 쓸데없는 걱정이 많다.
외골수 기질이 있어서 자기위주로 생활하다 고립감에 빠져든다.
고지식하고 융통성이 부족하며 가식적인 행동을 보여주기도 한다.

乙酉 을유 해설

을 공통점	온순하고 고지식하며 속마음을 쉽게 내색하지 않는다. 꼼꼼하고 경우가 밝아 정확하며 환경의 적응력이 높다.
을유 공통점	업무를 맡기면 요령부리지 않고 성심성의를 다하여 해결한다. 작은 부분도 놓치지 않고 챙기며 질서정연한 생활을 좋아한다.
여성 공통점	마음씨가 착하여 남편에게 헌신하나 갈등을 많이 느낀다. 강한 것 같아도 마음이 여리고 편안하게 대해주면 의지한다.

●**을유 A형 장점**
치밀하여 어떤 일을 하면 완벽하게 끝내야 마음이 편안하다.
판단력과 집중력이 뛰어나서 실수가 적으며 신의를 중시한다.
강인한 정신력과 인내력으로 어려움을 당해도 굴복하지 않는다.

●**단점**
과거에 집착하여 남들이 기억하지 못하는 부분도 잊지 못한다.
대인관계가 능숙하지 못하고 낯가림이 심하여 애로사항이 있다.
소심하여 열등감이 존재하며 조그마한 실수만 해도 자책을 한다.

乙酉 B

● **을유 B형 장점**
의리를 중시하여 변함이 없으며 성의를 다하여 보살펴 준다.
비중 있는 일을 맡기면 인정을 받고 싶어서 능력 이상을 해낸다.
성실하고 부지런하며 창의력이 뛰어나 구체적인 것에 관심이 높다.

● **단점**
주체성이 약하고 감언이설에 빠져 변화가 생겨 손실을 당한다.
승부욕이 유별나서 지는 것을 극히 싫어하며 집착하여 빠져든다.
냉철한 것 같으면서도 의욕이 앞서 충동적이고 조급함이 나타난다.

乙酉 O

● **을유 O형 장점**
정의감이 강하여 희생과 봉사정신이 있으며 친절하게 대해준다.
추진력이 뛰어나 밀고 나가는 힘이 좋으며 어떠한 일도 무난하다.
집념이 강하고 가볍게 행동하지 않으며 맡은 일을 묵묵히 수행한다.

● **단점**
야망이 있어서 조그마한 것에 만족하지 못하고 과욕을 부린다.
강렬한 면이 있어서 뜻대로 안 되면 반항심이 강해지고 격해진다.
자신만의 관념에 갇히면 시야가 좁아지고 남의 말을 듣지 않는다.

乙酉 AB

● **을유 AB형 장점**
현실적인 감각이 뛰어나서 확실하지 않으면 무리하지 않는다.
최후에 승리자가 진정한 승리자라는 믿음을 가지고 생활한다.
표현력은 부족하지만 만만한 사람이 아니며 투지력이 강하다.

● **단점**
소심하여 외부의 상황에 대하여 예민하며 큰일에는 움츠러든다.
자기중심적으로 생각하고 열을 빨리 받으므로 자제가 필요하다.
의욕은 앞서지만 노력하는 것에 비해 소득이 적어 즐거움이 적다.

乙未 을미 해설

을 공통점 온순하고 고지식하며 속마음을 쉽게 내색하지 않는다.
꼼꼼하고 경우가 밝아 정확하며 환경의 적응력이 높다.

을미 공통점 신용을 중요시하고 합리적인 행동으로 원만함을 유지한다.
실속을 중시하여 이재에 밝으며 재물에 대한 욕심이 많다.

여성 공통점 고집이 세고 주장이 강하며 애교가 없어서 붙임성이 적다.
가족에게 희생적이며 살림을 낭비하지 않고 야무지게 잘한다.

● **을미 A형 장점**
모험을 싫어하여 성공과 실패의 기복이 적고 안정된 생활을 한다. 인내심이 강하고 자제력이 있어서 경쟁 사회에서도 위치를 지킨다. 사리판단이 분명하여 정도에서 벗어나지 않고 상식적으로 행동한다.

● **단점**
경계심이 강하고 의심이 많아 남의 말을 쉽게 믿지 못한다. 보수적이어서 융통성이 부족하며 자기중심적인 행동을 한다. 부당한 대우를 받으면 민감하게 반응하며 마음의 상처를 받는다.

乙未 B

●을미 B형 장점
미래지향적인 성향으로 남들보다 앞서가려는 마음이 강하다.
자신이 하고 싶은 대로 활동을 하는 곳에서 능력을 발휘한다.
임무가 주어지면 깔끔하고 완벽하게 처리해야 직성이 풀린다.

●단점
자신과 뜻이 맞는 사람만 가려서 사귀므로 교제가 한정적이다.
뜻대로 안되면 감정을 다스리지 못하고 신경질적으로 반응한다.
주체성이 강하여 간섭하면 오히려 위축되거나 어긋나게 행동한다.

乙未 O

●을미 O형 장점
언어나 행동도 단정하고 가식적으로 표현하지 않아 믿음을 준다.
부정한 방법으로 재물을 모으지 않으며 힘들어도 꿋꿋함을 보여준다.
겉으로 부드럽게 보이지만 외유내강형으로 미래에 대해 긍정적이다.

●단점
상대가 상식에 어긋나는 행동을 하면 참지 못하고 할 말은 한다.
자기 보호의식이 강하여 문제가 발생하면 남들보다 갈등이 심하다.
자신의 이익에 대하여 민감하여 목표를 채우려 몸을 아끼지 않는다.

乙未 AB

●을미 AB형 장점
일처리 능력이 뛰어나 방법을 모색하여 좋은 결과를 만든다.
불확실한 이상보다는 환경을 중시하고 질서에 어긋나지 않는다.
치밀하고 섬세한 일에 재능을 보이며 생각한 것은 이루어 낸다.

●단점
처음에 사람들을 사귈 때 골라서 사귀므로 시간이 오래 걸린다.
하고 싶은 대로 하려는 욕망이 강하고 신경질적인 면도 나타난다.
자기 보호의식이 매우 강하여 비위를 맞추어 주는 것이 쉽지 않다.

乙巳 을사 해설

을 공통점 온순하고 고지식하며 속마음을 쉽게 내색하지 않는다.
 꼼꼼하고 경우가 밝아 정확하며 환경의 적응력이 높다.

을사 공통점 용모가 준수하고 동정심이 많으며 처세술이 뛰어나다.
 결단력이 부족하여 중요한 결정을 내릴 때 머뭇거린다.

여성 공통점 겸손하고 집념이 강하여 어려움이 생겨도 극복해 나간다.
 주체성이 부족하여 남의 말에 쉽게 넘어가 손실을 당한다.

乙巳 A

● **을사 A형 장점**
일처리가 정확하며 능력을 인정받고 싶은 마음이 강하다.
조용한 것을 선호하고 작은 일이라도 섬세하게 신경 쓴다.
공과 사가 확실하고 연구심이 뛰어나서 실패할 확률이 적다.

● **단점**
외골수 기질이 있어서 결정하면 남의 조언을 듣지 않는다.
지도력과 적극성이 부족하여 수동적인 자세로 시야가 좁다.
의심이 많고 조심성이 많으며 대세의 흐름에 따라가지 못한다.

乙 B

●을사 B형 장점
이성적이고 상황을 판단하는 능력이 뛰어나 목적을 달성한다.
친절하여 남을 존중해주지만 자신도 품위 있게 살고 싶어 한다.
행동이 단정하고 부드러우며 재치가 있어서 슬기로움을 보여준다.

●단점
뜻대로 안되면 반항심이 강하고 변화가 심하여 불만이 많아진다.
신념이 강하지 못하고 우유부단하여 힘들 때는 의지하려고 한다.
풍류심이 있으며 정확함과 진위가 확실하지 않은 행동도 나타난다.

乙 O

●을사 O형 장점
인간관계가 좋으며 자신을 따르는 사람은 철저하게 잘해준다.
어려움이나 변화가 생겨도 처신을 잘하여 능력을 인정받는다.
집념이 강하고 목적의식이 뚜렷하며 개혁하려는 의지를 보인다.

●단점
자기주장이 강하여 다른 사람의 충고는 오히려 반항심을 키운다.
힘든 일은 싫어하고 대우는 받고 싶어 일을 찾는데 시간이 걸린다.
능력을 인정받지 못하면 움츠러들고 의기소침해지며 기복이 생긴다.

乙 AB

●을사 AB형 장점
주도면밀하여 완벽하게 계획해서 시작하므로 실수가 적다.
재치가 있고 이해가 빠르며 시기적절하게 자기표현도 잘한다.
관찰력이 좋아서 원인을 찾아 모색하여 해결 능력이 뛰어나다.

●단점
중간에 일이 잘못되면 자신의 책임보다는 남을 원망한다.
주변에 신경을 많이 쓰고 사소한 일도 민감하며 성급하다.
비위에 거슬리면 기복이 생겨 변덕을 부리고 불만이 생긴다.

乙卯 을묘 해설

을 공통점   온순하고 고지식하며 속마음을 쉽게 내색하지 않는다.
꼼꼼하고 경우가 밝아 정확하며 환경의 적응력이 높다.

을묘 공통점   성품이 곧고 바르며 독립심이 강하여 간섭을 싫어한다.
신념이 강하고 끝맺음이 확실하나 쓸모없는 걱정이 많다.

여성 공통점   얌전하고 활발하면서도 억세지 않은 현모양처 여성이다.
주관이 뚜렷하고 생활력이 강하나 한번 틀어지면 오래간다.

● **을묘 A형 장점**
문제가 발생해도 서두르지 않고 침착하게 해결을 한다.
진실되어 과장하지 않고 노력하며 정확한 것을 선호한다.
준비성이 철저하고 현실을 직시하며 생존 경쟁력이 강하다.

● **단점**
완벽함을 추구하여 작은 일에 신경 쓰며 걱정을 많이 한다.
좋고 싫음이 분명하며 여러 분야의 사람과 교제가 쉽지 않다.
완고한 면이 있어서 타협을 잘하지 못하는 경직성이 나타난다.

乙卯 B

●을묘 B형 장점
외유내강형으로 순진하고 부드러우면서도 강인함이 숨어있다.
진지하고 현실적이어서 앞날에 대해 많이 계획하고 노력한다.
결정을 내리면 의욕적이고 추진력이 뛰어나 좋은 결과를 만든다.

●단점
주체성이 뚜렷하여 주관대로 행동하고 간섭을 싫어한다.
자존심이 강하여 힘들어도 숨기고 겉으로 명랑한 척 한다.
새로 개척하는 것이 힘들고 계획대로 안 되면 좌절감이 크다.

乙卯 O

●을묘 O형 장점
생각이 깊고 친화적이며 남들의 모범이 될 정도로 준수하다.
빈틈이 없고 실리적인 계산도 밝으며 가급적 무리하지 않는다.
생존 경쟁력과 추진력이 강하여 어떠한 어려움도 헤쳐 나간다.

●단점
상당한 고집으로 자기주장이 강하고 독자적으로 행동한다.
실적을 중시하고 경쟁에서 밀리면 불안하여 견디지 못한다.
능력을 인정받고 싶은 욕망이 강하여 압박감을 많이 느낀다.

乙卯 AB

●을묘 AB형 장점
이성적이면서도 냉철하여 결정을 내리기 전에 깊게 생각한다.
성실하고 완벽함으로 맡은 임무는 빈틈없이 철저하게 끝낸다.
정신력이 뛰어나서 발전적인 힘이 있으며 생존 경쟁력이 높다.

●단점
진취적인 사고방식이 약하고 가까운 사람만 친밀하게 지낸다.
마음속으로 상대에 대해 짐작하고 평가를 하여 결론을 내린다.
자신과 이해관계가 없으면 냉철하고 이기적인 성향이 나타난다.

丙寅 🐅 병인 해설

병 공통점   직선적이며 밝고 활발하여 대인관계가 넓다.
성질이 급하고 화가 나면 불같지만 뒤끝은 없다.

병인 공통점   예의가 바르며 격의를 가리지 않고 대한다.
포부가 크고 바른말을 잘하나 실속이 적다.

여성 공통점   명랑하고 쾌활하여 즉흥적인 면이 있으나 원만하게 행동한다.
다정다감하고 마음에 들면 베풀기를 좋아하나 인내력이 약하다.

丙寅 A

● **병인 A형 장점**
머리가 비상하고 판단력이 뛰어나며 기발한 생각을 해낸다.
기품 있고 전진하는 힘이 강하여 결정하면 그대로 추진한다.
정의감이 강하고 위계질서가 확실한 곳에서 능력을 발휘한다.

● **단점**
체면과 위신을 중시하여 대항하면 억압하는 기질이 나타난다.
자제력이 약하고 독선적이 되어 자기 생각대로 행동하기 쉽다.
마음이 틀어지면 융화가 쉽지 않고 이익과 관련되면 이기적이다.

丙寅 B

●병인 B형 장점
열정적이어서 적극적이고 활동적으로 바쁘게 생활한다.
언변이 좋고 자기 소신대로 추진할 때 능력을 발휘한다.
눈치가 빠르고 인정이 많아 상대를 배려해주고 보살펴준다.

●단점
솔직하여 자신의 생각을 숨기고 생활하는 것이 어렵다.
변화가 많고 싫증이 빠르므로 용두사미로 끝내기가 쉽다.
경솔한 행동으로 무리수를 두어 뒤에 후회하는 일이 많다.

丙寅 O

●병인 O형 장점
자신감이 있어서 두려움이 적고 활력이 넘치며 적극적이다.
의협심이 있어서 강자에게 강하고 약자는 보살펴주려고 한다.
신념이 강하고 신의가 있으며 전진하려는 추진력이 뛰어나다.

●단점
기분파 기질이 나타나고 자기 위주로 분위기를 이끌려고 한다.
한곳에 집중하여 꼼꼼하게 오래하는 일은 적성에 맞지 않는다.
가능성이 있다고 생각하면 신중하지 않고 감정에 따라 행동한다.

丙寅 AB

●병인 AB형 장점
곤란한 일도 재치 있게 처리하여 수완가 기질을 발휘한다.
사교적이라 교제를 소중히 여기며 남의 마음을 헤아려준다.
설득력과 추리력이 좋으며 문제를 이해하는 능력이 뛰어나다.

●단점
지배욕과 소유욕이 강하여 객관성 없는 처세를 한다.
욱하는 성격 때문에 일을 저질러 놓고 나중에 후회한다.
뜻대로 안되면 즉흥적이고 예측이 불가능한 행동도 나타난다.

丙子  병자 해설

병 공통점 직선적이며 밝고 활발하여 대인관계가 넓다.
성질이 급하고 화가 나면 불같지만 뒤끝은 없다.

병자 공통점 용모가 수려하고 남에게 신세지는 것을 싫어한다.
의지력이 강하고 의욕이 앞서지만 분별력이 약하다.

여성 공통점 신의와 신용을 중요시하며 매사에 분명한 것을 좋아한다.
불의를 보면 참지 못하여 열을 잘 받고 반발심과 변화가 많다.

●병자 A형 장점
원칙을 중시하고 공과 사를 분명히 하며 품위를 잃지 않는다.
실천력이 강하여 자신이 마음먹은 것은 기어코 해내고야 만다.
능동적이면서도 자신에게 엄격하고 책임감이 뛰어나 믿음을 준다.

●단점
일의 시작은 잘하지만 뒷감당을 못하는 경우가 생긴다.
지속성이 부족하고 행동보다 말이 앞서는 경우가 많다.
단순한 성향으로 결정하면 주변을 파악하지 않고 진행한다.

丙子 B

●병자 B형 장점
어떠한 일을 맡겨도 정확한 판단력으로 시원하게 해결한다.
정열적이고 낙천적인 기질이 있으며 새로운 일에 겁이 없다.
언변이 좋아 처음 만나는 사람도 빨리 사귀며 호감을 받는다.

●단점
인내심과 끈기가 부족하여 중간에 포기하는 경우가 많다.
감정 관리를 하지 못하여 겉으로 드러나며 싫증도 빠르다.
자신의 마음대로 하려는 기질이 강하고 성급하게 서두른다.

丙子 O

●병자 O형 장점
통솔력이 뛰어나고 결단력이 강하며 성취감이 왕성하다.
목적의식이 발동하면 솔직하게 말하고 주저 없이 행동한다.
이상이 높고 처세술과 판단력이 탁월하며 굳건한 모습이다.

●단점
모험심이 강하고 어떠한 결정을 내릴 때도 망설이지 않는다.
주관이 강하여 자기중심으로 문제를 해결하려는 고집이 있다.
한 가지 일을 오래하지 못하고 빨리 끝내려는 조급성이 있다.

丙子 AB

●병자 AB형 장점
영민하고 임기응변에 능하며 언제나 새로움을 추구한다.
품위나 위신을 잃지 않으면서 감정대로 솔직하게 표현한다.
안정과 정당성을 추구하며 객관성을 유지하는 합리주의자다.

●단점
자신의 이익 앞에서는 이중적인 처세를 하는 때가 있다.
자신이 옳다고 생각하면 융통성이 부족해지고 강압적이다.
복잡한 것을 싫어하고 빨리 뜨거워지고 식으며 갈등이 생긴다.

丙戌 병술 해설

병 공통점	직선적이며 밝고 활발하여 대인관계가 넓다. 성질이 급하고 화가 나면 불같지만 뒤끝은 없다.
병술 공통점	낙천적이고 미래지향적이어서 발전 가능성이 높다. 창의적이고 사리판단이 분명하지만 흥분을 잘한다.
여성 공통점	활달하고 사리판단이 분명하며 인간미가 풍부하다. 호기심이 강하고 자기 분수를 알지만 반발심도 세다.

丙戌 A

● **병술 A형 장점**

원만하고 정직하며 사람을 한번 신뢰하면 변함이 없다.
문제가 생기면 자중하고 대처하며 기회는 놓치지 않는다.
주어진 일은 원리원칙대로 준수하고 관리자 역할도 잘한다.

● **단점**

문제가 생겨 열을 받으면 주장이 강하여 물러서지 않는다.
가식적인 행동을 못하고 잔소리를 들으면 오히려 반발한다.
자신의 비위에 거슬리면 아집이 강해져 융통성이 부족해진다.

丙戌 B

●병술 B형 장점
창조성이 뛰어나 일을 독창적으로 맡겨주면 효과가 크다.
사회 규범에 벗어나기 싫어하고 의리가 있어 베풀 줄 안다.
새로움을 추구하여 하고 싶은 일은 위축되지 않고 도전한다.

●단점
경솔하여 문제가 발생하면 흥분을 잘해서 일을 그르친다.
자신의 생각이 드러나기 쉬우며 남의 일에 간섭을 잘한다.
여러 가지 일에 흥미가 많아 끝까지 가는 것이 쉽지 않다.

丙戌 O

●병술 O형 장점
담백하고 포용력으로 진실하게 대하여 공감대를 형성한다.
두려움을 모르고 과감하게 밀고 나가는 추진력이 대단하다.
주변인들을 적절히 활용하는 수단가로 관리능력이 뛰어나다.

●단점
자신에게 대항하는 사람들은 굴복시키려는 기질이 있다.
단조로우면 싫증이 빠르고 억지로 시키면 역효과가 난다.
의욕이 앞서 무리하게 진행하다가 어려운 입장에 처한다.

丙戌 AB

●병술 AB형 장점
사회생활의 정세파악이 뛰어나 남들보다 앞서나간다.
치밀함이 존재하고 사람을 상대하는 능력이 상당하다.
근면하고 성실하며 직접 의욕적으로 할 때 만족이 크다.

●단점
어려움에 부딪치면 끈기가 부족하여 마무리가 약하다.
승부욕이 강하고 감정적으로 되기 쉬워 조절이 어렵다.
호기심이 많고 좋아하는 것은 빠져들다가 싫증도 빠르다.

丙申 병신 해설

병 공통점	직선적이며 밝고 활발하여 대인관계가 넓다. 성질이 급하고 화가 나면 불같지만 뒤끝은 없다.
병신 공통점	동정심이 많고 남에게 손해 끼치는 것을 싫어한다. 솔선수범하여 문제를 해결하나 마음의 충동이 심하다.
여성 공통점	신의가 있고 양순하여 언행이 온화하며 가족에 헌신적이다. 강하면서도 의외로 마음이 여리나 내면에 괄괄함이 존재한다.

丙申 A

● **병신 A형 장점**
겸손하여 위신을 지키고 지위를 남에게 내세우지 않는다.
부지런하고 재주가 많으며 실패한 것은 궁리하여 재기한다.
목표를 세우면 두려움을 모르고 인내심을 발휘하여 달성한다.

● **단점**
계획대로 이끌어가야 만족하고 끌려 다니면 용납 못한다.
의견을 무시당하거나 강압적으로 대하면 적응하기 힘들다.
일을 시작하면 참을성이 부족하고 결과에 대한 집착이 있다.

丙申 B

●병신 B형 장점
언변이 뛰어나고 적극적이며 매사에 자신감을 가지고 있다.
개방적이고 어울리기를 좋아하며 주변 사람과 소통이 잘된다.
일을 할 때는 열정적으로 덤벼들어 끝을 내야 직성이 풀린다.

●단점
세밀하지 못하여 한 곳에 집중하는 것이 힘들고 서두른다.
승부욕이 강하고 자제력이 부족하여 열을 받아 손해를 본다.
기분파 기질이 강하여 기분만 맞으면 속에 있는 것까지 준다.

丙申 O

●병신 O형 장점
인간관계가 좋아 호감을 주며 상대가 잘못해도 뒷소리가 없다.
궂은일도 가만히 앉아서 시키지 않고 앞장서 시원스럽게 해낸다.
목적의식이 뚜렷하여 남의 말에 흔들리지 않고 판단대로 결정한다.

●단점
가능성이 있다고 생각하면 일을 벌려 놓고 뒤에 고민한다.
남의 아래에서 일일이 지시를 받거나 억압하면 반발을 한다.
상대에게 하고 싶은 말은 가슴에 담아두지 못하고 해야 한다.

丙申 AB

●병신 AB형 장점
감정표현이 솔직하고 결정을 내릴 때도 망설이지 않는다.
긍정적이고 머리회전이 빠르며 선견지명으로 재치가 있다.
구체적이고 실용적으로 즉시 활용할 수 있는 것을 선호한다.

●단점
남들의 의견을 무시하고 자신의 뜻대로 진행하려고 한다.
진중하지 못하고 화려함을 좋아하며 체면치레를 하게 된다.
결과에 대한 욕심이 많으며 하고 싶은 일은 억제하기 힘들다.

丙午 🐴 병오 해설

병 공통점 직선적이며 밝고 활발하여 대인관계가 넓다.
성질이 급하고 화가 나면 불같지만 뒤끝은 없다.

병오 공통점 총명하고 적극적이며 언변이 뛰어나 표현력이 좋다.
개성이 강하고 독자적으로 남의 간섭받기를 싫어한다.

여성 공통점 여장부 기질이 있으면서도 상냥하고 이해심이 많다.
과시욕이 있고 비밀이 별로 없으나 부부갈등이 많다.

丙午 A

● **병오 A형 장점**
자부심이 강하고 재능이 뛰어나며 자신감을 과시한다.
강직하여 좋고 싫음이 분명하며 남에게 의지하지 않는다.
내실을 기하여 문제가 생겨도 해결할 수 있는 능력이 있다.

● **단점**
단호함이 있어서 결정을 내리면 뒤를 돌아보지 않는다.
경쟁심이 발동하면 융통성이 부족해져 상대방을 공격한다.
독선적인 기질이 있고 아집이 대단하여 물러설 줄 모른다.

丙午 B

●병오 B형 장점
적극적이고 개방적이어서 인생을 구차하게 살지 않는다.
활동적이고 일처리 능력이 뛰어나 자신의 모든 것을 바친다.
승부 근성이 강하여 어느 환경에서도 살아남을 가능성이 많다.

●단점
화려함을 좋아하며 하고 싶은 말을 가슴에 담아두지 못한다.
성급하게 결과를 보려고 다양한 방법을 동원하므로 산만하다.
자제심이 약하여 시작은 잘하나 마무리를 제대로 하지 못한다.

丙午 O

●병오 O형 장점
배짱이 있고 기상이 굳세어 분명한 것을 선호하며 확실하다.
통솔력이 뛰어나서 남의 위에 서기를 좋아하고 두려움이 없다.
의욕을 가지고 열정적으로 최선을 다하여 좋은 결과를 만든다.

●단점
경쟁심이 강하여 자신에게 대항하면 용납하지 않는다.
환경이 좋지 않아도 부탁을 받으면 쉽게 거절하지 못한다.
한 번 한다고 마음먹은 것은 독불장군식으로 밀고 나간다.

丙午 AB

●병오 AB형 장점
이상과 포부가 크며 주어진 환경에 요행을 바라지 않는다.
위엄이 있어서 기세가 당당하며 남을 따라 모방하지 않는다.
부지런하고 중요한 일을 맡길수록 능력을 발휘하여 인정받는다.

●단점
급한 성향으로 무리하게 진행하다가 어려움을 겪는다.
상대가 대항하면 충동적이 되어 마찰이 일어나기 쉽다.
어떠한 일을 하면 자신이 주체가 되어야 된다고 생각한다.

丙辰 병진 해설

병 공통점 직선적이며 밝고 활발하여 대인관계가 넓다.
성질이 급하고 화가 나면 불같지만 뒤끝은 없다.

병진 공통점 신념이 확고하고 행동으로 실천하는 소유자이다.
성실하고 정직하여 사심이 없지만 친근감은 적다.

여성 공통점 주체적인 성향이 강하고 현실적이어서 유혹에 빠지지 않는다.
생각이 깊어 성숙함이 묻어나고 상대방 심중을 헤아려준다.

丙辰 A

●병진 A형 장점
주관이 확실하여 좋고 싫음이 분명하며 결정이 빠르다.
순수한 면이 있어서 남을 의심하거나 시기하지 않는다.
도덕적 관념이 강하고 원칙을 준수하여 공정하게 처리한다.

●단점
자신의 능력을 과신하고 독선적이 되어 구설이 따른다.
마음대로 되지 않으면 생각이 그대로 겉으로 드러난다.
상대가 잘못한 것이 있으면 짚고 넘어가야 직성이 풀린다.

丙辰 B

●병진 B형 장점
진취적인 성향으로 새로운 것에 대하여 항상 관심이 많다.
행동적이고 비밀이 적으며 생각대로 실행하는 것이 편하다.
열정적이어서 기회가 왔다고 생각하면 자신감 있게 진행한다.

●단점
성급한 판단으로 감정이 앞서서 경솔한 행동을 한다.
좋아하는 것이 생기면 다른 것은 관심두지 않고 빠져든다.
처음에 시작은 잘하지만 끝까지 가지 못하는 경우가 많다.

丙辰 O

●병진 O형 장점
추진력이 강하고 긍정적이어서 사소한 일에 얽매이지 않는다.
조화와 균형을 맞추고 사명감이 강하여 부지런하게 활동한다.
의리가 있어서 믿음을 주고 언제나 변함없는 모습을 보여준다.

●단점
결정하면 양보심이 부족해져 남의 의견을 듣지 않는다.
과시욕이 있어서 남의 위에 올라서려는 욕망이 강하다.
남에게 지기 싫어하는 성향이 강하여 독선적으로 행동한다

丙辰 AB

●병진 AB형 장점
개혁적인 성향으로 객관적이기 때문에 순간포착을 잘한다.
머리회전이 빠르고 지성과 재치를 겸하였으며 두려움이 적다.
일은 원칙대로 준수하면서 자신을 따르는 사람은 보살펴준다.

●단점
기분에 따라 말이나 행동을 하여 진중함이 부족하다.
계획이 생각대로 되지 않고 주변에 번거로운 일이 생긴다.
자신이 옳다고 생각하면 강하게 주장하여 분위기를 헤친다.

丁卯 정묘 해설

정 공통점 심성이 착하고 예의가 바르나 건드리면 폭발한다.
무엇을 하려고 마음먹으면 시작해야 직성이 풀린다.

정묘 공통점 조용하고 깨끗한 것을 선호하며 객관적이다.
온순하고 원칙적인 성향으로 생활환경이 좁다.

여성 공통점 신의가 있고 가정에 충실하여 헌신적이며 여행을 좋아한다.
자기중심적이면서도 친화적이고 개방적이나 분위기에 약하다.

丁卯 A

●**정묘 A형 장점**
차분하고 겸손하여 신뢰를 주며 자기 관리가 철저하다.
한계가 분명한 성향으로 빈틈이 없게 일처리를 잘한다.
말이 적고 생각이 깊으며 판단력이 뛰어나 실수가 적다.

●**단점**
웬만큼 친밀한 사람이 아니면 속마음을 말하지 않는다.
자신의 손익 문제가 관련이 되면 쉽게 양보하지 않는다.
조심성이 많고 사교성이 부족하여 교제가 활발하지 못하다.

丁卯 B

●정묘 B형 장점
생각하는 것이 성숙하고 성실하여 남들에게 신뢰를 받는다.
마음이 통한다고 느끼면 진심으로 대하고 끝없이 정을 준다.
사업수단이 뛰어나 상대 비위를 맞추어 주면서 실속을 차린다.

●단점
성질이 급하여 뜻대로 안되면 감정 기복이 심해진다.
타산적인 성향으로 평소와 아쉬울 때의 차이가 난다.
체면을 중시하고 다른 사람의 솔깃한 말에 넘어간다.

丁卯 O

●정묘 O형 장점
감각이 뛰어나고 이성적인 사고방식으로 합리적이다.
정직하고 양심적으로 행동하여 남들에게 신뢰를 받는다.
결단력이 강하며 좋은 기회가 오면 놓치지 않고 발전한다.

●단점
고집이 세고 승부욕이 강하여 남에게 굽히기를 싫어한다.
남에게 실수하거나 지적을 받으면 속으로 상처를 받는다.
자유스럽게 사는 것을 좋아하고 냉정을 잃으면 과격해진다.

丁卯 AB

●정묘 AB형 장점
지혜가 있어서 암기력이 좋으며 차분하고 꼼꼼하다.
업무처리가 정확하고 인간적으로 대우해주면 감동한다.
눈치가 빠르고 직감력이 뛰어나 심중을 파악하여 대처한다.

●단점
속으로 생각을 많이 하면서도 거슬리면 직선적이 된다.
부정적으로 생각하는 면이 많고 상처를 쉽게 잊지 못한다.
변덕이 있어서 기분이 좋을 때와 나쁠 때의 구별이 심하다.

丁丑 정축 해설

정 공통점   심성이 착하고 예의가 바르나 건드리면 폭발한다.
무엇을 하려고 마음먹으면 시작해야 직성이 풀린다.

정축 공통점   인간미가 넘쳐 남의 어려움을 보면 보살펴준다.
정신력이 강하고 성실하여 주변의 신임을 받는다.

여성 공통점   온화하고 생활력이 강하여 직업을 갖는 경우가 많다.
활발하나 자기중심적이고 주장이 강하여 손해를 본다.

丁丑 A

● **정축 A형 장점**
희생정신이 강하여 자신의 몸을 아끼지 않고 헌신적이다.
인내력이 강하고 창조적이어서 무에서 유를 만들어 낸다.
임무를 주면 최선을 다해서 수행하여 좋은 평가를 받는다.

● **단점**
고지식하여 감정에 너무 솔직하고 융통성이 부족하다.
소심하여 조심스런 마음이 생기고 갈등과 고민이 많다.
통솔력이 부족하여 앞장서서 이끌고 나가는 것은 힘들다.

丁丑 B

- ●정축 B형 장점

다정다감하고 마음씨가 따뜻하여 남에게 친근감을 준다.
인정받는다고 느끼면 혼신을 다하여 결과를 만들어낸다.
언변에 조리가 있고 화합을 하면서도 독창성을 발휘한다.

- ●단점

마음이 약하여 어려운 사람이 부탁하면 거절하지 못한다.
일을 하면 과감하게 적극적으로 밀고 나가는 힘이 약하다.
감정 조절능력이 약하고 새로 하는 것은 자신감이 떨어진다.

丁丑 O

- ●정축 O형 장점

의리가 있어서 배신하지 않고 서로 상부상조하며 살아간다.
온순하고 친화력이 좋으며 일을 하면 잔꾀를 부리지 않는다.
착실하고 외유내강형으로 어려움이 생겨도 극복해 나간다.

- ●단점

남에게 좋은 일을 많이 하지만 자신의 실속이 적다.
상대방이 조금만 잘해주면 마음을 주어 손해를 당한다.
억압하면 반발심이 강하고 인생을 즐기면서 살려고 한다.

丁丑 AB

- ●정축 AB형 장점

미래지향적이면서 합리적이고 연구심이 뛰어나다.
기억력이 좋고 아는 한도 내에서 이해를 잘 시킨다.
재치가 많고 순발력이 뛰어나며 아이디어가 풍부하다.

- ●단점

결단력이 약하여 우유부단하게 보이고 변화가 생긴다.
의심이 많고 경계심이 강하여 남들을 쉽게 믿지 못한다.
추진력이 부족하고 두려움이 존재하여 스트레스를 받는다.

丁亥 정해 해설

정 공통점	심성이 착하고 예의가 바르나 건드리면 폭발한다. 무엇을 하려고 마음먹으면 시작해야 직성이 풀린다.
정해 공통점	안정성을 중시하여 무리하지 않으며 처세술이 좋다. 주관적이지 못하고 환경과 상황에 따라 영향이 크다.
여성 공통점	부지런하며 상대에게 강요하지 않고 스스로 해주기를 바란다. 냉철하면서도 자상하고 공과 사가 확실하며 재물을 잘 모은다.

● **정해 A형 장점**
행동이 단정하고 신용을 중요시하여 약속이 철저하다.
현실을 중시하고 품격을 유지하며 원칙적으로 행동한다.
일과 재물에 욕심이 많아서 목표를 정하면 달성해야 한다.

● **단점**
소심하고 겁이 많으며 미래지향적인 면이 약하다.
능동적이지 못하고 뜻대로 안되면 회의감이 빠르다.
마음을 털어 놓기 싫어하고 상처를 받으면 오래간다.

丁亥
B

●정해 B형 장점
협조를 잘하여 분위기를 맞추고 적을 만들지 않는다.
이성적이어서 객관성을 유지하며 기회 포착을 잘한다.
인정과 의리가 강하여 힘든 일도 솔선수범하여 나선다.

●단점
단순하여 자신의 감정을 그대로 표현하고 손해를 본다.
지구력이 부족하여 어느 정도 하다가 안 되면 포기한다.
충동적이고 변화를 잘하며 일을 쉽게 생각하고 덤벼든다.

丁亥
O

●정해 O형 장점
솔직담백하고 진실하며 상하관계를 확실하게 구분한다.
자신에게 엄격하고 합리적이어서 이치에 맞게 행동한다.
순수하고 일편단심으로 충성심이 강하여 배신하지 않는다.

●단점
남이 부탁하면 거절하지 못하여 피해를 당하게 된다.
욕심이 있어서 수중에 재물을 쌓아 놓아야 안심을 한다.
즉흥적인 성향으로 마음에 들지 않으면 반발심이 강하다.

丁亥
AB

●정해 AB형 장점
차분하면서도 친절하고 남의 입장에서 생각을 잘해준다.
착실하고 원칙적이어서 규정은 준수를 잘하고 이행한다.
임기응변하는 재능이 뛰어나 변화가 생겨도 대처를 잘한다.

●단점
배신을 당하면 충격이 커서 잊지 못하고 적응이 어렵다.
인내심이 부족하여 싫증이 빠르므로 변화가 많이 생긴다.
보수적이어서 융통성이 부족하고 내면에 불안감이 존재한다.

丁酉 정유 해설

정 공통점 심성이 착하고 예의가 바르나 건드리면 폭발한다.
무엇을 하려고 마음먹으면 시작해야 직성이 풀린다.

정유 공통점 청렴결백하여 사심이 없어서 남을 속이지 않는다.
주체성이 강하여 결정을 내리면 주관대로 진행한다

여성 공통점 온순하고 이지적으로 감수성이 예민하며 인정이 많다.
헌신적이고 내조를 잘하며 하고 싶은 말도 가슴에 담아둔다.

丁酉 A

●**정유 A형 장점**
원리원칙을 선호하고 남에게 피해주는 것을 싫어한다.
섬세하고 깔끔한 것을 좋아하며 미래를 위한 노력파다.
일에 착수하면 열중하여 모든 것을 바쳐 결과를 만든다.

●**단점**
이기적이고 리더십이 부족하여 관리 능력이 떨어진다.
고지식하고 융통성이 적어 상대가 재미가 없게 느낀다.
결벽증세가 있어 매사를 완벽하게 끝내야 안심이 된다.

丁酉 B

●정유 B형 장점
도덕성이 강하고 희생적이며 사소하게 따지지 않는다.
말이 별로 없지만 의리를 중시하고 먼저 베풀려고 한다.
열정이 내면에 존재하고 성실하여 지날수록 인정을 받는다.

●단점
풍류가 기질이 있어서 어울리면서 놀기를 좋아한다.
자신의 뜻을 거스르는 행동을 하면 냉혹함이 드러난다.
남에게 아쉬운 소리를 못하고 조금만 잘해주면 빠져든다.

丁酉 O

●정유 O형 장점
마음이 따뜻한 인간미가 있어서 불의를 보면 참지 못한다.
거짓과 가식이 없으며 진실로 최선을 다하여 신뢰를 받는다.
생각이 바르고 깊어 집념이 강하며 아부하는 것을 싫어한다.

●단점
성질이 급하여 순간적으로 참지 못하고 뒤에 후회를 한다.
잔정에 약하여 마음에 맞으면 여유를 생각지 않고 베푼다.
욕심이 많아 높이 오르려다가 적을 만들고 손실을 당한다.

丁酉 AB

●정유 AB형 장점
실질적이고 구체적이어서 정확하지 않으면 관심이 없다.
꼼꼼하여 실수가 적고 주어진 임무는 완벽하게 처리한다.
창조성이 뛰어나서 표현이 다양하고 분위기를 맞추어 준다.

●단점
뜻에 어긋나면 단호하게 끊어버리는 기질이 나타난다.
남에게 얽매이는 것을 싫어하고 자유스러움을 선호한다.
결과에 비중을 두고 새로운 일이 생기면 그것에 빠져든다.

丁未 정미 해설

정 공통점 심성이 착하고 예의가 바르나 건드리면 폭발한다.
무엇을 하려고 마음먹으면 시작해야 직성이 풀린다.

정미 공통점 연구심이 풍부하고 계획성과 추진력이 뛰어나다.
민첩하여 남보다 앞서나가며 복잡한 것을 싫어한다.

여성 공통점 총명하고 명랑하여 활발하며 낭만적으로 다정해서 매력이 있다.
자신의 감정을 숨기지 않으며 부부인연이 미약하여 고심이 있다.

丁未 A

● 정미 A형 장점
신용을 중시하고 모범적이며 신세지는 것을 싫어한다.
일처리가 치밀하고 노력을 아끼지 않으며 믿음직하다.
독창성이 강하여 따라하지 않고 새로운 것을 창조한다.

● 단점
고지식하여 수동적이 되어서 적극성이 부족하다.
강박관념으로 자신감이 부족하여 부담감을 갖는다.
남에게 공격을 당하면 가슴에 담고 언젠가는 보복한다.

丁未
B

● 정미 B형 장점
온순하고 사려가 깊으며 다정다감하여 친절하다.
정직하고 개혁적이면서 좋고 싫은 것이 확실하다.
목표를 정하면 달성하려는 의지가 대단히 강하다.

● 단점
감정조절이 제대로 안되어 성급하고 강렬해진다.
결단력이 부족하여 중요한 사안에 결정을 미룬다.
화려함을 선호하여 여유 있으면 방종에 빠지기 쉽다.

丁未
O

● 정미 O형 장점
인정과 의리가 있고 단정한 언행으로 호감을 받는다.
합리적으로 규정에 비중을 두어 집행하는 것이 엄격하다.
현명하고 대범한 기질이 있으며 포부와 야망이 존재한다.

● 단점
자존심이 강하여 힘들어도 남에게 내색하지 않는다.
인정을 받으려는 욕구가 강하여 무리하게 진행한다.
보수적이고 융통성이 부족하며 급격한 변화를 싫어한다.

丁未
AB

● 정미 AB형 장점
영리하고 미래지향적으로 새로운 분야에 관심이 많다.
정신력이 뛰어나 어떠한 상황을 만나도 헤쳐서 나간다.
성취감이 강하여 관심 있는 분야는 깊게 파고 들어간다.

● 단점
남들의 시선에 의식을 많이 하고 참을성이 적다.
까다로운 면이 있으면서도 감언이설에 쉽게 넘어간다.
지속적이지 못하고 의욕이 생기면 한 번에 몰아서 한다.

丁巳 정사 해설

정 공통점 심성이 착하고 예의가 바르나 건드리면 폭발한다.
무엇을 하려고 마음먹으면 시작해야 직성이 풀린다.

정사 공통점 판단력이 빠르고 일을 시작하면 파고드는 기질이 있다.
남의 밑에서 비위를 맞추면서 일하는 것은 참지 못한다.

여성 공통점 현명하고 고상하여 마음씨도 고우나 감정의 기복이 심하다.
활동적이고 독립심이 강하여 남의 신세를 지려고 하지 않는다.

丁巳 A

● **정사 A형 장점**
부드럽게 대하여 친근감을 주며 인내력이 뛰어나다.
원리원칙대로 일처리가 정확하여 뛰어난 평가를 받는다.
논리적이고 이해타산이 정확하며 구체적인 것을 선호한다.

● **단점**
사람을 처음에 사귀는 것이 힘들고 교류가 넓지 못하다.
상대에게 확실한 감정표현을 하지 않고 가슴에 담아둔다.
대범하지 못하여 조그만 일에도 긴장하고 조심성이 많다.

●정사 B형 장점
주어진 환경에 순응하고 기회가 오면 과감하게 행동한다.
심신이 굳세고 건전한 사고방식으로 사리판단이 분명하다.
정의감이 강하여 불의에 앞장서며 외교적 수완이 뛰어나다.

●단점
감성적이어서 정에 약하고 주위의 소문에 민감하게 반응한다.
마음에 들지 않으면 싫다는 내색을 하지 않고 상대하지 않는다.
질투심이 강하고 승부욕이 있어서 빠져들면 쉽게 나오지 못한다.

●정사 O형 장점
이성적이면서도 헌신적으로 진실성을 가지고 대한다.
계획성이 철저하고 완벽성을 추구하므로 실패가 적다.
마음속에 큰 욕망이 존재하고 자신의 포부를 실현한다.

●단점
화가 나면 강렬하여 독선적이라고 생각하는 사람이 많다.
자기주장이 강하여 옳다고 생각하면 그대로 밀고 나간다.
단순하고 성급하여 감정적으로 서두르다가 손해를 당한다.

●정사 AB형 장점
지혜가 있어서 합리적이고 수단이 좋으며 재주가 뛰어나다.
업무처리가 치밀하고 정확하여 기회가 오면 놓치지 않는다.
민첩하고 정신력이 강하여 상황 변화에 대한 적응이 빠르다.

●단점
외골수 기질이 있고 사소한 일에도 신경이 예민하다.
고집이 있어서 자기주장이 강하고 틀어지면 오래간다.
반발심이 강하고 남이 잘못한 것은 지적하고 넘어간다.

戊辰 무진 해설

무 공통점 신의가 있고 중용을 지켜 중간적인 역할을 잘한다.
처세하는 수단이 좋으며 진심을 쉽게 주지 않는다.

무진 공통점 과묵하여 표현을 별로 하지 않으며 명예욕이 강하다.
사회적으로 활발하게 활동하면서도 회의감이 존재한다.

여성 공통점 원만하고 활달하며 고집이 세면서도 매력이 있는 여성이다.
사회적으로 바쁘게 살아가며 고민이 생겨도 혼자 해결한다.

●무진 A형 장점
안정을 추구하여 객관적이면서 현실적으로 판단한다.
신용이 있게 행동하므로 믿음을 주고 책임감이 강하다.
자신이 납득할 수 있을 때 까지 생각하고 나서 결정한다.

●단점
확실한 의사표시를 하지 않으므로 흥미가 없게 보인다.
독점욕이 강하고 마음에 드는 사람만 친밀하게 대한다.
보수적이고 주변 사물에 대해 별로 관심을 갖지 않는다.

戊辰 B

●무진 B형 장점
자신감이 넘치고 남에게 인정을 받고 싶은 마음이 강하다.
자신을 필요로 하는 곳에는 앞장을 서서 해결하여 도와준다.
진취적이어서 어려워도 절망하지 않으며 원만하게 적응한다.

●단점
남의 일을 해결해 주느라 바쁘게 활동하지만 실속이 적다.
회의감이 존재하여 중간에 포기를 하려는 마음이 작용한다.
자신의 이상을 실현하지 못하면 실의감에 빠져 괴로워한다.

戊辰 O

●무진 O형 장점
사려가 깊고 성숙하므로 주변에서 고민을 많이 이야기한다.
추진력이 강하여 웬만해서 흔들리지 않고 일을 성사시킨다.
활동성이 활발하고 내실을 기하므로 좋은 결실을 맺게 된다.

●단점
하고 싶은 것은 조언을 듣지 않고 독단적으로 처리한다.
새로운 일은 자신이 납득이 될 때까지 시간이 많이 걸린다.
자존심이 강하여 남들과 마찰이 생기면 쉽게 굽히지 않는다.

戊辰 AB

●무진 AB형 장점
새로운 일을 시작하면 심사숙고하지만 결정하면 신속하다.
지성과 덕망을 갖추어서 어떠한 일도 처리하는 능력이 있다.
이상이 높고 합리적이어서 내실을 기하여 좋은 결실을 만든다.

●단점
자신의 뜻에 거스르면 냉정해지고 인색한 모습이 나타난다.
자기주장이 강해 사회생활에 적응하는데 애로사항이 많다.
현재 환경을 벗어나 다른 곳으로 떠나고 싶은 마음이 간절하다.

戊寅 무인 해설

무 공통점　신의가 있고 중용을 지켜 중간적인 역할을 잘한다.
　　　　　　처세하는 수단이 좋으며 진심을 쉽게 주지 않는다.

무인 공통점　포부가 크고 권위적이며 자기주장이 강하다.
　　　　　　조급하여 조바심을 내면서도 참을성도 뛰어나다.

여성 공통점　감각적으로 세련되고 분위기를 살리며 인간관계가 원만하다.
　　　　　　희생정신이 있고 목표의식이 뚜렷하며 강한 기질이 존재한다.

戊寅 A

●**무인 A형 장점**
준법정신이 강하고 언행이 일치하여 모범을 보인다.
의리가 있고 책임감이 강하여 약속한 것은 꼭 준수한다.
강직한 성향으로 중심이 확고하고 유혹에 흔들리지 않는다.

●**단점**
자신의 비위에 거슬려 틀어지면 쉽게 풀리지 않는다.
우직하고 단순하게 밀고 나가므로 충돌과 마찰이 생긴다.
처음 사람을 사귀는데 많이 따지고 작은 부분까지 신경 쓴다.

戊寅 B

●무인 B형 장점
재주가 뛰어나고 다재다능하며 헌신적이면서 낙천적이다.
신망이 높고 불굴의 정신력으로 전진하는 활동성이 강하다.
인품이 수려하고 정의감이 강하여 불의를 보면 참지 못한다.

●단점
성급하여 할 일이 있으면 즉시 해결해야 직성이 풀린다.
남에게 지면 감정적이고 저돌적이 되어 승부욕이 강해진다.
형식에 맞추는 것을 싫어하므로 반감을 초래하여 화근이 된다.

戊寅 O

●무인 O형 장점
언행이 신중하고 도량이 넓으며 믿음직하게 행동한다.
기품이 있고 발달된 기상으로 가급적 선하게 처리한다.
이상이 높고 봉사정신이 강하며 공익에도 관심이 많다.

●단점
완고하여 손해를 감수하고 무리한 일에도 도전한다.
노력한 것에 비하면 결실이 부족하여 즐거움이 적다.
감정이 과격하고 자만심이 강하여 우월감이 존재한다.

戊寅 AB

●무인 AB형 장점
안정성을 우선하고 일이 생기면 먼저 나서서 처리한다.
기억력이 뛰어나고 순발력이 빠르며 판단력이 정확하다.
안목이 좋아 사물을 파악하고 관찰하는 능력이 탁월하다.

●단점
세속적이지 못하고 돌출행동을 하여 방해를 받게 된다.
자기능력을 과신하여 뒷감당도 못하면서 큰 소리 친다.
괴팍함이 존재하여 인간미가 떨어지고 변화를 좋아한다.

戊子 무자 해설

무 공통점 신의가 있고 중용을 지켜 중간적인 역할을 잘한다.
처세하는 수단이 좋으며 진심을 쉽게 주지 않는다.

무자 공통점 부지런하고 활동적이며 중심이 바르다.
욕망이 강하여 평범한 것에 만족하지 않는다.

여성 공통점 명랑하고 사교적이어서 어울리는 것을 좋아하며 수줍음이 없다.
여유가 있고 구속받는 것을 싫어하며 사회적인 활동을 많이 한다.

戊子 A

● **무자 A형 장점**
시간 약속이 정확하고 경제개념이 발달하여 수치에 밝다.
실용적이어서 구체화된 것을 확인한 후에 행동으로 옮긴다.
분명한 것을 좋아하여 대충 넘어가는 것은 용납하지 못한다.

● **단점**
융통성이 부족하여 일을 시작하면 무리하기 쉽다.
완고하여 접근하는 것이 어렵고 타협을 하지 않는다.
아집으로 굽히기를 싫어하고 독선적으로 일을 진행한다.

戊子 B

● 무자 B형 장점
재치가 넘치고 인간미가 있으며 교제의 폭이 넓다.
다재다능하고 신용을 중시하며 실천력이 뛰어나다.
독립심이 강하고 공정함을 존중하여 신망을 얻는다.

● 단점
과시욕이 강하며 성급하게 서두르고 덤벼든다.
욕심이 많아서 과욕을 부리다가 변화를 겪는다.
의욕이 너무 앞서서 겁이 없고 일을 잘 저지른다.

戊子 O

● 무자 O형 장점
자비심으로 포용력이 있어서 상대방을 배려해준다.
강직하고 정의감이 강하며 자부심을 가지고 살아간다.
신망이 높고 주관이 뚜렷하며 결단력이 있게 행동한다.

● 단점
고집이 세서 결정을 내린 것은 물러서지 않는다.
가까운 사람이 부탁하면 거절하지 못하고 들어준다.
주체성이 강하여 다른 사람에게 굽히는 것을 싫어한다.

戊子 AB

● 무자 AB형 장점
솔직하고 담백하며 노력으로 실리를 획득한다.
억제력이 강하여 사소한 일에 흔들리지 않는다.
목적을 위해서는 냉철하여 빈틈이 없게 추진한다.

● 단점
지속성이 없어서 변화가 생기고 싫증이 빠르다.
상처를 당하면 독해지고 수단을 가리지 않는다.
자신이 생각한 것은 실천에 옮겨야 직성이 풀린다.

戊戌 무술 해설

무 공통점 신의가 있고 중용을 지켜 중간적인 역할을 잘한다.
처세하는 수단이 좋으며 진심을 쉽게 주지 않는다.

무술 공통점 주체성이 강하고 자신의 주장을 확실하게 한다.
안목이 높아서 조그마한 것은 양이 차지 않는다.

여성 공통점 똑똑하고 활동적이어서 바쁘게 살아가며 생활력이 강하다.
기가 세서 남편에게 지지 않으려고 하므로 마찰이 생긴다.

● **무술 A형 장점**
과묵하고 독립심이 강하며 자신의 영역이 확실하다.
성실하고 조심성이 많아서 납득할 때까지 자중을 한다.
추진력이 뛰어나고 일처리가 능숙하며 무리하지 않는다.

● **단점**
자기 의견을 고집하면 양보하지 않아 불화를 일으킨다.
자존심이 강하여 어려움을 표시하지 않아 남들이 모른다.
사교술이 서투르고 간섭을 싫어하며 억압하면 반발이 크다.

戊戌 B

● 무술 B형 장점
온화하고 원만하며 사교적이어서 사람을 잘 다룬다.
수완이 뛰어나고 추진력이 과감하여 발전성을 보여준다.
건전하고 균형을 이루어 무모하지 않으며 의지가 굳세다.

● 단점
남의 일에 관심이 많으며 사람들을 너무 좋아한다.
평소에 온순하지만 화가 한번 나면 무서울 정도이다.
어려운 사람을 많이 보살펴 주지만 인덕이 적은 편이다.

戊戌 O

● 무술 O형 장점
사람을 믿으면 변함이 없고 마음 씀씀이가 넓다.
포부가 원대하고 자부심이 강하며 의젓한 기상이다.
정직하고 통솔력이 뛰어나며 결단성이 있게 행동한다.

● 단점
괄괄한 성향으로 아니꼬운 행동을 보면 참지 못한다.
투쟁심이 왕성하고 과감한 행동으로 분위기를 헤친다.
소신이 강하여 자기 영역을 침범당하면 반발력이 크다.

戊戌 AB

● 무술 AB형 장점
재능을 발휘하여 기회 포착을 잘하며 이익을 도모한다.
힘든 일을 당해도 긍정적이며 남의 일을 잘 보살펴준다.
부지런하고 재주가 능수능란하며 남에게 의지하지 않는다.

● 단점
순간적으로 성질을 참지 못하고 과시를 하며 허세를 부린다.
자신도 모르게 우쭐해지면 상대방에게 예의를 갖추지 않는다.
독선적인 면이 나타나 사회성이 부족해져 생활의 변화가 생긴다.

戊申 무신 해설

무 공통점 신의가 있고 중용을 지켜 중간적인 역할을 잘한다.
처세하는 수단이 좋으며 진심을 쉽게 주지 않는다.

무신 공통점 호기심이 강하고 항상 새로움을 추구한다.
동정심이 많아 남에게 베푸는 것을 좋아한다.

여성 공통점 온화하면서도 사려가 깊고 신뢰를 받으며 생활한다.
경제에 밝고 눈이 높으며 자신감이 있어서 적극적이다

● **무신 A형 장점**
집중력이 강하여 궁금한 것은 파고 들어가서 알아낸다.
문제점이 발견되면 개선할 수 있는 방법을 빨리 찾는다.
상식에 벗어난 행동을 싫어하고 목표한 것은 이루어낸다.

● **단점**
남의 위에 서는 것을 좋아하여 간섭하면 힘들어한다.
분위기에 예민하고 감정이 풍부하여 표면에 드러난다.
욕심이 많고 승부욕이 강하여 경쟁자에게 지고는 못산다.

戊申 B

●무신 B형 장점
감각적이고 재능이 뛰어나서 남들에게 신뢰를 받는다.
친화력이 좋아 사람들을 빨리 사귀며 자문을 잘해준다.
배짱이 있어서 큰 것을 생각하고 성공을 해도 크게 한다.

●단점
아집이 강하여 소신대로 행동하며 충고는 듣지 않는다.
급격한 성향으로 뒤를 생각하지 않고 행동하는 때가 있다.
치밀하지 못하고 흐름에 따라 진행하다가 힘들면 중단한다.

戊申 O

●무신 O형 장점
개혁적이고 자부심이 강하며 의욕적인 모습을 보여준다.
처세술이 뛰어나고 사교술도 능숙하여 화합의 중심이 된다.
이상이 높고 담대하여 불의는 참지 못하며 희생정신이 있다.

●단점
환경은 생각하지 않고 어려운 사람은 앞장서서 도와준다.
독자적으로 혼자서 결정하여 모든 것을 해결하려고 한다.
생각하면 밀어붙이는 체질이라 방향이 잘못되면 고전한다.

戊申 AB

●무신 AB형 장점
추진력과 소유욕이 강하여 세상에 이루고 싶은 일이 많다.
미래지향적으로 선견지명이 있어서 시야가 넓고 예리하다.
감각이 뛰어나서 사물의 결합을 좋은 방향으로 끌고 나간다.

●단점
자신에게 대항하면 굴복시키려고 하며 적대시한다.
가능성이 있다고 생각하면 새로운 일에 시작을 잘한다.
화려하게 살고 싶은 욕망이 강하여 변화가 많이 생긴다.

戊午  무오 해설

무 공통점 신의가 있고 중용을 지켜 중간적인 역할을 잘한다.
처세하는 수단이 좋으며 진심을 쉽게 주지 않는다.

무오 공통점 덕망이 있으나 완고하여 복잡한 것을 싫어한다.
합리적이고 분명하여 좋고 싫은 것이 뚜렷하다.

여성 공통점 외향적이고 활달하며 언변과 수단이 뛰어나서 활동력이 왕성하다.
똑똑하나 욕심이 많고 계산이 빠르며 감정을 쉽게 드러내지 않는다.

●무오 A형 장점
이성적이고 차분하며 관찰력이 뛰어나서 실패가 적다.
자신의 존재감이 나타날 때까지 묵묵하게 위치를 지킨다.
군자적인 성품으로 품격이 높고 절제력이 강하며 치밀하다.

단점
자기 위주로 행동하고 현실적인 감각이 조금 떨어진다.
인색한 면이 있으며 이익이 없으면 선뜻 움직이지 않는다.
상대가 서운하게 하면 용서하고 이해하는데 시간이 걸린다.

戊午 B

●무오 B형 장점
약자나 자신을 따르는 사람은 능력 이상으로 보살펴준다.
창조성이 뛰어나 응용능력이 탁월하고 정보파악이 빠르다.
정의감이 강하여 강자에게도 물러서지 않으며 경우가 밝다.

●단점
다혈질적인 기질이 나타나면 덤벼들고 물러서지 않는다.
남에게 지는 것을 싫어하여 무리하게 추진하다 고전한다.
추구하는 이상과 현실적인 간격의 차가 심해 갈등을 느낀다.

戊午 O

●무오 O형 장점
사교술이 뛰어나고 능숙하며 다양한 사람들을 사귄다.
적극적이고 우직하게 은근과 끈기로 노력하는 모습이다.
솔직하여 직선적이고 상황판단이 빠르며 리더십을 발휘한다.

●단점
양보심이 적고 서열을 정하여 위아래 구분이 뚜렷하다.
자신이 중심에 서서 일을 주도해나가야 직성이 풀린다.
고집이 세고 자기 약점에 대해 드러내지 않으려고 한다.

戊午 AB

●무오 AB형 장점
언행이 단정하여 남에게 쉽게 약점을 잡히지 않는다.
일을 시작하기 전에 충분히 생각하고 행동으로 옮긴다.
합리적이고 존재감이 강하여 역할을 중요하게 생각한다.

●단점
과감성이 부족하고 상황의 변화가 생기면 변덕을 부린다.
소신이 뚜렷하지 못하고 답답하게 비쳐지는 경우가 생긴다.
사색적이고 수동적인 성향이 강하며 거만하다고 오해받는다.

ㄹㅌ 기사 해설

기 공통점 세밀하고 치밀하며 분별력이 뛰어나다.
생활하는 자세가 반듯하여 모범생 타입이다.

기사 공통점 겸손하고 성실하여 주위에서 신뢰를 받는다.
명예욕이 왕성하고 안정적인 생활을 선호한다.

여성 공통점 순박하고 부드러우며 자기주장을 강하게 표현하지 않는다.
환경에 충실하고 모성애가 넘치지만 단점을 숨기려고 한다.

● **기사 A형 장점**
견실하게 한 가지 일을 꾸준히 해내는 노력파다.
인내심이 강하고 차분하게 생각한 뒤 결정을 한다.
규범에 어긋나지 않아 마찰이 생기는 것을 싫어한다.

● **단점**
수동적이어서 변화가 생기는 것을 좋아하지 않는다.
대범하지 못하고 소극적으로 행동하는 경우가 많다.
진취적이지 못하고 모험심이 부족하며 활동영역이 좁다.

● 기사 B형 장점
주장을 강하게 하지 않고 주변 분위기를 맞추어 준다.
지혜가 있어서 문제가 생겨도 해결하는 방법이 빠르다.
도덕과 상식을 중시하며 자신만의 이익을 챙기지 않는다.

● 단점
생각하는 영역이 좁고 결단력이 부족하여 머뭇거린다.
처음에 마음을 쉽게 열지 않으며 사소한 일에 예민하다.
고지식하고 독선적인 성향이 나타나며 개척정신이 부족하다.

● 기사 O형 장점
생각이 깊고 마음의 꾸밈이 없으며 경청을 잘한다.
대의와 중용을 따르고 큰 인물들이 배출되기도 한다.
인내력과 의지력이 강하고 도움을 받으면 잊지 않는다.

● 단점
붙임성이 없어서 처음에 사람을 사귀는 것이 오래 걸린다.
좋은 것이 좋다는 식으로 생각하여 뚜렷한 인식을 못준다.
신중하여 결정이 늦어지므로 상대방이 답답하게 생각한다.

● 기사 AB형 장점
직관력이 뛰어나서 상대방 의중을 빠르게 파악한다.
신중하고 완벽하며 현실에 비중을 두어 실패가 적다.
의리가 있고 자부심이 강하며 사회에서 재능을 발휘한다.

● 단점
행동이 틀에 박혀있는 것처럼 보여 활기가 없게 보인다.
자만심으로 자신보다 낮은 사람은 무시하는 경향이 있다.
변화가 심하면 적극적으로 대처하지 못하여 적응이 어렵다.

己卯 기묘 해설

기 공통점 세밀하고 치밀하며 분별력이 뛰어나다.
생활하는 자세가 반듯하여 모범생 타입이다.

기묘 공통점 성실성이 뛰어나서 인정과 신뢰를 받는다.
사고력이 민첩하고 진지하며 성의가 있다.

여성 공통점 명석하고 자유스러움을 선호하며 자녀에 대한 애정이 지극하다.
아집이 강하고 배려심이 적으며 자신만 못하면 지배하려고 한다.

● **기묘 A형 장점**
인내력과 끈기가 있어서 자신이 목적한 바를 이룬다.
아무나 쉽게 사귀지 않고 인격을 확인한 후에 정을 준다.
꼼꼼하여 정리하는 능력이 뛰어나고 실수가 없게 마무리한다.

● **단점**
외골수 기질이 강하고 소심하며 심성이 여리다.
생활공간이 넓지 못하고 조그만 실수에도 자책한다.
자신감이 부족하고 의견을 표현하는 것에 서투르다.

●기묘 B형 장점
희생적이고 봉사정신이 있어서 약자는 보살펴준다.
양순하고 신의가 강하며 이상적이어서 호감을 받는다.
평소에는 호인 같지만 목적을 달성할 때에는 강렬하다.

●단점
적극성이 부족하여 결실을 맺지 못하는 경우가 생긴다.
자신의 속마음을 이야기 하지 못하고 처분을 기다린다.
강직하지 못하고 두려움이 존재하여 무력감이 나타난다.

●기묘 O형 장점
원칙에서 벗어나는 것을 싫어하고 욕심 부리지 않는다.
검소하고 안락함만 추구하지 않으며 수용력이 풍부하다.
정신력이 강하여 중심이 바르고 웬만해서 흔들림이 적다.

●단점
자신의 속마음을 쉽게 열지 않고 웬만한 것은 참는다.
상대가 잘하는 것이 있어도 칭찬해주는 것에 인색하다.
주관적이어서 좋고 싫음이 뚜렷하여 시야가 넓지 못하다.

●기묘 AB형 장점
사리판단이 분명하고 생각성이 깊어 인정을 받는다.
자신에게 필요한 분야는 배우려는 자세가 되어 있다.
계획성이 철저하고 완벽하게 처리해야 마음이 편안하다.

●단점
하는 일이 힘들면 남에게 의지하여 해결하려고 한다.
도전정신이 부족하여 새로운 영역에 부담감을 갖는다.
행동이 굳건하지 못하고 마음이 흔들려 변화가 생긴다.

己丑 기축 해설

기 공통점	세밀하고 치밀하며 분별력이 뛰어나다. 생활하는 자세가 반듯하여 모범생 타입이다.
기축 공통점	순진하고 착실하며 묵묵하게 실천을 한다. 독립심이 부족하고 참모 역할이 어울린다.
여성 공통점	겸손하고 인내력이 뛰어나 희생정신이 있으며 빈틈이 별로 없다. 질투심이 강하고 보이지 않는 까다로움이 존재하여 갈등이 많다.

己丑 A

● **기축 A형 장점**
말수가 적고 부드러우며 가급적 중용을 지킨다.
마음의 꾸밈이 없고 조용한 것을 선호한다.
차분하고 지구력이 강하여 마음먹은 것은 이루어낸다.

● **단점**
감정이 예민하고 경계심이 강하며 낯가림이 심하다.
이기적인 성향으로 베푸는 것보다 받는 것에 익숙하다.
현대사회의 치열한 생존경쟁에서 이기는 것이 쉽지 않다.

己丑 B

●**기축 B형 장점**
근면하고 성실하여 진실 되게 살려고 노력한다.
삶의 지혜가 있으며 사물에 대한 지식이 풍부하다.
계획성이 철저하여 미리 준비해야 마음이 편안하다.

●**단점**
비판능력이 뛰어나면서도 사람들을 압도하지 못한다.
사물을 보는 시야가 좁아 남들과 논쟁에 빠지기 쉽다.
능력이 있으면서도 실력발휘를 못하여 답답함을 느낀다.

己丑 O

●**기축 O형 장점**
안정성에 우선을 두고 무모하지 않으며 상부상조한다.
희생정신이 강하고 신중하게 처신하여 언행이 일치한다.
지나간 일은 비중을 두지 않고 미래의 발전을 도모한다.

●**단점**
마음을 쉽게 열지 않아 친해지려면 시간이 걸린다.
경쟁력이 부족하고 사회에서 수동적인 자세가 된다.
독단적으로 행동하는 경우가 많고 주장을 굽히지 않는다.

己丑 AB

●**기축 AB형 장점**
똑똑하고 재치가 있어서 이해력이 깊으며 눈치가 빠르다.
간섭하지 않고 마음이 우러나 일을 할 때 능률이 올라간다.
직관력이 뛰어나서 내용을 파악하는 것에 재능을 발휘한다.

●**단점**
남들의 시선을 의식하여 자유스럽지 못하고 위축이 된다.
지속성이 부족하여 관심을 보여 열중하다가 싫증이 생긴다.
자기 영역을 소중히 여기고 표현하지 않아 박정하게 느낀다.

己亥 기해 해설

기 공통점 세밀하고 치밀하며 분별력이 뛰어나다.
생활하는 자세가 반듯하여 모범생 타입이다.

기해 공통점 부지런하고 현실적이나 비밀이 많다.
빈틈이 별로 없으며 소유욕이 강하다.

여성 공통점 자중할 줄도 알고 성실하게 노력하여 호감을 주지만 타산적이다.
자기중심적인 성향으로 생활력이 강하며 살림을 알뜰하게 잘한다.

己亥 A

● **기해 A형 장점**
검소하여 실속을 차리고 현실을 중요시하여 최선을 다한다.
품위를 지키고 공정한 이론을 따르며 공과 사를 분명히 한다.
약속개념이 정확하고 안정성을 우선하여 모험은 하지 않는다.

● **단점**
현실적인 수치에 민감하여 주위에서 인색하게 느낀다.
소심하고 신경이 예민하여 사람들이 대하기가 불편하다.
이기적이고 의심이 많으며 세상을 바라보는 시야가 좁다.

己亥 B

●기해 B형 장점
부지런하고 꾸밈이나 거짓이 없으며 일처리가 정확하다.
사람을 알아보는 안목이 있어서 존경하는 사람은 따른다.
의협심이 있어서 인정도 베풀지만 수익에도 관심이 많다.

●단점
상대를 따르다가도 이익이 되지 않는다고 여기면 돌아선다.
진취적인 사고방식이 부족하여 큰일을 하기에 부담감이 있다.
이해심이 부족하고 계산적이어서 손해 보는 일은 하지 않는다.

己亥 O

●기해 O형 장점
확실하지 않으면 쳐다보지 않고 시비를 분명히 한다.
현실에 충실하고 실천력이 뛰어나며 정의감이 강하다.
신중하여 서두르지 않고 수완을 발휘하여 뜻을 이룬다.

●단점
감정적이어서 심증만으로 예견을 하여 결론을 내린다.
속마음을 감추므로 마음을 터놓고 지내기가 쉽지 않다.
상황에 따라 변수가 생겨 치밀하다가도 대충 넘어간다.

己亥 AB

●기해 AB형 장점
부드럽고 공손하여 사리에 밝으며 현실에 집중을 한다.
구체적이고 실질적으로 실속을 우선시하여 고생이 적다.
치밀하여 세세한 부분까지 신경을 써서 실수하지 않는다.

●단점
변화가 많아서 좋을 때와 그러지 못할 때 차이가 크다.
내면으로 숨기는 것이 많고 겉과 속이 다르게 행동한다.
경계심이 강하고 까다로움이 잠재하여 원만하지 못하다.

己酉 기유 해설

기 공통점 세밀하고 치밀하며 분별력이 뛰어나다.
생활하는 자세가 반듯하여 모범생 타입이다.

기유 공통점 청렴결백하여 정직하고 사심이 없다.
고집이 세고 고지식하며 결단력이 약하다.

여성 공통점 유순하고 꼼꼼하며 감수성이 풍부하여 낭만적인 성향이 존재한다.
신의와 지조가 강하고 가족에게 희생적이나 상처를 받으면 오래간다.

● **기유 A형 장점**
꾸미지 못하고 생각하는 대로 행동하는 것이 편하다.
신념이 강하고 냉철함이 존재하여 안정성을 우선한다.
한 가지 일에 집중해서 파고 들어가는 능력이 탁월하다.

● **단점**
소심하여 새로운 일을 도전 하는 것에 부담감이 많다.
배려심이 부족하여 자기위주로 생각하고 사람을 가린다.
수동적인 성향으로 개척하는 일에 서투르고 적응이 느리다.

己酉 B

●기유 B형 장점
생각성이 깊고 불확실한 일을 싫어하여 큰 실패는 적다.
단순명료하여 복잡함을 싫어하고 간결한 것을 선호한다.
평온하고 낙천적으로 남들과 마찰이 생기는 것을 싫어한다.

●단점
적극성이 부족하여 머뭇거리고 어려움이 생기면 미룬다.
조그마한 일에도 자신의 뜻대로 안 되면 의기소침해진다.
매사에 좋다는 식으로 대처하여 강한 인상을 주지 못한다.

己酉 O

●기유 O형 장점
품격이 있게 행동하고 전문적인 일에 관심이 많다.
준비성이 철저하여 확실하게 확인한 후에 행동한다.
새로운 것에 대한 관심이 높고 개선능력이 뛰어나다.

●단점
설득력이 부족해 이해시키는 능력이 떨어진다.
완고하여 굽히지 않고 조언을 받아들이지 않는다.
환경의 적응력이 느리고 승부욕이 강하지 못하다.

己酉 AB

●기유 AB형 장점
기억력과 순발력이 뛰어나 순간적인 포착을 잘한다.
온순하여 상대에게 피해가 되는 행동은 하지 않는다.
자신의 일만 몰두하여 진행할 수 있는 것이 적합하다.

●단점
의심이 많고 자신의 감정을 표현하는 것이 서투르다.
남의 일에 관심이 많고 한번 틀어지면 상대하지 않는다.
담대하지 못하고 우유부단하여 적극적인 모습이 부족하다.

己未  기미 해설

기 공통점 세밀하고 치밀하며 분별력이 뛰어나다.
생활하는 자세가 반듯하여 모범생 타입이다.

기미 공통점 보수적이고 진실하여 거짓과 가식이 없다.
외유내강형으로 부드러우나 자신에게 엄격하다.

여성 공통점 똑똑하고 유혹에 쉽게 넘어가지 않으며 사회활동을 많이 한다.
주체성이 강하고 간섭받는 것을 싫어하며 자녀 사랑이 각별하다.

● **기미 A형 장점**
겸손하고 검소한 성향으로 정확하며 실수가 적다.
인내심과 강인한 정신력으로 힘들어도 헤쳐 나간다.
신의가 강하여 신뢰감을 주며 야무져서 빈틈이 없다.

● **단점**
고집이 세고 이기적이어서 자기 생각을 관철시킨다.
잔걱정이 많고 현실성이 떨어지며 남들이 피곤해한다.
혁신적이지 못하고 변화의 흐름을 파악하는 눈이 약하다.

己未 B

●기미 B형 장점
언행에 조리가 있고 필요한 것만 획득하여 활용한다.
신용을 중시하고 지혜가 슬기로우며 상식이 풍부하다.
공과 사가 분명하고 업무는 공정하며 양보하지 않는다.

●단점
투쟁심이 강하여 뜻에 어긋나면 저항적 기질이 있다.
주위 사람과 조화를 이루지 못하고 논쟁이 생기기 쉽다.
성급하고 한번 결정한 것은 물러설 줄 몰라 기복이 있다.

己未 O

●기미 O형 장점
전진하는 기상이 있고 봉사정신으로 아픔도 헤아려준다.
자기 방식대로 일을 할 때 능률이 높고 재능을 발휘한다.
정직하고 뛰어난 품격으로 친화력과 대인관계를 중시한다.

●단점
뜻에 거스르면 굴복시키려고 하므로 상대가 어려워한다.
신속하게 해결해야 하거나 창조적인 업무는 부담이 많다.
자기주장이 강하여 결정을 내리면 물러서지 않으려고 한다.

己未 AB

●기미 AB형 장점
책임감이 강하고 꼼꼼하게 처리하므로 실패가 적다.
사려가 깊고 판단력이 뛰어나서 시비를 분명히 한다.
주체적인 기상으로 묵묵히 성장하려는 의욕이 강하다.

●단점
수동적이고 남의 조언을 듣지 않아 적응이 쉽지 않다.
영역이 확실하여 자신이 하는 일에 간섭하면 싫어한다.
적극성이 부족하여 경쟁이 심한 곳은 부담감을 느낀다.

庚午 경오 해설

경 공통점   겉은 차고 냉정하게 보이나 속정이 있다.
임기응변이 좋아 주위에서 인정을 받는다.

경오 공통점   준법정신이 강하고 조직 생활에 더 적합하다.
언행이 믿음직하고 상식에서 벗어나지 않는다.

여성 공통점   외향적이고 활발하여 숨기는 것이 별로 없으며 할 말은 한다.
인간미가 넘치고 매력이 있으나 결혼은 늦게 하는 것이 좋다.

庚午 A

● **경오 A형 장점**
명예를 존중하고 원칙을 중시하며 책임감이 강하다.
신중하고 입이 무거워서 상대방 비밀을 잘 지켜준다.
굳고 의로운 성향으로 정직하며 신용을 소중히 여긴다.

● **단점**
일에 대해 비난을 받으면 견디지 못하고 좌절감이 크다.
능동적이지 못하여 지시를 받고 일을 하는 것이 편하다.
깐깐함이 존재하여 인간미가 적어서 재미가 없게 느낀다.

庚午 B

● 경오 B형 장점
온화한 성품으로 주변 사람에게 민폐를 끼치지 않는다.
합리적이고 객관성이 뛰어나 충분히 검토 후에 실행한다.
솔직하고 직선적으로 주체성이 확고하며 분별력이 뛰어나다.

● 단점
화려함을 선호하여 굵고 짧게 살겠다는 생각이 강하다.
의욕적으로 시작했다가 어려움이 닥치면 감당을 못한다.
겉으로 강한 척 큰소리치나 내면은 약한 성향이 존재한다.

庚午 O

● 경오 O형 장점
이상이 높고 품위가 있으며 활동적으로 일처리를 잘한다.
성실하고 승부욕과 결단력이 강하여 적극적으로 대처한다.
공명정대하여 거짓말을 하지 못하고 서열의 순서가 명확하다.

● 단점
현실성이 떨어져서 무작정 밀고나가다 손해를 당한다.
독선적이 되면 사리판단이 흐려지고 강렬함이 나타난다.
자신의 능력을 과신하여 무리하게 진행하다가 힘들어한다.

庚午 AB

● 경오 AB형 장점
새로움을 선호하여 다양한 분야에 관심을 두고 활동한다.
이성적이어서 주어진 임무는 완벽함을 추구하여 처리한다.
치밀하고 판단력이 냉철하여 공적인 일에 능력을 발휘한다.

● 단점
경계심이 강하고 자신의 뜻에 맞지 않으면 변화가 많다.
보수적이고 수동적이며 남들의 평가에 과민반응을 보인다.
인내심이 부족하여 힘들면 중도에 포기하는 경우가 생긴다.

庚辰 경진 해설

경 공통점 겉은 차고 냉정하게 보이나 속정이 있다.
임기응변이 좋아 주위에서 인정을 받는다.

경진 공통점 의협심과 신의가 강하며 약자는 보살펴준다.
사교성이 능숙하고 추진력이 뛰어난 소유자다.

여성 공통점 고집이 강하여 지려고 하지 않으며 용모가 아름다운 여성이 많다.
정확한 것을 선호하고 활발하여 사회 활동이나 직업을 갖게 된다.

● **경진 A형 장점**
완벽함을 추구하고 언행이 분명하여 흐트러짐이 없다.
의지력이 굳건하여 힘든 것도 최선을 다하여 이겨낸다.
현재 위치를 중요시하고 동료의식이 강하며 신의가 있다.

● **단점**
자신의 이익과 관련되면 냉철해져서 무정하게 느껴진다.
칭찬해주는 것이 적고 좋은 일이 생겨도 표시하지 않는다.
자신에게 도전하면 억압하려는 기질로 일방통행이 되기 쉽다.

庚辰 B

●경진 B형 장점
의협심이 강하고 확실한 것을 중시하며 자기중심을 지킨다.
포부가 크고 과감성이 있어서 위기가 와도 절망하지 않는다.
남들보다 앞서나가려는 의식이 강하여 항상 바쁘게 살아간다.

●단점
지배욕이 강하고 독선적인 기질로 마찰이 일어나기 쉽다.
고집이 세고 남들이 간섭하는 것을 싫어하여 뜻대로 한다.
감정이 폭발하면 앞뒤를 분간하지 못하고 물러서지 않는다.

庚辰 O

●경진 O형 장점
강직하여 결단력과 실천력이 뛰어나고 정의감이 강하다.
지도력을 갖추고 자신감이 충만하며 발전의 기상이 높다.
배짱이 있고 담대하여 공정하게 대하며 바른말을 잘한다.

●단점
과시욕이 강하고 정상에 빨리 서고 싶어서 욕심을 부린다.
강골기질로 비위를 맞추는 것을 싫어하여 어려움이 따른다.
결정하면 조언을 듣지 않고 양보하지 않으며 소신대로 한다.

庚辰 AB

●경진 AB형 장점
수단이 뛰어나고 재치가 있어서 결실을 만들어낸다.
변화의 흐름을 빨리 읽고 위기관리 능력이 탁월하다.
불의와 타협하지 않고 목표를 세우면 혼신을 다한다.

●단점
겉은 화려하고 강한 척 하지만 공허하여 고독감을 느낀다.
뜻대로 안되면 객관성 없는 처세를 하고 태만해지기 쉽다.
우월감이 존재하여 남의 기분을 맞추어 주는 것이 서투르다.

庚寅 경인 해설

경 공통점	겉은 차고 냉정하게 보이나 속정이 있다. 임기응변이 좋아 주위에서 인정을 받는다.
경인 공통점	통제력이 강하고 공사의 구분이 확실하다. 안목이 높고 이상이 크며 긍정적으로 생활한다.
여성 공통점	명분이 뚜렷하고 관리가 철저하며 남성을 고르는 안목이 까다롭다. 가족을 중요시하고 기지를 발휘하여 어른들의 사랑을 받는다.

● **경인 A형 장점**
분별력이 뛰어나고 조리가 있으며 완벽성을 추구한다.
목적의식이 확실하여 남의 말에 쉽게 흔들리지 않는다.
담백하고 솔직하며 자신이 잘못한 것은 변명하지 않는다.

● **단점**
자신이 판단하여 결정한 것은 웬만해서 번복하지 않는다.
자존심이 강하여 단점은 숨기고 속마음을 보여주지 않는다.
자기 마음대로 관리하려는 마음이 강하여 갈등을 일으킨다.

庚寅
B

● 경인 B형 장점
낙천적이고 설득력이 좋으며 남의 기분도 잘 맞추어준다.
순발력이 뛰어나 상황대처를 잘하고 무리한 진행은 않는다.
추진력이 좋고 업무적으로 냉철하며 정확하여 빈틈이 없다.

● 단점
직선적이어서 열을 받으면 격정적이 되어 주체를 못한다.
다툼이 생겨서 한번 틀어지면 회복되는 것이 오래 걸린다.
업무를 너무 완벽하게 처리하려고 스트레스를 많이 받는다.

庚寅
O

● 경인 O형 장점
수단이 좋고 신념이 강하며 맺고 끊는 것이 확실하다.
활달하고 통솔력이 뛰어나서 관리자의 역할도 적합하다.
전진하는 활동력이 강하고 과정보다 결과에 비중을 둔다.

● 단점
주체성이 강하여 간섭이나 억압하면 반발심이 크다.
자신의 판단이 옳다고 확신하면 쉽게 물러서지 않는다.
작은 것은 쳐다보지 않고 큰 것만을 꿈꾸며 이루려고 한다.

庚寅
AB

● 경인 AB형 장점
자기관리가 철저하여 실수하거나 민폐를 끼치지 않는다.
솔직하고 주관이 뚜렷하며 냉철한 성향으로 빈틈이 없다.
업무처리가 신중하고 문제가 발생하면 적극적으로 해결한다.

● 단점
성질이 나면 감정조절이 안되고 남의 입장은 안중에 없다.
경쟁에서 지면 받아들이지 못하고 실패하면 후유증이 크다.
뜻에 어긋나면 냉정해지고 싫증이 빠르며 변화가 많이 생긴다.

庚子 경자 해설

경 공통점　겉은 차고 냉정하게 보이나 속정이 있다.
　　　　　　임기응변이 좋아 주위에서 인정을 받는다.

경자 공통점　정의로운 성품으로 결단력이 뛰어나다.
　　　　　　　의리가 강하여 인연을 맺으면 변함이 없다.

여성 공통점　활달하고 낭만적이면서도 자제력이 강하며 대인관계가 원만하다.
　　　　　　　자기중심적으로 일을 해결하며 싫은 소리를 들으면 참지 못한다.

庚子 A

● **경자 A형 장점**
정확하고 활동력이 왕성하여 외교적인 수완이 탁월하다.
용의주도하여 여러 가지로 관찰하므로 경쟁력이 뛰어나다.
객관적인 사고방식으로 일처리를 잘하고 동료의식이 강하다.

● **단점**
자존심과 아집이 강하여 조급하고 선악의 구분이 심하다.
주체성이 강하여 남에게 굽히게 되면 치욕스럽게 간주한다.
남의 편리를 봐주다가 오히려 손해를 당하는 경우가 생긴다.

庚子
B

● 경자 B형 장점
사교적이어서 교제가 활발하며 형식적인 절차를 싫어한다.
희생정신이 강하고 두려움이 적으며 베푸는 것을 좋아한다.
강직하고 소속감이 강하며 창의적인 재치로 재능을 발휘한다.

● 단점
남의 밑에서 힘든 일을 하면 참지 못하고 마찰을 일으킨다.
자존심에 상처를 받으면 참지 못하고 덤벼드는 기질이 있다.
경쟁심이 강하여 지는 것을 싫어하므로 무리한 진행도 한다.

庚子
O

● 경자 O형 장점
정직하고 정확한 것을 선호하며 실천력이 뛰어나다.
포부가 크고 지시를 내리는 위치가 되어야 만족한다.
자부심을 가지고 당당하게 행동하며 대범함을 보여준다.

● 단점
자신의 수준에 도달하지 못하면 억압하려는 기질이 있다.
주장이 강하여 뜻에 어긋나면 화를 참지 못하고 표출한다.
수준이 낮으면 쳐다보지 않고 적성이 맞지 않으면 고통스럽다.

庚子
AB

● 경자 AB형 장점
이성적인 성향으로 사리판단이 분명하고 경우가 밝다.
적극적이고 활기가 넘치며 발전을 위한 토론도 즐긴다.
유연하여 흐름에 맡기면서도 시대를 앞서는 감각도 있다.

● 단점
상대가 상식에 어긋나는 행동을 하면 참지 못한다.
주체적이지 못하고 종속적이 되면 견디기가 힘들다.
자신의 기대에 수준이 떨어지는 사람은 낮추어 본다.

庚戌 경술 해설

경 공통점 겉은 차고 냉정하게 보이나 속정이 있다.
임기응변이 좋아 주위에서 인정을 받는다.

경술 공통점 보수적인 성향이 강하면서도 열정이 눈부시다.
판단력이 냉철하기 때문에 무조건 따르지 않는다.

여성 공통점 활동력이 넓고 강직한 성품이 존재하며 인내심이 부족하다.
책임감이 강하고 총명하면서 매력이 있으며 살림이 알뜰하다.

庚戌 A

● **경술 A형 장점**
의지가 확고하고 실행력이 뛰어나 끝장을 봐야 한다.
신의가 강하고 의리가 있어서 한번 사귀면 변함이 없다.
참을성이 많고 자중하는 현실주의자로 분명함을 추구한다.

● **단점**
박력이 부족하고 큰일을 수행하는 것에 부담감을 느낀다.
일을 시작하기 전에 생각성이 깊고 많아 움직임이 느리다.
자기주장이 강하여 물러서지 않아 타협하는 것이 쉽지 않다.

庚戌 B

●**경술 B형 장점**
소신이 강하여 자신이 납득하지 못하면 실행하지 않는다.
합리적인 성향이 강하며 정확하고 확실하여 빈틈이 없다.
처세술이 뛰어나서 위기를 기회로 만드는 저력을 보여준다.

●**단점**
잘못된 행동을 보면 지나치지 못하고 지적을 한다.
하는 일에 확신이 서면 모험적인 일도 밀고 나간다.
비위를 맞추기가 어렵고 부적합하게 생각하면 반발한다.

庚戌 O

●**경술 O형 장점**
포부가 크고 두려움이 적으며 어려운 일도 솔선수범한다.
희생정신이 강하고 청렴결백하여 사익을 추구하지 않는다.
강직하고 인내력이 많아서 미래를 위해 견디는 힘이 강하다.

●**단점**
자신이 옳다고 생각하면 남의 의견에 따르지 않는다.
이상이 높아 조그마한 성공으로는 만족을 하지 못한다.
자기를 우선으로 생각하여 행동하므로 경계대상이 된다.

庚戌 AB

●**경술 AB형 장점**
분수를 알고 실속을 우선하여 허세를 부리지 않는다.
혁신적이고 냉철하여 조직도 무리 없이 이끌고 나간다.
시작은 신중하나 추진력이 강하여 과감하게 밀고나간다.

●**단점**
삐딱한 성질이 존재하여 뜻에 벗어나면 변덕을 부린다.
칭찬에 인색하며 마음을 쉽게 열지도 않고 주지도 않는다.
독선적인 성향으로 서로 존중하면서 발전하기가 쉽지 않다.

庚申 경신 해설

경 공통점 겉은 차고 냉정하게 보이나 속정이 있다.
임기응변이 좋아 주위에서 인정을 받는다.

경신 공통점 배짱이 좋고 강직하여 의지대로 실행한다.
독립심이 강하고 의욕적인 모습을 보여준다.

여성 공통점 순수하여 영혼이 맑고 정조관념이 강해서 쉽게 넘어가지 않는다.
활동력이 넓고 다정다감하여 호감을 받지만 순종의 미덕은 적다.

庚申 A

● **경신 A형 장점**
주관이 뚜렷하고 판단력이 냉철하며 실천력도 뛰어나다.
사회에 공헌하면서 이익이 발생되는 직업에 만족감이 크다.
지배욕이 강하여 남들보다 높은 위치에 서려는 욕망이 있다.

● **단점**
믿는 사람들만 어울리며 억압을 당하면 견디지 못한다.
고집이 강한 독불장군으로 옆에서 말리지 못할 정도이다.
감정이 상하여 한번 틀어지면 회복이 좀처럼 되지 않는다.

庚申
B

● 경신 B형 장점
솔직담백하고 의협심이 강하여 약자 편에 서서 도와준다.
결단력이 빠르고 선견지명이 있으며 기회 포착이 뛰어나다.
책임감이 강하고 주어진 업무는 초과달성해야 직성이 풀린다.

● 단점
주관대로 이끌고 나가려는 근성으로 논쟁이 생기기 쉽다.
비위에 거슬리면 감정을 감추지 못하고 표면에 드러난다.
공정하지 못한 지시나 일을 당하면 참지 못하고 대항한다.

庚申
O

● 경신 O형 장점
담대하고 자주적인 성향으로 지도력과 통솔력이 뛰어나다.
계획 단계는 심사숙고하지만 결정하면 밀어붙이는 힘이 좋다.
정당성을 추구하고 소신이 강하여 비리나 불의는 참지 못한다.

● 단점
급격하고 강한 성향으로 부러질망정 휘어지지는 못한다.
남들에게 비위를 맞추거나 굽실거리는 행동은 하지 못한다.
남들의 충고를 듣지 않고 독자적으로 판단하여 밀고 나간다.

庚申
AB

● 경신 AB형 장점
개혁적이고 기획력이 풍부하며 열정으로 변화를 추구한다.
처세술이 뛰어나고 용의주도하며 최선을 다하는 노력가이다.
옆에서 보면 무모해 보이지만 치밀한 계획을 세워 실행한다.

● 단점
남의 간섭을 싫어하고 바른말을 잘하며 투쟁심도 강하다.
냉혹함이 존재하여 인정에 이끌리지 않고 목적을 달성한다.
방어적인 기질이 강하고 이중적인 행동으로 변화를 보인다.

辛未 신미 해설

신 공통점 부드러움 속에 냉철한 면이 존재한다.
비위에 맞으면 무엇을 줘도 아깝지 않다.

신미 공통점 분석력이 뛰어나고 상황파악이 빠르다.
의심이 많고 내면에 까다로움이 숨어있다.

여성 공통점 활발하고 판단력이 뛰어나며 눈치가 빨라 일처리가 능숙하다.
이해심이 많지만 마음속 깊은 이야기는 회피하며 고독감을 느낀다.

辛未 A

●**신미 A형 장점**
신중하고 경쟁심이 뛰어나 앞서가려는 근성이 강하다.
할 일이 있으면 밀어붙여 즉시 해결해야 직성이 풀린다.
치밀하고 일처리가 꼼꼼하여 완벽하며 깔끔하게 처리한다.

●**단점**
극단적인 면이 있어서 한번 밉게 보면 돌아보지 않는다.
냉담하고 무정함이 존재하며 생활에 부정적으로 나타난다.
속마음을 솔직하게 표현하지 않으며 쉽게 친해지지 못한다.

辛未 B

●신미 B형 장점
순수하고 공손하면서 직감력이 뛰어나며 다재다능하다.
목표를 정하면 의욕적이고 적극적인 자세로 달성을 한다.
업무적일 때는 날카로운 사고방식으로 민첩하게 대응한다.

●단점
자신의 이익 앞에서는 냉정해지고 양보하지 않는다.
성급하고 인내력이 부족하여 발전 할 기회를 놓친다.
감정적이어서 의도한대로 되지 않으면 갈등이 생긴다.

辛未 O

●신미 O형 장점
내면이 굳고 곧으며 생각성이 깊어서 단호함이 나타난다.
대인관계를 중시하여 친화력을 발휘하고 언변술이 뛰어나다.
실행력이 강하고 외교수단이 탁월해 남의 위에 올라서야 한다.

●단점
남에게 지기 싫어하여 경쟁 상대는 용납하지 못한다.
순간적으로 감당하지 못할 일을 저질러 갈등을 겪는다.
주관적인 성향이 강하여 자신의 의도대로 끌고 가려한다.

辛未 AB

●신미 AB형 장점
신중하여 돌다리도 두들기나 확신이 서면 추진력이 강하다.
자신감이 넘치고 자신을 따르는 사람은 물심양면으로 도와준다.
생존력이 강하고 상대 비위도 맞출 줄 알아 성공 가능성이 높다.

●단점
극단적이고 이중적인 성향으로 좋고 싫음의 변화가 크다.
목적을 위해서는 수단과 방법을 가리지 않고 성사시킨다.
참을성이 적어 매사에 싫증이 빠르고 마음이 변하기 쉽다.

辛巳 신사 해설

신 공통점 부드러움 속에 냉철한 면이 존재한다.
비위에 맞으면 무엇을 줘도 아깝지 않다.

신사 공통점 원만하고 합리적인 성향으로 품위가 있다.
고집이 강하고 성급하며 결단력이 부족하다.

여성 공통점 순수하면서도 멋을 잘 내고 자제심이 강하며 인격을 중시한다.
감수성이 예민하고 질투심이 강하나 가정생활은 알뜰함이 넘친다.

●신사 A형 장점
단정하고 근면하며 주변에 불평불만을 하지 않는다.
성실하고 언행이 공손하면서도 야무져서 실수가 적다.
신중하여 분별력이 뛰어나고 집념이 강하여 최선을 다한다.

●단점
보수적이어서 소극적인 행동이 나타나고 인간미가 적다.
마음의 상처를 받으면 표현하지 못하고 가슴에 쌓아둔다.
자신감이 부족하고 융통성이 부족하여 수동적으로 행동한다.

辛巳
B

● 신사 B형 장점
온건하여 겸손하면서도 자신만의 논리가 확고하다.
분위기 파악이 빠르고 문제가 생겨도 스스로 해결한다.
이성적이고 자제력이 강하면서도 기회는 놓치지 않는다.

● 단점
문제가 생기면 직접 해결하려고 고집대로 밀어붙인다.
자기 과시욕이 강하고 속마음을 쉽게 털어놓지 않는다.
새로운 것을 추구하여 일을 저질러 변화가 많이 생긴다.

辛巳
O

● 신사 O형 장점
인품이 준수하고 양보의 미덕이 있으며 재능도 풍부하다.
침착하여 자제력이 강하고 사소한 일에 당황하지 않는다.
외교적 수완이 뛰어나서 활동적인 모습으로 리더십이 있다.

● 단점
복잡한 것을 싫어하여 귀찮은 것은 하지 않는다.
남들에게 싫은 소리를 조금도 듣지 않으려고 한다.
성질이 나면 무서운 것이 없으나 뒷감당을 하지 못한다.

辛巳
AB

● 신사 AB형 장점
판단력이 빠르고 이성적으로 자기 위치에 맞게 처신한다.
계획적이고 경쟁적인 기질이 강하여 발전적인 기상이 높다.
분석력이 뛰어나 적절한 방법을 찾아 상황에 맞게 대처한다.

● 단점
경계심이 강하여 조심성이 많으며 마무리가 약하다.
냉철하여 좋고 싫음의 구분이 확실하여 논쟁이 생긴다.
자기중심적으로 생각하고 걱정이 많아 스트레스를 받는다.

辛卯 신묘 해설

신 공통점 부드러움 속에 냉철한 면이 존재한다.
 비위에 맞으면 무엇을 줘도 아깝지 않다.

신묘 공통점 처세가 분명하여 맺고 끊는 것이 확실하다.
 소유욕이 강하고 평범한 것에 만족하지 않는다.

여성 공통점 낙천적인 성향으로 상냥하고 이해심이 많으며 매력이 있다.
 사교적이고 인생을 즐기면서 살려고 하며 생활력도 강하다.

辛卯 A

●**신묘 A형 장점**
자기 주관이 뚜렷하고 남에게 신세지는 것을 싫어한다.
예리하면서 생존 경쟁력이 강하여 현실적으로 행동한다.
마음의 결정을 내리면 단호하여 자신의 뜻을 관철시킨다.

●**단점**
깐깐함이 존재하여 마음속으로 선을 긋고 상대를 대한다.
상처를 주거나 손해를 끼친 사람은 다시 상대하지 않는다.
사물을 극단적인 이분법으로 판단을 내리며 독주하기 쉽다.

辛卯 B

● 신묘 B형 장점
변화의 흐름에 대처를 잘하여 적응하는 것이 빠르다.
의리를 중시하고 사교술이 뛰어나 기분을 맞추어 준다.
낙천적이면서도 담백함이 있으며 현실의 중요성을 안다.

● 단점
불만이 있어도 마음속에 쌓아 놓고 모아서 터트린다.
즉흥성이 강하여 기분에 따라 경솔하게 행동을 한다.
남의 지배받는 것을 싫어하여 자기 생각대로 결정한다.

辛卯 O

● 신묘 O형 장점
적극적이고 추진력이 강하여 명쾌하게 일을 처리한다.
눈치가 빠르고 설득력이 뛰어나 사람을 능숙하게 다룬다.
신의가 강하고 불의를 보면 참지 못하며 일에 열정적이다.

● 단점
남들이 조언을 하면 듣지 않고 주관대로 끌고 나간다.
자기중심적이고 비위가 틀어지면 안하무인으로 대한다.
자신을 과신하여 겁 없이 덤벼들어 성패의 극이 생긴다.

辛卯 AB

● 신묘 AB형 장점
세상을 바라보는 안목이 뛰어나고 날카로워 앞서나간다.
실천력이 우수하고 활동력이 풍부하며 일처리가 깔끔하다.
지성미가 있고 상황판단이 빠르며 수단이 좋아 조리가 있다.

● 단점
이해타산이 빠르고 자신의 이득을 위해서 물러서지 않는다.
자기 입장에서 판단하고 욕심이 많아 베푸는 것이 인색하다.
분위기에 따라 기분이 바뀌어 조화를 이루는 것이 쉽지 않다.

辛丑 신축 해설

신 공통점 부드러움 속에 냉철한 면이 존재한다.
비위에 맞으면 무엇을 줘도 아깝지 않다.

신축 공통점 착실하고 온건하며 인품이 준수하다.
깔끔함을 선호하며 처음에 접근이 어렵다.

여성 공통점 총명하여 머리회전이 빠르고 적극적이며 활동적으로 생활한다.
안목이 높고 변함이 없으나 조급함으로 결정을 빨리 내려야 한다.

辛丑 A

● **신축 A형 장점**
행동이 단정하고 건전한 사고방식으로 인성이 좋다.
집요함이 있어서 마음먹은 것은 끝까지 밀고 나간다.
신중하여 섣부르게 덤비지 않으며 언제나 변함이 없다.

● **단점**
고집이 세고 예민하며 대인관계가 원만하지 못하다.
속마음을 표현하지 않아 무슨 생각을 하는지 모른다.
경계심이 강하고 의심이 많아 남들을 쉽게 믿지 않는다.

辛丑
B

● 신축 B형 장점
사물에 대한 지식이 풍부하고 창의적인 생각이 뛰어나다.
판단력이 좋고 일처리를 빈틈없게 처리하여 실수가 적다.
안정성을 중시하면서도 미래지향적으로 높은 곳을 향한다.

● 단점
개성이 강하여 남의 비위를 맞추는 것에 서투르다.
자존심이 강하여 상처받으면 다시 상대하지 않는다.
시야가 좁고 어려움에 빠지면 용두사미가 되기 쉽다.

辛丑
O

● 신축 O형 장점
사고방식이 견실하고 일처리가 확실하여 믿고 맡겨도 된다.
인내력이 강하고 능력을 인정해주면 발전적인 모습을 보여준다.
주관이 뚜렷하고 자신보다 수준이 높은 사람과 어울리려고 한다.

● 단점
일에 집중하면 과욕을 부리고 한꺼번에 몰아서 한다.
자신이 노력한 것에 비하여 성과가 미흡하게 나타난다.
실적 위주의 치열한 경쟁체제에서 적응하는 것이 힘들다.

辛丑
AB

● 신축 AB형 장점
매사에 정확하고 치밀하며 주어진 일에 정성을 다한다.
지혜와 슬기가 많고 기획력이 뛰어나 기회 포착이 빠르다.
차분한 관찰력으로 사물을 보는 시각이 예리하며 실패가 적다.

● 단점
처음에 사람 사귀는 것이 어렵고 쉽게 마음을 주지 않는다.
적극적이지 못하고 집착이 강하며 욕구를 내면에 감추어둔다.
감정이 예민하고 부정적인 시각이 지배하면 사회성이 떨어진다.

辛亥  신해 해설

신 공통점   부드러움 속에 냉철한 면이 존재한다.
　　　　　　비위에 맞으면 무엇을 줘도 아깝지 않다.

신해 공통점   차분하고 치밀하며 긍지가 강하다.
　　　　　　신조가 굳건하여 자신이 계획한 길을 간다.

여성 공통점   예의가 바르고 활발하면서도 이성에게 쉽게 넘어가지 않는다.
　　　　　　의욕적이고 원만하면서 냉정함도 있으며 대우받는 것을 좋아한다.

辛亥 A

● **신해 A형 장점**
인내력이 강하고 주위의 유혹에 쉽게 넘어가지 않는다.
이성적이어서 정확하고 언행이 일치하여 신뢰감을 준다.
품행이 단정하고 완벽주의 기질이 강하며 분석력이 뛰어나다.

● **단점**
냉정함이 있어서 마음이 틀어지면 미련을 두지 않는다.
대범하지 못하고 시야가 좁으며 작은 일에 신경을 쓴다.
평소 표현은 잘하지 않으나 비판력이 예리하고 날카롭다.

辛亥 B

●신해 B형 장점
경우가 밝고 용의주도함이 철저하며 공과 사가 확실하다.
개혁적인 의지가 강하고 재치가 있으며 판단력이 뛰어나다.
창조력과 호기심이 많아 사물을 응용하여 새로움을 추구한다.

●단점
집착심이 강하여 잘못된 길로 빠져들면 헤어나지 못한다.
의욕이 앞서 현실의 어려움을 생각하지 않고 무리를 한다.
즉흥적이고 반항심이 강하여 뜻에 어긋나면 참지를 못한다.

辛亥 O

●신해 O형 장점
이성적이고 담백하며 집념이 강하여 실천력이 뛰어나다.
정의감과 의협심이 강하여 강자를 만나도 두려움이 적다.
표현력이 좋고 중용을 지키며 사교적으로 능력을 발휘한다.

●단점
욕망이 강하고 자신의 의지대로 하려는 우월감이 있다.
확신이 서면 모험적인 일도 진행하여 인생에 굴곡이 있다.
자존심이 세서 통제가 심하거나 강압적이면 견디지 못한다.

辛亥 AB

●신해 AB형 장점
단순한 것을 선호하고 실행력이 뛰어난 모습을 보여준다.
독립심이 강하여 어려움이 생겨도 자신의 힘으로 일어선다.
관찰력이 뛰어나 선견지명이 있고 사회의 흐름에 관심이 많다.

●단점
다혈질적인 기질이 있어서 순간적으로 열을 빨리 받는다.
교만함이 있어서 자신보다 수준이 낮은 사람은 무시한다.
속단을 잘하고 이해타산이 빨라 손해되는 일은 하지 않는다.

辛酉 신유 해설

신 공통점　부드러움 속에 냉철한 면이 존재한다.
　　　　　　비위에 맞으면 무엇을 줘도 아깝지 않다.

신유 공통점　정직하고 주관이 확고하며 직선적이다.
　　　　　　승부근성이 강하고 감정 억제력이 부족하다.

여성 공통점　이해심이 많고 사교적이어서 사람들과 어울리는 것을 좋아한다.
　　　　　　야무져서 실속을 차리면서도 기분도 낼 줄 알며 가정을 잘 챙긴다.

辛酉 A

●**신유 A형 장점**
의리가 있고 신념이 강하며 청렴결백하여 순수한 성품이다.
적극적이어서 일을 하면 이해관계를 생각하지 않고 집중한다.
책임감이 강하고 눈치가 빨라 내용을 파악하는 능력이 탁월하다.

●**단점**
독단적이고 완고함이 있어서 남의 말을 받아들이지 않는다.
단순하고 남에게 지는 것을 싫어하여 이겨야 직성이 풀린다.
자기중심적인 성향이 강하고 좋아하는 것이 생기면 빠져든다.

辛酉 B

●신유 B형 장점
단순하여 꾸미지 않고 자유스럽게 사는 것을 선호한다.
사회활동이 활발하고 봉사정신이 있어서 화합을 이룬다.
판단력이 예리하고 정직하여 남의 것을 욕심내지 않는다.

●단점
고집이 세서 자신의 주장을 굽히지 않고 마찰을 일으킨다.
성급하여 무슨 일이 생기면 두서가 없고 마음만 급해진다.
간섭받는 것을 싫어하고 하지 말라고 하면 오기로 더한다.

辛酉 O

●신유 O형 장점
친화적이고 마음의 폭이 넓으며 설득력이 뛰어나다.
인정이 많아 어려운 사람에게 희생을 하며 도와준다.
확실한 신념으로 의지가 굳고 목표를 끝까지 밀고나간다.

●단점
자신이 생각하여 결정을 하면 남의 조언은 듣지 않는다.
우월감이 있고 욕심이 많아 소탐대실하는 경우가 생긴다.
직선적이어서 상대에게 비위를 맞추면서 부탁하지 못한다.

辛酉 AB

●신유 AB형 장점
마음이 순수하고 깨끗하여 복잡한 것을 싫어한다.
주관이 뚜렷하고 관찰력이 예리하여 기획력이 좋다.
정보 수집능력이 뛰어나고 임무는 완벽하게 처리한다.

●단점
상대방과 틀어지면 뒤를 돌아보지 않는 냉정함이 있다.
엉뚱한 일을 가끔 벌이고 끈기가 부족하여 손해를 본다.
배려심이 부족하고 칭찬에 인색하며 까다로운 면이 있다.

壬申 임신 해설

임 공통점	마음 씀씀이가 넓어 이해심이 많다. 부담감을 주지 않고 편하게 대해준다.
임신 공통점	솔선수범하고 새로운 것을 추구한다. 마음에 여유가 있으며 언변이 뛰어나다.
여성 공통점	총명하고 감수성이 풍부하며 남성을 보는 안목이 높다. 성급하고 욕심이 많아서 자기주장이 강하며 손재주가 있다.

壬申 A

● **임신 A형 장점**
온순하고 예의가 바르며 기품이 있어 신뢰를 받는다.
사리분별이 분명하고 교양이 넓어서 아는 것이 많다.
눈치가 빠르고 일을 시작하면 자신감으로 밀고 나간다.

● **단점**
자신이 생각하는 대로 진행시키려는 마음이 강하다.
좋아하는 것이 생기면 주변에 관심이 적고 빠져든다.
자존감이 강하여 남에게 무시를 당하면 견디지 못한다.

壬申 B

● 임신 B형 장점
사고방식이 개방되어 남들과 원만한 관계를 유지한다.
머리가 비상하고 임기응변이 뛰어나서 분위기를 맞춘다.
재치가 있어서 재주가 다재다능하며 일처리가 능숙하다.

● 단점
시작은 잘하나 결과가 나타나지 않으면 마무리가 약하다.
끈기가 부족하여 오래 집중하지 못하고 돌아다녀야 한다.
경솔하여 차분하지 못하고 생각대로 표현하여 손해를 본다.

壬申 O

● 임신 O형 장점
호의적이고 성격이 시원하며 처세술이 뛰어나다.
포부가 크고 두려움이 적으며 활동력이 왕성하다.
적극적이고 집요함으로 명성을 얻는 사람들이 많다.

● 단점
결과를 중시하여 시행착오라고 생각해도 밀고 나간다.
세속적인 것은 시시하게 생각하고 높은 이상만을 생각한다.
새로 시작하는 것을 무서워하지 않아 시행착오를 겪는다.

壬申 AB

● 임신 AB형 장점
급하고 느린 것이 일정하지 않으며 완급을 조절한다.
직감력이 뛰어나고 재치가 넘쳐서 기획력이 풍부하다.
성취하려는 욕구가 강하여 목적을 향해 활동이 왕성하다.

● 단점
지속성이 부족하고 변화가 많아서 진실성이 적게 보인다.
비위에 거슬리면 냉담하게 대하고 주관성 없는 행동을 한다.
자율적으로 행동하는 것에 익숙하여 억압하면 견디기 힘들다.

壬午 임오 해설

임 공통점	마음 씀씀이가 넓어 이해심이 많다. 부담감을 주지 않고 편하게 대해준다.
임오 공통점	공손하고 합리적인 성향으로 객관적이다. 전문적인 분야에서는 남에게 지지 않는다.
여성 공통점	성격이 밝고 솔직하여 직선적이며 경제관념이 발달해서 알뜰하다. 웬만해서 실수가 적고 사교성이 좋아 활동적이며 멋쟁이가 많다.

壬午 A

● 임오 A형 장점

치밀하고 원칙적이며 깔끔하여 약속은 철저하게 지킨다.
연구심과 지적인 욕구가 강하여 배움의 자세가 되어 있다.
근면하고 실질적인 것을 추구하며 침착하여 생각성이 깊다.

● 단점

시야가 좁고 자신과 관련된 것에만 관심이 높다.
소통이 잘 되지 않아 상대가 불만이 쌓이기 쉽다.
보수적이고 권위적이어서 접근하는 것이 쉽지 않다.

壬午
B

●임오 B형 장점
착하고 인정이 많으며 싫은 사람도 내색하지 않는다.
객관적이고 균형 감각이 발달하여 업무처리가 명쾌하다.
낙천적으로 자유로움을 선호하나 신세지는 것은 싫어한다.

●단점
자신의 영역이 아니면 주위에 깊게 신경 쓰지 않는다.
남에게 부탁을 받으면 거절하지 못하여 손실을 당한다.
임무를 맡으면 집중하여 무리하기 쉽지만 싫증도 빠르다.

●임오 O형 장점
마음이 안정되어 여유가 있고 협조적이며 원만하다.
신용을 중요시하여 시간개념이 철저하고 실수가 적다.
미래지향적이고 정의감이 강하여 공정한 이론을 존중한다.

●단점
경계심이 강하여 의심이 생기면 부정적이 된다.
자신의 의도한대로 되지 않으면 강력하게 나간다.
물질의 흐름에 민감하고 목적을 위해 무리수를 둔다.

壬午
AB

●임오 AB형 장점
사물에 대한 박식함이 넘치고 합리적인 것을 선호한다.
문제의 핵심을 정확하게 파악하여 어려운 일도 해결한다.
서두르지 않고 완벽하여 대충 끝내는 것은 용납하지 못한다.

●단점
타산적이어서 융통성이 적고 재물에 집착성이 강하다.
예상하지 못한 일이 생겨 해결을 못하면 좌절감이 크다.
배타적으로 자신의 입장만 생각하여 남을 배려하지 않는다.

壬辰 임진 해설

임 공통점 마음 씀씀이가 넓어 이해심이 많다.
부담감을 주지 않고 편하게 대해준다.

임진 공통점 이상이 높고 크며 자신감이 넘친다.
지혜가 있고 속이 깊으며 결단력이 있다.

여성 공통점 미모가 아름다운 여성이 많고 활동적이어서 직업을 많이 갖는다.
주관이 뚜렷하고 간섭을 싫어하며 주장이 강하여 마찰이 생긴다.

壬辰 A

● **임진 A형 장점**
성품이 결백하고 말과 행동이 일치하며 흐트러짐이 없다.
원칙을 중시하고 약속하면 철저하며 민폐를 끼치지 않는다.
의지력이 뛰어나고 독립성이 강하여 굳건한 모습을 보여준다.

● **단점**
완고하여 문제가 생겨 틀어지면 냉정하게 돌아선다.
빈틈이 없게 완벽하게 하려고 스트레스를 많이 받는다.
소신이 강하여 자신이 옳다고 생각하면 물러서지 않는다.

壬辰 B

● 임진 B형 장점
과감하고 적극적이며 자부심이 강하여 명예를 존중한다.
사람을 능숙하게 다루고 재치가 넘쳐 주변 분위기를 살린다.
거짓과 불의를 싫어하고 분별력이 뛰어나 일처리가 확실하다.

● 단점
무슨 일이 생기면 조급해져서 결과를 빨리 보려고 한다.
확신이 서면 모험적인 일도 진행하여 때로 곤경에 처한다.
남에게 인정받고 싶은 욕구가 강하여 앞장서기를 좋아한다.

壬辰 O

● 임진 O형 장점
의협심이 강하여 정당한 일에 앞장서고 약자는 도와준다.
책임감이 강하고 통솔력이 뛰어나며 준법정신이 투철하다.
대범하고 출세욕이 있어서 목표를 향해 추진력을 보여준다.

● 단점
감정이 폭발하면 두려움이 없고 앞뒤를 가리지 못한다.
작은 것은 양에 차지 않아 과욕을 부리다 기복이 생긴다.
꼼꼼하고 세밀한 분야는 적성에 맞지 않아 적응이 어렵다.

壬辰 AB

● 임진 AB형 장점
과단성이 있어서 일처리가 맺고 끊는 것이 정확하다.
박학다식하여 넓은 지식과 경험으로 처세술이 뛰어나다.
기억력이 뛰어나고 재능이 많으며 남을 압도하는 힘이 있다.

● 단점
과시욕이 있고 지배나 억압을 당하면 견디지 못한다.
권위의식이 있어서 수준이 낮거나 시시하면 무시한다.
경쟁심이 강하여 지는 것을 싫어하고 반항기질이 있다.

壬寅 임인 해설

임 공통점 마음 씀씀이가 넓어 이해심이 많다.
부담감을 주지 않고 편하게 대해준다.

임인 공통점 낙천적인 성향으로 복잡함을 싫어한다.
동정심이 많고 인심이 후하여 너그럽다.

여성 공통점 활발하고 적극적이며 강한 면이 있어서 지려고 하지 않는다.
신의가 강하고 살림이 야무지며 갈수록 자녀에게 기울어진다.

壬寅 A

● **임인 A형 장점**
계획성이 뛰어나고 엄격하여 생활의 흐트러짐이 없다.
공과 사의 구분이 정확하고 연구심이 강하여 파고든다.
새로움을 창조하는 저력이 있으면서 마무리 능력도 좋다.

● **단점**
자기중심적으로 행동하여 남에게 비중을 두지 않는다.
스스로 하면 효과가 크지만 강제로 시키면 역효과 난다.
순간적으로 욱하는 기질이 있으므로 충돌에 유의해야 한다.

壬寅 B

●임인 B형 장점
심성이 착하고 처세술이 뛰어나서 마음을 동화시킨다.
기분파이고 호기심이 강하여 기발한 생각을 많이 한다.
편안함을 선호하면서도 남들이 싫어하는 행동은 않는다.

●단점
처음에 의욕적이다가 끈기가 부족하여 싫증이 빠르다.
성급하고 경솔하며 행동보다 말이 앞서는 경우가 많다.
주관이 약하여 솔깃한 말을 하면 넘어가 손해를 당한다.

壬寅 O

●임인 O형 장점
배짱이 있고 미래지향적으로 전진하는 활동력이 좋다.
언변이 뛰어나고 사교적이며 사람 관리를 능숙하게 한다.
의리가 있어서 좋은 일에는 손익을 따지지 않고 도와준다.

●단점
두려움이 적어 엉뚱한 일을 벌려 당혹스럽게 한다.
진득하지 못하고 남의 일에 앞장서는 것을 좋아한다.
승부욕이 강하여 남에게 진다는 것은 용납하지 못한다.

壬寅 AB

●임인 AB형 장점
개혁적이고 창의적으로 새로운 것에 대한 욕구가 강하다.
생활의 여유가 있고 새로운 변화가 생겨도 적응이 빠르다.
명예를 중시하고 재치가 넘쳐 전문분야에서 능력을 발휘한다.

●단점
상대방이 생각할 때 어디까지가 진실인지 알 수가 없다.
좋아하는 것은 금방 빠져들고 변화가 생겨 변덕을 부린다.
결단력이 약하여 머뭇거리고 상대가 조금 잘해주면 넘어간다.

壬子 임자 해설

임 공통점 마음 씀씀이가 넓어 이해심이 많다.
부담감을 주지 않고 편하게 대해준다.

임자 공통점 개성이 강하고 환경의 적응력이 뛰어나다.
재능이 많고 순발력이 좋아 판단이 빠르다.

여성 공통점 활동력이 풍부하고 수완이 좋아서 하나를 알려주면 둘을 안다.
책임감이 강하고 행동이 분명하며 매력이 있으나 부부연이 약하다.

● **임자 A형 장점**
현실성을 중시하면서도 이상을 향하여 꿈에 도전한다.
자부심이 강하고 결단력이 뛰어나며 강직함을 보여준다.
중심이 바르고 실천력이 강하여 마음먹으면 끝내야 한다.

● **단점**
배려심이 적어서 화를 잘 내며 화합이 쉽지 않다.
경쟁심이 강하여 자극을 받으면 자제심이 약해진다.
원만하지 못하고 고집이 세서 주장을 굽히지 않는다.

壬子 B

● 임자 B형 장점
활발하고 교제의 폭이 넓으며 마음 씀씀이가 깊다.
다정다감하고 열정적이며 창조적인 능력이 뛰어나다.
집념이 강하고 슬기로운 지혜가 있으며 실속을 챙긴다.

● 단점
자신보다 수준이 낮은 것은 쳐다보지 않고 무시한다.
자신의 뜻대로 안되면 충동적이어서 주체를 하지 못한다.
승부욕이 강하여 지는 것은 참지 못하고 집착하여 빠져든다.

壬子 O

● 임자 O형 장점
이해심이 많고 적극적이며 주관이 뚜렷하여 굳건하다.
패기가 있고 출세욕이 강하며 자신감으로 추진력이 있다.
집중하는 힘이 좋고 설득력이 뛰어나 사교적 수완을 발휘한다.

● 단점
남의 말에 구애를 받지 않고 독단적인 행동을 한다.
우월감이 존재하여 자신보다 못하면 예의가 소홀하다.
혈기가 왕성하여 계획하면 즉시 시행해야 마음이 편하다.

壬子 AB

● 임자 AB형 장점
분위기가 자유로운 조직에서 뛰어난 능력을 발휘한다.
지적인 욕구가 강하고 남에게 알려주는 것을 좋아한다.
정보 수집이 뛰어나고 생존 경쟁력이 강한 것을 보여준다.

● 단점
인내력이 부족하여 조급함을 나타내고 체념을 잘한다.
결단력이 약하여 중요한 결정을 내려야 할 때 망설인다.
변화가 많아 엉뚱한 행동으로 속마음을 가늠하기 힘들다.

壬戌 임술 해설

임 공통점 마음 씀씀이가 넓어 이해심이 많다.
부담감을 주지 않고 편하게 대해준다.

임술 공통점 인내력이 강하고 남의 의견을 존중한다.
활동적이면서도 침착하고 차분함을 보여준다.

여성 공통점 심성이 착하나 자존심이 강하며 남에게 간섭받는 것을 싫어한다.
독립적인 성향으로 자유로움을 선호하며 자신만의 주관이 강하다.

壬戌 A

● **임술 A형 장점**
인품이 수려하고 항상 변함이 없는 모습을 보여준다.
치밀하고 분수를 지키면서 경솔한 행동을 하지 않는다.
완고하고 의지력이 강하며 원칙대로 해야 마음이 편하다.

● **단점**
자비심이 부족하고 조그만 실수에도 자책을 한다.
뜻대로 되지 않으면 실망감이 커서 실의에 빠진다.
사교술이 서투르고 속마음을 쉽게 드러내지 않는다.

壬戌 B

●임술 B형 장점
합리적이고 기획력이 뛰어나며 분석력이 우수하다.
마음이 순하고 유연하며 솔직하여 부정을 싫어한다.
책임감이 강하여 궂은일도 가리지 않고 앞장을 선다.

●단점
사람을 가려서 사귀며 시작은 잘하나 끈기가 약하다.
성질이 나면 다혈질적인 기질이 나타나 감정적이 된다.
주체성이 강하고 복잡한 것에 신경 쓰는 것을 싫어한다.

壬戌 O

●임술 O형 장점
적극적이고 안목이 높아서 이상적인 것을 추구한다.
이해심이 많고 친절과 인정을 베풀어 약자는 보살펴준다.
자부심이 강하고 언행이 일치하며 약속은 철저하게 지킨다.

●단점
권위의식이 강하여 굽히지 않고 의지대로 행동한다.
성공을 위해 모험도 불사하여 잘못되면 기복을 겪는다.
과격한 면이 있어서 성급하고 강렬해져 물러서지 않는다.

壬戌 AB

●임술 AB형 장점
기회 포착이 빠르고 누구와 대화를 해도 막힘이 없다.
신뢰를 중시하고 체면이 손상되는 행동은 하지 않는다.
순발력이 뛰어나고 수완이 좋으며 분위기 조성을 잘한다.

●단점
자신의 이익을 챙기고 손해가 되는 일은 하지 않는다.
속마음을 열지 않아 비밀이 많다는 오해를 받기도 한다.
인내심이 약하고 실패하면 두려워하며 자신감이 떨어진다.

癸酉 계유 해설

계 공통점 지혜가 넘치고 성실하여 인정을 받는다.
틀리다고 생각한 것은 고쳐야 마음이 편하다.

계유 공통점 깔끔하고 정직하여 사심이 없다.
관찰력이 예리하고 감수성이 민감하다.

여성 공통점 신의가 좋고 처세를 잘하여 편하게 대해주며 애교가 있다.
조급한 면이 있고 좋아하는 일에 몰두하며 목표의식이 강하다

癸酉 A

● **계유 A형 장점**
인품이 준수하고 합리적이어서 슬기로운 면이 있다.
불확실한 것을 싫어하여 안전성과 차선책을 대비한다.
고결하여 조용하게 사는 것을 선호하며 지구력이 있다.

● **단점**
예민하고 표현력이 부족하며 사람을 가려서 사귄다.
마음이 여린 면이 있고 고독감을 느끼는 경우가 많다.
자신의 위주로 생각하고 남에게 맡기면 안심을 못한다.

癸酉 B

● 계유 B형 장점
상식이 풍부하고 재치가 넘치며 분위기를 상승시킨다.
언변이 뛰어나고 경청도 잘해주며 업무처리가 완벽하다.
눈치가 비상하여 상대방이 원하는 것을 빠르게 파악한다.

● 단점
자기가 좋아하는 것이 생기면 집착하여 빠져든다.
배신이나 좌절을 당하면 정신적인 충격이 남보다 크다.
격식에 얽매이는 것을 싫어하고 뜻대로 행동하려고 한다.

癸酉 O

● 계유 O형 장점
생각성이 깊고 위기상황에서는 침착하고 대담하다.
활동적이면서도 함부로 나서지 않지만 할 말은 한다.
급하게 서두르지 않고 준법정신이 좋으며 중용을 지킨다.

● 단점
처음에는 의욕적이다가 뜻대로 안되면 염증을 느낀다.
마음의 상처를 받아도 내색하지 않아 상대방이 모른다.
충돌이 생겨 상대방이 한번 싫어지면 화합이 쉽지 않다.

癸酉 AB

● 계유 AB형 장점
온화하면서도 냉철한 면이 있어서 참모 역할도 잘한다.
현실감각이 뛰어나고 임기응변에 능숙하여 대처가 빠르다.
번잡함을 싫어하고 재능이 많아 합리적으로 일을 처리한다.

● 단점
기분이 좋을 때와 그렇지 못할 때의 기복이 심하다.
남들의 시선에 의식을 많이 하고 편애하는 면이 있다.
중요한 결정을 내려야 할 때 중심이 흔들려 변화가 많다.

癸未 계미 해설

계 공통점　지혜가 넘치고 성실하여 인정을 받는다.
　　　　　　 틀리다고 생각한 것은 고쳐야 마음이 편하다.

계미 공통점　모험적인 일은 자제하고 현실을 중시한다.
　　　　　　　업무의 전문성에 대한 집중력이 뛰어나다.

여성 공통점　안목이 높고 교양적이며 명랑한 모습이나 수줍음이 내면에 있다.
　　　　　　　심리파악이 빠르고 힘들어도 내색하지 않고 부담을 주지 않는다.

● **계미 A형 장점**
입이 무거워 비밀을 지키고 기분 나쁜 말은 하지 않는다.
침착하고 차분하여 언행이 일치하며 자기관리가 철저하다.
기억력이 뛰어나고 인내력이 강하며 파고드는 기질이 있다.

● **단점**
번잡함을 싫어하고 빈틈이 없어서 무정하게 보이기 쉽다.
자극을 받으면 민감해지고 강인한 인상을 남기지 못한다.
강박관념이 강하고 여러 분야의 사람들과 교제가 서투르다.

癸未 B

● 계미 B형 장점
성실하고 정확하여 실수가 적으며 신뢰감 있게 행동한다.
민첩하고 관찰력이 뛰어나며 긍정적인 생각으로 생활한다.
이익을 챙기기 위해 잔재주나 요령으로 남을 속이지 않는다.

● 단점
추진력이 부족하여 무슨 일을 새로 시작하려면 주저한다.
간섭하고 강압적인 분위기에서는 능력을 발휘하지 못한다.
자신만의 생각에 갇히면 시야가 좁고 잘못하면 자책을 한다.

癸未 O

● 계미 O형 장점
안정성을 우선시하여 실수가 적으며 적응력이 빠르다.
판단력이 뛰어나고 공과 사가 분명하며 책임감이 강하다.
생각이 깊고 신의가 강하며 행동에 흐트러짐이 별로 없다.

● 단점
자존심이 강하여 상처를 받으면 잊지 못하고 오래간다.
비위가 없어서 아쉬운 소리를 못하고 부탁하지 않는다.
융통성이 부족하고 빈틈이 없어서 처음에 접근이 어렵다.

癸未 AB

● 계미 AB형 장점
현실성을 중시하고 끊고 맺음이 정확하며 실속이 있다.
명예를 존중하며 한 번 결정된 것은 지키려고 노력한다.
이성적이고 상식이 풍부하여 누구와 대화해도 막힘이 없다.

● 단점
원대한 꿈보다는 현실에 안주하고 싶은 생각이 많다.
마음속을 쉽게 열지 않아 무슨 생각을 하는지 모른다.
사람들을 선을 긋고 대하고 적극적인 실행력이 부족하다.

癸巳 계사 해설

계 공통점	지혜가 넘치고 성실하여 인정을 받는다. 틀리다고 생각한 것은 고쳐야 마음이 편하다.
계사 공통점	대충 넘어가는 것은 용납하지 못한다. 경제적 관념이 정확하여 실속을 차린다.
여성 공통점	밝고 이지적으로 처세술이 뛰어나며 경제적인 흐름에 관심이 많다. 차분함 속에 뜨거운 열정이 존재하며 여성미로 호감을 느끼게 한다.

癸巳 A

●**계사 A형 장점**
성품이 바르고 차분하며 안정성과 정확함을 우선한다.
조심성이 많아서 실수가 적고 실질적인 것을 선호한다.
생각성이 깊고 원칙을 중시하며 웬만해서 무리하지 않는다.

●**단점**
우월감이 있어서 자신보다 수준이 낮으면 무시를 한다.
개성이 강하고 보수적으로 자존심을 건드리면 참지 못한다.
베푸는 것이 약하여 인정이 없게 보이고 실행력이 떨어진다.

癸巳 B

●계사 B형 장점
자부심이 강하고 남에게 흐트러진 모습을 보이지 않는다.
결정을 내리기 전에는 심사숙고하지만 결정하면 신속하다.
생각이 부드럽고 유연하며 창의적으로 아이디어가 뛰어나다.

●단점
과시욕이 있어서 자신을 추켜세우려는 모습을 보인다.
타산적이며 육체적으로 힘든 일은 견디는 것이 힘들다.
재물에 대한 집착이 강하면서도 유혹에는 강하지 못하다.

癸巳 O

●계사 O형 장점
명석하여 주위를 살펴 현안에 대한 문제점을 해결한다.
외교적 수완이 뛰어나서 관리자 역할도 충분히 수행한다.
독립성을 발휘하고 성취욕이 강하면서 공과 사가 분명하다.

●단점
옳다고 생각하면 독자적으로 판단하여 밀고 나간다.
자신에게 이익이 되지 않는 것은 행동하기 싫어한다.
주장에 대해 거부를 당하면 용납하는 것이 쉽지 않다.

癸巳 AB

●계사 AB형 장점
현실적이고 구체적인 것을 선호하여 실속을 차린다.
합리성과 냉철함을 동시에 지니고 있어서 실패가 적다.
논리적이고 지성미가 있으며 상식에 대해 아는 것이 많다.

●단점
자신의 목적을 달성하기 위해서 수단을 가리지 않는다.
지속적으로 하는 것에 대해 싫증이 빠르고 변화가 많다.
수준이 떨어지는 사람은 거만하고 건방진 행동도 보인다.

癸卯 계묘 해설

계 공통점 지혜가 넘치고 성실하여 인정을 받는다.
틀리다고 생각한 것은 고쳐야 마음이 편하다.

계묘 공통점 온순하고 천성이 착하며 재치가 뛰어나다.
서두르지 않고 마음의 여유가 있게 생활한다.

여성 공통점 순수하고 얌전하며 상대 의견을 수용하여 좋은 인상을 준다.
정숙하고 헌신적이어서 가족에게 희생하는 가정적인 모습이다.

● **계묘 A형 장점**
빈틈이 없어서 남에게 부담을 주거나 실수하지 않는다.
이성적이고 책임감이 강하여 어떠한 임무도 완수해낸다.
관찰력이 뛰어나 사물을 연구하고 응용하는 능력이 좋다.

● **단점**
대담하지 못하고 소극적이어서 중요한 일은 부담감을 느낀다.
세밀하고 민감하여 하고 싶은 것만 하려는 욕구가 강하다.
싫은 소리를 쉽게 하지 못하고 노력에 비해 결실이 약하다.

癸卯 B

●계묘 B형 장점

민첩하여 순발력이 뛰어나고 반응하는 속도가 탁월하다.
머리회전이 빠르고 상황대처가 능숙하여 참모 역할도 잘한다.
낭만적이고 호기심이 많아 정보에 민감하고 수집능력이 좋다.

●단점

격식에 얽매이거나 지배를 당하면 견디는 것이 힘들다.
시야가 넓지 못하고 마음이 통하는 사람만 가려 사귄다.
감성적이어서 좋고 싫음에 대해 표면적으로 나타나게 된다.

●계묘 O형 장점

자신에게 엄격하고 임무를 맡기면 완벽하게 처리한다.
활발한 생동감이 있으며 내면의 재능을 극대화 시킨다.
생활의 유연성을 보이고 좋지 않은 기억은 빨리 잊는다.

●단점

보수적이고 자기주장이 강하여 지는 것을 싫어한다.
대인관계에서 일정한 거리를 유지하려는 심리가 있다.
자신이 좋아하는 것과 그렇지 못한 것의 구별이 심하다.

癸卯 AB

●계묘 AB형 장점

성실한 재주꾼으로 시대를 앞서가는 뛰어난 감각이 있다.
현명하고 시야가 정확하며 남에게 유익한 조언을 잘해준다.
자유스러운 분위기에서 창의력이 좋고 아이디어가 풍부하다.

●단점

자신의 비위에 맞지 않으면 사납게 돌변하기도 한다.
마음이 여려 결단력이 약하고 중요한 일은 머뭇거린다.
지구력이 약하여 끈기가 부족하며 약삭빠른 행동도 한다.

癸丑 계축 해설

계 공통점   지혜가 넘치고 성실하여 인정을 받는다.
　　　　　　　틀리다고 생각한 것은 고쳐야 마음이 편하다.

계축 공통점   조용하고 활동적이며 묵묵히 실천한다.
　　　　　　　남들과 조화를 맞추면서 세상을 살아간다.

여성 공통점   착하고 활발하며 감수성이 풍부하여 낭만을 꿈꾸며 살아간다.
　　　　　　　원만하여 사회에서 인정을 받고 생활력도 강하나 자존심이 세다.

癸丑 A

● **계축 A형 장점**
발전을 위해 노력하는 모습을 보여 믿음과 신뢰를 준다.
깔끔하고 분명하여 일목요연하게 정리되는 것을 좋아한다.
행동이 단정하고 섬세하며 남에게 부담되는 행동은 않는다.

● **단점**
자신만의 세계를 중요시하여 간섭을 싫어한다.
자신감이 부족하여 적극적이지 못하고 주저한다.
주변의 원활함이 부족하여 운신의 폭이 넓지 못하다.

癸丑
B

●계축 B형 장점
분별력이 뛰어나고 남들보다 앞서려는 마음이 강하다.
가식이 없고 품격이 느껴질 정도로 상대를 존중해준다.
영민하고 상황판단이 정확하여 좋은 결과를 만들어 낸다.

●단점
자신이 힘들거나 어려우면 남에게 의지하려고 든다.
생각하는 것을 강하게 주장하지 못하고 눈치를 살핀다.
부정적인 면이 있어서 충격이 심하면 방종에 빠지기 쉽다.

癸丑
O

●계축 O형 장점
인품이 수려하고 사려가 깊어 객관적으로 판단한다.
독립심이 강하고 의욕이 넘치지만 서두르지는 않는다.
강인하고 관리가 철저하며 위치를 알아 분수를 지킨다.

●단점
논쟁이 벌어지면 납득하기 전에는 물러서지 않는다.
복잡한 것을 싫어하여 밀고 당기는 방식은 하지 못한다.
주체성이 강하여 소신대로 밀고나가다 시행착오를 겪는다.

癸丑
AB

●계축 AB형 장점
사려가 깊고 예의가 바르며 사물을 정확하게 직시한다.
마음에 들지 않아도 표시내지 않고 분위기를 맞추어준다.
기회포착을 잘하고 다양한 지식을 받아들이는 것이 빠르다.

●단점
활동적이지 못하고 분위기가 침체되어 움츠러든다.
감당하지 못할 어려움에 부딪치면 좌절감에 빠진다.
경계심이 강하고 쉽게 정을 주지 않아 시간이 걸린다.

癸亥 계해 해설

계 공통점   지혜가 넘치고 성실하여 인정을 받는다.
                틀리다고 생각한 것은 고쳐야 마음이 편하다.

계해 공통점   활발하고 개방적이며 자유분방하다.
                언변이 좋고 급하게 서두르지 않는다.

여성 공통점   이성적이고 사색적이어서 정신적인 교류를 소중하게 생각한다.
                분위기에 민감하여 말을 조심해야 되고 생활력이 강한 여성이다.

● **계해 A형 장점**
침착하고 반듯한 성품으로 정도에서 벗어나지 않는다.
분명함을 선호하여 빈틈이 없고 약속은 확실하게 지킨다.
준비성이 철저하고 차분하게 대응하여 완벽하게 처리한다.

● **단점**
자기주장이 확고하여 옳다고 생각하면 강경함을 보인다.
신경이 예민하여 일정한 선을 넘는 언행은 조심해야 한다.
사람을 사귀는데 많이 따지고 생각을 쉽게 표현하지 않는다.

● **계해 B형 장점**
무한한 잠재력을 보유하여 발산하려는 욕구가 강하다.
대인관계를 중시하여 사교성이 좋고 적응력이 뛰어나다.
두려움이 적고 새로움을 추구하며 어려운 사람은 도와준다.

● **단점**
자신의 뜻에 어긋나면 성급하고 과격한 성질로 변한다.
내면의 생각을 쉽게 표현하여 상대를 곤혹스럽게 만든다.
경쟁심이 강하여 지는 것을 싫어하므로 이겨야 직성이 풀린다.

● **계해 O형 장점**
이상이 높고 외유내강으로 굳건한 기상과 절개가 있다.
정확히 문제의 핵심을 짚어 신중하게 접근하여 해결한다.
현실적이어서 무리하지 않고 묵묵히 실행하여 발전적이다.

● **단점**
남의 일을 돌봐주느라고 실속 없이 바쁘게 행동한다.
개성이 뚜렷하고 자기중심적인 기질이 강하게 나타난다.
남들보다 뛰어나다는 자부심이 강하며 결과를 중요시한다.

癸亥
AB

● **계해 AB형 장점**
눈치가 비상하고 선견지명으로 전개될 상황판단이 빠르다.
명석하고 적절한 표현력으로 처세술이 탁월해 앞서 나간다.
자유로운 발상과 재치가 넘치며 환경의 적응능력이 뛰어나다.

● **단점**
변화에 민감하고 엉뚱한 일을 저질러 굴곡이 생긴다.
처음에는 의욕이 넘치나 시간이 지나면서 나태해진다.
독선적인 면이 있어서 통제가 심하면 견디지를 못한다.

萬歲歷

제3장
만 세 력

계유 癸酉

1933년생 (음력기준)

1월

음력	1	2	3	4	5	6	7	8	9	10	11	12	13	14	15	16	17	18	19	20	21	22	23	24	25	26	27	28	29
일주	임진	계사	갑오	을미	병신	정유	무술	기해	경자	신축	임인	계묘	갑진	을사	병오	정미	무신	기유	경술	신해	임자	계축	갑인	을묘	병진	정사	무오	기미	경신
양력	26	27	28	29	30	31	2/1	2	3	4	5	6	7	8	9	10	11	12	13	14	15	16	17	18	19	20	21	22	23

2월

음력	1	2	3	4	5	6	7	8	9	10	11	12	13	14	15	16	17	18	19	20	21	22	23	24	25	26	27	28	29	30
일주	신유	임술	계해	갑자	을축	병인	정묘	무진	기사	경오	신미	임신	계유	갑술	을해	병자	정축	무인	기묘	경진	신사	임오	계미	갑신	을유	병술	정해	무자	기축	경인
양력	24	25	26	27	28	3/1	2	3	4	5	6	7	8	9	10	11	12	13	14	15	16	17	18	19	20	21	22	23	24	25

3월

음력	1	2	3	4	5	6	7	8	9	10	11	12	13	14	15	16	17	18	19	20	21	22	23	24	25	26	27	28	29	30
일주	신묘	임진	계사	갑오	을미	병신	정유	무술	기해	경자	신축	임인	계묘	갑진	을사	병오	정미	무신	기유	경술	신해	임자	계축	갑인	을묘	병진	정사	무오	기미	경신
양력	26	27	28	29	30	31	4/1	2	3	4	5	6	7	8	9	10	11	12	13	14	15	16	17	18	19	20	21	22	23	24

4월

음력	1	2	3	4	5	6	7	8	9	10	11	12	13	14	15	16	17	18	19	20	21	22	23	24	25	26	27	28	29
일주	신유	임술	계해	갑자	을축	병인	정묘	무진	기사	경오	신미	임신	계유	갑술	을해	병자	정축	무인	기묘	경진	신사	임오	계미	갑신	을유	병술	정해	무자	기축
양력	25	26	27	28	29	30	5/1	2	3	4	5	6	7	8	9	10	11	12	13	14	15	16	17	18	19	20	21	22	23

5월

음력	1	2	3	4	5	6	7	8	9	10	11	12	13	14	15	16	17	18	19	20	21	22	23	24	25	26	27	28	29	30
일주	경인	신묘	임진	계사	갑오	을미	병신	정유	무술	기해	경자	신축	임인	계묘	갑진	을사	병오	정미	무신	기유	경술	신해	임자	계축	갑인	을묘	병진	정사	무오	기미
양력	24	25	26	27	28	29	30	31	6/1	2	3	4	5	6	7	8	9	10	11	12	13	14	15	16	17	18	19	20	21	22

윤달 5월

음력	1	2	3	4	5	6	7	8	9	10	11	12	13	14	15	16	17	18	19	20	21	22	23	24	25	26	27	28	29
일주	경신	신유	임술	계해	갑자	을축	병인	정묘	무진	기사	경오	신미	임신	계유	갑술	을해	병자	정축	무인	기묘	경진	신사	임오	계미	갑신	을유	병술	정해	무자
양력	23	24	25	26	27	28	29	30	7/1	2	3	4	5	6	7	8	9	10	11	12	13	14	15	16	17	18	19	20	21

6월

음력	1	2	3	4	5	6	7	8	9	10	11	12	13	14	15	16	17	18	19	20	21	22	23	24	25	26	27	28
일주	기축	경인	신묘	임진	계사	갑오	을미	병신	정유	무술	기해	경자	신축	임인	계묘	갑진	을사	병오	정미	무신	기유	경술	신해	임자	계축	갑인	을묘	병진
양력	23	24	25	26	27	28	29	30	31	8/1	2	3	4	5	6	7	8	9	10	11	12	13	14	15	16	17	18	19

7월

음력	1	2	3	4	5	6	7	8	9	10	11	12	13	14	15	16	17	18	19	20	21	22	23	24	25	26	27	28	29	30
일주	기미	경신	신유	임술	계해	갑자	을축	병인	정묘	무진	기사	경오	신미	임신	계유	갑술	을해	병자	정축	무인	기묘	경진	신사	임오	계미	갑신	을유	병술	정해	무자
양력	21	22	23	24	25	26	27	28	29	30	31	9/1	2	3	4	5	6	7	8	9	10	11	12	13	14	15	16	17	18	19

8월

음력	1	2	3	4	5	6	7	8	9	10	11	12	13	14	15	16	17	18	19	20	21	22	23	24	25	26	27	28	29
일주	기축	경인	신묘	임진	계사	갑오	을미	병신	정유	무술	기해	경자	신축	임인	계묘	갑진	을사	병오	정미	무신	기유	경술	신해	임자	계축	갑인	을묘	병진	정사
양력	20	21	22	23	24	25	26	27	28	29	30	10/1	2	3	4	5	6	7	8	9	10	11	12	13	14	15	16	17	18

9월

음력	1	2	3	4	5	6	7	8	9	10	11	12	13	14	15	16	17	18	19	20	21	22	23	24	25	26	27	28	29	30
일주	무오	기미	경신	신유	임술	계해	갑자	을축	병인	정묘	무진	기사	경오	신미	임신	계유	갑술	을해	병자	정축	무인	기묘	경진	신사	임오	계미	갑신	을유	병술	정해
양력	19	20	21	22	23	24	25	26	27	28	29	30	31	11/1	2	3	4	5	6	7	8	9	10	11	12	13	14	15	16	17

10월

음력	1	2	3	4	5	6	7	8	9	10	11	12	13	14	15	16	17	18	19	20	21	22	23	24	25	26	27	28	29
일주	무자	기축	경인	신묘	임진	계사	갑오	을미	병신	정유	무술	기해	경자	신축	임인	계묘	갑진	을사	병오	정미	무신	기유	경술	신해	임자	계축	갑인	을묘	병진
양력	19	20	21	22	23	24	25	26	27	28	29	30	12/1	2	3	4	5	6	7	8	9	10	11	12	13	14	15	16

11월

음력	1	2	3	4	5	6	7	8	9	10	11	12	13	14	15	16	17	18	19	20	21	22	23	24	25	26	27	28	29	30
일주	정사	무오	기미	경신	신유	임술	계해	갑자	을축	병인	정묘	무진	기사	경오	신미	임신	계유	갑술	을해	병자	정축	무인	기묘	경진	신사	임오	계미	갑신	을유	병술
양력	17	18	19	20	21	22	23	24	25	26	27	28	29	30	31	1/1	2	3	4	5	6	7	8	9	10	11	12	13	14

12월

음력	1	2	3	4	5	6	7	8	9	10	11	12	13	14	15	16	17	18	19	20	21	22	23	24	25	26	27	28	29	30
일주	병술	정해	무자	기축	경인	신묘	임진	계사	갑오	을미	병신	정유	무술	기해	경자	신축	임인	계묘	갑진	을사	병오	정미	무신	기유	경술	신해	임자	계축	갑인	을묘
양력	15	16	17	18	19	20	21	22	23	24	25	26	27	28	29	30	31	2/1	2	3	4	5	6	7	8	9	10	11	12	13

갑 술 甲戌　　1934년생(음력기준)

1월	음력	1	2	3	4	5	6	7	8	9	10	11	12	13	14	15	16	17	18	19	20	21	22	23	24	25	26	27	28	29	
	일주	병진	정사	무오	기미	경신	신유	임술	계해	갑자	을축	병인	정묘	무진	기사	경오	신미	임신	계유	갑술	을해	병자	정축	무인	기묘	경진	신사	임오	계미	갑신	
	양력	14	15	16	17	18	19	20	21	22	23	24	25	26	27	28	3/1	2	3	4	5	6	7	8	9	10	11	12	13	14	
2월	음력	1	2	3	4	5	6	7	8	9	10	11	12	13	14	15	16	17	18	19	20	21	22	23	24	25	26	27	28	29	30
	일주	을유	병술	정해	무자	기축	경인	신묘	임진	계사	갑오	을미	병신	정유	무술	기해	경자	신축	임인	계묘	갑진	을사	병오	정미	무신	기유	경술	신해	임자	계축	갑인
	양력	15	16	17	18	19	20	21	22	23	24	25	26	27	28	29	30	31	4/1	2	3	4	5	6	7	8	9	10	11	12	13
3월	음력	1	2	3	4	5	6	7	8	9	10	11	12	13	14	15	16	17	18	19	20	21	22	23	24	25	26	27	28		
	일주	을묘	병진	정사	무오	기미	경신	신유	임술	계해	갑자	을축	병인	정묘	무진	기사	경오	신미	임신	계유	갑술	을해	병자	정축	무인	기묘	경진	신사	임오		
	양력	14	15	16	17	18	19	20	21	22	23	24	25	26	27	28	29	30	5/1	2	3	4	5	6	7	8	9	10	11	12	
4월	음력	1	2	3	4	5	6	7	8	9	10	11	12	13	14	15	16	17	18	19	20	21	22	23	24	25	26	27	28	29	30
	일주	갑신	을유	병술	정해	무자	기축	경인	신묘	임진	계사	갑오	을미	병신	정유	무술	기해	경자	신축	임인	계묘	갑진	을사	병오	정미	무신	기유	경술	신해	임자	계축
	양력	13	14	15	16	17	18	19	20	21	22	23	24	25	26	27	28	29	30	31	6/1	2	3	4	5	6	7	8	9	10	11
5월	음력	1	2	3	4	5	6	7	8	9	10	11	12	13	14	15	16	17	18	19	20	21	22	23	24	25	26	27	28	29	30
	일주	갑인	을묘	병진	정사	무오	기미	경신	신유	임술	계해	갑자	을축	병인	정묘	무진	기사	경오	신미	임신	계유	갑술	을해	병자	정축	무인	기묘	경진	신사	임오	계미
	양력	12	13	14	15	16	17	18	19	20	21	22	23	24	25	26	27	28	29	30	7/1	2	3	4	5	6	7	8	9	10	11
6월	음력	1	2	3	4	5	6	7	8	9	10	11	12	13	14	15	16	17	18	19	20	21	22	23	24	25	26	27	28	29	
	일주	갑신	을유	병술	정해	무자	기축	경인	신묘	임진	계사	갑오	을미	병신	정유	무술	기해	경자	신축	임인	계묘	갑진	을사	병오	정미	무신	기유	경술	신해	임자	
	양력	12	13	14	15	16	17	18	19	20	21	22	23	24	25	26	27	28	29	30	31	8/1	2	3	4	5	6	7	8	9	
7월	음력	1	2	3	4	5	6	7	8	9	10	11	12	13	14	15	16	17	18	19	20	21	22	23	24	25	26	27	28	29	30
	일주	계축	갑인	을묘	병진	정사	무오	기미	경신	신유	임술	계해	갑자	을축	병인	정묘	무진	기사	경오	신미	임신	계유	갑술	을해	병자	정축	무인	기묘	경진	신사	임오
	양력	10	11	12	13	14	15	16	17	18	19	20	21	22	23	24	25	26	27	28	29	30	31	9/1	2	3	4	5	6	7	8
8월	음력	1	2	3	4	5	6	7	8	9	10	11	12	13	14	15	16	17	18	19	20	21	22	23	24	25	26	27	28	29	30
	일주	계미	갑신	을유	병술	정해	무자	기축	경인	신묘	임진	계사	갑오	을미	병신	정유	무술	기해	경자	신축	임인	계묘	갑진	을사	병오	정미	무신	기유	경술	신해	임자
	양력	9	10	11	12	13	14	15	16	17	18	19	20	21	22	23	24	25	26	27	28	29	30	10/1	2	3	4	5	6	7	8
9월	음력	1	2	3	4	5	6	7	8	9	10	11	12	13	14	15	16	17	18	19	20	21	22	23	24	25	26	27	28		
	일주	계축	갑인	을묘	병진	정사	무오	기미	경신	신유	임술	계해	갑자	을축	병인	정묘	무진	기사	경오	신미	임신	계유	갑술	을해	병자	정축	무인	기묘	경진		
	양력	9	10	11	12	13	14	15	16	17	18	19	20	21	22	23	24	25	26	27	28	29	30	31	11/1	2	3	4	5	6	
10월	음력	1	2	3	4	5	6	7	8	9	10	11	12	13	14	15	16	17	18	19	20	21	22	23	24	25	26	27	28	29	30
	일주	임오	계미	갑신	을유	병술	정해	무자	기축	경인	신묘	임진	계사	갑오	을미	병신	정유	무술	기해	경자	신축	임인	계묘	갑진	을사	병오	정미	무신	기유	경술	신해
	양력	7	8	9	10	11	12	13	14	15	16	17	18	19	20	21	22	23	24	25	26	27	28	29	30	12/1	2	3	4	5	6
11월	음력	1	2	3	4	5	6	7	8	9	10	11	12	13	14	15	16	17	18	19	20	21	22	23	24	25	26	27	28		
	일주	임자	계축	갑인	을묘	병진	정사	무오	기미	경신	신유	임술	계해	갑자	을축	병인	정묘	무진	기사	경오	신미	임신	계유	갑술	을해	병자	정축	무인	기묘		
	양력	7	8	9	10	11	12	13	14	15	16	17	18	19	20	21	22	23	24	25	26	27	28	29	30	31	1/1	2	3	4	
12월	음력	1	2	3	4	5	6	7	8	9	10	11	12	13	14	15	16	17	18	19	20	21	22	23	24	25	26	27	28	29	30
	일주	신사	임오	계미	갑신	을유	병술	정해	무자	기축	경인	신묘	임진	계사	갑오	을미	병신	정유	무술	기해	경자	신축	임인	계묘	갑진	을사	병오	정미	무신	기유	경술
	양력	5	6	7	8	9	10	11	12	13	14	15	16	17	18	19	20	21	22	23	24	25	26	27	28	29	30	31	2/1	2	3

을해 乙亥 1935년생 (음력기준)

1월
음력	1	2	3	4	5	6	7	8	9	10	11	12	13	14	15	16	17	18	19	20	21	22	23	24	25	26	27	28	29
일주	신해	임자	계축	갑인	을묘	병진	정사	무오	기미	경신	신유	임술	계해	갑자	을축	병인	정묘	무진	기사	경오	신미	임신	계유	갑술	을해	병자	정축	무인	기묘
양력	4	5	6	7	8	9	10	11	12	13	14	15	16	17	18	19	20	21	22	23	24	25	26	27	28	3/1	2	3	4

2월
음력	1	2	3	4	5	6	7	8	9	10	11	12	13	14	15	16	17	18	19	20	21	22	23	24	25	26	27	28	29
일주	경진	신사	임오	계미	갑신	을유	병술	정해	무자	기축	경인	신묘	임진	계사	갑오	을미	병신	정유	무술	기해	경자	신축	임인	계묘	갑진	을사	병오	정미	무신
양력	5	6	7	8	9	10	11	12	13	14	15	16	17	18	19	20	21	22	23	24	25	26	27	28	29	30	31	4/1	2

3월
음력	1	2	3	4	5	6	7	8	9	10	11	12	13	14	15	16	17	18	19	20	21	22	23	24	25	26	27	28	29	30
일주	기유	경술	신해	임자	계축	갑인	을묘	병진	정사	무오	기미	경신	신유	임술	계해	갑자	을축	병인	정묘	무진	기사	경오	신미	임신	계유	갑술	을해	병자	정축	무인
양력	3	4	5	6	7	8	9	10	11	12	13	14	15	16	17	18	19	20	21	22	23	24	25	26	27	28	29	30	5/1	2

4월
음력	1	2	3	4	5	6	7	8	9	10	11	12	13	14	15	16	17	18	19	20	21	22	23	24	25	26	27	28	29
일주	기묘	경진	신사	임오	계미	갑신	을유	병술	정해	무자	기축	경인	신묘	임진	계사	갑오	을미	병신	정유	무술	기해	경자	신축	임인	계묘	갑진	을사	병오	정미
양력	3	4	5	6	7	8	9	10	11	12	13	14	15	16	17	18	19	20	21	22	23	24	25	26	27	28	29	30	31

5월
음력	1	2	3	4	5	6	7	8	9	10	11	12	13	14	15	16	17	18	19	20	21	22	23	24	25	26	27	28	29	30
일주	무신	기유	경술	신해	임자	계축	갑인	을묘	병진	정사	무오	기미	경신	신유	임술	계해	갑자	을축	병인	정묘	무진	기사	경오	신미	임신	계유	갑술	을해	병자	정축
양력	6/1	2	3	4	5	6	7	8	9	10	11	12	13	14	15	16	17	18	19	20	21	22	23	24	25	26	27	28	29	30

6월
음력	1	2	3	4	5	6	7	8	9	10	11	12	13	14	15	16	17	18	19	20	21	22	23	24	25	26	27	28	29
일주	무인	기묘	경진	신사	임오	계미	갑신	을유	병술	정해	무자	기축	경인	신묘	임진	계사	갑오	을미	병신	정유	무술	기해	경자	신축	임인	계묘	갑진	을사	병오
양력	7/1	2	3	4	5	6	7	8	9	10	11	12	13	14	15	16	17	18	19	20	21	22	23	24	25	26	27	28	29

7월
음력	1	2	3	4	5	6	7	8	9	10	11	12	13	14	15	16	17	18	19	20	21	22	23	24	25	26	27	28	29	30
일주	정미	무신	기유	경술	신해	임자	계축	갑인	을묘	병진	정사	무오	기미	경신	신유	임술	계해	갑자	을축	병인	정묘	무진	기사	경오	신미	임신	계유	갑술	을해	병자
양력	30	31	8/1	2	3	4	5	6	7	8	9	10	11	12	13	14	15	16	17	18	19	20	21	22	23	24	25	26	27	28

8월
음력	1	2	3	4	5	6	7	8	9	10	11	12	13	14	15	16	17	18	19	20	21	22	23	24	25	26	27	28	29	30
일주	정축	무인	기묘	경진	신사	임오	계미	갑신	을유	병술	정해	무자	기축	경인	신묘	임진	계사	갑오	을미	병신	정유	무술	기해	경자	신축	임인	계묘	갑진	을사	병오
양력	29	30	31	9/1	2	3	4	5	6	7	8	9	10	11	12	13	14	15	16	17	18	19	20	21	22	23	24	25	26	27

9월
음력	1	2	3	4	5	6	7	8	9	10	11	12	13	14	15	16	17	18	19	20	21	22	23	24	25	26	27	28	29
일주	정미	무신	기유	경술	신해	임자	계축	갑인	을묘	병진	정사	무오	기미	경신	신유	임술	계해	갑자	을축	병인	정묘	무진	기사	경오	신미	임신	계유	갑술	을해
양력	28	29	30	10/1	2	3	4	5	6	7	8	9	10	11	12	13	14	15	16	17	18	19	20	21	22	23	24	25	26

10월
음력	1	2	3	4	5	6	7	8	9	10	11	12	13	14	15	16	17	18	19	20	21	22	23	24	25	26	27	28	29	30
일주	병자	정축	무인	기묘	경진	신사	임오	계미	갑신	을유	병술	정해	무자	기축	경인	신묘	임진	계사	갑오	을미	병신	정유	무술	기해	경자	신축	임인	계묘	갑진	을사
양력	27	28	29	30	31	11/1	2	3	4	5	6	7	8	9	10	11	12	13	14	15	16	17	18	19	20	21	22	23	24	25

11월
음력	1	2	3	4	5	6	7	8	9	10	11	12	13	14	15	16	17	18	19	20	21	22	23	24	25	26	27	28	29	30
일주	병오	정미	무신	기유	경술	신해	임자	계축	갑인	을묘	병진	정사	무오	기미	경신	신유	임술	계해	갑자	을축	병인	정묘	무진	기사	경오	신미	임신	계유	갑술	을해
양력	26	27	28	29	30	12/1	2	3	4	5	6	7	8	9	10	11	12	13	14	15	16	17	18	19	20	21	22	23	24	25

12월
음력	1	2	3	4	5	6	7	8	9	10	11	12	13	14	15	16	17	18	19	20	21	22	23	24	25	26	27	28	29
일주	병자	정축	무인	기묘	경진	신사	임오	계미	갑신	을유	병술	정해	무자	기축	경인	신묘	임진	계사	갑오	을미	병신	정유	무술	기해	경자	신축	임인	계묘	갑진
양력	26	27	28	29	30	31	1/1	2	3	4	5	6	7	8	9	10	11	12	13	14	15	16	17	18	19	20	21	22	23

병자 丙子 1936년생 (음력기준)

1월	음력	1	2	3	4	5	6	7	8	9	10	11	12	13	14	15	16	17	18	19	20	21	22	23	24	25	26	27	28	29	30
	일주	을사	병오	정미	무신	기유	경진	신해	임자	계축	갑인	을묘	병진	정사	무오	기미	경신	신유	임술	계해	갑자	을축	병인	정묘	무진	기사	경오	신미	임신	계유	갑술
	양력	24	25	26	27	28	29	30	31	2/1	2	3	4	5	6	7	8	9	10	11	12	13	14	15	16	17	18	19	20	21	22
2월	음력	1	2	3	4	5	6	7	8	9	10	11	12	13	14	15	16	17	18	19	20	21	22	23	24	25	26	27	28	29	
	일주	을해	병자	정축	무인	기묘	경진	신사	임오	계미	갑신	을유	병술	정해	무자	기축	경인	신묘	임진	계사	갑오	을미	병신	정유	무술	기해	경자	신축	임인	계묘	
	양력	23	24	25	26	27	28	29	3/1	2	3	4	5	6	7	8	9	10	11	12	13	14	15	16	17	18	19	20	21	22	
3월	음력	1	2	3	4	5	6	7	8	9	10	11	12	13	14	15	16	17	18	19	20	21	22	23	24	25	26	27	28	29	30
	일주	갑진	을사	병오	정미	무신	기유	경진	신해	임자	계축	갑인	을묘	병진	정사	무오	기미	경신	신유	임술	계해	갑자	을축	병인	정묘	무진	기사	경오	신미	임신	계유
	양력	23	24	25	26	27	28	29	30	31	4/1	2	3	4	5	6	7	8	9	10	11	12	13	14	15	16	17	18	19	20	21
윤달 3월	음력	1	2	3	4	5	6	7	8	9	10	11	12	13	14	15	16	17	18	19	20	21	22	23	24	25	26	27	28	29	30
	일주	계유	갑술	을해	병자	정축	무인	기묘	경진	신사	임오	계미	갑신	을유	병술	정해	무자	기축	경인	신묘	임진	계사	갑오	을미	병신	정유	무술	기해	경자	신축	임인
	양력	21	22	23	24	25	26	27	28	29	30	5/1	2	3	4	5	6	7	8	9	10	11	12	13	14	15	16	17	18	19	20
4월	음력	1	2	3	4	5	6	7	8	9	10	11	12	13	14	15	16	17	18	19	20	21	22	23	24	25	26	27	28	29	
	일주	계묘	갑진	을사	병오	정미	무신	기유	경진	신해	임자	계축	갑인	을묘	병진	정사	무오	기미	경신	신유	임술	계해	갑자	을축	병인	정묘	무진	기사	경오	신미	
	양력	21	22	23	24	25	26	27	28	29	30	31	6/1	2	3	4	5	6	7	8	9	10	11	12	13	14	15	16	17	18	
5월	음력	1	2	3	4	5	6	7	8	9	10	11	12	13	14	15	16	17	18	19	20	21	22	23	24	25	26	27	28	29	30
	일주	임신	계유	갑술	을해	병자	정축	무인	기묘	경진	신사	임오	계미	갑신	을유	병술	정해	무자	기축	경인	신묘	임진	계사	갑오	을미	병신	정유	무술	기해	경자	신축
	양력	19	20	21	22	23	24	25	26	27	28	29	30	7/1	2	3	4	5	6	7	8	9	10	11	12	13	14	15	16	17	18
6월	음력	1	2	3	4	5	6	7	8	9	10	11	12	13	14	15	16	17	18	19	20	21	22	23	24	25	26	27	28	29	
	일주	임인	계묘	갑진	을사	병오	정미	무신	기유	경진	신해	임자	계축	갑인	을묘	병진	정사	무오	기미	경신	신유	임술	계해	갑자	을축	병인	정묘	무진	기사	경오	
	양력	19	20	21	22	23	24	25	26	27	28	29	30	31	8/1	2	3	4	5	6	7	8	9	10	11	12	13	14	15	16	
7월	음력	1	2	3	4	5	6	7	8	9	10	11	12	13	14	15	16	17	18	19	20	21	22	23	24	25	26	27	28	29	30
	일주	신미	임신	계유	갑술	을해	병자	정축	무인	기묘	경진	신사	임오	계미	갑신	을유	병술	정해	무자	기축	경인	신묘	임진	계사	갑오	을미	병신	정유	무술	기해	경자
	양력	17	18	19	20	21	22	23	24	25	26	27	28	29	30	31	9/1	2	3	4	5	6	7	8	9	10	11	12	13	14	15
8월	음력	1	2	3	4	5	6	7	8	9	10	11	12	13	14	15	16	17	18	19	20	21	22	23	24	25	26	27	28	29	
	일주	신축	임인	계묘	갑진	을사	병오	정미	무신	기유	경진	신해	임자	계축	갑인	을묘	병진	정사	무오	기미	경신	신유	임술	계해	갑자	을축	병인	정묘	무진	기사	
	양력	16	17	18	19	20	21	22	23	24	25	26	27	28	29	30	10/1	2	3	4	5	6	7	8	9	10	11	12	13	14	
9월	음력	1	2	3	4	5	6	7	8	9	10	11	12	13	14	15	16	17	18	19	20	21	22	23	24	25	26	27	28	29	30
	일주	경오	신미	임신	계유	갑술	을해	병자	정축	무인	기묘	경진	신사	임오	계미	갑신	을유	병술	정해	무자	기축	경인	신묘	임진	계사	갑오	을미	병신	정유	무술	기해
	양력	15	16	17	18	19	20	21	22	23	24	25	26	27	28	29	30	31	11/1	2	3	4	5	6	7	8	9	10	11	12	13
10월	음력	1	2	3	4	5	6	7	8	9	10	11	12	13	14	15	16	17	18	19	20	21	22	23	24	25	26	27	28	29	30
	일주	경자	신축	임인	계묘	갑진	을사	병오	정미	무신	기유	경진	신해	임자	계축	갑인	을묘	병진	정사	무오	기미	경신	신유	임술	계해	갑자	을축	병인	정묘	무진	기사
	양력	14	15	16	17	18	19	20	21	22	23	24	25	26	27	28	29	30	12/1	2	3	4	5	6	7	8	9	10	11	12	13
11월	음력	1	2	3	4	5	6	7	8	9	10	11	12	13	14	15	16	17	18	19	20	21	22	23	24	25	26	27	28	29	30
	일주	경오	신미	임신	계유	갑술	을해	병자	정축	무인	기묘	경진	신사	임오	계미	갑신	을유	병술	정해	무자	기축	경인	신묘	임진	계사	갑오	을미	병신	정유	무술	기해
	양력	14	15	16	17	18	19	20	21	22	23	24	25	26	27	28	29	30	31	1/1	2	3	4	5	6	7	8	9	10	11	12
12월	음력	1	2	3	4	5	6	7	8	9	10	11	12	13	14	15	16	17	18	19	20	21	22	23	24	25	26	27	28	29	30
	일주	경자	신축	임인	계묘	갑진	을사	병오	정미	무신	기유	경진	신해	임자	계축	갑인	을묘	병진	정사	무오	기미	경신	신유	임술	계해	갑자	을축	병인	정묘	무진	기사
	양력	13	14	15	16	17	18	19	20	21	22	23	24	25	26	27	28	29	30	31	2/1	2	3	4	5	6	7	8	9	10	

정축 丁丑 — 1937년생 (음력기준)

1월
음력	1	2	3	4	5	6	7	8	9	10	11	12	13	14	15	16	17	18	19	20	21	22	23	24	25	26	27	28	29	30
일주	기사	경오	신미	임신	계유	갑술	을해	병자	정축	무인	기묘	경진	신사	임오	계미	갑신	을유	병술	정해	무자	기축	경인	신묘	임진	계사	갑오	을미	병신	정유	무술
양력	11	12	13	14	15	16	17	18	19	20	21	22	23	24	25	26	27	28	3/1	2	3	4	5	6	7	8	9	10	11	12

2월
음력	1	2	3	4	5	6	7	8	9	10	11	12	13	14	15	16	17	18	19	20	21	22	23	24	25	26	27	28	29	
일주	기해	경자	신축	임인	계묘	갑진	을사	병오	정미	무신	기유	경술	신해	임자	계축	갑인	을묘	병진	정사	무오	기미	경신	신유	임술	계해	갑자	을축	병인	정묘	
양력	13	14	15	16	17	18	19	20	21	22	23	24	25	26	27	28	29	30	31	4/1	2	3	4	5	6	7	8	9	10	

3월
음력	1	2	3	4	5	6	7	8	9	10	11	12	13	14	15	16	17	18	19	20	21	22	23	24	25	26	27	28	29	
일주	무진	기사	경오	신미	임신	계유	갑술	을해	병자	정축	무인	기묘	경진	신사	임오	계미	갑신	을유	병술	정해	무자	기축	경인	신묘	임진	계사	갑오	을미	병신	
양력	11	12	13	14	15	16	17	18	19	20	21	22	23	24	25	26	27	28	29	30	5/1	2	3	4	5	6	7	8	9	

4월
음력	1	2	3	4	5	6	7	8	9	10	11	12	13	14	15	16	17	18	19	20	21	22	23	24	25	26	27	28	29	30
일주	정유	무술	기해	경자	신축	임인	계묘	갑진	을사	병오	정미	무신	기유	경술	신해	임자	계축	갑인	을묘	병진	정사	무오	기미	경신	신유	임술	계해	갑자	을축	병인
양력	10	11	12	13	14	15	16	17	18	19	20	21	22	23	24	25	26	27	28	29	30	31	6/1	2	3	4	5	6	7	8

5월
음력	1	2	3	4	5	6	7	8	9	10	11	12	13	14	15	16	17	18	19	20	21	22	23	24	25	26	27	28	29	
일주	정묘	무진	기사	경오	신미	임신	계유	갑술	을해	병자	정축	무인	기묘	경진	신사	임오	계미	갑신	을유	병술	정해	무자	기축	경인	신묘	임진	계사	갑오	을미	
양력	9	10	11	12	13	14	15	16	17	18	19	20	21	22	23	24	25	26	27	28	29	30	7/1	2	3	4	5	6	7	

6월
음력	1	2	3	4	5	6	7	8	9	10	11	12	13	14	15	16	17	18	19	20	21	22	23	24	25	26	27	28	29	
일주	병신	정유	무술	기해	경자	신축	임인	계묘	갑진	을사	병오	정미	무신	기유	경술	신해	임자	계축	갑인	을묘	병진	정사	무오	기미	경신	신유	임술	계해	갑자	
양력	8	9	10	11	12	13	14	15	16	17	18	19	20	21	22	23	24	25	26	27	28	29	30	31	8/1	2	3	4	5	

7월
음력	1	2	3	4	5	6	7	8	9	10	11	12	13	14	15	16	17	18	19	20	21	22	23	24	25	26	27	28	29	30
일주	을축	병인	정묘	무진	기사	경오	신미	임신	계유	갑술	을해	병자	정축	무인	기묘	경진	신사	임오	계미	갑신	을유	병술	정해	무자	기축	경인	신묘	임진	계사	갑오
양력	6	7	8	9	10	11	12	13	14	15	16	17	18	19	20	21	22	23	24	25	26	27	28	29	30	31	9/1	2	3	4

8월
음력	1	2	3	4	5	6	7	8	9	10	11	12	13	14	15	16	17	18	19	20	21	22	23	24	25	26	27	28	29	
일주	을미	병신	정유	무술	기해	경자	신축	임인	계묘	갑진	을사	병오	정미	무신	기유	경술	신해	임자	계축	갑인	을묘	병진	정사	무오	기미	경신	신유	임술	계해	
양력	5	6	7	8	9	10	11	12	13	14	15	16	17	18	19	20	21	22	23	24	25	26	27	28	29	30	10/1	2	3	

9월
음력	1	2	3	4	5	6	7	8	9	10	11	12	13	14	15	16	17	18	19	20	21	22	23	24	25	26	27	28	29	30
일주	갑자	을축	병인	정묘	무진	기사	경오	신미	임신	계유	갑술	을해	병자	정축	무인	기묘	경진	신사	임오	계미	갑신	을유	병술	정해	무자	기축	경인	신묘	임진	계사
양력	4	5	6	7	8	9	10	11	12	13	14	15	16	17	18	19	20	21	22	23	24	25	26	27	28	29	30	31	11/1	2

10월
음력	1	2	3	4	5	6	7	8	9	10	11	12	13	14	15	16	17	18	19	20	21	22	23	24	25	26	27	28	29	30
일주	갑오	을미	병신	정유	무술	기해	경자	신축	임인	계묘	갑진	을사	병오	정미	무신	기유	경술	신해	임자	계축	갑인	을묘	병진	정사	무오	기미	경신	신유	임술	계해
양력	3	4	5	6	7	8	9	10	11	12	13	14	15	16	17	18	19	20	21	22	23	24	25	26	27	28	29	30	12/1	2

11월
음력	1	2	3	4	5	6	7	8	9	10	11	12	13	14	15	16	17	18	19	20	21	22	23	24	25	26	27	28	29	30
일주	갑자	을축	병인	정묘	무진	기사	경오	신미	임신	계유	갑술	을해	병자	정축	무인	기묘	경진	신사	임오	계미	갑신	을유	병술	정해	무자	기축	경인	신묘	임진	계사
양력	3	4	5	6	7	8	9	10	11	12	13	14	15	16	17	18	19	20	21	22	23	24	25	26	27	28	29	30	31	1/1

12월
음력	1	2	3	4	5	6	7	8	9	10	11	12	13	14	15	16	17	18	19	20	21	22	23	24	25	26	27	28	29	
일주	갑오	을미	병신	정유	무술	기해	경자	신축	임인	계묘	갑진	을사	병오	정미	무신	기유	경술	신해	임자	계축	갑인	을묘	병진	정사	무오	기미	경신	신유	임술	
양력	2	3	4	5	6	7	8	9	10	11	12	13	14	15	16	17	18	19	20	21	22	23	24	25	26	27	28	29	30	

무인 戊寅　1938년생(음력기준)

1월	음력	1	2	3	4	5	6	7	8	9	10	11	12	13	14	15	16	17	18	19	20	21	22	23	24	25	26	27	28	29	30
	일주	계해	갑자	을축	병인	정묘	무진	기사	경오	신미	임신	계유	갑술	을해	병자	정축	무인	기묘	경진	신사	임오	계미	갑신	을유	병술	정해	무자	기축	경인	신묘	임진
	양력	31	2/1	2	3	4	5	6	7	8	9	10	11	12	13	14	15	16	17	18	19	20	21	22	23	24	25	26	27	28	3/1	
2월	음력	1	2	3	4	5	6	7	8	9	10	11	12	13	14	15	16	17	18	19	20	21	22	23	24	25	26	27	28	29	30
	일주	계사	갑오	을미	병신	정유	무술	기해	경자	신축	임인	계묘	갑진	을사	병오	정미	무신	기유	경술	신해	임자	계축	갑인	을묘	병진	정사	무오	기미	경신	신유	임술
	양력	2	3	4	5	6	7	8	9	10	11	12	13	14	15	16	17	18	19	20	21	22	23	24	25	26	27	28	29	30	31
3월	음력	1	2	3	4	5	6	7	8	9	10	11	12	13	14	15	16	17	18	19	20	21	22	23	24	25	26	27	28	29	
	일주	계해	갑자	을축	병인	정묘	무진	기사	경오	신미	임신	계유	갑술	을해	병자	정축	무인	기묘	경진	신사	임오	계미	갑신	을유	병술	정해	무자	기축	경인	신묘	
	양력	4/1	2	3	4	5	6	7	8	9	10	11	12	13	14	15	16	17	18	19	20	21	22	23	24	25	26	27	28	29	
4월	음력	1	2	3	4	5	6	7	8	9	10	11	12	13	14	15	16	17	18	19	20	21	22	23	24	25	26	27	28	29	
	일주	임진	계사	갑오	을미	병신	정유	무술	기해	경자	신축	임인	계묘	갑진	을사	병오	정미	무신	기유	경술	신해	임자	계축	갑인	을묘	병진	정사	무오	기미	경신	
	양력	30	5/1	2	3	4	5	6	7	8	9	10	11	12	13	14	15	16	17	18	19	20	21	22	23	24	25	26	27	28	
5월	음력	1	2	3	4	5	6	7	8	9	10	11	12	13	14	15	16	17	18	19	20	21	22	23	24	25	26	27	28	29	30
	일주	신유	임술	계해	갑자	을축	병인	정묘	무진	기사	경오	신미	임신	계유	갑술	을해	병자	정축	무인	기묘	경진	신사	임오	계미	갑신	을유	병술	정해	무자	기축	경인
	양력	29	30	31	6/1	2	3	4	5	6	7	8	9	10	11	12	13	14	15	16	17	18	19	20	21	22	23	24	25	26	27
6월	음력	1	2	3	4	5	6	7	8	9	10	11	12	13	14	15	16	17	18	19	20	21	22	23	24	25	26	27	28	29	
	일주	신묘	임진	계사	갑오	을미	병신	정유	무술	기해	경자	신축	임인	계묘	갑진	을사	병오	정미	무신	기유	경술	신해	임자	계축	갑인	을묘	병진	정사	무오	기미	
	양력	28	29	30	7/1	2	3	4	5	6	7	8	9	10	11	12	13	14	15	16	17	18	19	20	21	22	23	24	25	26	
7월	음력	1	2	3	4	5	6	7	8	9	10	11	12	13	14	15	16	17	18	19	20	21	22	23	24	25	26	27	28	29	
	일주	경신	신유	임술	계해	갑자	을축	병인	정묘	무진	기사	경오	신미	임신	계유	갑술	을해	병자	정축	무인	기묘	경진	신사	임오	계미	갑신	을유	병술	정해	무자	
	양력	27	28	29	30	31	8/1	2	3	4	5	6	7	8	9	10	11	12	13	14	15	16	17	18	19	20	21	22	23	24	
윤7월	음력	1	2	3	4	5	6	7	8	9	10	11	12	13	14	15	16	17	18	19	20	21	22	23	24	25	26	27	28	29	30
	일주	기축	경인	신묘	임진	계사	갑오	을미	병신	정유	무술	기해	경자	신축	임인	계묘	갑진	을사	병오	정미	무신	기유	경술	신해	임자	계축	갑인	을묘	병진	정사	무오
	양력	25	26	27	28	29	30	31	9/1	2	3	4	5	6	7	8	9	10	11	12	13	14	15	16	17	18	19	20	21	22	23
8월	음력	1	2	3	4	5	6	7	8	9	10	11	12	13	14	15	16	17	18	19	20	21	22	23	24	25	26	27	28	29	
	일주	기미	경신	신유	임술	계해	갑자	을축	병인	정묘	무진	기사	경오	신미	임신	계유	갑술	을해	병자	정축	무인	기묘	경진	신사	임오	계미	갑신	을유	병술	정해	
	양력	24	25	26	27	28	29	30	10/1	2	3	4	5	6	7	8	9	10	11	12	13	14	15	16	17	18	19	20	21	22	
9월	음력	1	2	3	4	5	6	7	8	9	10	11	12	13	14	15	16	17	18	19	20	21	22	23	24	25	26	27	28	29	30
	일주	무자	기축	경인	신묘	임진	계사	갑오	을미	병신	정유	무술	기해	경자	신축	임인	계묘	갑진	을사	병오	정미	무신	기유	경술	신해	임자	계축	갑인	을묘	병진	정사
	양력	23	24	25	26	27	28	29	30	31	11/1	2	3	4	5	6	7	8	9	10	11	12	13	14	15	16	17	18	19	20	21
10월	음력	1	2	3	4	5	6	7	8	9	10	11	12	13	14	15	16	17	18	19	20	21	22	23	24	25	26	27	28	29	30
	일주	무오	기미	경신	신유	임술	계해	갑자	을축	병인	정묘	무진	기사	경오	신미	임신	계유	갑술	을해	병자	정축	무인	기묘	경진	신사	임오	계미	갑신	을유	병술	정해
	양력	22	23	24	25	26	27	28	29	30	12/1	2	3	4	5	6	7	8	9	10	11	12	13	14	15	16	17	18	19	20	21
11월	음력	1	2	3	4	5	6	7	8	9	10	11	12	13	14	15	16	17	18	19	20	21	22	23	24	25	26	27	28	29	
	일주	무자	기축	경인	신묘	임진	계사	갑오	을미	병신	정유	무술	기해	경자	신축	임인	계묘	갑진	을사	병오	정미	무신	기유	경술	신해	임자	계축	갑인	을묘	병진	
	양력	22	23	24	25	26	27	28	29	30	31	1/1	2	3	4	5	6	7	8	9	10	11	12	13	14	15	16	17	18	19	
12월	음력	1	2	3	4	5	6	7	8	9	10	11	12	13	14	15	16	17	18	19	20	21	22	23	24	25	26	27	28	29	30
	일주	정사	무오	기미	경신	신유	임술	계해	갑자	을축	병인	정묘	무진	기사	경오	신미	임신	계유	갑술	을해	병자	정축	무인	기묘	경진	신사	임오	계미	갑신	을유	병술
	양력	20	21	22	23	24	25	26	27	28	29	30	31	2/1	2	3	4	5	6	7	8	9	10	11	12	13	14	15	16	17	18

기 묘 己卯 1939년생 (음력기준)

1월	음력	1	2	3	4	5	6	7	8	9	10	11	12	13	14	15	16	17	18	19	20	21	22	23	24	25	26	27	28	29	30
	일주	정해	무자	기축	경인	신묘	임진	계사	갑오	을미	병신	정유	무술	기해	경자	신축	임인	계묘	갑진	을사	병오	정미	무신	기유	경술	신해	임자	계축	갑인	을묘	병진
	양력	19	20	21	22	23	24	25	26	27	28	3/1	2	3	4	5	6	7	8	9	10	11	12	13	14	15	16	17	18	19	20
2월	음력	1	2	3	4	5	6	7	8	9	10	11	12	13	14	15	16	17	18	19	20	21	22	23	24	25	26	27	28	29	30
	일주	정사	무오	기미	경신	신유	임술	계해	갑자	을축	병인	정묘	무진	기사	경오	신미	임신	계유	갑술	을해	병자	정축	무인	기묘	경진	신사	임오	계미	갑신	을유	병술
	양력	21	22	23	24	25	26	27	28	29	30	31	4/1	2	3	4	5	6	7	8	9	10	11	12	13	14	15	16	17	18	19
3월	음력	1	2	3	4	5	6	7	8	9	10	11	12	13	14	15	16	17	18	19	20	21	22	23	24	25	26	27	28	29	
	일주	정해	무자	기축	경인	신묘	임진	계사	갑오	을미	병신	정유	무술	기해	경자	신축	임인	계묘	갑진	을사	병오	정미	무신	기유	경술	신해	임자	계축	갑인	을묘	
	양력	20	21	22	23	24	25	26	27	28	29	30	5/1	2	3	4	5	6	7	8	9	10	11	12	13	14	15	16	17	18	
4월	음력	1	2	3	4	5	6	7	8	9	10	11	12	13	14	15	16	17	18	19	20	21	22	23	24	25	26	27	28	29	
	일주	병진	정사	무오	기미	경신	신유	임술	계해	갑자	을축	병인	정묘	무진	기사	경오	신미	임신	계유	갑술	을해	병자	정축	무인	기묘	경진	신사	임오	계미	갑신	
	양력	19	20	21	22	23	24	25	26	27	28	29	30	31	6/1	2	3	4	5	6	7	8	9	10	11	12	13	14	15	16	
5월	음력	1	2	3	4	5	6	7	8	9	10	11	12	13	14	15	16	17	18	19	20	21	22	23	24	25	26	27	28	29	30
	일주	을유	병술	정해	무자	기축	경인	신묘	임진	계사	갑오	을미	병신	정유	무술	기해	경자	신축	임인	계묘	갑진	을사	병오	정미	무신	기유	경술	신해	임자	계축	갑인
	양력	17	18	19	20	21	22	23	24	25	26	27	28	29	30	7/1	2	3	4	5	6	7	8	9	10	11	12	13	14	15	16
6월	음력	1	2	3	4	5	6	7	8	9	10	11	12	13	14	15	16	17	18	19	20	21	22	23	24	25	26	27	28	29	
	일주	을묘	병진	정사	무오	기미	경신	신유	임술	계해	갑자	을축	병인	정묘	무진	기사	경오	신미	임신	계유	갑술	을해	병자	정축	무인	기묘	경진	신사	임오	계미	
	양력	17	18	19	20	21	22	23	24	25	26	27	28	29	30	31	8/1	2	3	4	5	6	7	8	9	10	11	12	13	14	
7월	음력	1	2	3	4	5	6	7	8	9	10	11	12	13	14	15	16	17	18	19	20	21	22	23	24	25	26	27	28	29	
	일주	갑신	을유	병술	정해	무자	기축	경인	신묘	임진	계사	갑오	을미	병신	정유	무술	기해	경자	신축	임인	계묘	갑진	을사	병오	정미	무신	기유	경술	신해	임자	
	양력	15	16	17	18	19	20	21	22	23	24	25	26	27	28	29	30	31	9/1	2	3	4	5	6	7	8	9	10	11	12	
8월	음력	1	2	3	4	5	6	7	8	9	10	11	12	13	14	15	16	17	18	19	20	21	22	23	24	25	26	27	28	29	30
	일주	계축	갑인	을묘	병진	정사	무오	기미	경신	신유	임술	계해	갑자	을축	병인	정묘	무진	기사	경오	신미	임신	계유	갑술	을해	병자	정축	무인	기묘	경진	신사	임오
	양력	13	14	15	16	17	18	19	20	21	22	23	24	25	26	27	28	29	30	10/1	2	3	4	5	6	7	8	9	10	11	12
9월	음력	1	2	3	4	5	6	7	8	9	10	11	12	13	14	15	16	17	18	19	20	21	22	23	24	25	26	27	28	29	
	일주	계미	갑신	을유	병술	정해	무자	기축	경인	신묘	임진	계사	갑오	을미	병신	정유	무술	기해	경자	신축	임인	계묘	갑진	을사	병오	정미	무신	기유	경술	신해	
	양력	13	14	15	16	17	18	19	20	21	22	23	24	25	26	27	28	29	30	31	11/1	2	3	4	5	6	7	8	9	10	
10월	음력	1	2	3	4	5	6	7	8	9	10	11	12	13	14	15	16	17	18	19	20	21	22	23	24	25	26	27	28	29	30
	일주	임자	계축	갑인	을묘	병진	정사	무오	기미	경신	신유	임술	계해	갑자	을축	병인	정묘	무진	기사	경오	신미	임신	계유	갑술	을해	병자	정축	무인	기묘	경진	신사
	양력	11	12	13	14	15	16	17	18	19	20	21	22	23	24	25	26	27	28	29	30	12/1	2	3	4	5	6	7	8	9	10
11월	음력	1	2	3	4	5	6	7	8	9	10	11	12	13	14	15	16	17	18	19	20	21	22	23	24	25	26	27	28	29	
	일주	임오	계미	갑신	을유	병술	정해	무자	기축	경인	신묘	임진	계사	갑오	을미	병신	정유	무술	기해	경자	신축	임인	계묘	갑진	을사	병오	정미	무신	기유	경술	
	양력	11	12	13	14	15	16	17	18	19	20	21	22	23	24	25	26	27	28	29	30	31	1/1	2	3	4	5	6	7	8	
12월	음력	1	2	3	4	5	6	7	8	9	10	11	12	13	14	15	16	17	18	19	20	21	22	23	24	25	26	27	28	29	30
	일주	신해	임자	계축	갑인	을묘	병진	정사	무오	기미	경신	신유	임술	계해	갑자	을축	병인	정묘	무진	기사	경오	신미	임신	계유	갑술	을해	병자	정축	무인	기묘	경진
	양력	9	10	11	12	13	14	15	16	17	18	19	20	21	22	23	24	25	26	27	28	29	30	31	2/1	2	3	4	5	6	7

경 진 庚辰

1940년생 (음력기준)

1월

음력	1	2	3	4	5	6	7	8	9	10	11	12	13	14	15	16	17	18	19	20	21	22	23	24	25	26	27	28	29	30
일주	신사	임오	계미	갑신	을유	병술	정해	무자	기축	경인	신묘	임진	계사	갑오	을미	병신	정유	무술	기해	경자	신축	임인	계묘	갑진	을사	병오	정미	무신	기유	경술
양력	8	9	10	11	12	13	14	15	16	17	18	19	20	21	22	23	24	25	26	27	28	29	3/1	2	3	4	5	6	7	8

2월

음력	1	2	3	4	5	6	7	8	9	10	11	12	13	14	15	16	17	18	19	20	21	22	23	24	25	26	27	28	29	30
일주	신해	임자	계축	갑인	을묘	병진	정사	무오	기미	경신	신유	임술	계해	갑자	을축	병인	정묘	무진	기사	경오	신미	임신	계유	갑술	을해	병자	정축	무인	기묘	경진
양력	9	10	11	12	13	14	15	16	17	18	19	20	21	22	23	24	25	26	27	28	29	30	31	4/1	2	3	4	5	6	7

3월

음력	1	2	3	4	5	6	7	8	9	10	11	12	13	14	15	16	17	18	19	20	21	22	23	24	25	26	27	28	29
일주	신사	임오	계미	갑신	을유	병술	정해	무자	기축	경인	신묘	임진	계사	갑오	을미	병신	정유	무술	기해	경자	신축	임인	계묘	갑진	을사	병오	정미	무신	기유
양력	8	9	10	11	12	13	14	15	16	17	18	19	20	21	22	23	24	25	26	27	28	29	30	5/1	2	3	4	5	6

4월

음력	1	2	3	4	5	6	7	8	9	10	11	12	13	14	15	16	17	18	19	20	21	22	23	24	25	26	27	28	29	30
일주	경술	신해	임자	계축	갑인	을묘	병진	정사	무오	기미	경신	신유	임술	계해	갑자	을축	병인	정묘	무진	기사	경오	신미	임신	계유	갑술	을해	병자	정축	무인	기묘
양력	7	8	9	10	11	12	13	14	15	16	17	18	19	20	21	22	23	24	25	26	27	28	29	30	31	6/1	2	3	4	5

5월

음력	1	2	3	4	5	6	7	8	9	10	11	12	13	14	15	16	17	18	19	20	21	22	23	24	25	26	27	28	29
일주	경진	신사	임오	계미	갑신	을유	병술	정해	무자	기축	경인	신묘	임진	계사	갑오	을미	병신	정유	무술	기해	경자	신축	임인	계묘	갑진	을사	병오	정미	무신
양력	6	7	8	9	10	11	12	13	14	15	16	17	18	19	20	21	22	23	24	25	26	27	28	29	30	7/1	2	3	4

6월

음력	1	2	3	4	5	6	7	8	9	10	11	12	13	14	15	16	17	18	19	20	21	22	23	24	25	26	27	28	29	30
일주	기유	경술	신해	임자	계축	갑인	을묘	병진	정사	무오	기미	경신	신유	임술	계해	갑자	을축	병인	정묘	무진	기사	경오	신미	임신	계유	갑술	을해	병자	정축	무인
양력	5	6	7	8	9	10	11	12	13	14	15	16	17	18	19	20	21	22	23	24	25	26	27	28	29	30	31	8/1	2	3

7월

음력	1	2	3	4	5	6	7	8	9	10	11	12	13	14	15	16	17	18	19	20	21	22	23	24	25	26	27	28	29
일주	기묘	경진	신사	임오	계미	갑신	을유	병술	정해	무자	기축	경인	신묘	임진	계사	갑오	을미	병신	정유	무술	기해	경자	신축	임인	계묘	갑진	을사	병오	정미
양력	4	5	6	7	8	9	10	11	12	13	14	15	16	17	18	19	20	21	22	23	24	25	26	27	28	29	30	31	9/1

8월

음력	1	2	3	4	5	6	7	8	9	10	11	12	13	14	15	16	17	18	19	20	21	22	23	24	25	26	27	28	29
일주	무신	기유	경술	신해	임자	계축	갑인	을묘	병진	정사	무오	기미	경신	신유	임술	계해	갑자	을축	병인	정묘	무진	기사	경오	신미	임신	계유	갑술	을해	병자
양력	2	3	4	5	6	7	8	9	10	11	12	13	14	15	16	17	18	19	20	21	22	23	24	25	26	27	28	29	30

9월

음력	1	2	3	4	5	6	7	8	9	10	11	12	13	14	15	16	17	18	19	20	21	22	23	24	25	26	27	28	29	30
일주	정축	무인	기묘	경진	신사	임오	계미	갑신	을유	병술	정해	무자	기축	경인	신묘	임진	계사	갑오	을미	병신	정유	무술	기해	경자	신축	임인	계묘	갑진	을사	병오
양력	10/1	2	3	4	5	6	7	8	9	10	11	12	13	14	15	16	17	18	19	20	21	22	23	24	25	26	27	28	29	30

10월

음력	1	2	3	4	5	6	7	8	9	10	11	12	13	14	15	16	17	18	19	20	21	22	23	24	25	26	27	28	29
일주	정미	무신	기유	경술	신해	임자	계축	갑인	을묘	병진	정사	무오	기미	경신	신유	임술	계해	갑자	을축	병인	정묘	무진	기사	경오	신미	임신	계유	갑술	을해
양력	31	11/1	2	3	4	5	6	7	8	9	10	11	12	13	14	15	16	17	18	19	20	21	22	23	24	25	26	27	28

11월

음력	1	2	3	4	5	6	7	8	9	10	11	12	13	14	15	16	17	18	19	20	21	22	23	24	25	26	27	28	29	30
일주	병자	정축	무인	기묘	경진	신사	임오	계미	갑신	을유	병술	정해	무자	기축	경인	신묘	임진	계사	갑오	을미	병신	정유	무술	기해	경자	신축	임인	계묘	갑진	을사
양력	29	30	12/1	2	3	4	5	6	7	8	9	10	11	12	13	14	15	16	17	18	19	20	21	22	23	24	25	26	27	28

12월

음력	1	2	3	4	5	6	7	8	9	10	11	12	13	14	15	16	17	18	19	20	21	22	23	24	25	26	27	28	29
일주	병오	정미	무신	기유	경술	신해	임자	계축	갑인	을묘	병진	정사	무오	기미	경신	신유	임술	계해	갑자	을축	병인	정묘	무진	기사	경오	신미	임신	계유	갑술
양력	29	30	31	1/1	2	3	4	5	6	7	8	9	10	11	12	13	14	15	16	17	18	19	20	21	22	23	24	25	26

신사 辛巳　1941년생(음력기준)

1월	음력	1	2	3	4	5	6	7	8	9	10	11	12	13	14	15	16	17	18	19	20	21	22	23	24	25	26	27	28	29	30
	일주	을해	병자	정축	무인	기묘	경진	신사	임오	계미	갑신	을유	병술	정해	무자	기축	경인	신묘	임진	계사	갑오	을미	병신	정유	무술	기해	경자	신축	임인	계묘	갑진
	양력	27	28	29	30	31	2/1	2	3	4	5	6	7	8	9	10	11	12	13	14	15	16	17	18	19	20	21	22	23	24	25
2월	음력	1	2	3	4	5	6	7	8	9	10	11	12	13	14	15	16	17	18	19	20	21	22	23	24	25	26	27	28	29	30
	일주	을사	병오	정미	무신	기유	경술	신해	임자	계축	갑인	을묘	병진	정사	무오	기미	경신	신유	임술	계해	갑자	을축	병인	정묘	무진	기사	경오	신미	임신	계유	갑술
	양력	26	27	28	3/1	2	3	4	5	6	7	8	9	10	11	12	13	14	15	16	17	18	19	20	21	22	23	24	25	26	27
3월	음력	1	2	3	4	5	6	7	8	9	10	11	12	13	14	15	16	17	18	19	20	21	22	23	24	25	26	27	28	29	
	일주	을해	병자	정축	무인	기묘	경진	신사	임오	계미	갑신	을유	병술	정해	무자	기축	경인	신묘	임진	계사	갑오	을미	병신	정유	무술	기해	경자	신축	임인	계묘	
	양력	28	29	30	31	4/1	2	3	4	5	6	7	8	9	10	11	12	13	14	15	16	17	18	19	20	21	22	23	24	25	
4월	음력	1	2	3	4	5	6	7	8	9	10	11	12	13	14	15	16	17	18	19	20	21	22	23	24	25	26	27	28	29	30
	일주	갑진	을사	병오	정미	무신	기유	경술	신해	임자	계축	갑인	을묘	병진	정사	무오	기미	경신	신유	임술	계해	갑자	을축	병인	정묘	무진	기사	경오	신미	임신	계유
	양력	26	27	28	29	30	5/1	2	3	4	5	6	7	8	9	10	11	12	13	14	15	16	17	18	19	20	21	22	23	24	25
5월	음력	1	2	3	4	5	6	7	8	9	10	11	12	13	14	15	16	17	18	19	20	21	22	23	24	25	26	27	28	29	
	일주	갑술	을해	병자	정축	무인	기묘	경진	신사	임오	계미	갑신	을유	병술	정해	무자	기축	경인	신묘	임진	계사	갑오	을미	병신	정유	무술	기해	경자	신축	임인	
	양력	26	27	28	29	30	31	6/1	2	3	4	5	6	7	8	9	10	11	12	13	14	15	16	17	18	19	20	21	22	23	24
6월	음력	1	2	3	4	5	6	7	8	9	10	11	12	13	14	15	16	17	18	19	20	21	22	23	24	25	26	27	28	29	
	일주	갑진	을사	병오	정미	무신	기유	경술	신해	임자	계축	갑인	을묘	병진	정사	무오	기미	경신	신유	임술	계해	갑자	을축	병인	정묘	무진	기사	경오	신미	임신	
	양력	25	26	27	28	29	30	7/1	2	3	4	5	6	7	8	9	10	11	12	13	14	15	16	17	18	19	20	21	22	23	
윤달 6월	음력	1	2	3	4	5	6	7	8	9	10	11	12	13	14	15	16	17	18	19	20	21	22	23	24	25	26	27	28	29	30
	일주	계유	갑술	을해	병자	정축	무인	기묘	경진	신사	임오	계미	갑신	을유	병술	정해	무자	기축	경인	신묘	임진	계사	갑오	을미	병신	정유	무술	기해	경자	신축	임인
	양력	24	25	26	27	28	29	30	31	8/1	2	3	4	5	6	7	8	9	10	11	12	13	14	15	16	17	18	19	20	21	22
7월	음력	1	2	3	4	5	6	7	8	9	10	11	12	13	14	15	16	17	18	19	20	21	22	23	24	25	26	27	28	29	
	일주	계묘	갑진	을사	병오	정미	무신	기유	경술	신해	임자	계축	갑인	을묘	병진	정사	무오	기미	경신	신유	임술	계해	갑자	을축	병인	정묘	무진	기사	경오	신미	
	양력	23	24	25	26	27	28	29	30	31	9/1	2	3	4	5	6	7	8	9	10	11	12	13	14	15	16	17	18	19	20	
8월	음력	1	2	3	4	5	6	7	8	9	10	11	12	13	14	15	16	17	18	19	20	21	22	23	24	25	26	27	28	29	
	일주	임신	계유	갑술	을해	병자	정축	무인	기묘	경진	신사	임오	계미	갑신	을유	병술	정해	무자	기축	경인	신묘	임진	계사	갑오	을미	병신	정유	무술	기해	경자	
	양력	21	22	23	24	25	26	27	28	29	30	10/1	2	3	4	5	6	7	8	9	10	11	12	13	14	15	16	17	18	19	
9월	음력	1	2	3	4	5	6	7	8	9	10	11	12	13	14	15	16	17	18	19	20	21	22	23	24	25	26	27	28	29	30
	일주	신축	임인	계묘	갑진	을사	병오	정미	무신	기유	경술	신해	임자	계축	갑인	을묘	병진	정사	무오	기미	경신	신유	임술	계해	갑자	을축	병인	정묘	무진	기사	경오
	양력	20	21	22	23	24	25	26	27	28	29	30	31	11/1	2	3	4	5	6	7	8	9	10	11	12	13	14	15	16	17	18
10월	음력	1	2	3	4	5	6	7	8	9	10	11	12	13	14	15	16	17	18	19	20	21	22	23	24	25	26	27	28	29	
	일주	신미	임신	계유	갑술	을해	병자	정축	무인	기묘	경진	신사	임오	계미	갑신	을유	병술	정해	무자	기축	경인	신묘	임진	계사	갑오	을미	병신	정유	무술	기해	
	양력	19	20	21	22	23	24	25	26	27	28	29	30	12/1	2	3	4	5	6	7	8	9	10	11	12	13	14	15	16	17	
11월	음력	1	2	3	4	5	6	7	8	9	10	11	12	13	14	15	16	17	18	19	20	21	22	23	24	25	26	27	28	29	30
	일주	경자	신축	임인	계묘	갑진	을사	병오	정미	무신	기유	경술	신해	임자	계축	갑인	을묘	병진	정사	무오	기미	경신	신유	임술	계해	갑자	을축	병인	정묘	무진	기사
	양력	18	19	20	21	22	23	24	25	26	27	28	29	30	31	1/1	2	3	4	5	6	7	8	9	10	11	12	13	14	15	16
12월	음력	1	2	3	4	5	6	7	8	9	10	11	12	13	14	15	16	17	18	19	20	21	22	23	24	25	26	27	28	29	
	일주	경오	신미	임신	계유	갑술	을해	병자	정축	무인	기묘	경진	신사	임오	계미	갑신	을유	병술	정해	무자	기축	경인	신묘	임진	계사	갑오	을미	병신	정유	무술	
	양력	17	18	19	20	21	22	23	24	25	26	27	28	29	30	31	2/1	2	3	4	5	6	7	8	9	10	11	12	13	14	

임 오 壬午　　　1942년생(음력기준)

1월
음력	1	2	3	4	5	6	7	8	9	10	11	12	13	14	15	16	17	18	19	20	21	22	23	24	25	26	27	28	29	30
일주	기해	경자	신축	임인	계묘	갑진	을사	병오	정미	무신	기유	경술	신해	임자	계축	갑인	을묘	병진	정사	무오	기미	경신	신유	임술	계해	갑자	을축	병인	정묘	무진
양력	15	16	17	18	19	20	21	22	23	24	25	26	27	28	3/1	2	3	4	5	6	7	8	9	10	11	12	13	14	15	16

2월
음력	1	2	3	4	5	6	7	8	9	10	11	12	13	14	15	16	17	18	19	20	21	22	23	24	25	26	27	28	29
일주	기사	경오	신미	임신	계유	갑술	을해	병자	정축	무인	기묘	경진	신사	임오	계미	갑신	을유	병술	정해	무자	기축	경인	신묘	임진	계사	갑오	을미	병신	정유
양력	17	18	19	20	21	22	23	24	25	26	27	28	29	30	31	4/1	2	3	4	5	6	7	8	9	10	11	12	13	14

3월
음력	1	2	3	4	5	6	7	8	9	10	11	12	13	14	15	16	17	18	19	20	21	22	23	24	25	26	27	28	29	30
일주	무술	기해	경자	신축	임인	계묘	갑진	을사	병오	정미	무신	기유	경술	신해	임자	계축	갑인	을묘	병진	정사	무오	기미	경신	신유	임술	계해	갑자	을축	병인	정묘
양력	15	16	17	18	19	20	21	22	23	24	25	26	27	28	29	30	5/1	2	3	4	5	6	7	8	9	10	11	12	13	14

4월
음력	1	2	3	4	5	6	7	8	9	10	11	12	13	14	15	16	17	18	19	20	21	22	23	24	25	26	27	28	29	30
일주	무진	기사	경오	신미	임신	계유	갑술	을해	병자	정축	무인	기묘	경진	신사	임오	계미	갑신	을유	병술	정해	무자	기축	경인	신묘	임진	계사	갑오	을미	병신	정유
양력	15	16	17	18	19	20	21	22	23	24	25	26	27	28	29	30	31	6/1	2	3	4	5	6	7	8	9	10	11	12	13

5월
음력	1	2	3	4	5	6	7	8	9	10	11	12	13	14	15	16	17	18	19	20	21	22	23	24	25	26	27	28	29
일주	무술	기해	경자	신축	임인	계묘	갑진	을사	병오	정미	무신	기유	경술	신해	임자	계축	갑인	을묘	병진	정사	무오	기미	경신	신유	임술	계해	갑자	을축	병인
양력	14	15	16	17	18	19	20	21	22	23	24	25	26	27	28	29	30	7/1	2	3	4	5	6	7	8	9	10	11	12

6월
음력	1	2	3	4	5	6	7	8	9	10	11	12	13	14	15	16	17	18	19	20	21	22	23	24	25	26	27	28	29	30
일주	정묘	무진	기사	경오	신미	임신	계유	갑술	을해	병자	정축	무인	기묘	경진	신사	임오	계미	갑신	을유	병술	정해	무자	기축	경인	신묘	임진	계사	갑오	을미	병신
양력	13	14	15	16	17	18	19	20	21	22	23	24	25	26	27	28	29	30	31	8/1	2	3	4	5	6	7	8	9	10	11

7월
음력	1	2	3	4	5	6	7	8	9	10	11	12	13	14	15	16	17	18	19	20	21	22	23	24	25	26	27	28	29
일주	정유	무술	기해	경자	신축	임인	계묘	갑진	을사	병오	정미	무신	기유	경술	신해	임자	계축	갑인	을묘	병진	정사	무오	기미	경신	신유	임술	계해	갑자	을축
양력	12	13	14	15	16	17	18	19	20	21	22	23	24	25	26	27	28	29	30	31	9/1	2	3	4	5	6	7	8	9	10

8월
음력	1	2	3	4	5	6	7	8	9	10	11	12	13	14	15	16	17	18	19	20	21	22	23	24	25	26	27	28	29
일주	정묘	무진	기사	경오	신미	임신	계유	갑술	을해	병자	정축	무인	기묘	경진	신사	임오	계미	갑신	을유	병술	정해	무자	기축	경인	신묘	임진	계사	갑오	을미
양력	11	12	13	14	15	16	17	18	19	20	21	22	23	24	25	26	27	28	29	30	10/1	2	3	4	5	6	7	8	9

9월
음력	1	2	3	4	5	6	7	8	9	10	11	12	13	14	15	16	17	18	19	20	21	22	23	24	25	26	27	28	29	30
일주	병신	정유	무술	기해	경자	신축	임인	계묘	갑진	을사	병오	정미	무신	기유	경술	신해	임자	계축	갑인	을묘	병진	정사	무오	기미	경신	신유	임술	계해	갑자	을축
양력	10	11	12	13	14	15	16	17	18	19	20	21	22	23	24	25	26	27	28	29	30	31	11/1	2	3	4	5	6	7	8

10월
음력	1	2	3	4	5	6	7	8	9	10	11	12	13	14	15	16	17	18	19	20	21	22	23	24	25	26	27	28	29
일주	병인	정묘	무진	기사	경오	신미	임신	계유	갑술	을해	병자	정축	무인	기묘	경진	신사	임오	계미	갑신	을유	병술	정해	무자	기축	경인	신묘	임진	계사	갑오
양력	9	10	11	12	13	14	15	16	17	18	19	20	21	22	23	24	25	26	27	28	29	30	12/1	2	3	4	5	6	7

11월
음력	1	2	3	4	5	6	7	8	9	10	11	12	13	14	15	16	17	18	19	20	21	22	23	24	25	26	27	28	29
일주	을미	병신	정유	무술	기해	경자	신축	임인	계묘	갑진	을사	병오	정미	무신	기유	경술	신해	임자	계축	갑인	을묘	병진	정사	무오	기미	경신	신유	임술	계해
양력	8	9	10	11	12	13	14	15	16	17	18	19	20	21	22	23	24	25	26	27	28	29	30	31	1/1	2	3	4	5

12월
음력	1	2	3	4	5	6	7	8	9	10	11	12	13	14	15	16	17	18	19	20	21	22	23	24	25	26	27	28	29	30
일주	갑자	을축	병인	정묘	무진	기사	경오	신미	임신	계유	갑술	을해	병자	정축	무인	기묘	경진	신사	임오	계미	갑신	을유	병술	정해	무자	기축	경인	신묘	임진	계사
양력	6	7	8	9	10	11	12	13	14	15	16	17	18	19	20	21	22	23	24	25	26	27	28	29	30	31	2/1	2	3	4

계 미 癸未　　　　　　　　　　　　　　　　　　　1943년생 (음력기준)

1월
음력	1	2	3	4	5	6	7	8	9	10	11	12	13	14	15	16	17	18	19	20	21	22	23	24	25	26	27	28	29
일주	갑오	을미	병신	정유	무술	기해	경자	신축	임인	계묘	갑진	을사	병오	정미	무신	기유	경술	신해	임자	계축	갑인	을묘	병진	정사	무오	기미	경신	신유	임술
양력	5	6	7	8	9	10	11	12	13	14	15	16	17	18	19	20	21	22	23	24	25	26	27	28	3/1	2	3	4	5

2월
음력	1	2	3	4	5	6	7	8	9	10	11	12	13	14	15	16	17	18	19	20	21	22	23	24	25	26	27	28	29	30
일주	계해	갑자	을축	병인	정묘	무진	기사	경오	신미	임신	계유	갑술	을해	병자	정축	무인	기묘	경진	신사	임오	계미	갑신	을유	병술	정해	무자	기축	경인	신묘	임진
양력	6	7	8	9	10	11	12	13	14	15	16	17	18	19	20	21	22	23	24	25	26	27	28	29	30	31	4/1	2	3	4

3월
음력	1	2	3	4	5	6	7	8	9	10	11	12	13	14	15	16	17	18	19	20	21	22	23	24	25	26	27	28	29
일주	계사	갑오	을미	병신	정유	무술	기해	경자	신축	임인	계묘	갑진	을사	병오	정미	무신	기유	경술	신해	임자	계축	갑인	을묘	병진	정사	무오	기미	경신	신유
양력	5	6	7	8	9	10	11	12	13	14	15	16	17	18	19	20	21	22	23	24	25	26	27	28	29	30	5/1	2	3

4월
음력	1	2	3	4	5	6	7	8	9	10	11	12	13	14	15	16	17	18	19	20	21	22	23	24	25	26	27	28	29	30
일주	임술	계해	갑자	을축	병인	정묘	무진	기사	경오	신미	임신	계유	갑술	을해	병자	정축	무인	기묘	경진	신사	임오	계미	갑신	을유	병술	정해	무자	기축	경인	신묘
양력	4	5	6	7	8	9	10	11	12	13	14	15	16	17	18	19	20	21	22	23	24	25	26	27	28	29	30	31	6/1	2

5월
음력	1	2	3	4	5	6	7	8	9	10	11	12	13	14	15	16	17	18	19	20	21	22	23	24	25	26	27	28	29
일주	임진	계사	갑오	을미	병신	정유	무술	기해	경자	신축	임인	계묘	갑진	을사	병오	정미	무신	기유	경술	신해	임자	계축	갑인	을묘	병진	정사	무오	기미	경신
양력	3	4	5	6	7	8	9	10	11	12	13	14	15	16	17	18	19	20	21	22	23	24	25	26	27	28	29	30	7/1

6월
음력	1	2	3	4	5	6	7	8	9	10	11	12	13	14	15	16	17	18	19	20	21	22	23	24	25	26	27	28	29	30
일주	신유	임술	계해	갑자	을축	병인	정묘	무진	기사	경오	신미	임신	계유	갑술	을해	병자	정축	무인	기묘	경진	신사	임오	계미	갑신	을유	병술	정해	무자	기축	경인
양력	2	3	4	5	6	7	8	9	10	11	12	13	14	15	16	17	18	19	20	21	22	23	24	25	26	27	28	29	30	31

7월
음력	1	2	3	4	5	6	7	8	9	10	11	12	13	14	15	16	17	18	19	20	21	22	23	24	25	26	27	28	29	30
일주	신묘	임진	계사	갑오	을미	병신	정유	무술	기해	경자	신축	임인	계묘	갑진	을사	병오	정미	무신	기유	경술	신해	임자	계축	갑인	을묘	병진	정사	무오	기미	경신
양력	8/1	2	3	4	5	6	7	8	9	10	11	12	13	14	15	16	17	18	19	20	21	22	23	24	25	26	27	28	29	30

8월
음력	1	2	3	4	5	6	7	8	9	10	11	12	13	14	15	16	17	18	19	20	21	22	23	24	25	26	27	28	29
일주	신유	임술	계해	갑자	을축	병인	정묘	무진	기사	경오	신미	임신	계유	갑술	을해	병자	정축	무인	기묘	경진	신사	임오	계미	갑신	을유	병술	정해	무자	기축
양력	31	9/1	2	3	4	5	6	7	8	9	10	11	12	13	14	15	16	17	18	19	20	21	22	23	24	25	26	27	28

9월
음력	1	2	3	4	5	6	7	8	9	10	11	12	13	14	15	16	17	18	19	20	21	22	23	24	25	26	27	28	29	30
일주	경인	신묘	임진	계사	갑오	을미	병신	정유	무술	기해	경자	신축	임인	계묘	갑진	을사	병오	정미	무신	기유	경술	신해	임자	계축	갑인	을묘	병진	정사	무오	기미
양력	29	30	10/1	2	3	4	5	6	7	8	9	10	11	12	13	14	15	16	17	18	19	20	21	22	23	24	25	26	27	28

10월
음력	1	2	3	4	5	6	7	8	9	10	11	12	13	14	15	16	17	18	19	20	21	22	23	24	25	26	27	28	29	30
일주	경신	신유	임술	계해	갑자	을축	병인	정묘	무진	기사	경오	신미	임신	계유	갑술	을해	병자	정축	무인	기묘	경진	신사	임오	계미	갑신	을유	병술	정해	무자	기축
양력	29	30	31	11/1	2	3	4	5	6	7	8	9	10	11	12	13	14	15	16	17	18	19	20	21	22	23	24	25	26	27

11월
음력	1	2	3	4	5	6	7	8	9	10	11	12	13	14	15	16	17	18	19	20	21	22	23	24	25	26	27	28	29
일주	경인	신묘	임진	계사	갑오	을미	병신	정유	무술	기해	경자	신축	임인	계묘	갑진	을사	병오	정미	무신	기유	경술	신해	임자	계축	갑인	을묘	병진	정사	무오
양력	28	29	30	12/1	2	3	4	5	6	7	8	9	10	11	12	13	14	15	16	17	18	19	20	21	22	23	24	25	26

12월
음력	1	2	3	4	5	6	7	8	9	10	11	12	13	14	15	16	17	18	19	20	21	22	23	24	25	26	27	28	29	30
일주	기미	경신	신유	임술	계해	갑자	을축	병인	정묘	무진	기사	경오	신미	임신	계유	갑술	을해	병자	정축	무인	기묘	경진	신사	임오	계미	갑신	을유	병술	정해	무자
양력	27	28	29	30	31	1/1	2	3	4	5	6	7	8	9	10	11	12	13	14	15	16	17	18	19	20	21	22	23	24	25

갑신 甲申   1944년생(음력기준)

1월	음력	1	2	3	4	5	6	7	8	9	10	11	12	13	14	15	16	17	18	19	20	21	22	23	24	25	26	27	28	29	
	일주	기축	경인	신묘	임진	계사	갑오	을미	병신	정유	무술	기해	경자	신축	임인	계묘	갑진	을사	병오	정미	무신	기유	경술	신해	임자	계축	갑인	을묘	병진	정사	
	양력	26	27	28	29	30	31	2/1	2	3	4	5	6	7	8	9	10	11	12	13	14	15	16	17	18	19	20	21	22	23	
2월	음력	1	2	3	4	5	6	7	8	9	10	11	12	13	14	15	16	17	18	19	20	21	22	23	24	25	26	27	28	29	
	일주	무오	기미	경신	신유	임술	계해	갑자	을축	병인	정묘	무진	기사	경오	신미	임신	계유	갑술	을해	병자	정축	무인	기묘	경진	신사	임오	계미	갑신	을유	병술	
	양력	24	25	26	27	28	29	3/1	2	3	4	5	6	7	8	9	10	11	12	13	14	15	16	17	18	19	20	21	22	23	
3월	음력	1	2	3	4	5	6	7	8	9	10	11	12	13	14	15	16	17	18	19	20	21	22	23	24	25	26	27	28	29	30
	일주	정해	무자	기축	경인	신묘	임진	계사	갑오	을미	병신	정유	무술	기해	경자	신축	임인	계묘	갑진	을사	병오	정미	무신	기유	경술	신해	임자	계축	갑인	을묘	병진
	양력	24	25	26	27	28	29	30	31	4/1	2	3	4	5	6	7	8	9	10	11	12	13	14	15	16	17	18	19	20	21	22
4월	음력	1	2	3	4	5	6	7	8	9	10	11	12	13	14	15	16	17	18	19	20	21	22	23	24	25	26	27	28	29	
	일주	정사	무오	기미	경신	신유	임술	계해	갑자	을축	병인	정묘	무진	기사	경오	신미	임신	계유	갑술	을해	병자	정축	무인	기묘	경진	신사	임오	계미	갑신	을유	
	양력	23	24	25	26	27	28	29	30	5/1	2	3	4	5	6	7	8	9	10	11	12	13	14	15	16	17	18	19	20	21	
윤달 4월	음력	1	2	3	4	5	6	7	8	9	10	11	12	13	14	15	16	17	18	19	20	21	22	23	24	25	26	27	28	29	30
	일주	병술	정해	무자	기축	경인	신묘	임진	계사	갑오	을미	병신	정유	무술	기해	경자	신축	임인	계묘	갑진	을사	병오	정미	무신	기유	경술	신해	임자	계축	갑인	을묘
	양력	22	23	24	25	26	27	28	29	30	31	6/1	2	3	4	5	6	7	8	9	10	11	12	13	14	15	16	17	18	19	20
5월	음력	1	2	3	4	5	6	7	8	9	10	11	12	13	14	15	16	17	18	19	20	21	22	23	24	25	26	27	28	29	
	일주	병진	정사	무오	기미	경신	신유	임술	계해	갑자	을축	병인	정묘	무진	기사	경오	신미	임신	계유	갑술	을해	병자	정축	무인	기묘	경진	신사	임오	계미	갑신	
	양력	21	22	23	24	25	26	27	28	29	30	7/1	2	3	4	5	6	7	8	9	10	11	12	13	14	15	16	17	18	19	
6월	음력	1	2	3	4	5	6	7	8	9	10	11	12	13	14	15	16	17	18	19	20	21	22	23	24	25	26	27	28	29	30
	일주	을유	병술	정해	무자	기축	경인	신묘	임진	계사	갑오	을미	병신	정유	무술	기해	경자	신축	임인	계묘	갑진	을사	병오	정미	무신	기유	경술	신해	임자	계축	갑인
	양력	20	21	22	23	24	25	26	27	28	29	30	31	8/1	2	3	4	5	6	7	8	9	10	11	12	13	14	15	16	17	18
7월	음력	1	2	3	4	5	6	7	8	9	10	11	12	13	14	15	16	17	18	19	20	21	22	23	24	25	26	27	28	29	
	일주	을묘	병진	정사	무오	기미	경신	신유	임술	계해	갑자	을축	병인	정묘	무진	기사	경오	신미	임신	계유	갑술	을해	병자	정축	무인	기묘	경진	신사	임오	계미	
	양력	19	20	21	22	23	24	25	26	27	28	29	30	31	9/1	2	3	4	5	6	7	8	9	10	11	12	13	14	15	16	
8월	음력	1	2	3	4	5	6	7	8	9	10	11	12	13	14	15	16	17	18	19	20	21	22	23	24	25	26	27	28	29	30
	일주	갑신	을유	병술	정해	무자	기축	경인	신묘	임진	계사	갑오	을미	병신	정유	무술	기해	경자	신축	임인	계묘	갑진	을사	병오	정미	무신	기유	경술	신해	임자	계축
	양력	17	18	19	20	21	22	23	24	25	26	27	28	29	30	10/1	2	3	4	5	6	7	8	9	10	11	12	13	14	15	16
9월	음력	1	2	3	4	5	6	7	8	9	10	11	12	13	14	15	16	17	18	19	20	21	22	23	24	25	26	27	28	29	
	일주	갑인	을묘	병진	정사	무오	기미	경신	신유	임술	계해	갑자	을축	병인	정묘	무진	기사	경오	신미	임신	계유	갑술	을해	병자	정축	무인	기묘	경진	신사	임오	
	양력	17	18	19	20	21	22	23	24	25	26	27	28	29	30	31	11/1	2	3	4	5	6	7	8	9	10	11	12	13	14	15	
10월	음력	1	2	3	4	5	6	7	8	9	10	11	12	13	14	15	16	17	18	19	20	21	22	23	24	25	26	27	28	29	
	일주	갑신	을유	병술	정해	무자	기축	경인	신묘	임진	계사	갑오	을미	병신	정유	무술	기해	경자	신축	임인	계묘	갑진	을사	병오	정미	무신	기유	경술	신해	임자	
	양력	16	17	18	19	20	21	22	23	24	25	26	27	28	29	30	12/1	2	3	4	5	6	7	8	9	10	11	12	13	14	
11월	음력	1	2	3	4	5	6	7	8	9	10	11	12	13	14	15	16	17	18	19	20	21	22	23	24	25	26	27	28	29	30
	일주	계축	갑인	을묘	병진	정사	무오	기미	경신	신유	임술	계해	갑자	을축	병인	정묘	무진	기사	경오	신미	임신	계유	갑술	을해	병자	정축	무인	기묘	경진	신사	임오
	양력	15	16	17	18	19	20	21	22	23	24	25	26	27	28	29	30	31	1/1	2	3	4	5	6	7	8	9	10	11	12	13
12월	음력	1	2	3	4	5	6	7	8	9	10	11	12	13	14	15	16	17	18	19	20	21	22	23	24	25	26	27	28	29	30
	일주	계미	갑신	을유	병술	정해	무자	기축	경인	신묘	임진	계사	갑오	을미	병신	정유	무술	기해	경자	신축	임인	계묘	갑진	을사	병오	정미	무신	기유	경술	신해	임자
	양력	14	15	16	17	18	19	20	21	22	23	24	25	26	27	28	29	30	31	2/1	2	3	4	5	6	7	8	9	10	11	12

을 유 乙酉　　　　　　　　　　　　　　　　1945년생 (음력기준)

1월
음력	1	2	3	4	5	6	7	8	9	10	11	12	13	14	15	16	17	18	19	20	21	22	23	24	25	26	27	28	29
일주	계축	갑인	을묘	병진	정사	무오	기미	경신	신유	임술	계해	갑자	을축	병인	정묘	무진	기사	경오	신미	임신	계유	갑술	을해	병자	정축	무인	기묘	경진	신사
양력	13	14	15	16	17	18	19	20	21	22	23	24	25	26	27	28	3/1	2	3	4	5	6	7	8	9	10	11	12	13

2월
음력	1	2	3	4	5	6	7	8	9	10	11	12	13	14	15	16	17	18	19	20	21	22	23	24	25	26	27	28	29
일주	임오	계미	갑신	을유	병술	정해	무자	기축	경인	신묘	임진	계사	갑오	을미	병신	정유	무술	기해	경자	신축	임인	계묘	갑진	을사	병오	정미	무신	기유	경술
양력	14	15	16	17	18	19	20	21	22	23	24	25	26	27	28	29	30	31	4/1	2	3	4	5	6	7	8	9	10	11

3월
음력	1	2	3	4	5	6	7	8	9	10	11	12	13	14	15	16	17	18	19	20	21	22	23	24	25	26	27	28	29	30
일주	신해	임자	계축	갑인	을묘	병진	정사	무오	기미	경신.	신유	임술	계해	갑자	을축	병인	정묘	무진	기사	경오	신미	임신	계유	갑술	을해	병자	정축	무인	기묘	경진
양력	12	13	14	15	16	17	18	19	20	21	22	23	24	25	26	27	28	29	30	5/1	2	3	4	5	6	7	8	9	10	11

4월
음력	1	2	3	4	5	6	7	8	9	10	11	12	13	14	15	16	17	18	19	20	21	22	23	24	25	26	27	28	29
일주	신사	임오	계미	갑신	을유	병술	정해	무자	기축	경인	신묘	임진	계사	갑오	을미	병신	정유	무술	기해	경자	신축	임인	계묘	갑진	을사	병오	정미	무신	기유
양력	12	13	14	15	16	17	18	19	20	21	22	23	24	25	26	27	28	29	30	31	6/1	2	3	4	5	6	7	8	9

5월
음력	1	2	3	4	5	6	7	8	9	10	11	12	13	14	15	16	17	18	19	20	21	22	23	24	25	26	27	28	29	30
일주	경술	신해	임자	계축	갑인	을묘	병진	정사	무오	기미	경신	신유	임술	계해	갑자	을축	병인	정묘	무진	기사	경오	신미	임신	계유	갑술	을해	병자	정축	무인	기묘
양력	10	11	12	13	14	15	16	17	18	19	20	21	22	23	24	25	26	27	28	29	30	7/1	2	3	4	5	6	7	8

6월
음력	1	2	3	4	5	6	7	8	9	10	11	12	13	14	15	16	17	18	19	20	21	22	23	24	25	26	27	28	29	30
일주	기묘	경진	신사	임오	계미	갑신	을유	병술	정해	무자	기축	경인	신묘	임진	계사	갑오	을미	병신	정유	무술	기해	경자	신축	임인	계묘	갑진	을사	병오	정미	무신
양력	9	10	11	12	13	14	15	16	17	18	19	20	21	22	23	24	25	26	27	28	29	30	31	8/1	2	3	4	5	6	7

7월
음력	1	2	3	4	5	6	7	8	9	10	11	12	13	14	15	16	17	18	19	20	21	22	23	24	25	26	27	28	29
일주	기유	경술	신해	임자	계축	갑인	을묘	병진	정사	무오	기미	경신	신유	임술	계해	갑자	을축	병인	정묘	무진	기사	경오	신미	임신	계유	갑술	을해	병자	정축
양력	8	9	10	11	12	13	14	15	16	17	18	19	20	21	22	23	24	25	26	27	28	29	30	31	9/1	2	3	4	5

8월
음력	1	2	3	4	5	6	7	8	9	10	11	12	13	14	15	16	17	18	19	20	21	22	23	24	25	26	27	28	29	30
일주	무인	기묘	경진	신사	임오	계미	갑신	을유	병술	정해	무자	기축	경인	신묘	임진	계사	갑오	을미	병신	정유	무술	기해	경자	신축	임인	계묘	갑진	을사	병오	정미
양력	6	7	8	9	10	11	12	13	14	15	16	17	18	19	20	21	22	23	24	25	26	27	28	29	30	10/1	2	3	4	5

9월
음력	1	2	3	4	5	6	7	8	9	10	11	12	13	14	15	16	17	18	19	20	21	22	23	24	25	26	27	28	29	30
일주	무신	기유	경술	신해	임자	계축	갑인	을묘	병진	정사	무오	기미	경신	신유	임술	계해	갑자	을축	병인	정묘	무진	기사	경오	신미	임신	계유	갑술	을해	병자	정축
양력	6	7	8	9	10	11	12	13	14	15	16	17	18	19	20	21	22	23	24	25	26	27	28	29	30	31	11/1	2	3	4

10월
음력	1	2	3	4	5	6	7	8	9	10	11	12	13	14	15	16	17	18	19	20	21	22	23	24	25	26	27	28	29	30
일주	무인	기묘	경진	신사	임오	계미	갑신	을유	병술	정해	무자	기축	경인	신묘	임진	계사	갑오	을미	병신	정유	무술	기해	경자	신축	임인	계묘	갑진	을사	병오	정미
양력	5	6	7	8	9	10	11	12	13	14	15	16	17	18	19	20	21	22	23	24	25	26	27	28	29	30	12/1	2	3	4

11월
음력	1	2	3	4	5	6	7	8	9	10	11	12	13	14	15	16	17	18	19	20	21	22	23	24	25	26	27	28	29
일주	무신	기유	경술	신해	임자	계축	갑인	을묘	병진	정사	무오	기미	경신	신유	임술	계해	갑자	을축	병인	정묘	무진	기사	경오	신미	임신	계유	갑술	을해	병자
양력	5	6	7	8	9	10	11	12	13	14	15	16	17	18	19	20	21	22	23	24	25	26	27	28	29	30	31	1/1	2

12월
음력	1	2	3	4	5	6	7	8	9	10	11	12	13	14	15	16	17	18	19	20	21	22	23	24	25	26	27	28	29	30
일주	정축	무인	기묘	경진	신사	임오	계미	갑신	을유	병술	정해	무자	기축	경인	신묘	임진	계사	갑오	을미	병신	정유	무술	기해	경자	신축	임인	계묘	갑진	을사	병오
양력	3	4	5	6	7	8	9	10	11	12	13	14	15	16	17	18	19	20	21	22	23	24	25	26	27	28	29	30	31	2/1

병 술 丙戌

1946년생 (음력기준)

1월
음력	1	2	3	4	5	6	7	8	9	10	11	12	13	14	15	16	17	18	19	20	21	22	23	24	25	26	27	28	29	30
일주	정미	무신	기유	경술	신해	임자	계축	갑인	을묘	병진	정사	무오	기미	경신	신유	임술	계해	갑자	을축	병인	정묘	무진	기사	경오	신미	임신	계유	갑술	을해	병자
양력	2	3	4	5	6	7	8	9	10	11	12	13	14	15	16	17	18	19	20	21	22	23	24	25	26	27	28	3/1	2	3

2월
음력	1	2	3	4	5	6	7	8	9	10	11	12	13	14	15	16	17	18	19	20	21	22	23	24	25	26	27	28	29
일주	정축	무인	기묘	경진	신사	임오	계미	갑신	을유	병술	정해	무자	기축	경인	신묘	임진	계사	갑오	을미	병신	정유	무술	기해	경자	신축	임인	계묘	갑진	을사
양력	4	5	6	7	8	9	10	11	12	13	14	15	16	17	18	19	20	21	22	23	24	25	26	27	28	29	30	31	4/1

3월
음력	1	2	3	4	5	6	7	8	9	10	11	12	13	14	15	16	17	18	19	20	21	22	23	24	25	26	27	28	29	30
일주	병오	정미	무신	기유	경술	신해	임자	계축	갑인	을묘	병진	정사	무오	기미	경신	신유	임술	계해	갑자	을축	병인	정묘	무진	기사	경오	신미	임신	계유	갑술	을해
양력	2	3	4	5	6	7	8	9	10	11	12	13	14	15	16	17	18	19	20	21	22	23	24	25	26	27	28	29	30	

4월
음력	1	2	3	4	5	6	7	8	9	10	11	12	13	14	15	16	17	18	19	20	21	22	23	24	25	26	27	28	29	30
일주	을해	병자	정축	무인	기묘	경진	신사	임오	계미	갑신	을유	병술	정해	무자	기축	경인	신묘	임진	계사	갑오	을미	병신	정유	무술	기해	경자	신축	임인	계묘	갑진
양력	5/1	2	3	4	5	6	7	8	9	10	11	12	13	14	15	16	17	18	19	20	21	22	23	24	25	26	27	28	29	30

5월
음력	1	2	3	4	5	6	7	8	9	10	11	12	13	14	15	16	17	18	19	20	21	22	23	24	25	26	27	28	29
일주	을사	병오	정미	무신	기유	경술	신해	임자	계축	갑인	을묘	병진	정사	무오	기미	경신	신유	임술	계해	갑자	을축	병인	정묘	무진	기사	경오	신미	임신	계유
양력	31	6/1	2	3	4	5	6	7	8	9	10	11	12	13	14	15	16	17	18	19	20	21	22	23	24	25	26	27	28

6월
음력	1	2	3	4	5	6	7	8	9	10	11	12	13	14	15	16	17	18	19	20	21	22	23	24	25	26	27	28	29
일주	갑술	을해	병자	정축	무인	기묘	경진	신사	임오	계미	갑신	을유	병술	정해	무자	기축	경인	신묘	임진	계사	갑오	을미	병신	정유	무술	기해	경자	신축	임인
양력	29	30	7/1	2	3	4	5	6	7	8	9	10	11	12	13	14	15	16	17	18	19	20	21	22	23	24	25	26	27

7월
음력	1	2	3	4	5	6	7	8	9	10	11	12	13	14	15	16	17	18	19	20	21	22	23	24	25	26	27	28	29	30
일주	계묘	갑진	을사	병오	정미	무신	기유	경술	신해	임자	계축	갑인	을묘	병진	정사	무오	기미	경신	신유	임술	계해	갑자	을축	병인	정묘	무진	기사	경오	신미	임신
양력	28	29	30	31	8/1	2	3	4	5	6	7	8	9	10	11	12	13	14	15	16	17	18	19	20	21	22	23	24	25	26

8월
음력	1	2	3	4	5	6	7	8	9	10	11	12	13	14	15	16	17	18	19	20	21	22	23	24	25	26	27	28	29
일주	계유	갑술	을해	병자	정축	무인	기묘	경진	신사	임오	계미	갑신	을유	병술	정해	무자	기축	경인	신묘	임진	계사	갑오	을미	병신	정유	무술	기해	경자	신축
양력	27	28	29	30	31	9/1	2	3	4	5	6	7	8	9	10	11	12	13	14	15	16	17	18	19	20	21	22	23	24

9월
음력	1	2	3	4	5	6	7	8	9	10	11	12	13	14	15	16	17	18	19	20	21	22	23	24	25	26	27	28	29	30
일주	임인	계묘	갑진	을사	병오	정미	무신	기유	경술	신해	임자	계축	갑인	을묘	병진	정사	무오	기미	경신	신유	임술	계해	갑자	을축	병인	정묘	무진	기사	경오	신미
양력	25	26	27	28	29	30	10/1	2	3	4	5	6	7	8	9	10	11	12	13	14	15	16	17	18	19	20	21	22	23	24

10월
음력	1	2	3	4	5	6	7	8	9	10	11	12	13	14	15	16	17	18	19	20	21	22	23	24	25	26	27	28	29	30
일주	임신	계유	갑술	을해	병자	정축	무인	기묘	경진	신사	임오	계미	갑신	을유	병술	정해	무자	기축	경인	신묘	임진	계사	갑오	을미	병신	정유	무술	기해	경자	신축
양력	25	26	27	28	29	30	31	11/1	2	3	4	5	6	7	8	9	10	11	12	13	14	15	16	17	18	19	20	21	22	23

11월
음력	1	2	3	4	5	6	7	8	9	10	11	12	13	14	15	16	17	18	19	20	21	22	23	24	25	26	27	28	29
일주	임인	계묘	갑진	을사	병오	정미	무신	기유	경술	신해	임자	계축	갑인	을묘	병진	정사	무오	기미	경신	신유	임술	계해	갑자	을축	병인	정묘	무진	기사	경오
양력	24	25	26	27	28	29	30	12/1	2	3	4	5	6	7	8	9	10	11	12	13	14	15	16	17	18	19	20	21	22

12월
음력	1	2	3	4	5	6	7	8	9	10	11	12	13	14	15	16	17	18	19	20	21	22	23	24	25	26	27	28	29	30
일주	신미	임신	계유	갑술	을해	병자	정축	무인	기묘	경진	신사	임오	계미	갑신	을유	병술	정해	무자	기축	경인	신묘	임진	계사	갑오	을미	병신	정유	무술	기해	경자
양력	23	24	25	26	27	28	29	30	31	1/1	2	3	4	5	6	7	8	9	10	11	12	13	14	15	16	17	18	19	20	21

정 해 丁亥　　　　　　　　　　　1947년생 (음력기준)

	음력	1	2	3	4	5	6	7	8	9	10	11	12	13	14	15	16	17	18	19	20	21	22	23	24	25	26	27	28	29	30
1월	일주	신축	임인	계묘	갑진	을사	병오	정미	무신	기유	경술	신해	임자	계축	갑인	을묘	병진	정사	무오	기미	경신	신유	임술	계해	갑자	을축	병인	정묘	무진	기사	경오
	양력	22	23	24	25	26	27	28	29	30	31	2/1	2	3	4	5	6	7	8	9	10	11	12	13	14	15	16	17	18	19	20
	음력	1	2	3	4	5	6	7	8	9	10	11	12	13	14	15	16	17	18	19	20	21	22	23	24	25	26	27	28	29	30
2월	일주	신미	임신	계유	갑술	을해	병자	정축	무인	기묘	경진	신사	임오	계미	갑신	을유	병술	정해	무자	기축	경인	신묘	임진	계사	갑오	을미	병신	정유	무술	기해	경자
	양력	21	22	23	24	25	26	27	28	3/1	2	3	4	5	6	7	8	9	10	11	12	13	14	15	16	17	18	19	20	21	22
	음력	1	2	3	4	5	6	7	8	9	10	11	12	13	14	15	16	17	18	19	20	21	22	23	24	25	26	27	28	29	
윤달 2월	일주	신축	임인	계묘	갑진	을사	병오	정미	무신	기유	경술	신해	임자	계축	갑인	을묘	병진	정사	무오	기미	경신	신유	임술	계해	갑자	을축	병인	정묘	무진	기사	
	양력	23	24	25	26	27	28	29	30	31	4/1	2	3	4	5	6	7	8	9	10	11	12	13	14	15	16	17	18	19	20	
	음력	1	2	3	4	5	6	7	8	9	10	11	12	13	14	15	16	17	18	19	20	21	22	23	24	25	26	27	28	29	
3월	일주	경오	신미	임신	계유	갑술	을해	병자	정축	무인	기묘	경진	신사	임오	계미	갑신	을유	병술	정해	무자	기축	경인	신묘	임진	계사	갑오	을미	병신	정유	무술	
	양력	21	22	23	24	25	26	27	28	29	30	5/1	2	3	4	5	6	7	8	9	10	11	12	13	14	15	16	17	18	19	
	음력	1	2	3	4	5	6	7	8	9	10	11	12	13	14	15	16	17	18	19	20	21	22	23	24	25	26	27	28	29	30
4월	일주	기해	경자	신축	임인	계묘	갑진	을사	병오	정미	무신	기유	경술	신해	임자	계축	갑인	을묘	병진	정사	무오	기미	경신	신유	임술	계해	갑자	을축	병인	정묘	무진
	양력	20	21	22	23	24	25	26	27	28	29	30	31	6/1	2	3	4	5	6	7	8	9	10	11	12	13	14	15	16	17	18
	음력	1	2	3	4	5	6	7	8	9	10	11	12	13	14	15	16	17	18	19	20	21	22	23	24	25	26	27	28	29	
5월	일주	기사	경오	신미	임신	계유	갑술	을해	병자	정축	무인	기묘	경진	신사	임오	계미	갑신	을유	병술	정해	무자	기축	경인	신묘	임진	계사	갑오	을미	병신	정유	
	양력	19	20	21	22	23	24	25	26	27	28	29	30	7/1	2	3	4	5	6	7	8	9	10	11	12	13	14	15	16	17	
	음력	1	2	3	4	5	6	7	8	9	10	11	12	13	14	15	16	17	18	19	20	21	22	23	24	25	26	27	28	29	
6월	일주	무술	기해	경자	신축	임인	계묘	갑진	을사	병오	정미	무신	기유	경술	신해	임자	계축	갑인	을묘	병진	정사	무오	기미	경신	신유	임술	계해	갑자	을축	병인	
	양력	18	19	20	21	22	23	24	25	26	27	28	29	30	31	8/1	2	3	4	5	6	7	8	9	10	11	12	13	14	15	
	음력	1	2	3	4	5	6	7	8	9	10	11	12	13	14	15	16	17	18	19	20	21	22	23	24	25	26	27	28	29	30
7월	일주	정묘	무진	기사	경오	신미	임신	계유	갑술	을해	병자	정축	무인	기묘	경진	신사	임오	계미	갑신	을유	병술	정해	무자	기축	경인	신묘	임진	계사	갑오	을미	병신
	양력	16	17	18	19	20	21	22	23	24	25	26	27	28	29	30	31	9/1	2	3	4	5	6	7	8	9	10	11	12	13	14
	음력	1	2	3	4	5	6	7	8	9	10	11	12	13	14	15	16	17	18	19	20	21	22	23	24	25	26	27	28	29	
8월	일주	정유	무술	기해	경자	신축	임인	계묘	갑진	을사	병오	정미	무신	기유	경술	신해	임자	계축	갑인	을묘	병진	정사	무오	기미	경신	신유	임술	계해	갑자	을축	
	양력	15	16	17	18	19	20	21	22	23	24	25	26	27	28	29	30	10/1	2	3	4	5	6	7	8	9	10	11	12	13	
	음력	1	2	3	4	5	6	7	8	9	10	11	12	13	14	15	16	17	18	19	20	21	22	23	24	25	26	27	28	29	30
9월	일주	병인	정묘	무진	기사	경오	신미	임신	계유	갑술	을해	병자	정축	무인	기묘	경진	신사	임오	계미	갑신	을유	병술	정해	무자	기축	경인	신묘	임진	계사	갑오	을미
	양력	14	15	16	17	18	19	20	21	22	23	24	25	26	27	28	29	30	31	11/1	2	3	4	5	6	7	8	9	10	11	12
	음력	1	2	3	4	5	6	7	8	9	10	11	12	13	14	15	16	17	18	19	20	21	22	23	24	25	26	27	28	29	
10월	일주	병신	정유	무술	기해	경자	신축	임인	계묘	갑진	을사	병오	정미	무신	기유	경술	신해	임자	계축	갑인	을묘	병진	정사	무오	기미	경신	신유	임술	계해	갑자	
	양력	13	14	15	16	17	18	19	20	21	22	23	24	25	26	27	28	29	30	12/1	2	3	4	5	6	7	8	9	10	11	
	음력	1	2	3	4	5	6	7	8	9	10	11	12	13	14	15	16	17	18	19	20	21	22	23	24	25	26	27	28	29	30
11월	일주	을축	병인	정묘	무진	기사	경오	신미	임신	계유	갑술	을해	병자	정축	무인	기묘	경진	신사	임오	계미	갑신	을유	병술	정해	무자	기축	경인	신묘	임진	계사	갑오
	양력	12	13	14	15	16	17	18	19	20	21	22	23	24	25	26	27	28	29	30	31	1/1	2	3	4	5	6	7	8	9	10
	음력	1	2	3	4	5	6	7	8	9	10	11	12	13	14	15	16	17	18	19	20	21	22	23	24	25	26	27	28	29	30
12월	일주	을미	병신	정유	무술	기해	경자	신축	임인	계묘	갑진	을사	병오	정미	무신	기유	경술	신해	임자	계축	갑인	을묘	병진	정사	무오	기미	경신	신유	임술	계해	갑자
	양력	11	12	13	14	15	16	17	18	19	20	21	22	23	24	25	26	27	28	29	30	31	2/1	2	3	4	5	6	7	8	9

무 자 戊子　　　　　1948년생(음력기준)

1월	음력	1	2	3	4	5	6	7	8	9	10	11	12	13	14	15	16	17	18	19	20	21	22	23	24	25	26	27	28	29	30
	일주	을축	병인	정묘	무진	기사	경오	신미	임신	계유	갑술	을해	병자	정축	무인	기묘	경진	신사	임오	계미	갑신	을유	병술	정해	무자	기축	경인	신묘	임진	계사	갑오
	양력	10	11	12	13	14	15	16	17	18	19	20	21	22	23	24	25	26	27	28	29	3/1	2	3	4	5	6	7	8	9	10
2월	음력	1	2	3	4	5	6	7	8	9	10	11	12	13	14	15	16	17	18	19	20	21	22	23	24	25	26	27	28	29	
	일주	을미	병신	정유	무술	기해	경자	신축	임인	계묘	갑진	을사	병오	정미	무신	기유	경술	신해	임자	계축	갑인	을묘	병진	정사	무오	기미	경신	신유	임술	계해	
	양력	11	12	13	14	15	16	17	18	19	20	21	22	23	24	25	26	27	28	29	30	31	4/1	2	3	4	5	6	7	8	
3월	음력	1	2	3	4	5	6	7	8	9	10	11	12	13	14	15	16	17	18	19	20	21	22	23	24	25	26	27	28	29	30
	일주	갑자	을축	병인	정묘	무진	기사	경오	신미	임신	계유	갑술	을해	병자	정축	무인	기묘	경진	신사	임오	계미	갑신	을유	병술	정해	무자	기축	경인	신묘	임진	계사
	양력	9	10	11	12	13	14	15	16	17	18	19	20	21	22	23	24	25	26	27	28	29	30	5/1	2	3	4	5	6	7	8
4월	음력	1	2	3	4	5	6	7	8	9	10	11	12	13	14	15	16	17	18	19	20	21	22	23	24	25	26	27	28	29	
	일주	갑오	을미	병신	정유	무술	기해	경자	신축	임인	계묘	갑진	을사	병오	정미	무신	기유	경술	신해	임자	계축	갑인	을묘	병진	정사	무오	기미	경신	신유	임술	
	양력	9	10	11	12	13	14	15	16	17	18	19	20	21	22	23	24	25	26	27	28	29	30	31	6/1	2	3	4	5	6	
5월	음력	1	2	3	4	5	6	7	8	9	10	11	12	13	14	15	16	17	18	19	20	21	22	23	24	25	26	27	28	29	30
	일주	계해	갑자	을축	병인	정묘	무진	기사	경오	신미	임신	계유	갑술	을해	병자	정축	무인	기묘	경진	신사	임오	계미	갑신	을유	병술	정해	무자	기축	경인	신묘	임진
	양력	7	8	9	10	11	12	13	14	15	16	17	18	19	20	21	22	23	24	25	26	27	28	29	30	7/1	2	3	4	5	6
6월	음력	1	2	3	4	5	6	7	8	9	10	11	12	13	14	15	16	17	18	19	20	21	22	23	24	25	26	27	28	29	
	일주	계사	갑오	을미	병신	정유	무술	기해	경자	신축	임인	계묘	갑진	을사	병오	정미	무신	기유	경술	신해	임자	계축	갑인	을묘	병진	정사	무오	기미	경신	신유	
	양력	7	8	9	10	11	12	13	14	15	16	17	18	19	20	21	22	23	24	25	26	27	28	29	30	31	8/1	2	3	4	
7월	음력	1	2	3	4	5	6	7	8	9	10	11	12	13	14	15	16	17	18	19	20	21	22	23	24	25	26	27	28	29	30
	일주	임술	계해	갑자	을축	병인	정묘	무진	기사	경오	신미	임신	계유	갑술	을해	병자	정축	무인	기묘	경진	신사	임오	계미	갑신	을유	병술	정해	무자	기축	경인	신묘
	양력	5	6	7	8	9	10	11	12	13	14	15	16	17	18	19	20	21	22	23	24	25	26	27	28	29	30	31	9/1	2	
8월	음력	1	2	3	4	5	6	7	8	9	10	11	12	13	14	15	16	17	18	19	20	21	22	23	24	25	26	27	28	29	30
	일주	신묘	임진	계사	갑오	을미	병신	정유	무술	기해	경자	신축	임인	계묘	갑진	을사	병오	정미	무신	기유	경술	신해	임자	계축	갑인	을묘	병진	정사	무오	기미	경신
	양력	3	4	5	6	7	8	9	10	11	12	13	14	15	16	17	18	19	20	21	22	23	24	25	26	27	28	29	30	10/1	2
9월	음력	1	2	3	4	5	6	7	8	9	10	11	12	13	14	15	16	17	18	19	20	21	22	23	24	25	26	27	28	29	
	일주	신유	임술	계해	갑자	을축	병인	정묘	무진	기사	경오	신미	임신	계유	갑술	을해	병자	정축	무인	기묘	경진	신사	임오	계미	갑신	을유	병술	정해	무자	기축	
	양력	3	4	5	6	7	8	9	10	11	12	13	14	15	16	17	18	19	20	21	22	23	24	25	26	27	28	29	30	31	
10월	음력	1	2	3	4	5	6	7	8	9	10	11	12	13	14	15	16	17	18	19	20	21	22	23	24	25	26	27	28	29	30
	일주	경인	신묘	임진	계사	갑오	을미	병신	정유	무술	기해	경자	신축	임인	계묘	갑진	을사	병오	정미	무신	기유	경술	신해	임자	계축	갑인	을묘	병진	정사	무오	기미
	양력	11/1	2	3	4	5	6	7	8	9	10	11	12	13	14	15	16	17	18	19	20	21	22	23	24	25	26	27	28	29	30
11월	음력	1	2	3	4	5	6	7	8	9	10	11	12	13	14	15	16	17	18	19	20	21	22	23	24	25	26	27	28	29	
	일주	경신	신유	임술	계해	갑자	을축	병인	정묘	무진	기사	경오	신미	임신	계유	갑술	을해	병자	정축	무인	기묘	경진	신사	임오	계미	갑신	을유	병술	정해	무자	
	양력	12/1	2	3	4	5	6	7	8	9	10	11	12	13	14	15	16	17	18	19	20	21	22	23	24	25	26	27	28	29	
12월	음력	1	2	3	4	5	6	7	8	9	10	11	12	13	14	15	16	17	18	19	20	21	22	23	24	25	26	27	28	29	30
	일주	기축	경인	신묘	임진	계사	갑오	을미	병신	정유	무술	기해	경자	신축	임인	계묘	갑진	을사	병오	정미	무신	기유	경술	신해	임자	계축	갑인	을묘	병진	정사	무오
	양력	30	31	1/1	2	3	4	5	6	7	8	9	10	11	12	13	14	15	16	17	18	19	20	21	22	23	24	25	26	27	28

기축 己표 - 1949년생 (음력기준)

1월	음력	1	2	3	4	5	6	7	8	9	10	11	12	13	14	15	16	17	18	19	20	21	22	23	24	25	26	27	28	29	30
	일주	기미	경신	신유	임술	계해	갑자	을축	병인	정묘	무진	기사	경오	신미	임신	계유	갑술	을해	병자	정축	무인	기묘	경진	신사	임오	계미	갑신	을유	병술	정해	무자
	양력	29	30	31	2/1	2	3	4	5	6	7	8	9	10	11	12	13	14	15	16	17	18	19	20	21	22	23	24	25	26	27	
2월	음력	1	2	3	4	5	6	7	8	9	10	11	12	13	14	15	16	17	18	19	20	21	22	23	24	25	26	27	28	29	30
	일주	기축	경인	신묘	임진	계사	갑오	을미	병신	정유	무술	기해	경자	신축	임인	계묘	갑진	을사	병오	정미	무신	기유	경술	신해	임자	계축	갑인	을묘	병진	정사	무오
	양력	28	3/1	2	3	4	5	6	7	8	9	10	11	12	13	14	15	16	17	18	19	20	21	22	23	24	25	26	27	28	29	
3월	음력	1	2	3	4	5	6	7	8	9	10	11	12	13	14	15	16	17	18	19	20	21	22	23	24	25	26	27	28	29	
	일주	기미	경신	신유	임술	계해	갑자	을축	병인	정묘	무진	기사	경오	신미	임신	계유	갑술	을해	병자	정축	무인	기묘	경진	신사	임오	계미	갑신	을유	병술	정해	
	양력	30	31	4/1	2	3	4	5	6	7	8	9	10	11	12	13	14	15	16	17	18	19	20	21	22	23	24	25	26	27		
4월	음력	1	2	3	4	5	6	7	8	9	10	11	12	13	14	15	16	17	18	19	20	21	22	23	24	25	26	27	28	29	30
	일주	무자	기축	경인	신묘	임진	계사	갑오	을미	병신	정유	무술	기해	경자	신축	임인	계묘	갑진	을사	병오	정미	무신	기유	경술	신해	임자	계축	갑인	을묘	병진	정사
	양력	28	29	30	5/1	2	3	4	5	6	7	8	9	10	11	12	13	14	15	16	17	18	19	20	21	22	23	24	25	26	27	
5월	음력	1	2	3	4	5	6	7	8	9	10	11	12	13	14	15	16	17	18	19	20	21	22	23	24	25	26	27	28	29	
	일주	무오	기미	경신	신유	임술	계해	갑자	을축	병인	정묘	무진	기사	경오	신미	임신	계유	갑술	을해	병자	정축	무인	기묘	경진	신사	임오	계미	갑신	을유	병술	
	양력	28	29	30	31	6/1	2	3	4	5	6	7	8	9	10	11	12	13	14	15	16	17	18	19	20	21	22	23	24	25		
6월	음력	1	2	3	4	5	6	7	8	9	10	11	12	13	14	15	16	17	18	19	20	21	22	23	24	25	26	27	28	29	30
	일주	정해	무자	기축	경인	신묘	임진	계사	갑오	을미	병신	정유	무술	기해	경자	신축	임인	계묘	갑진	을사	병오	정미	무신	기유	경술	신해	임자	계축	갑인	을묘	병진
	양력	26	27	28	29	30	7/1	2	3	4	5	6	7	8	9	10	11	12	13	14	15	16	17	18	19	20	21	22	23	24	25	
7월	음력	1	2	3	4	5	6	7	8	9	10	11	12	13	14	15	16	17	18	19	20	21	22	23	24	25	26	27	28	29	
	일주	정사	무오	기미	경신	신유	임술	계해	갑자	을축	병인	정묘	무진	기사	경오	신미	임신	계유	갑술	을해	병자	정축	무인	기묘	경진	신사	임오	계미	갑신	을유	
	양력	26	27	28	29	30	31	8/1	2	3	4	5	6	7	8	9	10	11	12	13	14	15	16	17	18	19	20	21	22	23		
윤달 7월	음력	1	2	3	4	5	6	7	8	9	10	11	12	13	14	15	16	17	18	19	20	21	22	23	24	25	26	27	28	29	
	일주	병술	정해	무자	기축	경인	신묘	임진	계사	갑오	을미	병신	정유	무술	기해	경자	신축	임인	계묘	갑진	을사	병오	정미	무신	기유	경술	신해	임자	계축	갑인	
	양력	24	25	26	27	28	29	30	31	9/1	2	3	4	5	6	7	8	9	10	11	12	13	14	15	16	17	18	19	20	21		
8월	음력	1	2	3	4	5	6	7	8	9	10	11	12	13	14	15	16	17	18	19	20	21	22	23	24	25	26	27	28	29	30
	일주	을묘	병진	정사	무오	기미	경신	신유	임술	계해	갑자	을축	병인	정묘	무진	기사	경오	신미	임신	계유	갑술	을해	병자	정축	무인	기묘	경진	신사	임오	계미	갑신
	양력	22	23	24	25	26	27	28	29	30	10/1	2	3	4	5	6	7	8	9	10	11	12	13	14	15	16	17	18	19	20	21	
9월	음력	1	2	3	4	5	6	7	8	9	10	11	12	13	14	15	16	17	18	19	20	21	22	23	24	25	26	27	28	29	
	일주	을유	병술	정해	무자	기축	경인	신묘	임진	계사	갑오	을미	병신	정유	무술	기해	경자	신축	임인	계묘	갑진	을사	병오	정미	무신	기유	경술	신해	임자	계축	
	양력	22	23	24	25	26	27	28	29	30	31	11/1	2	3	4	5	6	7	8	9	10	11	12	13	14	15	16	17	18	19		
10월	음력	1	2	3	4	5	6	7	8	9	10	11	12	13	14	15	16	17	18	19	20	21	22	23	24	25	26	27	28	29	30
	일주	갑인	을묘	병진	정사	무오	기미	경신	신유	임술	계해	갑자	을축	병인	정묘	무진	기사	경오	신미	임신	계유	갑술	을해	병자	정축	무인	기묘	경진	신사	임오	계미
	양력	20	21	22	23	24	25	26	27	28	29	30	12/1	2	3	4	5	6	7	8	9	10	11	12	13	14	15	16	17	18	19	
11월	음력	1	2	3	4	5	6	7	8	9	10	11	12	13	14	15	16	17	18	19	20	21	22	23	24	25	26	27	28	29	
	일주	갑신	을유	병술	정해	무자	기축	경인	신묘	임진	계사	갑오	을미	병신	정유	무술	기해	경자	신축	임인	계묘	갑진	을사	병오	정미	무신	기유	경술	신해	임자	
	양력	20	21	22	23	24	25	26	27	28	29	30	31	1/1	2	3	4	5	6	7	8	9	10	11	12	13	14	15	16	17		
12월	음력	1	2	3	4	5	6	7	8	9	10	11	12	13	14	15	16	17	18	19	20	21	22	23	24	25	26	27	28	29	30
	일주	계축	갑인	을묘	병진	정사	무오	기미	경신	신유	임술	계해	갑자	을축	병인	정묘	무진	기사	경오	신미	임신	계유	갑술	을해	병자	정축	무인	기묘	경진	신사	임오
	양력	18	19	20	21	22	23	24	25	26	27	28	29	30	31	2/1	2	3	4	5	6	7	8	9	10	11	12	13	14	15	16	

경 인 庚寅　　1950년생(음력기준)

1월	음력	1	2	3	4	5	6	7	8	9	10	11	12	13	14	15	16	17	18	19	20	21	22	23	24	25	26	27	28	29	30
	일주	계미	갑신	을유	병술	정해	무자	기축	경인	신묘	임진	계사	갑오	을미	병신	정유	무술	기해	경자	신축	임인	계묘	갑진	을사	병오	정미	무신	기유	경술	신해	임자
	양력	17	18	19	20	21	22	23	24	25	26	27	28	3/1	2	3	4	5	6	7	8	9	10	11	12	13	14	15	16	17	18
2월	음력	1	2	3	4	5	6	7	8	9	10	11	12	13	14	15	16	17	18	19	20	21	22	23	24	25	26	27	28	29	
	일주	계축	갑인	을묘	병진	정사	무오	기미	경신	신유	임술	계해	갑자	을축	병인	정묘	무진	기사	경오	신미	임신	계유	갑술	을해	병자	정축	무인	기묘	경진	신사	
	양력	19	20	21	22	23	24	25	26	27	28	29	30	31	4/1	2	3	4	5	6	7	8	9	10	11	12	13	14	15	16	
3월	음력	1	2	3	4	5	6	7	8	9	10	11	12	13	14	15	16	17	18	19	20	21	22	23	24	25	26	27	28	29	30
	일주	임오	계미	갑신	을유	병술	정해	무자	기축	경인	신묘	임진	계사	갑오	을미	병신	정유	무술	기해	경자	신축	임인	계묘	갑진	을사	병오	정미	무신	기유	경술	신해
	양력	17	18	19	20	21	22	23	24	25	26	27	28	29	30	5/1	2	3	4	5	6	7	8	9	10	11	12	13	14	15	16
4월	음력	1	2	3	4	5	6	7	8	9	10	11	12	13	14	15	16	17	18	19	20	21	22	23	24	25	26	27	28	29	30
	일주	임자	계축	갑인	을묘	병진	정사	무오	기미	경신	신유	임술	계해	갑자	을축	병인	정묘	무진	기사	경오	신미	임신	계유	갑술	을해	병자	정축	무인	기묘	경진	신사
	양력	17	18	19	20	21	22	23	24	25	26	27	28	29	30	31	6/1	2	3	4	5	6	7	8	9	10	11	12	13	14	15
5월	음력	1	2	3	4	5	6	7	8	9	10	11	12	13	14	15	16	17	18	19	20	21	22	23	24	25	26	27	28	29	
	일주	임오	계미	갑신	을유	병술	정해	무자	기축	경인	신묘	임진	계사	갑오	을미	병신	정유	무술	기해	경자	신축	임인	계묘	갑진	을사	병오	정미	무신	기유	경술	
	양력	16	17	18	19	20	21	22	23	24	25	26	27	28	29	30	7/1	2	3	4	5	6	7	8	9	10	11	12	13	14	
6월	음력	1	2	3	4	5	6	7	8	9	10	11	12	13	14	15	16	17	18	19	20	21	22	23	24	25	26	27	28	29	30
	일주	신해	임자	계축	갑인	을묘	병진	정사	무오	기미	경신	신유	임술	계해	갑자	을축	병인	정묘	무진	기사	경오	신미	임신	계유	갑술	을해	병자	정축	무인	기묘	경진
	양력	15	16	17	18	19	20	21	22	23	24	25	26	27	28	29	30	31	8/1	2	3	4	5	6	7	8	9	10	11	12	13
7월	음력	1	2	3	4	5	6	7	8	9	10	11	12	13	14	15	16	17	18	19	20	21	22	23	24	25	26	27	28	29	
	일주	신사	임오	계미	갑신	을유	병술	정해	무자	기축	경인	신묘	임진	계사	갑오	을미	병신	정유	무술	기해	경자	신축	임인	계묘	갑진	을사	병오	정미	무신	기유	
	양력	14	15	16	17	18	19	20	21	22	23	24	25	26	27	28	29	30	31	9/1	2	3	4	5	6	7	8	9	10	11	
8월	음력	1	2	3	4	5	6	7	8	9	10	11	12	13	14	15	16	17	18	19	20	21	22	23	24	25	26	27	28	29	30
	일주	경술	신해	임자	계축	갑인	을묘	병진	정사	무오	기미	경신	신유	임술	계해	갑자	을축	병인	정묘	무진	기사	경오	신미	임신	계유	갑술	을해	병자	정축	무인	기묘
	양력	12	13	14	15	16	17	18	19	20	21	22	23	24	25	26	27	28	29	30	10/1	2	3	4	5	6	7	8	9	10	
9월	음력	1	2	3	4	5	6	7	8	9	10	11	12	13	14	15	16	17	18	19	20	21	22	23	24	25	26	27	28	29	30
	일주	기묘	경진	신사	임오	계미	갑신	을유	병술	정해	무자	기축	경인	신묘	임진	계사	갑오	을미	병신	정유	무술	기해	경자	신축	임인	계묘	갑진	을사	병오	정미	무신
	양력	11	12	13	14	15	16	17	18	19	20	21	22	23	24	25	26	27	28	29	30	31	11/1	2	3	4	5	6	7	8	9
10월	음력	1	2	3	4	5	6	7	8	9	10	11	12	13	14	15	16	17	18	19	20	21	22	23	24	25	26	27	28	29	
	일주	기유	경술	신해	임자	계축	갑인	을묘	병진	정사	무오	기미	경신	신유	임술	계해	갑자	을축	병인	정묘	무진	기사	경오	신미	임신	계유	갑술	을해	병자	정축	
	양력	10	11	12	13	14	15	16	17	18	19	20	21	22	23	24	25	26	27	28	29	30	12/1	2	3	4	5	6	7	8	
11월	음력	1	2	3	4	5	6	7	8	9	10	11	12	13	14	15	16	17	18	19	20	21	22	23	24	25	26	27	28	29	30
	일주	무인	기묘	경진	신사	임오	계미	갑신	을유	병술	정해	무자	기축	경인	신묘	임진	계사	갑오	을미	병신	정유	무술	기해	경자	신축	임인	계묘	갑진	을사	병오	정미
	양력	9	10	11	12	13	14	15	16	17	18	19	20	21	22	23	24	25	26	27	28	29	30	31	1/1	2	3	4	5	6	7
12월	음력	1	2	3	4	5	6	7	8	9	10	11	12	13	14	15	16	17	18	19	20	21	22	23	24	25	26	27	28	29	
	일주	무신	기유	경술	신해	임자	계축	갑인	을묘	병진	정사	무오	기미	경신	신유	임술	계해	갑자	을축	병인	정묘	무진	기사	경오	신미	임신	계유	갑술	을해	병자	
	양력	8	9	10	11	12	13	14	15	16	17	18	19	20	21	22	23	24	25	26	27	28	29	30	31	2/1	2	3	4	5	

신 묘 辛卯 1951년생 (음력기준)

1월
음력	1	2	3	4	5	6	7	8	9	10	11	12	13	14	15	16	17	18	19	20	21	22	23	24	25	26	27	28	29	30
일주	정축	무인	기묘	경진	신사	임오	계미	갑신	을유	병술	정해	무자	기축	경인	신묘	임진	계사	갑오	을미	병신	정유	무술	기해	경자	신축	임인	계묘	갑진	을사	병오
양력	6	7	8	9	10	11	12	13	14	15	16	17	18	19	20	21	22	23	24	25	26	27	28	3/1	2	3	4	5	6	7

2월
음력	1	2	3	4	5	6	7	8	9	10	11	12	13	14	15	16	17	18	19	20	21	22	23	24	25	26	27	28	29
일주	정미	무신	기유	경술	신해	임자	계축	갑인	을묘	병진	정사	무오	기미	경신	신유	임술	계해	갑자	을축	병인	정묘	무진	기사	경오	신미	임신	계유	갑술	을해
양력	8	9	10	11	12	13	14	15	16	17	18	19	20	21	22	23	24	25	26	27	28	29	30	31	4/1	2	3	4	5

3월
음력	1	2	3	4	5	6	7	8	9	10	11	12	13	14	15	16	17	18	19	20	21	22	23	24	25	26	27	28	29	30
일주	병자	정축	무인	기묘	경진	신사	임오	계미	갑신	을유	병술	정해	무자	기축	경인	신묘	임진	계사	갑오	을미	병신	정유	무술	기해	경자	신축	임인	계묘	갑진	을사
양력	6	7	8	9	10	11	12	13	14	15	16	17	18	19	20	21	22	23	24	25	26	27	28	29	30	5/1	2	3	4	5

4월
음력	1	2	3	4	5	6	7	8	9	10	11	12	13	14	15	16	17	18	19	20	21	22	23	24	25	26	27	28	29	30
일주	병오	정미	무신	기유	경술	신해	임자	계축	갑인	을묘	병진	정사	무오	기미	경신	신유	임술	계해	갑자	을축	병인	정묘	무진	기사	경오	신미	임신	계유	갑술	을해
양력	6	7	8	9	10	11	12	13	14	15	16	17	18	19	20	21	22	23	24	25	26	27	28	29	30	31	6/1	2	3	4

5월
음력	1	2	3	4	5	6	7	8	9	10	11	12	13	14	15	16	17	18	19	20	21	22	23	24	25	26	27	28	29
일주	병자	정축	무인	기묘	경진	신사	임오	계미	갑신	을유	병술	정해	무자	기축	경인	신묘	임진	계사	갑오	을미	병신	정유	무술	기해	경자	신축	임인	계묘	갑진
양력	5	6	7	8	9	10	11	12	13	14	15	16	17	18	19	20	21	22	23	24	25	26	27	28	29	30	7/1	2	3

6월
음력	1	2	3	4	5	6	7	8	9	10	11	12	13	14	15	16	17	18	19	20	21	22	23	24	25	26	27	28	29	30
일주	을사	병오	정미	무신	기유	경술	신해	임자	계축	갑인	을묘	병진	정사	무오	기미	경신	신유	임술	계해	갑자	을축	병인	정묘	무진	기사	경오	신미	임신	계유	갑술
양력	4	5	6	7	8	9	10	11	12	13	14	15	16	17	18	19	20	21	22	23	24	25	26	27	28	29	30	31	8/1	2

7월
음력	1	2	3	4	5	6	7	8	9	10	11	12	13	14	15	16	17	18	19	20	21	22	23	24	25	26	27	28	29	30
일주	을해	병자	정축	무인	기묘	경진	신사	임오	계미	갑신	을유	병술	정해	무자	기축	경인	신묘	임진	계사	갑오	을미	병신	정유	무술	기해	경자	신축	임인	계묘	갑진
양력	3	4	5	6	7	8	9	10	11	12	13	14	15	16	17	18	19	20	21	22	23	24	25	26	27	28	29	30	31	9/1

8월
음력	1	2	3	4	5	6	7	8	9	10	11	12	13	14	15	16	17	18	19	20	21	22	23	24	25	26	27	28	29	30
일주	갑진	을사	병오	정미	무신	기유	경술	신해	임자	계축	갑인	을묘	병진	정사	무오	기미	경신	신유	임술	계해	갑자	을축	병인	정묘	무진	기사	경오	신미	임신	계유
양력	9/1	2	3	4	5	6	7	8	9	10	11	12	13	14	15	16	17	18	19	20	21	22	23	24	25	26	27	28	29	30

9월
음력	1	2	3	4	5	6	7	8	9	10	11	12	13	14	15	16	17	18	19	20	21	22	23	24	25	26	27	28	29
일주	갑술	을해	병자	정축	무인	기묘	경진	신사	임오	계미	갑신	을유	병술	정해	무자	기축	경인	신묘	임진	계사	갑오	을미	병신	정유	무술	기해	경자	신축	임인
양력	10/1	2	3	4	5	6	7	8	9	10	11	12	13	14	15	16	17	18	19	20	21	22	23	24	25	26	27	28	29

10월
음력	1	2	3	4	5	6	7	8	9	10	11	12	13	14	15	16	17	18	19	20	21	22	23	24	25	26	27	28	29	30
일주	계묘	갑진	을사	병오	정미	무신	기유	경술	신해	임자	계축	갑인	을묘	병진	정사	무오	기미	경신	신유	임술	계해	갑자	을축	병인	정묘	무진	기사	경오	신미	임신
양력	30	31	11/1	2	3	4	5	6	7	8	9	10	11	12	13	14	15	16	17	18	19	20	21	22	23	24	25	26	27	28

11월
음력	1	2	3	4	5	6	7	8	9	10	11	12	13	14	15	16	17	18	19	20	21	22	23	24	25	26	27	28	29
일주	계유	갑술	을해	병자	정축	무인	기묘	경진	신사	임오	계미	갑신	을유	병술	정해	무자	기축	경인	신묘	임진	계사	갑오	을미	병신	정유	무술	기해	경자	신축
양력	29	30	12/1	2	3	4	5	6	7	8	9	10	11	12	13	14	15	16	17	18	19	20	21	22	23	24	25	26	27

12월
음력	1	2	3	4	5	6	7	8	9	10	11	12	13	14	15	16	17	18	19	20	21	22	23	24	25	26	27	28	29	30
일주	임인	계묘	갑진	을사	병오	정미	무신	기유	경술	신해	임자	계축	갑인	을묘	병진	정사	무오	기미	경신	신유	임술	계해	갑자	을축	병인	정묘	무진	기사	경오	신미
양력	28	29	30	31	1/1	2	3	4	5	6	7	8	9	10	11	12	13	14	15	16	17	18	19	20	21	22	23	24	25	26

임 진 壬辰   1952년생(음력기준)

1월	음력	1	2	3	4	5	6	7	8	9	10	11	12	13	14	15	16	17	18	19	20	21	22	23	24	25	26	27	28	29	
	일주	임신	계유	갑술	을해	병자	정축	무인	기묘	경진	신사	임오	계미	갑신	을유	병술	정해	무자	기축	경인	신묘	임진	계사	갑오	을미	병신	정유	무술	기해	경자	
	양력	27	28	29	30	31	2/1	2	3	4	5	6	7	8	9	10	11	12	13	14	15	16	17	18	19	20	21	22	23	24	
2월	음력	1	2	3	4	5	6	7	8	9	10	11	12	13	14	15	16	17	18	19	20	21	22	23	24	25	26	27	28	29	30
	일주	신축	임인	계묘	갑진	을사	병오	정미	무신	기유	경술	신해	임자	계축	갑인	을묘	병진	정사	무오	기미	경신	신유	임술	계해	갑자	을축	병인	정묘	무진	기사	경오
	양력	25	26	27	28	29	3/1	2	3	4	5	6	7	8	9	10	11	12	13	14	15	16	17	18	19	20	21	22	23	24	25
3월	음력	1	2	3	4	5	6	7	8	9	10	11	12	13	14	15	16	17	18	19	20	21	22	23	24	25	26	27	28	29	
	일주	신미	임신	계유	갑술	을해	병자	정축	무인	기묘	경진	신사	임오	계미	갑신	을유	병술	정해	무자	기축	경인	신묘	임진	계사	갑오	을미	병신	정유	무술	기해	
	양력	26	27	28	29	30	31	4/1	2	3	4	5	6	7	8	9	10	11	12	13	14	15	16	17	18	19	20	21	22	23	
4월	음력	1	2	3	4	5	6	7	8	9	10	11	12	13	14	15	16	17	18	19	20	21	22	23	24	25	26	27	28	29	30
	일주	경자	신축	임인	계묘	갑진	을사	병오	정미	무신	기유	경술	신해	임자	계축	갑인	을묘	병진	정사	무오	기미	경신	신유	임술	계해	갑자	을축	병인	정묘	무진	기사
	양력	24	25	26	27	28	29	30	5/1	2	3	4	5	6	7	8	9	10	11	12	13	14	15	16	17	18	19	20	21	22	23
5월	음력	1	2	3	4	5	6	7	8	9	10	11	12	13	14	15	16	17	18	19	20	21	22	23	24	25	26	27	28	29	
	일주	경오	신미	임신	계유	갑술	을해	병자	정축	무인	기묘	경진	신사	임오	계미	갑신	을유	병술	정해	무자	기축	경인	신묘	임진	계사	갑오	을미	병신	정유	무술	
	양력	24	25	26	27	28	29	30	31	6/1	2	3	4	5	6	7	8	9	10	11	12	13	14	15	16	17	18	19	20	21	
윤달 5월	음력	1	2	3	4	5	6	7	8	9	10	11	12	13	14	15	16	17	18	19	20	21	22	23	24	25	26	27	28	29	30
	일주	기해	경자	신축	임인	계묘	갑진	을사	병오	정미	무신	기유	경술	신해	임자	계축	갑인	을묘	병진	정사	무오	기미	경신	신유	임술	계해	갑자	을축	병인	정묘	무진
	양력	22	23	24	25	26	27	28	29	30	7/1	2	3	4	5	6	7	8	9	10	11	12	13	14	15	16	17	18	19	20	21
6월	음력	1	2	3	4	5	6	7	8	9	10	11	12	13	14	15	16	17	18	19	20	21	22	23	24	25	26	27	28	29	30
	일주	기사	경오	신미	임신	계유	갑술	을해	병자	정축	무인	기묘	경진	신사	임오	계미	갑신	을유	병술	정해	무자	기축	경인	신묘	임진	계사	갑오	을미	병신	정유	무술
	양력	22	23	24	25	26	27	28	29	30	31	8/1	2	3	4	5	6	7	8	9	10	11	12	13	14	15	16	17	18	19	20
7월	음력	1	2	3	4	5	6	7	8	9	10	11	12	13	14	15	16	17	18	19	20	21	22	23	24	25	26	27	28	29	
	일주	기해	경자	신축	임인	계묘	갑진	을사	병오	정미	무신	기유	경술	신해	임자	계축	갑인	을묘	병진	정사	무오	기미	경신	신유	임술	계해	갑자	을축	병인	정묘	
	양력	21	22	23	24	25	26	27	28	29	30	31	9/1	2	3	4	5	6	7	8	9	10	11	12	13	14	15	16	17	18	
8월	음력	1	2	3	4	5	6	7	8	9	10	11	12	13	14	15	16	17	18	19	20	21	22	23	24	25	26	27	28	29	30
	일주	무진	기사	경오	신미	임신	계유	갑술	을해	병자	정축	무인	기묘	경진	신사	임오	계미	갑신	을유	병술	정해	무자	기축	경인	신묘	임진	계사	갑오	을미	병신	정유
	양력	19	20	21	22	23	24	25	26	27	28	29	30	10/1	2	3	4	5	6	7	8	9	10	11	12	13	14	15	16	17	18
9월	음력	1	2	3	4	5	6	7	8	9	10	11	12	13	14	15	16	17	18	19	20	21	22	23	24	25	26	27	28	29	
	일주	무술	기해	경자	신축	임인	계묘	갑진	을사	병오	정미	무신	기유	경술	신해	임자	계축	갑인	을묘	병진	정사	무오	기미	경신	신유	임술	계해	갑자	을축	병인	
	양력	19	20	21	22	23	24	25	26	27	28	29	30	31	11/1	2	3	4	5	6	7	8	9	10	11	12	13	14	15	16	
10월	음력	1	2	3	4	5	6	7	8	9	10	11	12	13	14	15	16	17	18	19	20	21	22	23	24	25	26	27	28	29	30
	일주	정묘	무진	기사	경오	신미	임신	계유	갑술	을해	병자	정축	무인	기묘	경진	신사	임오	계미	갑신	을유	병술	정해	무자	기축	경인	신묘	임진	계사	갑오	을미	병신
	양력	17	18	19	20	21	22	23	24	25	26	27	28	29	30	12/1	2	3	4	5	6	7	8	9	10	11	12	13	14	15	16
11월	음력	1	2	3	4	5	6	7	8	9	10	11	12	13	14	15	16	17	18	19	20	21	22	23	24	25	26	27	28	29	
	일주	정유	무술	기해	경자	신축	임인	계묘	갑진	을사	병오	정미	무신	기유	경술	신해	임자	계축	갑인	을묘	병진	정사	무오	기미	경신	신유	임술	계해	갑자	을축	
	양력	17	18	19	20	21	22	23	24	25	26	27	28	29	30	31	1/1	2	3	4	5	6	7	8	9	10	11	12	13	14	
12월	음력	1	2	3	4	5	6	7	8	9	10	11	12	13	14	15	16	17	18	19	20	21	22	23	24	25	26	27	28	29	30
	일주	병인	정묘	무진	기사	경오	신미	임신	계유	갑술	을해	병자	정축	무인	기묘	경진	신사	임오	계미	갑신	을유	병술	정해	무자	기축	경인	신묘	임진	계사	갑오	을미
	양력	15	16	17	18	19	20	21	22	23	24	25	26	27	28	29	30	31	2/1	2	3	4	5	6	7	8	9	10	11	12	13

계 사 癸巳

1953년생 (음력기준)

1월	음력	1	2	3	4	5	6	7	8	9	10	11	12	13	14	15	16	17	18	19	20	21	22	23	24	25	26	27	28	29	
	일주	병신	정유	무술	기해	경자	신축	임인	계묘	갑진	을사	병오	정미	무신	기유	경술	신해	임자	계축	갑인	을묘	병진	정사	무오	기미	경신	신유	임술	계해	갑자	
	양력	14	15	16	17	18	19	20	21	22	23	24	25	26	27	28	3/1	2	3	4	5	6	7	8	9	10	11	12	13	14	
2월	음력	1	2	3	4	5	6	7	8	9	10	11	12	13	14	15	16	17	18	19	20	21	22	23	24	25	26	27	28	29	30
	일주	을축	병인	정묘	무진	기사	경오	신미	임신	계유	갑술	을해	병자	정축	무인	기묘	경진	신사	임오	계미	갑신	을유	병술	정해	무자	기축	경인	신묘	임진	계사	갑오
	양력	15	16	17	18	19	20	21	22	23	24	25	26	27	28	29	30	31	4/1	2	3	4	5	6	7	8	9	10	11	12	13
3월	음력	1	2	3	4	5	6	7	8	9	10	11	12	13	14	15	16	17	18	19	20	21	22	23	24	25	26	27	28	29	
	일주	을미	병신	정유	무술	기해	경자	신축	임인	계묘	갑진	을사	병오	정미	무신	기유	경술	신해	임자	계축	갑인	을묘	병진	정사	무오	기미	경신	신유	임술	계해	
	양력	14	15	16	17	18	19	20	21	22	23	24	25	26	27	28	29	30	5/1	2	3	4	5	6	7	8	9	10	11	12	
4월	음력	1	2	3	4	5	6	7	8	9	10	11	12	13	14	15	16	17	18	19	20	21	22	23	24	25	26	27	28	29	
	일주	갑자	을축	병인	정묘	무진	기사	경오	신미	임신	계유	갑술	을해	병자	정축	무인	기묘	경진	신사	임오	계미	갑신	을유	병술	정해	무자	기축	경인	신묘	임진	
	양력	13	14	15	16	17	18	19	20	21	22	23	24	25	26	27	28	29	30	31	6/1	2	3	4	5	6	7	8	9	10	
5월	음력	1	2	3	4	5	6	7	8	9	10	11	12	13	14	15	16	17	18	19	20	21	22	23	24	25	26	27	28	29	30
	일주	계사	갑오	을미	병신	정유	무술	기해	경자	신축	임인	계묘	갑진	을사	병오	정미	무신	기유	경술	신해	임자	계축	갑인	을묘	병진	정사	무오	기미	경신	신유	임술
	양력	11	12	13	14	15	16	17	18	19	20	21	22	23	24	25	26	27	28	29	30	7/1	2	3	4	5	6	7	8	9	10
6월	음력	1	2	3	4	5	6	7	8	9	10	11	12	13	14	15	16	17	18	19	20	21	22	23	24	25	26	27	28	29	30
	일주	계해	갑자	을축	병인	정묘	무진	기사	경오	신미	임신	계유	갑술	을해	병자	정축	무인	기묘	경진	신사	임오	계미	갑신	을유	병술	정해	무자	기축	경인	신묘	임진
	양력	11	12	13	14	15	16	17	18	19	20	21	22	23	24	25	26	27	28	29	30	31	8/1	2	3	4	5	6	7	8	9
7월	음력	1	2	3	4	5	6	7	8	9	10	11	12	13	14	15	16	17	18	19	20	21	22	23	24	25	26	27	28	29	
	일주	계사	갑오	을미	병신	정유	무술	기해	경자	신축	임인	계묘	갑진	을사	병오	정미	무신	기유	경술	신해	임자	계축	갑인	을묘	병진	정사	무오	기미	경신	신유	
	양력	10	11	12	13	14	15	16	17	18	19	20	21	22	23	24	25	26	27	28	29	30	31	9/1	2	3	4	5	6	7	
8월	음력	1	2	3	4	5	6	7	8	9	10	11	12	13	14	15	16	17	18	19	20	21	22	23	24	25	26	27	28	29	30
	일주	임술	계해	갑자	을축	병인	정묘	무진	기사	경오	신미	임신	계유	갑술	을해	병자	정축	무인	기묘	경진	신사	임오	계미	갑신	을유	병술	정해	무자	기축	경인	신묘
	양력	8	9	10	11	12	13	14	15	16	17	18	19	20	21	22	23	24	25	26	27	28	29	30	10/1	2	3	4	5	6	7
9월	음력	1	2	3	4	5	6	7	8	9	10	11	12	13	14	15	16	17	18	19	20	21	22	23	24	25	26	27	28	29	
	일주	임진	계사	갑오	을미	병신	정유	무술	기해	경자	신축	임인	계묘	갑진	을사	병오	정미	무신	기유	경술	신해	임자	계축	갑인	을묘	병진	정사	무오	기미	경신	
	양력	8	9	10	11	12	13	14	15	16	17	18	19	20	21	22	23	24	25	26	27	28	29	30	31	11/1	2	3	4	5	6	
10월	음력	1	2	3	4	5	6	7	8	9	10	11	12	13	14	15	16	17	18	19	20	21	22	23	24	25	26	27	28	29	
	일주	임술	계해	갑자	을축	병인	정묘	무진	기사	경오	신미	임신	계유	갑술	을해	병자	정축	무인	기묘	경진	신사	임오	계미	갑신	을유	병술	정해	무자	기축	경인	
	양력	7	8	9	10	11	12	13	14	15	16	17	18	19	20	21	22	23	24	25	26	27	28	29	30	12/1	2	3	4	5	
11월	음력	1	2	3	4	5	6	7	8	9	10	11	12	13	14	15	16	17	18	19	20	21	22	23	24	25	26	27	28	29	30
	일주	신묘	임진	계사	갑오	을미	병신	정유	무술	기해	경자	신축	임인	계묘	갑진	을사	병오	정미	무신	기유	경술	신해	임자	계축	갑인	을묘	병진	정사	무오	기미	경신
	양력	6	7	8	9	10	11	12	13	14	15	16	17	18	19	20	21	22	23	24	25	26	27	28	29	30	31	1/1	2	3	4
12월	음력	1	2	3	4	5	6	7	8	9	10	11	12	13	14	15	16	17	18	19	20	21	22	23	24	25	26	27	28	29	30
	일주	신유	임술	계해	갑자	을축	병인	정묘	무진	기사	경오	신미	임신	계유	갑술	을해	병자	정축	무인	기묘	경진	신사	임오	계미	갑신	을유	병술	정해	무자	기축	경인
	양력	5	6	7	8	9	10	11	12	13	14	15	16	17	18	19	20	21	22	23	24	25	26	27	28	29	30	31	2/1	2	3

갑 오 甲午　　1954년생(음력기준)

1월	음력	1	2	3	4	5	6	7	8	9	10	11	12	13	14	15	16	17	18	19	20	21	22	23	24	25	26	27	28	29	
	일주	신묘	임진	계사	갑오	을미	병신	정유	무술	기해	경자	신축	임인	계묘	갑진	을사	병오	정미	무신	기유	경술	신해	임자	계축	갑인	을묘	병진	정사	무오	기미	
	양력	4	5	6	7	8	9	10	11	12	13	14	15	16	17	18	19	20	21	22	23	24	25	26	27	28	3/1	2	3	4	
2월	음력	1	2	3	4	5	6	7	8	9	10	11	12	13	14	15	16	17	18	19	20	21	22	23	24	25	26	27	28		
	일주	경신	신유	임술	계해	갑자	을축	병인	정묘	무진	기사	경오	신미	임신	계유	갑술	을해	병자	정축	무인	기묘	경진	신사	임오	계미	갑신	을유	병술	정해		
	양력	5	6	7	8	9	10	11	12	13	14	15	16	17	18	19	20	21	22	23	24	25	26	27	28	29	30	31	4/1	2	
3월	음력	1	2	3	4	5	6	7	8	9	10	11	12	13	14	15	16	17	18	19	20	21	22	23	24	25	26	27	28	29	30
	일주	기축	경인	신묘	임진	계사	갑오	을미	병신	정유	무술	기해	경자	신축	임인	계묘	갑진	을사	병오	정미	무신	기유	경술	신해	임자	계축	갑인	을묘	병진	정사	무오
	양력	3	4	5	6	7	8	9	10	11	12	13	14	15	16	17	18	19	20	21	22	23	24	25	26	27	28	29	30	5/1	2
4월	음력	1	2	3	4	5	6	7	8	9	10	11	12	13	14	15	16	17	18	19	20	21	22	23	24	25	26	27	28	29	
	일주	기미	경신	신유	임술	계해	갑자	을축	병인	정묘	무진	기사	경오	신미	임신	계유	갑술	을해	병자	정축	무인	기묘	경진	신사	임오	계미	갑신	을유	병술	정해	
	양력	3	4	5	6	7	8	9	10	11	12	13	14	15	16	17	18	19	20	21	22	23	24	25	26	27	28	29	30	31	
5월	음력	1	2	3	4	5	6	7	8	9	10	11	12	13	14	15	16	17	18	19	20	21	22	23	24	25	26	27	28	29	
	일주	무자	기축	경인	신묘	임진	계사	갑오	을미	병신	정유	무술	기해	경자	신축	임인	계묘	갑진	을사	병오	정미	무신	기유	경술	신해	임자	계축	갑인	을묘	병진	
	양력	6/1	2	3	4	5	6	7	8	9	10	11	12	13	14	15	16	17	18	19	20	21	22	23	24	25	26	27	28	29	
6월	음력	1	2	3	4	5	6	7	8	9	10	11	12	13	14	15	16	17	18	19	20	21	22	23	24	25	26	27	28	29	30
	일주	정사	무오	기미	경신	신유	임술	계해	갑자	을축	병인	정묘	무진	기사	경오	신미	임신	계유	갑술	을해	병자	정축	무인	기묘	경진	신사	임오	계미	갑신	을유	병술
	양력	30	7/1	2	3	4	5	6	7	8	9	10	11	12	13	14	15	16	17	18	19	20	21	22	23	24	25	26	27	28	29
7월	음력	1	2	3	4	5	6	7	8	9	10	11	12	13	14	15	16	17	18	19	20	21	22	23	24	25	26	27	28	29	
	일주	정해	무자	기축	경인	신묘	임진	계사	갑오	을미	병신	정유	무술	기해	경자	신축	임인	계묘	갑진	을사	병오	정미	무신	기유	경술	신해	임자	계축	갑인	을묘	
	양력	30	31	8/1	2	3	4	5	6	7	8	9	10	11	12	13	14	15	16	17	18	19	20	21	22	23	24	25	26	27	
8월	음력	1	2	3	4	5	6	7	8	9	10	11	12	13	14	15	16	17	18	19	20	21	22	23	24	25	26	27	28	29	30
	일주	병진	정사	무오	기미	경신	신유	임술	계해	갑자	을축	병인	정묘	무진	기사	경오	신미	임신	계유	갑술	을해	병자	정축	무인	기묘	경진	신사	임오	계미	갑신	을유
	양력	28	29	30	31	9/1	2	3	4	5	6	7	8	9	10	11	12	13	14	15	16	17	18	19	20	21	22	23	24	25	26
9월	음력	1	2	3	4	5	6	7	8	9	10	11	12	13	14	15	16	17	18	19	20	21	22	23	24	25	26	27	28	29	30
	일주	병술	정해	무자	기축	경인	신묘	임진	계사	갑오	을미	병신	정유	무술	기해	경자	신축	임인	계묘	갑진	을사	병오	정미	무신	기유	경술	신해	임자	계축	갑인	을묘
	양력	27	28	29	30	10/1	2	3	4	5	6	7	8	9	10	11	12	13	14	15	16	17	18	19	20	21	22	23	24	25	26
10월	음력	1	2	3	4	5	6	7	8	9	10	11	12	13	14	15	16	17	18	19	20	21	22	23	24	25	26	27	28	29	
	일주	병진	정사	무오	기미	경신	신유	임술	계해	갑자	을축	병인	정묘	무진	기사	경오	신미	임신	계유	갑술	을해	병자	정축	무인	기묘	경진	신사	임오	계미	갑신	
	양력	27	28	29	30	31	11/1	2	3	4	5	6	7	8	9	10	11	12	13	14	15	16	17	18	19	20	21	22	23	24	
11월	음력	1	2	3	4	5	6	7	8	9	10	11	12	13	14	15	16	17	18	19	20	21	22	23	24	25	26	27	28	29	30
	일주	을유	병술	정해	무자	기축	경인	신묘	임진	계사	갑오	을미	병신	정유	무술	기해	경자	신축	임인	계묘	갑진	을사	병오	정미	무신	기유	경술	신해	임자	계축	갑인
	양력	25	26	27	28	29	30	12/1	2	3	4	5	6	7	8	9	10	11	12	13	14	15	16	17	18	19	20	21	22	23	24
12월	음력	1	2	3	4	5	6	7	8	9	10	11	12	13	14	15	16	17	18	19	20	21	22	23	24	25	26	27	28	29	30
	일주	을묘	병진	정사	무오	기미	경신	신유	임술	계해	갑자	을축	병인	정묘	무진	기사	경오	신미	임신	계유	갑술	을해	병자	정축	무인	기묘	경진	신사	임오	계미	갑신
	양력	25	26	27	28	29	30	31	1/1	2	3	4	5	6	7	8	9	10	11	12	13	14	15	16	17	18	19	20	21	22	23

을미(乙未) 1955년생 (음력기준)

1월	음력	1	2	3	4	5	6	7	8	9	10	11	12	13	14	15	16	17	18	19	20	21	22	23	24	25	26	27	28	29	30
	일주	을유	병술	정해	무자	기축	경인	신묘	임진	계사	갑오	을미	병신	정유	무술	기해	경자	신축	임인	계묘	갑진	을사	병오	정미	무신	기유	경술	신해	임자	계축	갑인
	양력	24	25	26	27	28	29	30	31	2/1	2	3	4	5	6	7	8	9	10	11	12	13	14	15	16	17	18	19	20	21	22
2월	음력	1	2	3	4	5	6	7	8	9	10	11	12	13	14	15	16	17	18	19	20	21	22	23	24	25	26	27	28	29	
	일주	을묘	병진	정사	무오	기미	경신	신유	임술	계해	갑자	을축	병인	정묘	무진	기사	경오	신미	임신	계유	갑술	을해	병자	정축	무인	기묘	경진	신사	임오	계미	
	양력	23	24	25	26	27	28	3/1	2	3	4	5	6	7	8	9	10	11	12	13	14	15	16	17	18	19	20	21	22	23	
3월	음력	1	2	3	4	5	6	7	8	9	10	11	12	13	14	15	16	17	18	19	20	21	22	23	24	25	26	27	28	29	
	일주	갑신	을유	병술	정해	무자	기축	경인	신묘	임진	계사	갑오	을미	병신	정유	무술	기해	경자	신축	임인	계묘	갑진	을사	병오	정미	무신	기유	경술	신해	임자	
	양력	24	25	26	27	28	29	30	31	4/1	2	3	4	5	6	7	8	9	10	11	12	13	14	15	16	17	18	19	20	21	
윤달 3월	음력	1	2	3	4	5	6	7	8	9	10	11	12	13	14	15	16	17	18	19	20	21	22	23	24	25	26	27	28	29	30
	일주	계축	갑인	을묘	병진	정사	무오	기미	경신	신유	임술	계해	갑자	을축	병인	정묘	무진	기사	경오	신미	임신	계유	갑술	을해	병자	정축	무인	기묘	경진	신사	임오
	양력	22	23	24	25	26	27	28	29	30	5/1	2	3	4	5	6	7	8	9	10	11	12	13	14	15	16	17	18	19	20	21
4월	음력	1	2	3	4	5	6	7	8	9	10	11	12	13	14	15	16	17	18	19	20	21	22	23	24	25	26	27	28	29	
	일주	계미	갑신	을유	병술	정해	무자	기축	경인	신묘	임진	계사	갑오	을미	병신	정유	무술	기해	경자	신축	임인	계묘	갑진	을사	병오	정미	무신	기유	경술	신해	
	양력	22	23	24	25	26	27	28	29	30	31	6/1	2	3	4	5	6	7	8	9	10	11	12	13	14	15	16	17	18	19	
5월	음력	1	2	3	4	5	6	7	8	9	10	11	12	13	14	15	16	17	18	19	20	21	22	23	24	25	26	27	28		
	일주	임자	계축	갑인	을묘	병진	정사	무오	기미	경신	신유	임술	계해	갑자	을축	병인	정묘	무진	기사	경오	신미	임신	계유	갑술	을해	병자	정축	무인	기묘		
	양력	20	21	22	23	24	25	26	27	28	29	30	7/1	2	3	4	5	6	7	8	9	10	11	12	13	14	15	16	17	18	
6월	음력	1	2	3	4	5	6	7	8	9	10	11	12	13	14	15	16	17	18	19	20	21	22	23	24	25	26	27	28	29	30
	일주	신사	임오	계미	갑신	을유	병술	정해	무자	기축	경인	신묘	임진	계사	갑오	을미	병신	정유	무술	기해	경자	신축	임인	계묘	갑진	을사	병오	정미	무신	기유	경술
	양력	19	20	21	22	23	24	25	26	27	28	29	30	31	8/1	2	3	4	5	6	7	8	9	10	11	12	13	14	15	16	17
7월	음력	1	2	3	4	5	6	7	8	9	10	11	12	13	14	15	16	17	18	19	20	21	22	23	24	25	26	27	28	29	
	일주	신해	임자	계축	갑인	을묘	병진	정사	무오	기미	경신	신유	임술	계해	갑자	을축	병인	정묘	무진	기사	경오	신미	임신	계유	갑술	을해	병자	정축	무인	기묘	
	양력	18	19	20	21	22	23	24	25	26	27	28	29	30	31	9/1	2	3	4	5	6	7	8	9	10	11	12	13	14	15	
8월	음력	1	2	3	4	5	6	7	8	9	10	11	12	13	14	15	16	17	18	19	20	21	22	23	24	25	26	27	28	29	30
	일주	경진	신사	임오	계미	갑신	을유	병술	정해	무자	기축	경인	신묘	임진	계사	갑오	을미	병신	정유	무술	기해	경자	신축	임인	계묘	갑진	을사	병오	정미	무신	기유
	양력	16	17	18	19	20	21	22	23	24	25	26	27	28	29	30	10/1	2	3	4	5	6	7	8	9	10	11	12	13	14	15
9월	음력	1	2	3	4	5	6	7	8	9	10	11	12	13	14	15	16	17	18	19	20	21	22	23	24	25	26	27	28	29	
	일주	경술	신해	임자	계축	갑인	을묘	병진	정사	무오	기미	경신	신유	임술	계해	갑자	을축	병인	정묘	무진	기사	경오	신미	임신	계유	갑술	을해	병자	정축	무인	
	양력	16	17	18	19	20	21	22	23	24	25	26	27	28	29	30	31	11/1	2	3	4	5	6	7	8	9	10	11	12	13	
10월	음력	1	2	3	4	5	6	7	8	9	10	11	12	13	14	15	16	17	18	19	20	21	22	23	24	25	26	27	28	29	30
	일주	기묘	경진	신사	임오	계미	갑신	을유	병술	정해	무자	기축	경인	신묘	임진	계사	갑오	을미	병신	정유	무술	기해	경자	신축	임인	계묘	갑진	을사	병오	정미	무신
	양력	14	15	16	17	18	19	20	21	22	23	24	25	26	27	28	29	30	12/1	2	3	4	5	6	7	8	9	10	11	12	13
11월	음력	1	2	3	4	5	6	7	8	9	10	11	12	13	14	15	16	17	18	19	20	21	22	23	24	25	26	27	28	29	30
	일주	기유	경술	신해	임자	계축	갑인	을묘	병진	정사	무오	기미	경신	신유	임술	계해	갑자	을축	병인	정묘	무진	기사	경오	신미	임신	계유	갑술	을해	병자	정축	무인
	양력	14	15	16	17	18	19	20	21	22	23	24	25	26	27	28	29	30	31	1/1	2	3	4	5	6	7	8	9	10	11	12
12월	음력	1	2	3	4	5	6	7	8	9	10	11	12	13	14	15	16	17	18	19	20	21	22	23	24	25	26	27	28	29	30
	일주	기묘	경진	신사	임오	계미	갑신	을유	병술	정해	무자	기축	경인	신묘	임진	계사	갑오	을미	병신	정유	무술	기해	경자	신축	임인	계묘	갑진	을사	병오	정미	무신
	양력	13	14	15	16	17	18	19	20	21	22	23	24	25	26	27	28	29	30	31	2/1	2	3	4	5	6	7	8	9	10	11

병신 丙申　1956년생 (음력기준)

1월	음력	1	2	3	4	5	6	7	8	9	10	11	12	13	14	15	16	17	18	19	20	21	22	23	24	25	26	27	28	29	
	일주	기유	경술	신해	임자	계축	갑인	을묘	병진	정사	무오	기미	경신	신유	임술	계해	갑자	을축	병인	정묘	무진	기사	경오	신미	임신	계유	갑술	을해	병자	정축	
	양력	12	13	14	15	16	17	18	19	20	21	22	23	24	25	26	27	28	29	3/1	2	3	4	5	6	7	8	9	10	11	
2월	음력	1	2	3	4	5	6	7	8	9	10	11	12	13	14	15	16	17	18	19	20	21	22	23	24	25	26	27	28	29	30
	일주	무인	기묘	경진	신사	임오	계미	갑신	을유	병술	정해	무자	기축	경인	신묘	임진	계사	갑오	을미	병신	정유	무술	기해	경자	신축	임인	계묘	갑진	을사	병오	정미
	양력	12	13	14	15	16	17	18	19	20	21	22	23	24	25	26	27	28	29	30	31	4/1	2	3	4	5	6	7	8	9	10
3월	음력	1	2	3	4	5	6	7	8	9	10	11	12	13	14	15	16	17	18	19	20	21	22	23	24	25	26	27	28	29	
	일주	무신	기유	경술	신해	임자	계축	갑인	을묘	병진	정사	무오	기미	경신	신유	임술	계해	갑자	을축	병인	정묘	무진	기사	경오	신미	임신	계유	갑술	을해	병자	
	양력	11	12	13	14	15	16	17	18	19	20	21	22	23	24	25	26	27	28	29	30	5/1	2	3	4	5	6	7	8	9	
4월	음력	1	2	3	4	5	6	7	8	9	10	11	12	13	14	15	16	17	18	19	20	21	22	23	24	25	26	27	28	29	30
	일주	정축	무인	기묘	경진	신사	임오	계미	갑신	을유	병술	정해	무자	기축	경인	신묘	임진	계사	갑오	을미	병신	정유	무술	기해	경자	신축	임인	계묘	갑진	을사	병오
	양력	10	11	12	13	14	15	16	17	18	19	20	21	22	23	24	25	26	27	28	29	30	31	6/1	2	3	4	5	6	7	8
5월	음력	1	2	3	4	5	6	7	8	9	10	11	12	13	14	15	16	17	18	19	20	21	22	23	24	25	26	27	28	29	
	일주	정미	무신	기유	경술	신해	임자	계축	갑인	을묘	병진	정사	무오	기미	경신	신유	임술	계해	갑자	을축	병인	정묘	무진	기사	경오	신미	임신	계유	갑술	을해	
	양력	9	10	11	12	13	14	15	16	17	18	19	20	21	22	23	24	25	26	27	28	29	30	7/1	2	3	4	5	6	7	
6월	음력	1	2	3	4	5	6	7	8	9	10	11	12	13	14	15	16	17	18	19	20	21	22	23	24	25	26	27	28	29	
	일주	병자	정축	무인	기묘	경진	신사	임오	계미	갑신	을유	병술	정해	무자	기축	경인	신묘	임진	계사	갑오	을미	병신	정유	무술	기해	경자	신축	임인	계묘	갑진	
	양력	8	9	10	11	12	13	14	15	16	17	18	19	20	21	22	23	24	25	26	27	28	29	30	31	8/1	2	3	4	5	
7월	음력	1	2	3	4	5	6	7	8	9	10	11	12	13	14	15	16	17	18	19	20	21	22	23	24	25	26	27	28	29	30
	일주	을사	병오	정미	무신	기유	경술	신해	임자	계축	갑인	을묘	병진	정사	무오	기미	경신	신유	임술	계해	갑자	을축	병인	정묘	무진	기사	경오	신미	임신	계유	갑술
	양력	6	7	8	9	10	11	12	13	14	15	16	17	18	19	20	21	22	23	24	25	26	27	28	29	30	31	9/1	2	3	4
8월	음력	1	2	3	4	5	6	7	8	9	10	11	12	13	14	15	16	17	18	19	20	21	22	23	24	25	26	27	28	29	
	일주	을해	병자	정축	무인	기묘	경진	신사	임오	계미	갑신	을유	병술	정해	무자	기축	경인	신묘	임진	계사	갑오	을미	병신	정유	무술	기해	경자	신축	임인	계묘	
	양력	5	6	7	8	9	10	11	12	13	14	15	16	17	18	19	20	21	22	23	24	25	26	27	28	29	30	10/1	2	3	
9월	음력	1	2	3	4	5	6	7	8	9	10	11	12	13	14	15	16	17	18	19	20	21	22	23	24	25	26	27	28	29	30
	일주	갑진	을사	병오	정미	무신	기유	경술	신해	임자	계축	갑인	을묘	병진	정사	무오	기미	경신	신유	임술	계해	갑자	을축	병인	정묘	무진	기사	경오	신미	임신	계유
	양력	4	5	6	7	8	9	10	11	12	13	14	15	16	17	18	19	20	21	22	23	24	25	26	27	28	29	30	31	11/1	2
10월	음력	1	2	3	4	5	6	7	8	9	10	11	12	13	14	15	16	17	18	19	20	21	22	23	24	25	26	27	28	29	
	일주	갑술	을해	병자	정축	무인	기묘	경진	신사	임오	계미	갑신	을유	병술	정해	무자	기축	경인	신묘	임진	계사	갑오	을미	병신	정유	무술	기해	경자	신축	임인	
	양력	3	4	5	6	7	8	9	10	11	12	13	14	15	16	17	18	19	20	21	22	23	24	25	26	27	28	29	30	12/1	
11월	음력	1	2	3	4	5	6	7	8	9	10	11	12	13	14	15	16	17	18	19	20	21	22	23	24	25	26	27	28	29	30
	일주	계묘	갑진	을사	병오	정미	무신	기유	경술	신해	임자	계축	갑인	을묘	병진	정사	무오	기미	경신	신유	임술	계해	갑자	을축	병인	정묘	무진	기사	경오	신미	임신
	양력	2	3	4	5	6	7	8	9	10	11	12	13	14	15	16	17	18	19	20	21	22	23	24	25	26	27	28	29	30	31
12월	음력	1	2	3	4	5	6	7	8	9	10	11	12	13	14	15	16	17	18	19	20	21	22	23	24	25	26	27	28	29	30
	일주	계유	갑술	을해	병자	정축	무인	기묘	경진	신사	임오	계미	갑신	을유	병술	정해	무자	기축	경인	신묘	임진	계사	갑오	을미	병신	정유	무술	기해	경자	신축	임인
	양력	1/1	2	3	4	5	6	7	8	9	10	11	12	13	14	15	16	17	18	19	20	21	22	23	24	25	26	27	28	29	30

정유 丁酉　1957년생 (음력기준)

1월
음력	1	2	3	4	5	6	7	8	9	10	11	12	13	14	15	16	17	18	19	20	21	22	23	24	25	26	27	28	29	30
일주	계묘	갑진	을사	병오	정미	무신	기유	경술	신해	임자	계축	갑인	을묘	병진	정사	무오	기미	경신	신유	임술	계해	갑자	을축	병인	정묘	무진	기사	경오	신미	임신
양력	31	2/1	2	3	4	5	6	7	8	9	10	11	12	13	14	15	16	17	18	19	20	21	22	23	24	25	26	27	28	3/1

2월
음력	1	2	3	4	5	6	7	8	9	10	11	12	13	14	15	16	17	18	19	20	21	22	23	24	25	26	27	28	29
일주	계유	갑술	을해	병자	정축	무인	기묘	경진	신사	임오	계미	갑신	을유	병술	정해	무자	기축	경인	신묘	임진	계사	갑오	을미	병신	정유	무술	기해	경자	신축
양력	2	3	4	5	6	7	8	9	10	11	12	13	14	15	16	17	18	19	20	21	22	23	24	25	26	27	28	29	30

3월
음력	1	2	3	4	5	6	7	8	9	10	11	12	13	14	15	16	17	18	19	20	21	22	23	24	25	26	27	28	29	30
일주	임인	계묘	갑진	을사	병오	정미	무신	기유	경술	신해	임자	계축	갑인	을묘	병진	정사	무오	기미	경신	신유	임술	계해	갑자	을축	병인	정묘	무진	기사	경오	신미
양력	31	4/1	2	3	4	5	6	7	8	9	10	11	12	13	14	15	16	17	18	19	20	21	22	23	24	25	26	27	28	29

4월
음력	1	2	3	4	5	6	7	8	9	10	11	12	13	14	15	16	17	18	19	20	21	22	23	24	25	26	27	28	29
일주	임신	계유	갑술	을해	병자	정축	무인	기묘	경진	신사	임오	계미	갑신	을유	병술	정해	무자	기축	경인	신묘	임진	계사	갑오	을미	병신	정유	무술	기해	경자
양력	30	5/1	2	3	4	5	6	7	8	9	10	11	12	13	14	15	16	17	18	19	20	21	22	23	24	25	26	27	28

5월
음력	1	2	3	4	5	6	7	8	9	10	11	12	13	14	15	16	17	18	19	20	21	22	23	24	25	26	27	28	29	30
일주	신축	임인	계묘	갑진	을사	병오	정미	무신	기유	경술	신해	임자	계축	갑인	을묘	병진	정사	무오	기미	경신	신유	임술	계해	갑자	을축	병인	정묘	무진	기사	경오
양력	28	29	30	7/1	2	3	4	5	6	7	8	9	10	11	12	13	14	15	16	17	18	19	20	21	22	23	24	25	26	27

6월
음력	1	2	3	4	5	6	7	8	9	10	11	12	13	14	15	16	17	18	19	20	21	22	23	24	25	26	27	28	29
일주	신미	임신	계유	갑술	을해	병자	정축	무인	기묘	경진	신사	임오	계미	갑신	을유	병술	정해	무자	기축	경인	신묘	임진	계사	갑오	을미	병신	정유	무술	기해
양력	29	30	31	6/1	2	3	4	5	6	7	8	9	10	11	12	13	14	15	16	17	18	19	20	21	22	23	24	25	26

7월
음력	1	2	3	4	5	6	7	8	9	10	11	12	13	14	15	16	17	18	19	20	21	22	23	24	25	26	27	28	29
일주	경자	신축	임인	계묘	갑진	을사	병오	정미	무신	기유	경술	신해	임자	계축	갑인	을묘	병진	정사	무오	기미	경신	신유	임술	계해	갑자	을축	병인	정묘	무진
양력	27	28	29	30	31	8/1	2	3	4	5	6	7	8	9	10	11	12	13	14	15	16	17	18	19	20	21	22	23	24

8월
음력	1	2	3	4	5	6	7	8	9	10	11	12	13	14	15	16	17	18	19	20	21	22	23	24	25	26	27	28	29	30
일주	기사	경오	신미	임신	계유	갑술	을해	병자	정축	무인	기묘	경진	신사	임오	계미	갑신	을유	병술	정해	무자	기축	경인	신묘	임진	계사	갑오	을미	병신	정유	무술
양력	25	26	27	28	29	30	31	10/1	2	3	4	5	6	7	8	9	10	11	12	13	14	15	16	17	18	19	20	21	22	23

윤달 8월
음력	1	2	3	4	5	6	7	8	9	10	11	12	13	14	15	16	17	18	19	20	21	22	23	24	25	26	27	28	29
일주	기해	경자	신축	임인	계묘	갑진	을사	병오	정미	무신	기유	경술	신해	임자	계축	갑인	을묘	병진	정사	무오	기미	경신	신유	임술	계해	갑자	을축	병인	정묘
양력	24	25	26	27	28	29	30	10/1	2	3	4	5	6	7	8	9	10	11	12	13	14	15	16	17	18	19	20	21	22

9월
음력	1	2	3	4	5	6	7	8	9	10	11	12	13	14	15	16	17	18	19	20	21	22	23	24	25	26	27	28	29	30
일주	무진	기사	경오	신미	임신	계유	갑술	을해	병자	정축	무인	기묘	경진	신사	임오	계미	갑신	을유	병술	정해	무자	기축	경인	신묘	임진	계사	갑오	을미	병신	정유
양력	23	24	25	26	27	28	29	30	31	11/1	2	3	4	5	6	7	8	9	10	11	12	13	14	15	16	17	18	19	20	21

10월
음력	1	2	3	4	5	6	7	8	9	10	11	12	13	14	15	16	17	18	19	20	21	22	23	24	25	26	27	28	29	30
일주	무술	기해	경자	신축	임인	계묘	갑진	을사	병오	정미	무신	기유	경술	신해	임자	계축	갑인	을묘	병진	정사	무오	기미	경신	신유	임술	계해	갑자	을축	병인	정묘
양력	22	23	24	25	26	27	28	29	30	12/1	2	3	4	5	6	7	8	9	10	11	12	13	14	15	16	17	18	19	20	21

11월
음력	1	2	3	4	5	6	7	8	9	10	11	12	13	14	15	16	17	18	19	20	21	22	23	24	25	26	27	28	29	30
일주	정묘	무진	기사	경오	신미	임신	계유	갑술	을해	병자	정축	무인	기묘	경진	신사	임오	계미	갑신	을유	병술	정해	무자	기축	경인	신묘	임진	계사	갑오	을미	병신
양력	21	22	23	24	25	26	27	28	29	30	31	1/1	2	3	4	5	6	7	8	9	10	11	12	13	14	15	16	17	18	19

12월
음력	1	2	3	4	5	6	7	8	9	10	11	12	13	14	15	16	17	18	19	20	21	22	23	24	25	26	27	28	29	30
일주	정유	무술	기해	경자	신축	임인	계묘	갑진	을사	병오	정미	무신	기유	경술	신해	임자	계축	갑인	을묘	병진	정사	무오	기미	경신	신유	임술	계해	갑자	을축	병인
양력	20	21	22	23	24	25	26	27	28	29	30	31	2/1	2	3	4	5	6	7	8	9	10	11	12	13	14	15	16	17	18

무 술 戊戌　　1958년생 (음력기준)

1월	음력	1	2	3	4	5	6	7	8	9	10	11	12	13	14	15	16	17	18	19	20	21	22	23	24	25	26	27	28	29	
	일주	정묘	무진	기사	경오	신미	임신	계유	갑술	을해	병자	정축	무인	기묘	경진	신사	임오	계미	갑신	을유	병술	정해	무자	기축	경인	신묘	임진	계사	갑오	을미	
	양력	19	20	21	22	23	24	25	26	27	28	3/1	2	3	4	5	6	7	8	9	10	11	12	13	14	15	16	17	18	19	
2월	음력	1	2	3	4	5	6	7	8	9	10	11	12	13	14	15	16	17	18	19	20	21	22	23	24	25	26	27	28	29	30
	일주	병신	정유	무술	기해	경자	신축	임인	계묘	갑진	을사	병오	정미	무신	기유	경술	신해	임자	계축	갑인	을묘	병진	정사	무오	기미	경신	신유	임술	계해	갑자	을축
	양력	20	21	22	23	24	25	26	27	28	29	30	31	4/1	2	3	4	5	6	7	8	9	10	11	12	13	14	15	16	17	18
3월	음력	1	2	3	4	5	6	7	8	9	10	11	12	13	14	15	16	17	18	19	20	21	22	23	24	25	26	27	28	29	30
	일주	병인	정묘	무진	기사	경오	신미	임신	계유	갑술	을해	병자	정축	무인	기묘	경진	신사	임오	계미	갑신	을유	병술	정해	무자	기축	경인	신묘	임진	계사	갑오	을미
	양력	19	20	21	22	23	24	25	26	27	28	29	30	5/1	2	3	4	5	6	7	8	9	10	11	12	13	14	15	16	17	18
4월	음력	1	2	3	4	5	6	7	8	9	10	11	12	13	14	15	16	17	18	19	20	21	22	23	24	25	26	27	28	29	
	일주	병신	정유	무술	기해	경자	신축	임인	계묘	갑진	을사	병오	정미	무신	기유	경술	신해	임자	계축	갑인	을묘	병진	정사	무오	기미	경신	신유	임술	계해	갑자	
	양력	19	20	21	22	23	24	25	26	27	28	29	30	31	6/1	2	3	4	5	6	7	8	9	10	11	12	13	14	15	16	
5월	음력	1	2	3	4	5	6	7	8	9	10	11	12	13	14	15	16	17	18	19	20	21	22	23	24	25	26	27	28	29	30
	일주	을축	병인	정묘	무진	기사	경오	신미	임신	계유	갑술	을해	병자	정축	무인	기묘	경진	신사	임오	계미	갑신	을유	병술	정해	무자	기축	경인	신묘	임진	계사	갑오
	양력	17	18	19	20	21	22	23	24	25	26	27	28	29	30	7/1	2	3	4	5	6	7	8	9	10	11	12	13	14	15	16
6월	음력	1	2	3	4	5	6	7	8	9	10	11	12	13	14	15	16	17	18	19	20	21	22	23	24	25	26	27	28	29	
	일주	을미	병신	정유	무술	기해	경자	신축	임인	계묘	갑진	을사	병오	정미	무신	기유	경술	신해	임자	계축	갑인	을묘	병진	정사	무오	기미	경신	신유	임술	계해	
	양력	17	18	19	20	21	22	23	24	25	26	27	28	29	30	31	8/1	2	3	4	5	6	7	8	9	10	11	12	13	14	
7월	음력	1	2	3	4	5	6	7	8	9	10	11	12	13	14	15	16	17	18	19	20	21	22	23	24	25	26	27	28	29	
	일주	갑자	을축	병인	정묘	무진	기사	경오	신미	임신	계유	갑술	을해	병자	정축	무인	기묘	경진	신사	임오	계미	갑신	을유	병술	정해	무자	기축	경인	신묘	임진	
	양력	15	16	17	18	19	20	21	22	23	24	25	26	27	28	29	30	31	9/1	2	3	4	5	6	7	8	9	10	11	12	
8월	음력	1	2	3	4	5	6	7	8	9	10	11	12	13	14	15	16	17	18	19	20	21	22	23	24	25	26	27	28	29	30
	일주	계사	갑오	을미	병신	정유	무술	기해	경자	신축	임인	계묘	갑진	을사	병오	정미	무신	기유	경술	신해	임자	계축	갑인	을묘	병진	정사	무오	기미	경신	신유	임술
	양력	13	14	15	16	17	18	19	20	21	22	23	24	25	26	27	28	29	30	10/1	2	3	4	5	6	7	8	9	10	11	12
9월	음력	1	2	3	4	5	6	7	8	9	10	11	12	13	14	15	16	17	18	19	20	21	22	23	24	25	26	27	28	29	
	일주	계해	갑자	을축	병인	정묘	무진	기사	경오	신미	임신	계유	갑술	을해	병자	정축	무인	기묘	경진	신사	임오	계미	갑신	을유	병술	정해	무자	기축	경인	신묘	
	양력	13	14	15	16	17	18	19	20	21	22	23	24	25	26	27	28	29	30	31	11/1	2	3	4	5	6	7	8	9	10	
10월	음력	1	2	3	4	5	6	7	8	9	10	11	12	13	14	15	16	17	18	19	20	21	22	23	24	25	26	27	28	29	30
	일주	임진	계사	갑오	을미	병신	정유	무술	기해	경자	신축	임인	계묘	갑진	을사	병오	정미	무신	기유	경술	신해	임자	계축	갑인	을묘	병진	정사	무오	기미	경신	신유
	양력	11	12	13	14	15	16	17	18	19	20	21	22	23	24	25	26	27	28	29	30	12/1	2	3	4	5	6	7	8	9	10
11월	음력	1	2	3	4	5	6	7	8	9	10	11	12	13	14	15	16	17	18	19	20	21	22	23	24	25	26	27	28	29	
	일주	임술	계해	갑자	을축	병인	정묘	무진	기사	경오	신미	임신	계유	갑술	을해	병자	정축	무인	기묘	경진	신사	임오	계미	갑신	을유	병술	정해	무자	기축	경인	
	양력	11	12	13	14	15	16	17	18	19	20	21	22	23	24	25	26	27	28	29	30	31	1/1	2	3	4	5	6	7	8	
12월	음력	1	2	3	4	5	6	7	8	9	10	11	12	13	14	15	16	17	18	19	20	21	22	23	24	25	26	27	28	29	30
	일주	신묘	임진	계사	갑오	을미	병신	정유	무술	기해	경자	신축	임인	계묘	갑진	을사	병오	정미	무신	기유	경술	신해	임자	계축	갑인	을묘	병진	정사	무오	기미	경신
	양력	9	10	11	12	13	14	15	16	17	18	19	20	21	22	23	24	25	26	27	28	29	30	31	2/1	2	3	4	5	6	7

기 해 己亥 1959년생 (음력기준)

1월

음력	1	2	3	4	5	6	7	8	9	10	11	12	13	14	15	16	17	18	19	20	21	22	23	24	25	26	27	28	29	
일주	신유	임술	계해	갑자	을축	병인	정묘	무진	기사	경오	신미	임신	계유	갑술	을해	병자	정축	무인	기묘	경진	신사	임오	계미	갑신	을유	병술	정해	무자	기축	
양력	8	9	10	11	12	13	14	15	16	17	18	19	20	21	22	23	24	25	26	27	28	3/1	2	3	4	5	6	7	8	

2월

음력	1	2	3	4	5	6	7	8	9	10	11	12	13	14	15	16	17	18	19	20	21	22	23	24	25	26	27	28	29	30
일주	경인	신묘	임진	계사	갑오	을미	병신	정유	무술	기해	경자	신축	임인	계묘	갑진	을사	병오	정미	무신	기유	경술	신해	임자	계축	갑인	을묘	병진	정사	무오	기미
양력	9	10	11	12	13	14	15	16	17	18	19	20	21	22	23	24	25	26	27	28	29	30	31	4/1	2	3	4	5	6	7

3월

음력	1	2	3	4	5	6	7	8	9	10	11	12	13	14	15	16	17	18	19	20	21	22	23	24	25	26	27	28	29	30
일주	경신	신유	임술	계해	갑자	을축	병인	정묘	무진	기사	경오	신미	임신	계유	갑술	을해	병자	정축	무인	기묘	경진	신사	임오	계미	갑신	을유	병술	정해	무자	기축
양력	8	9	10	11	12	13	14	15	16	17	18	19	20	21	22	23	24	25	26	27	28	29	30	5/1	2	3	4	5	6	7

4월

음력	1	2	3	4	5	6	7	8	9	10	11	12	13	14	15	16	17	18	19	20	21	22	23	24	25	26	27	28	29	
일주	경인	신묘	임진	계사	갑오	을미	병신	정유	무술	기해	경자	신축	임인	계묘	갑진	을사	병오	정미	무신	기유	경술	신해	임자	계축	갑인	을묘	병진	정사	무오	
양력	8	9	10	11	12	13	14	15	16	17	18	19	20	21	22	23	24	25	26	27	28	29	30	31	6/1	2	3	4	5	

5월

음력	1	2	3	4	5	6	7	8	9	10	11	12	13	14	15	16	17	18	19	20	21	22	23	24	25	26	27	28	29	30
일주	기미	경신	신유	임술	계해	갑자	을축	병인	정묘	무진	기사	경오	신미	임신	계유	갑술	을해	병자	정축	무인	기묘	경진	신사	임오	계미	갑신	을유	병술	정해	무자
양력	6	7	8	9	10	11	12	13	14	15	16	17	18	19	20	21	22	23	24	25	26	27	28	29	30	7/1	2	3	4	5

6월

음력	1	2	3	4	5	6	7	8	9	10	11	12	13	14	15	16	17	18	19	20	21	22	23	24	25	26	27	28	29	
일주	기축	경인	신묘	임진	계사	갑오	을미	병신	정유	무술	기해	경자	신축	임인	계묘	갑진	을사	병오	정미	무신	기유	경술	신해	임자	계축	갑인	을묘	병진	정사	
양력	6	7	8	9	10	11	12	13	14	15	16	17	18	19	20	21	22	23	24	25	26	27	28	29	30	31	8/1	2	3	

7월

음력	1	2	3	4	5	6	7	8	9	10	11	12	13	14	15	16	17	18	19	20	21	22	23	24	25	26	27	28	29	30
일주	무오	기미	경신	신유	임술	계해	갑자	을축	병인	정묘	무진	기사	경오	신미	임신	계유	갑술	을해	병자	정축	무인	기묘	경진	신사	임오	계미	갑신	을유	병술	정해
양력	4	5	6	7	8	9	10	11	12	13	14	15	16	17	18	19	20	21	22	23	24	25	26	27	28	29	30	31	9/1	2

8월

음력	1	2	3	4	5	6	7	8	9	10	11	12	13	14	15	16	17	18	19	20	21	22	23	24	25	26	27	28	29	
일주	무자	기축	경인	신묘	임진	계사	갑오	을미	병신	정유	무술	기해	경자	신축	임인	계묘	갑진	을사	병오	정미	무신	기유	경술	신해	임자	계축	갑인	을묘	병진	
양력	3	4	5	6	7	8	9	10	11	12	13	14	15	16	17	18	19	20	21	22	23	24	25	26	27	28	29	30	10/1	

9월

음력	1	2	3	4	5	6	7	8	9	10	11	12	13	14	15	16	17	18	19	20	21	22	23	24	25	26	27	28	29	30
일주	정사	무오	기미	경신	신유	임술	계해	갑자	을축	병인	정묘	무진	기사	경오	신미	임신	계유	갑술	을해	병자	정축	무인	기묘	경진	신사	임오	계미	갑신	을유	병술
양력	2	3	4	5	6	7	8	9	10	11	12	13	14	15	16	17	18	19	20	21	22	23	24	25	26	27	28	29	30	31

10월

음력	1	2	3	4	5	6	7	8	9	10	11	12	13	14	15	16	17	18	19	20	21	22	23	24	25	26	27	28	29	
일주	정해	무자	기축	경인	신묘	임진	계사	갑오	을미	병신	정유	무술	기해	경자	신축	임인	계묘	갑진	을사	병오	정미	무신	기유	경술	신해	임자	계축	갑인	을묘	
양력	11/1	2	3	4	5	6	7	8	9	10	11	12	13	14	15	16	17	18	19	20	21	22	23	24	25	26	27	28	29	

11월

음력	1	2	3	4	5	6	7	8	9	10	11	12	13	14	15	16	17	18	19	20	21	22	23	24	25	26	27	28	29	30
일주	병진	정사	무오	기미	경신	신유	임술	계해	갑자	을축	병인	정묘	무진	기사	경오	신미	임신	계유	갑술	을해	병자	정축	무인	기묘	경진	신사	임오	계미	갑신	을유
양력	30	12/1	2	3	4	5	6	7	8	9	10	11	12	13	14	15	16	17	18	19	20	21	22	23	24	25	26	27	28	29

12월

음력	1	2	3	4	5	6	7	8	9	10	11	12	13	14	15	16	17	18	19	20	21	22	23	24	25	26	27	28	29	
일주	병술	정해	무자	기축	경인	신묘	임진	계사	갑오	을미	병신	정유	무술	기해	경자	신축	임인	계묘	갑진	을사	병오	정미	무신	기유	경술	신해	임자	계축	갑인	
양력	30	31	1/1	2	3	4	5	6	7	8	9	10	11	12	13	14	15	16	17	18	19	20	21	22	23	24	25	26	27	

경 자 庚子

1960년생 (음력기준)

1월	음력	1	2	3	4	5	6	7	8	9	10	11	12	13	14	15	16	17	18	19	20	21	22	23	24	25	26	27	28	29	30
	일주	을묘	병진	정사	무오	기미	경신	신유	임술	계해	갑자	을축	병인	정묘	무진	기사	경오	신미	임신	계유	갑술	을해	병자	정축	무인	기묘	경진	신사	임오	계미	갑신
	양력	28	29	30	31	2/1	2	3	4	5	6	7	8	9	10	11	12	13	14	15	16	17	18	19	20	21	22	23	24	25	26
2월	음력	1	2	3	4	5	6	7	8	9	10	11	12	13	14	15	16	17	18	19	20	21	22	23	24	25	26	27	28	29	
	일주	을유	병술	정해	무자	기축	경인	신묘	임진	계사	갑오	을미	병신	정유	무술	기해	경자	신축	임인	계묘	갑진	을사	병오	정미	무신	기유	경술	신해	임자	계축	
	양력	27	28	29	3/1	2	3	4	5	6	7	8	9	10	11	12	13	14	15	16	17	18	19	20	21	22	23	24	25	26	
3월	음력	1	2	3	4	5	6	7	8	9	10	11	12	13	14	15	16	17	18	19	20	21	22	23	24	25	26	27	28	29	30
	일주	갑인	을묘	병진	정사	무오	기미	경신	신유	임술	계해	갑자	을축	병인	정묘	무진	기사	경오	신미	임신	계유	갑술	을해	병자	정축	무인	기묘	경진	신사	임오	계미
	양력	27	28	29	30	31	4/1	2	3	4	5	6	7	8	9	10	11	12	13	14	15	16	17	18	19	20	21	22	23	24	25
4월	음력	1	2	3	4	5	6	7	8	9	10	11	12	13	14	15	16	17	18	19	20	21	22	23	24	25	26	27	28	29	
	일주	갑신	을유	병술	정해	무자	기축	경인	신묘	임진	계사	갑오	을미	병신	정유	무술	기해	경자	신축	임인	계묘	갑진	을사	병오	정미	무신	기유	경술	신해	임자	
	양력	26	27	28	29	5/1	2	3	4	5	6	7	8	9	10	11	12	13	14	15	16	17	18	19	20	21	22	23	24		
5월	음력	1	2	3	4	5	6	7	8	9	10	11	12	13	14	15	16	17	18	19	20	21	22	23	24	25	26	27	28	29	30
	일주	계축	갑인	을묘	병진	정사	무오	기미	경신	신유	임술	계해	갑자	을축	병인	정묘	무진	기사	경오	신미	임신	계유	갑술	을해	병자	정축	무인	기묘	경진	신사	임오
	양력	25	26	27	28	29	30	31	6/1	2	3	4	5	6	7	8	9	10	11	12	13	14	15	16	17	18	19	20	21	22	23
6월	음력	1	2	3	4	5	6	7	8	9	10	11	12	13	14	15	16	17	18	19	20	21	22	23	24	25	26	27	28	29	30
	일주	계미	갑신	을유	병술	정해	무자	기축	경인	신묘	임진	계사	갑오	을미	병신	정유	무술	기해	경자	신축	임인	계묘	갑진	을사	병오	정미	무신	기유	경술	신해	임자
	양력	24	25	26	27	28	29	30	7/1	2	3	4	5	6	7	8	9	10	11	12	13	14	15	16	17	18	19	20	21	22	23
윤달 6월	음력	1	2	3	4	5	6	7	8	9	10	11	12	13	14	15	16	17	18	19	20	21									
	일주	계축	갑인	을묘	병진	정사	무오	기미	경신	신유	임술	계해	갑자	을축	병인	정묘	무진	기사	경오	신미	임신	계유									
	양력	24	25	26	27	28	29	30	31	8/1	2	3	4	5	6	7	8	9	10	11	12	13									
7월	음력	1	2	3	4	5	6	7	8	9	10	11	12	13	14	15	16	17	18	19	20	21	22	23	24	25	26	27	28	29	30
	일주	임술	계해	갑자	을축	병인	정묘	무진	기사	경오	신미	임신	계유	갑술	을해	병자	정축	무인	기묘	경진	신사	임오	계미	갑신	을유	병술	정해	무자	기축	경인	신묘
	양력	22	23	24	25	26	27	28	29	30	31	9/1	2	3	4	5	6	7	8	9	10	11	12	13	14	15	16	17	18	19	20
8월	음력	1	2	3	4	5	6	7	8	9	10	11	12	13	14	15	16	17	18	19	20	21	22	23	24	25	26	27	28	29	
	일주	임진	계사	갑오	을미	병신	정유	무술	기해	경자	신축	임인	계묘	갑진	을사	병오	정미	무신	기유	경술	신해	임자	계축	갑인	을묘	병진	정사	무오	기미	경신	
	양력	21	22	23	24	25	26	27	28	29	30	10/1	2	3	4	5	6	7	8	9	10	11	12	13	14	15	16	17	18	19	
9월	음력	1	2	3	4	5	6	7	8	9	10	11	12	13	14	15	16	17	18	19	20	21	22	23	24	25	26	27	28	29	30
	일주	신유	임술	계해	갑자	을축	병인	정묘	무진	기사	경오	신미	임신	계유	갑술	을해	병자	정축	무인	기묘	경진	신사	임오	계미	갑신	을유	병술	정해	무자	기축	경인
	양력	20	21	22	23	24	25	26	27	28	29	30	31	11/1	2	3	4	5	6	7	8	9	10	11	12	13	14	15	16	17	18
10월	음력	1	2	3	4	5	6	7	8	9	10	11	12	13	14	15	16	17	18	19	20	21	22	23	24	25	26	27	28	29	
	일주	신묘	임진	계사	갑오	을미	병신	정유	무술	기해	경자	신축	임인	계묘	갑진	을사	병오	정미	무신	기유	경술	신해	임자	계축	갑인	을묘	병진	정사	무오	기미	
	양력	19	20	21	22	23	24	25	26	27	28	29	30	12/1	2	3	4	5	6	7	8	9	10	11	12	13	14	15	16	17	
11월	음력	1	2	3	4	5	6	7	8	9	10	11	12	13	14	15	16	17	18	19	20	21	22	23	24	25	26	27	28	29	30
	일주	경신	신유	임술	계해	갑자	을축	병인	정묘	무진	기사	경오	신미	임신	계유	갑술	을해	병자	정축	무인	기묘	경진	신사	임오	계미	갑신	을유	병술	정해	무자	기축
	양력	18	19	20	21	22	23	24	25	26	27	28	29	30	31	1/1	2	3	4	5	6	7	8	9	10	11	12	13	14	15	16
12월	음력	1	2	3	4	5	6	7	8	9	10	11	12	13	14	15	16	17	18	19	20	21	22	23	24	25	26	27	28	29	
	일주	경인	신묘	임진	계사	갑오	을미	병신	정유	무술	기해	경자	신축	임인	계묘	갑진	을사	병오	정미	무신	기유	경술	신해	임자	계축	갑인	을묘	병진	정사	무오	
	양력	17	18	19	20	21	22	23	24	25	26	27	28	29	30	31	2/1	2	3	4	5	6	7	8	9	10	11	12	13	14	

신 축 辛丑　　1961년생(음력기준)

1월	음력	1	2	3	4	5	6	7	8	9	10	11	12	13	14	15	16	17	18	19	20	21	22	23	24	25	26	27	28	29	30
	일주	기묘	경진	신사	임오	계미	갑신	을유	병술	정해	무자	기축	경인	신묘	임진	계사	갑오	을미	병신	정유	무술	기해	경자	신축	임인	계묘	갑진	을사	병오	정미	무신
	양력	15	16	17	18	19	20	21	22	23	24	25	26	27	28	3/1	2	3	4	5	6	7	8	9	10	11	12	13	14	15	16
2월	음력	1	2	3	4	5	6	7	8	9	10	11	12	13	14	15	16	17	18	19	20	21	22	23	24	25	26	27	28	29	
	일주	기유	경술	신해	임자	계축	갑인	을묘	병진	정사	무오	기미	경신	신유	임술	계해	갑자	을축	병인	정묘	무진	기사	경오	신미	임신	계유	갑술	을해	병자	정축	
	양력	17	18	19	20	21	22	23	24	25	26	27	28	29	30	31	4/1	2	3	4	5	6	7	8	9	10	11	12	13	14	
3월	음력	1	2	3	4	5	6	7	8	9	10	11	12	13	14	15	16	17	18	19	20	21	22	23	24	25	26	27	28	29	30
	일주	무인	기묘	경진	신사	임오	계미	갑신	을유	병술	정해	무자	기축	경인	신묘	임진	계사	갑오	을미	병신	정유	무술	기해	경자	신축	임인	계묘	갑진	을사	병오	정미
	양력	15	16	17	18	19	20	21	22	23	24	25	26	27	28	29	30	5/1	2	3	4	5	6	7	8	9	10	11	12	13	14
4월	음력	1	2	3	4	5	6	7	8	9	10	11	12	13	14	15	16	17	18	19	20	21	22	23	24	25	26	27	28	29	
	일주	무신	기유	경술	신해	임자	계축	갑인	을묘	병진	정사	무오	기미	경신	신유	임술	계해	갑자	을축	병인	정묘	무진	기사	경오	신미	임신	계유	갑술	을해	병자	
	양력	15	16	17	18	19	20	21	22	23	24	25	26	27	28	29	30	31	6/1	2	3	4	5	6	7	8	9	10	11	12	
5월	음력	1	2	3	4	5	6	7	8	9	10	11	12	13	14	15	16	17	18	19	20	21	22	23	24	25	26	27	28	29	30
	일주	정축	무인	기묘	경진	신사	임오	계미	갑신	을유	병술	정해	무자	기축	경인	신묘	임진	계사	갑오	을미	병신	정유	무술	기해	경자	신축	임인	계묘	갑진	을사	병오
	양력	13	14	15	16	17	18	19	20	21	22	23	24	25	26	27	28	29	30	7/1	2	3	4	5	6	7	8	9	10	11	12
6월	음력	1	2	3	4	5	6	7	8	9	10	11	12	13	14	15	16	17	18	19	20	21	22	23	24	25	26	27	28	29	
	일주	정미	무신	기유	경술	신해	임자	계축	갑인	을묘	병진	정사	무오	기미	경신	신유	임술	계해	갑자	을축	병인	정묘	무진	기사	경오	신미	임신	계유	갑술	을해	
	양력	13	14	15	16	17	18	19	20	21	22	23	24	25	26	27	28	29	30	31	8/1	2	3	4	5	6	7	8	9	10	
7월	음력	1	2	3	4	5	6	7	8	9	10	11	12	13	14	15	16	17	18	19	20	21	22	23	24	25	26	27	28	29	30
	일주	병자	정축	무인	기묘	경진	신사	임오	계미	갑신	을유	병술	정해	무자	기축	경인	신묘	임진	계사	갑오	을미	병신	정유	무술	기해	경자	신축	임인	계묘	갑진	을사
	양력	11	12	13	14	15	16	17	18	19	20	21	22	23	24	25	26	27	28	29	30	31	9/1	2	3	4	5	6	7	8	9
8월	음력	1	2	3	4	5	6	7	8	9	10	11	12	13	14	15	16	17	18	19	20	21	22	23	24	25	26	27	28	29	30
	일주	병오	정미	무신	기유	경술	신해	임자	계축	갑인	을묘	병진	정사	무오	기미	경신	신유	임술	계해	갑자	을축	병인	정묘	무진	기사	경오	신미	임신	계유	갑술	을해
	양력	10	11	12	13	14	15	16	17	18	19	20	21	22	23	24	25	26	27	28	29	30	10/1	2	3	4	5	6	7	8	9
9월	음력	1	2	3	4	5	6	7	8	9	10	11	12	13	14	15	16	17	18	19	20	21	22	23	24	25	26	27	28	29	
	일주	병자	정축	무인	기묘	경진	신사	임오	계미	갑신	을유	병술	정해	무자	기축	경인	신묘	임진	계사	갑오	을미	병신	정유	무술	기해	경자	신축	임인	계묘	갑진	
	양력	10	11	12	13	14	15	16	17	18	19	20	21	22	23	24	25	26	27	28	29	30	31	11/1	2	3	4	5	6	7	
10월	음력	1	2	3	4	5	6	7	8	9	10	11	12	13	14	15	16	17	18	19	20	21	22	23	24	25	26	27	28	29	30
	일주	을사	병오	정미	무신	기유	경술	신해	임자	계축	갑인	을묘	병진	정사	무오	기미	경신	신유	임술	계해	갑자	을축	병인	정묘	무진	기사	경오	신미	임신	계유	갑술
	양력	8	9	10	11	12	13	14	15	16	17	18	19	20	21	22	23	24	25	26	27	28	29	30	12/1	2	3	4	5	6	7
11월	음력	1	2	3	4	5	6	7	8	9	10	11	12	13	14	15	16	17	18	19	20	21	22	23	24	25	26	27	28	29	
	일주	을해	병자	정축	무인	기묘	경진	신사	임오	계미	갑신	을유	병술	정해	무자	기축	경인	신묘	임진	계사	갑오	을미	병신	정유	무술	기해	경자	신축	임인	계묘	
	양력	8	9	10	11	12	13	14	15	16	17	18	19	20	21	22	23	24	25	26	27	28	29	30	31	1/1	2	3	4	5	
12월	음력	1	2	3	4	5	6	7	8	9	10	11	12	13	14	15	16	17	18	19	20	21	22	23	24	25	26	27	28	29	30
	일주	갑진	을사	병오	정미	무신	기유	경술	신해	임자	계축	갑인	을묘	병진	정사	무오	기미	경신	신유	임술	계해	갑자	을축	병인	정묘	무진	기사	경오	신미	임신	계유
	양력	6	7	8	9	10	11	12	13	14	15	16	17	18	19	20	21	22	23	24	25	26	27	28	29	30	31	2/1	2	3	4

임인 壬寅　　　　　　　　　　　　　　1962년생(음력기준)

1월
	음력	1	2	3	4	5	6	7	8	9	10	11	12	13	14	15	16	17	18	19	20	21	22	23	24	25	26	27	28	29	
1월	일주	갑술	을해	병자	정축	무인	기묘	경진	신사	임오	계미	갑신	을유	병술	정해	무자	기축	경인	신묘	임진	계사	갑오	을미	병신	정유	무술	기해	경자	신축	임인	
	양력	5	6	7	8	9	10	11	12	13	14	15	16	17	18	19	20	21	22	23	24	25	26	27	28	3/1	2	3	4	5	

2월
	음력	1	2	3	4	5	6	7	8	9	10	11	12	13	14	15	16	17	18	19	20	21	22	23	24	25	26	27	28	29	30
2월	일주	계묘	갑진	을사	병오	정미	무신	기유	경술	신해	임자	계축	갑인	을묘	병진	정사	무오	기미	경신	신유	임술	계해	갑자	을축	병인	정묘	무진	기사	경오	신미	임신
	양력	6	7	8	9	10	11	12	13	14	15	16	17	18	19	20	21	22	23	24	25	26	27	28	29	30	31	4/1	2	3	4

3월
	음력	1	2	3	4	5	6	7	8	9	10	11	12	13	14	15	16	17	18	19	20	21	22	23	24	25	26	27	28	29	
3월	일주	계유	갑술	을해	병자	정축	무인	기묘	경진	신사	임오	계미	갑신	을유	병술	정해	무자	기축	경인	신묘	임진	계사	갑오	을미	병신	정유	무술	기해	경자	신축	
	양력	5	6	7	8	9	10	11	12	13	14	15	16	17	18	19	20	21	22	23	24	25	26	27	28	29	30	5/1	2	3	

4월
	음력	1	2	3	4	5	6	7	8	9	10	11	12	13	14	15	16	17	18	19	20	21	22	23	24	25	26	27	28	29	
4월	일주	임인	계묘	갑진	을사	병오	정미	무신	기유	경술	신해	임자	계축	갑인	을묘	병진	정사	무오	기미	경신	신유	임술	계해	갑자	을축	병인	정묘	무진	기사	경오	
	양력	4	5	6	7	8	9	10	11	12	13	14	15	16	17	18	19	20	21	22	23	24	25	26	27	28	29	30	31	6/1	

5월
	음력	1	2	3	4	5	6	7	8	9	10	11	12	13	14	15	16	17	18	19	20	21	22	23	24	25	26	27	28	29	30
5월	일주	신미	임신	계유	갑술	을해	병자	정축	무인	기묘	경진	신사	임오	계미	갑신	을유	병술	정해	무자	기축	경인	신묘	임진	계사	갑오	을미	병신	정유	무술	기해	경자
	양력	2	3	4	5	6	7	8	9	10	11	12	13	14	15	16	17	18	19	20	21	22	23	24	25	26	27	28	29	30	7/1

6월
	음력	1	2	3	4	5	6	7	8	9	10	11	12	13	14	15	16	17	18	19	20	21	22	23	24	25	26	27	28	29	
6월	일주	신축	임인	계묘	갑진	을사	병오	정미	무신	기유	경술	신해	임자	계축	갑인	을묘	병진	정사	무오	기미	경신	신유	임술	계해	갑자	을축	병인	정묘	무진	기사	
	양력	2	3	4	5	6	7	8	9	10	11	12	13	14	15	16	17	18	19	20	21	22	23	24	25	26	27	28	29	30	

7월
	음력	1	2	3	4	5	6	7	8	9	10	11	12	13	14	15	16	17	18	19	20	21	22	23	24	25	26	27	28	29	30
7월	일주	경오	신미	임신	계유	갑술	을해	병자	정축	무인	기묘	경진	신사	임오	계미	갑신	을유	병술	정해	무자	기축	경인	신묘	임진	계사	갑오	을미	병신	정유	무술	기해
	양력	31	8/1	2	3	4	5	6	7	8	9	10	11	12	13	14	15	16	17	18	19	20	21	22	23	24	25	26	27	28	29

8월
	음력	1	2	3	4	5	6	7	8	9	10	11	12	13	14	15	16	17	18	19	20	21	22	23	24	25	26	27	28	29	30
8월	일주	경자	신축	임인	계묘	갑진	을사	병오	정미	무신	기유	경술	신해	임자	계축	갑인	을묘	병진	정사	무오	기미	경신	신유	임술	계해	갑자	을축	병인	정묘	무진	기사
	양력	30	31	9/1	2	3	4	5	6	7	8	9	10	11	12	13	14	15	16	17	18	19	20	21	22	23	24	25	26	27	28

9월
	음력	1	2	3	4	5	6	7	8	9	10	11	12	13	14	15	16	17	18	19	20	21	22	23	24	25	26	27	28	29	
9월	일주	경오	신미	임신	계유	갑술	을해	병자	정축	무인	기묘	경진	신사	임오	계미	갑신	을유	병술	정해	무자	기축	경인	신묘	임진	계사	갑오	을미	병신	정유	무술	
	양력	29	30	10/1	2	3	4	5	6	7	8	9	10	11	12	13	14	15	16	17	18	19	20	21	22	23	24	25	26	27	

10월
	음력	1	2	3	4	5	6	7	8	9	10	11	12	13	14	15	16	17	18	19	20	21	22	23	24	25	26	27	28	29	30
10월	일주	기해	경자	신축	임인	계묘	갑진	을사	병오	정미	무신	기유	경술	신해	임자	계축	갑인	을묘	병진	정사	무오	기미	경신	신유	임술	계해	갑자	을축	병인	정묘	무진
	양력	28	29	30	31	11/1	2	3	4	5	6	7	8	9	10	11	12	13	14	15	16	17	18	19	20	21	22	23	24	25	26

11월
	음력	1	2	3	4	5	6	7	8	9	10	11	12	13	14	15	16	17	18	19	20	21	22	23	24	25	26	27	28	29	30
11월	일주	기사	경오	신미	임신	계유	갑술	을해	병자	정축	무인	기묘	경진	신사	임오	계미	갑신	을유	병술	정해	무자	기축	경인	신묘	임진	계사	갑오	을미	병신	정유	무술
	양력	27	28	29	30	12/1	2	3	4	5	6	7	8	9	10	11	12	13	14	15	16	17	18	19	20	21	22	23	24	25	26

12월
	음력	1	2	3	4	5	6	7	8	9	10	11	12	13	14	15	16	17	18	19	20	21	22	23	24	25	26	27	28	29	
12월	일주	기해	경자	신축	임인	계묘	갑진	을사	병오	정미	무신	기유	경술	신해	임자	계축	갑인	을묘	병진	정사	무오	기미	경신	신유	임술	계해	갑자	을축	병인	정묘	
	양력	27	28	29	30	31	1/1	2	3	4	5	6	7	8	9	10	11	12	13	14	15	16	17	18	19	20	21	22	23	24	

계 묘 癸卯 1963년생 (음력기준)

1월	음력	1	2	3	4	5	6	7	8	9	10	11	12	13	14	15	16	17	18	19	20	21	22	23	24	25	26	27	28	29	30
	일주	무진	기사	경오	신미	임신	계유	갑술	을해	병자	정축	무인	기묘	경진	신사	임오	계미	갑신	을유	병술	정해	무자	기축	경인	신묘	임진	계사	갑오	을미	병신	정유
	양력	25	26	27	28	29	30	31	2/1	2	3	4	5	6	7	8	9	10	11	12	13	14	15	16	17	18	19	20	21	22	23
2월	음력	1	2	3	4	5	6	7	8	9	10	11	12	13	14	15	16	17	18	19	20	21	22	23	24	25	26	27	28	29	
	일주	무술	기해	경자	신축	임인	계묘	갑진	을사	병오	정미	무신	기유	경술	신해	임자	계축	갑인	을묘	병진	정사	무오	기미	경신	신유	임술	계해	갑자	을축	병인	
	양력	24	25	26	27	28	3/1	2	3	4	5	6	7	8	9	10	11	12	13	14	15	16	17	18	19	20	21	22	23	24	
3월	음력	1	2	3	4	5	6	7	8	9	10	11	12	13	14	15	16	17	18	19	20	21	22	23	24	25	26	27	28	29	30
	일주	정묘	무진	기사	경오	신미	임신	계유	갑술	을해	병자	정축	무인	기묘	경진	신사	임오	계미	갑신	을유	병술	정해	무자	기축	경인	신묘	임진	계사	갑오	을미	병신
	양력	25	26	27	28	29	30	31	4/1	2	3	4	5	6	7	8	9	10	11	12	13	14	15	16	17	18	19	20	21	22	23
4월	음력	1	2	3	4	5	6	7	8	9	10	11	12	13	14	15	16	17	18	19	20	21	22	23	24	25	26	27	28	29	
	일주	정유	무술	기해	경자	신축	임인	계묘	갑진	을사	병오	정미	무신	기유	경술	신해	임자	계축	갑인	을묘	병진	정사	무오	기미	경신	신유	임술	계해	갑자	을축	
	양력	24	25	26	27	28	29	5/1	2	3	4	5	6	7	8	9	10	11	12	13	14	15	16	17	18	19	20	21	22		
윤달 4월	음력	1	2	3	4	5	6	7	8	9	10	11	12	13	14	15	16	17	18	19	20										
	일주	병인	정묘	무진	기사	경오	신미	임신	계유	갑술	을해	병자	정축	무인	기묘	경진	신사	임오	계미	갑신	을유										
	양력	23	24	25	26	27	28	29	30	31	6/1	2	3	4	5	6	7	8	9	10	11	12	13	14	15	16	17	18	19	20		
5월	음력	1	2	3	4	5	6	7	8	9	10	11	12	13	14	15	16	17	18	19	20	21	22	23	24	25	26	27	28	29	30
	일주	을미	병신	정유	무술	기해	경자	신축	임인	계묘	갑진	을사	병오	정미	무신	기유	경술	신해	임자	계축	갑인	을묘	병진	정사	무오	기미	경신	신유	임술	계해	갑자
	양력	21	22	23	24	25	26	27	28	29	30	7/1	2	3	4	5	6	7	8	9	10	11	12	13	14	15	16	17	18	19	20
6월	음력	1	2	3	4	5	6	7	8	9	10	11	12	13	14	15	16	17	18	19	20	21	22	23	24	25	26	27	28	29	
	일주	을축	병인	정묘	무진	기사	경오	신미	임신	계유	갑술	을해	병자	정축	무인	기묘	경진	신사	임오	계미	갑신	을유	병술	정해	무자	기축	경인	신묘	임진	계사	
	양력	21	22	23	24	25	26	27	28	29	30	31	8/1	2	3	4	5	6	7	8	9	10	11	12	13	14	15	16	17	18	
7월	음력	1	2	3	4	5	6	7	8	9	10	11	12	13	14	15	16	17	18	19	20	21	22	23	24	25	26	27	28	29	30
	일주	갑오	을미	병신	정유	무술	기해	경자	신축	임인	계묘	갑진	을사	병오	정미	무신	기유	경술	신해	임자	계축	갑인	을묘	병진	정사	무오	기미	경신	신유	임술	계해
	양력	19	20	21	22	23	24	25	26	27	28	29	30	31	9/1	2	3	4	5	6	7	8	9	10	11	12	13	14	15	16	17
8월	음력	1	2	3	4	5	6	7	8	9	10	11	12	13	14	15	16	17	18	19	20	21	22	23	24	25	26	27	28	29	
	일주	갑자	을축	병인	정묘	무진	기사	경오	신미	임신	계유	갑술	을해	병자	정축	무인	기묘	경진	신사	임오	계미	갑신	을유	병술	정해	무자	기축	경인	신묘	임진	
	양력	18	19	20	21	22	23	24	25	26	27	28	29	30	10/1	2	3	4	5	6	7	8	9	10	11	12	13	14	15	16		
9월	음력	1	2	3	4	5	6	7	8	9	10	11	12	13	14	15	16	17	18	19	20	21	22	23	24	25	26	27	28	29	30
	일주	계사	갑오	을미	병신	정유	무술	기해	경자	신축	임인	계묘	갑진	을사	병오	정미	무신	기유	경술	신해	임자	계축	갑인	을묘	병진	정사	무오	기미	경신	신유	임술
	양력	17	18	19	20	21	22	23	24	25	26	27	28	29	30	31	11/1	2	3	4	5	6	7	8	9	10	11	12	13	14	15
10월	음력	1	2	3	4	5	6	7	8	9	10	11	12	13	14	15	16	17	18	19	20	21	22	23	24	25	26	27	28	29	30
	일주	계해	갑자	을축	병인	정묘	무진	기사	경오	신미	임신	계유	갑술	을해	병자	정축	무인	기묘	경진	신사	임오	계미	갑신	을유	병술	정해	무자	기축	경인	신묘	임진
	양력	16	17	18	19	20	21	22	23	24	25	26	27	28	29	30	12/1	2	3	4	5	6	7	8	9	10	11	12	13	14	15
11월	음력	1	2	3	4	5	6	7	8	9	10	11	12	13	14	15	16	17	18	19	20	21	22	23	24	25	26	27	28	29	30
	일주	계사	갑오	을미	병신	정유	무술	기해	경자	신축	임인	계묘	갑진	을사	병오	정미	무신	기유	경술	신해	임자	계축	갑인	을묘	병진	정사	무오	기미	경신	신유	임술
	양력	16	17	18	19	20	21	22	23	24	25	26	27	28	29	30	31	1/1	2	3	4	5	6	7	8	9	10	11	12	13	14
12월	음력	1	2	3	4	5	6	7	8	9	10	11	12	13	14	15	16	17	18	19	20	21	22	23	24	25	26	27	28	29	
	일주	계해	갑자	을축	병인	정묘	무진	기사	경오	신미	임신	계유	갑술	을해	병자	정축	무인	기묘	경진	신사	임오	계미	갑신	을유	병술	정해	무자	기축	경인	신묘	
	양력	15	16	17	18	19	20	21	22	23	24	25	26	27	28	29	30	31	2/1	2	3	4	5	6	7	8	9	10	11	12		

갑진 甲辰

1964년생 (음력기준)

1월	음력	1	2	3	4	5	6	7	8	9	10	11	12	13	14	15	16	17	18	19	20	21	22	23	24	25	26	27	28	29	30
	일주	임진	계사	갑오	을미	병신	정유	무술	기해	경자	신축	임인	계묘	갑진	을사	병오	정미	무신	기유	경술	신해	임자	계축	갑인	을묘	병진	정사	무오	기미	경신	신유
	양력	13	14	15	16	17	18	19	20	21	22	23	24	25	26	27	28	29	3/1	2	3	4	5	6	7	8	9	10	11	12	13
2월	음력	1	2	3	4	5	6	7	8	9	10	11	12	13	14	15	16	17	18	19	20	21	22	23	24	25	26	27	28	29	
	일주	임술	계해	갑자	을축	병인	정묘	무진	기사	경오	신미	임신	계유	갑술	을해	병자	정축	무인	기묘	경진	신사	임오	계미	갑신	을유	병술	정해	무자	기축	경인	
	양력	14	15	16	17	18	19	20	21	22	23	24	25	26	27	28	29	30	31	4/1	2	3	4	5	6	7	8	9	10	11	
3월	음력	1	2	3	4	5	6	7	8	9	10	11	12	13	14	15	16	17	18	19	20	21	22	23	24	25	26	27	28	29	30
	일주	신묘	임진	계사	갑오	을미	병신	정유	무술	기해	경자	신축	임인	계묘	갑진	을사	병오	정미	무신	기유	경술	신해	임자	계축	갑인	을묘	병진	정사	무오	기미	경신
	양력	12	13	14	15	16	17	18	19	20	21	22	23	24	25	26	27	28	29	30	5/1	2	3	4	5	6	7	8	9	10	11
4월	음력	1	2	3	4	5	6	7	8	9	10	11	12	13	14	15	16	17	18	19	20	21	22	23	24	25	26	27	28	29	
	일주	신유	임술	계해	갑자	을축	병인	정묘	무진	기사	경오	신미	임신	계유	갑술	을해	병자	정축	무인	기묘	경진	신사	임오	계미	갑신	을유	병술	정해	무자	기축	
	양력	12	13	14	15	16	17	18	19	20	21	22	23	24	25	26	27	28	29	30	31	6/1	2	3	4	5	6	7	8	9	
5월	음력	1	2	3	4	5	6	7	8	9	10	11	12	13	14	15	16	17	18	19	20	21	22	23	24	25	26	27	28	29	
	일주	경인	신묘	임진	계사	갑오	을미	병신	정유	무술	기해	경자	신축	임인	계묘	갑진	을사	병오	정미	무신	기유	경술	신해	임자	계축	갑인	을묘	병진	정사	무오	
	양력	10	11	12	13	14	15	16	17	18	19	20	21	22	23	24	25	26	27	28	29	30	7/1	2	3	4	5	6	7	8	
6월	음력	1	2	3	4	5	6	7	8	9	10	11	12	13	14	15	16	17	18	19	20	21	22	23	24	25	26	27	28	29	30
	일주	기미	경신	신유	임술	계해	갑자	을축	병인	정묘	무진	기사	경오	신미	임신	계유	갑술	을해	병자	정축	무인	기묘	경진	신사	임오	계미	갑신	을유	병술	정해	무자
	양력	9	10	11	12	13	14	15	16	17	18	19	20	21	22	23	24	25	26	27	28	29	30	31	8/1	2	3	4	5	6	7
7월	음력	1	2	3	4	5	6	7	8	9	10	11	12	13	14	15	16	17	18	19	20	21	22	23	24	25	26	27	28	29	
	일주	기축	경인	신묘	임진	계사	갑오	을미	병신	정유	무술	기해	경자	신축	임인	계묘	갑진	을사	병오	정미	무신	기유	경술	신해	임자	계축	갑인	을묘	병진	정사	
	양력	8	9	10	11	12	13	14	15	16	17	18	19	20	21	22	23	24	25	26	27	28	29	30	31	9/1	2	3	4	5	
8월	음력	1	2	3	4	5	6	7	8	9	10	11	12	13	14	15	16	17	18	19	20	21	22	23	24	25	26	27	28	29	30
	일주	무오	기미	경신	신유	임술	계해	갑자	을축	병인	정묘	무진	기사	경오	신미	임신	계유	갑술	을해	병자	정축	무인	기묘	경진	신사	임오	계미	갑신	을유	병술	정해
	양력	6	7	8	9	10	11	12	13	14	15	16	17	18	19	20	21	22	23	24	25	26	27	28	29	30	10/1	2	3	4	5
9월	음력	1	2	3	4	5	6	7	8	9	10	11	12	13	14	15	16	17	18	19	20	21	22	23	24	25	26	27	28	29	
	일주	무자	기축	경인	신묘	임진	계사	갑오	을미	병신	정유	무술	기해	경자	신축	임인	계묘	갑진	을사	병오	정미	무신	기유	경술	신해	임자	계축	갑인	을묘	병진	
	양력	6	7	8	9	10	11	12	13	14	15	16	17	18	19	20	21	22	23	24	25	26	27	28	29	30	31	11/1	2	3	
10월	음력	1	2	3	4	5	6	7	8	9	10	11	12	13	14	15	16	17	18	19	20	21	22	23	24	25	26	27	28	29	30
	일주	정사	무오	기미	경신	신유	임술	계해	갑자	을축	병인	정묘	무진	기사	경오	신미	임신	계유	갑술	을해	병자	정축	무인	기묘	경진	신사	임오	계미	갑신	을유	병술
	양력	4	5	6	7	8	9	10	11	12	13	14	15	16	17	18	19	20	21	22	23	24	25	26	27	28	29	30	12/1	2	3
11월	음력	1	2	3	4	5	6	7	8	9	10	11	12	13	14	15	16	17	18	19	20	21	22	23	24	25	26	27	28	29	30
	일주	정해	무자	기축	경인	신묘	임진	계사	갑오	을미	병신	정유	무술	기해	경자	신축	임인	계묘	갑진	을사	병오	정미	무신	기유	경술	신해	임자	계축	갑인	을묘	병진
	양력	4	5	6	7	8	9	10	11	12	13	14	15	16	17	18	19	20	21	22	23	24	25	26	27	28	29	30	31	1/1	2
12월	음력	1	2	3	4	5	6	7	8	9	10	11	12	13	14	15	16	17	18	19	20	21	22	23	24	25	26	27	28	29	30
	일주	정사	무오	기미	경신	신유	임술	계해	갑자	을축	병인	정묘	무진	기사	경오	신미	임신	계유	갑술	을해	병자	정축	무인	기묘	경진	신사	임오	계미	갑신	을유	병술
	양력	3	4	5	6	7	8	9	10	11	12	13	14	15	16	17	18	19	20	21	22	23	24	25	26	27	28	29	30	31	2/1

을사년(乙巳) 1965년생 (음력기준)

1월	음력	1	2	3	4	5	6	7	8	9	10	11	12	13	14	15	16	17	18	19	20	21	22	23	24	25	26	27	28	29	
	일주	정해	무자	기축	경인	신묘	임진	계사	갑오	을미	병신	정유	무술	기해	경자	신축	임인	계묘	갑진	을사	병오	정미	무신	기유	경술	신해	임자	계축	갑인	을묘	
	양력	2	3	4	5	6	7	8	9	10	11	12	13	14	15	16	17	18	19	20	21	22	23	24	25	26	27	28	3/1	2	
2월	음력	1	2	3	4	5	6	7	8	9	10	11	12	13	14	15	16	17	18	19	20	21	22	23	24	25	26	27	28	29	30
	일주	병진	정사	무오	기미	경신	신유	임술	계해	갑자	을축	병인	정묘	무진	기사	경오	신미	임신	계유	갑술	을해	병자	정축	무인	기묘	경진	신사	임오	계미	갑신	을유
	양력	3	4	5	6	7	8	9	10	11	12	13	14	15	16	17	18	19	20	21	22	23	24	25	26	27	28	29	30	31	4/1
3월	음력	1	2	3	4	5	6	7	8	9	10	11	12	13	14	15	16	17	18	19	20	21	22	23	24	25	26	27	28	29	
	일주	병술	정해	무자	기축	경인	신묘	임진	계사	갑오	을미	병신	정유	무술	기해	경자	신축	임인	계묘	갑진	을사	병오	정미	무신	기유	경술	신해	임자	계축	갑인	
	양력	2	3	4	5	6	7	8	9	10	11	2	13	14	15	16	17	18	19	20	21	22	23	24	25	26	27	28	29	30	
4월	음력	1	2	3	4	5	6	7	8	9	10	11	12	13	14	15	16	17	18	19	20	21	22	23	24	25	26	27	28	29	30
	일주	을묘	병진	정사	무오	기미	경신	신유	임술	계해	갑자	을축	병인	정묘	무진	기사	경오	신미	임신	계유	갑술	을해	병자	정축	무인	기묘	경진	신사	임오	계미	갑신
	양력	5/1	2	3	4	5	6	7	8	9	10	11	12	13	14	15	16	17	18	19	20	21	22	23	24	25	26	27	28	29	30
5월	음력	1	2	3	4	5	6	7	8	9	10	11	12	13	14	15	16	17	18	19	20	21	22	23	24	25	26	27	28	29	
	일주	을유	병술	정해	무자	기축	경인	신묘	임진	계사	갑오	을미	병신	정유	무술	기해	경자	신축	임인	계묘	갑진	을사	병오	정미	무신	기유	경술	신해	임자	계축	
	양력	31	6/1	2	3	4	5	6	7	8	9	10	11	12	13	14	15	16	17	18	19	20	21	22	23	24	25	26	27	28	
6월	음력	1	2	3	4	5	6	7	8	9	10	11	12	13	14	15	16	17	18	19	20	21	22	23	24	25	26	27	28	29	30
	일주	갑인	을묘	병진	정사	무오	기미	경신	신유	임술	계해	갑자	을축	병인	정묘	무진	기사	경오	신미	임신	계유	갑술	을해	병자	정축	무인	기묘	경진	신사	임오	계미
	양력	29	30	7/1	2	3	4	5	6	7	8	9	10	11	12	13	14	15	16	17	18	19	20	21	22	23	24	25	26	27	28
7월	음력	1	2	3	4	5	6	7	8	9	10	11	12	13	14	15	16	17	18	19	20	21	22	23	24	25	26	27	28	29	30
	일주	계미	갑신	을유	병술	정해	무자	기축	경인	신묘	임진	계사	갑오	을미	병신	정유	무술	기해	경자	신축	임인	계묘	갑진	을사	병오	정미	무신	기유	경술	신해	임자
	양력	28	29	30	31	8/1	2	3	4	5	6	7	8	9	10	11	12	13	14	15	16	17	18	19	20	21	22	23	24	25	26
8월	음력	1	2	3	4	5	6	7	8	9	10	11	12	13	14	15	16	17	18	19	20	21	22	23	24	25	26	27	28	29	
	일주	계축	갑인	을묘	병진	정사	무오	기미	경신	신유	임술	계해	갑자	을축	병인	정묘	무진	기사	경오	신미	임신	계유	갑술	을해	병자	정축	무인	기묘	경진	신사	
	양력	27	28	29	30	31	9/1	2	3	4	5	6	7	8	9	10	11	12	13	14	15	16	17	18	19	20	21	22	23	24	
9월	음력	1	2	3	4	5	6	7	8	9	10	11	12	13	14	15	16	17	18	19	20	21	22	23	24	25	26	27	28	29	
	일주	임오	계미	갑신	을유	병술	정해	무자	기축	경인	신묘	임진	계사	갑오	을미	병신	정유	무술	기해	경자	신축	임인	계묘	갑진	을사	병오	정미	무신	기유	경술	
	양력	25	26	27	28	29	30	10/1	2	3	4	5	6	7	8	9	10	11	12	13	14	15	16	17	18	19	20	21	22	23	
10월	음력	1	2	3	4	5	6	7	8	9	10	11	12	13	14	15	16	17	18	19	20	21	22	23	24	25	26	27	28	29	30
	일주	신해	임자	계축	갑인	을묘	병진	정사	무오	기미	경신	신유	임술	계해	갑자	을축	병인	정묘	무진	기사	경오	신미	임신	계유	갑술	을해	병자	정축	무인	기묘	경진
	양력	24	25	26	27	28	29	30	31	11/1	2	3	4	5	6	7	8	9	10	11	12	13	14	15	16	17	18	19	20	21	22
11월	음력	1	2	3	4	5	6	7	8	9	10	11	12	13	14	15	16	17	18	19	20	21	22	23	24	25	26	27	28	29	30
	일주	신사	임오	계미	갑신	을유	병술	정해	무자	기축	경인	신묘	임진	계사	갑오	을미	병신	정유	무술	기해	경자	신축	임인	계묘	갑진	을사	병오	정미	무신	기유	경술
	양력	24	25	26	27	28	29	30	31	12/1	2	3	4	5	6	7	8	9	10	11	12	13	14	15	16	17	18	19	20	21	22
12월	음력	1	2	3	4	5	6	7	8	9	10	11	12	13	14	15	16	17	18	19	20	21	22	23	24	25	26	27	28	29	30
	일주	신해	임자	계축	갑인	을묘	병진	정사	무오	기미	경신	신유	임술	계해	갑자	을축	병인	정묘	무진	기사	경오	신미	임신	계유	갑술	을해	병자	정축	무인	기묘	경진
	양력	23	24	25	26	27	28	29	30	31	1/1	2	3	4	5	6	7	8	9	10	11	12	13	14	15	16	17	18	19	20	21

병 오 丙午　　　　　　　　　　　　1966년생 (음력기준)

1월	음력	1	2	3	4	5	6	7	8	9	10	11	12	13	14	15	16	17	18	19	20	21	22	23	24	25	26	27	28	29	
	일주	신사	임오	계미	갑신	을유	병술	정해	무자	기축	경인	신묘	임진	계사	갑오	을미	병신	정유	무술	기해	경자	신축	임인	계묘	갑진	을사	병오	정미	무신	기유	
	양력	22	23	24	25	26	27	28	29	30	31	2/1	2	3	4	5	6	7	8	9	10	11	12	13	14	15	16	17	18	19	
2월	음력	1	2	3	4	5	6	7	8	9	10	11	12	13	14	15	16	17	18	19	20	21	22	23	24	25	26	27	28	29	30
	일주	경술	신해	임자	계축	갑인	을묘	병진	정사	무오	기미	경신	신유	임술	계해	갑자	을축	병인	정묘	무진	기사	경오	신미	임신	계유	갑술	을해	병자	정축	무인	기묘
	양력	20	21	22	23	24	25	26	27	28	3/1	2	3	4	5	6	7	8	9	10	11	12	13	14	15	16	17	18	19	20	21
3월	음력	1	2	3	4	5	6	7	8	9	10	11	12	13	14	15	16	17	18	19	20	21	22	23	24	25	26	27	28	29	30
	일주	경진	신사	임오	계미	갑신	을유	병술	정해	무자	기축	경인	신묘	임진	계사	갑오	을미	병신	정유	무술	기해	경자	신축	임인	계묘	갑진	을사	병오	정미	무신	기유
	양력	22	23	24	25	26	27	28	29	30	31	4/1	2	3	4	5	6	7	8	9	10	11	12	13	14	15	16	17	18	19	20
윤달 3월	음력	1	2	3	4	5	6	7	8	9	10	11	12	13	14	15	16	17	18	19	20	21	22	23	24	25	26	27	28	29	
	일주	경술	신해	임자	계축	갑인	을묘	병진	정사	무오	기미	경신	신유	임술	계해	갑자	을축	병인	정묘	무진	기사	경오	신미	임신	계유	갑술	을해	병자	정축	무인	
	양력	21	22	23	24	25	26	27	28	29	30	5/1	2	3	4	5	6	7	8	9	10	11	12	13	14	15	16	17	18	19	
4월	음력	1	2	3	4	5	6	7	8	9	10	11	12	13	14	15	16	17	18	19	20	21	22	23	24	25	26	27	28	29	30
	일주	기묘	경진	신사	임오	계미	갑신	을유	병술	정해	무자	기축	경인	신묘	임진	계사	갑오	을미	병신	정유	무술	기해	경자	신축	임인	계묘	갑진	을사	병오	정미	무신
	양력	20	21	22	23	24	25	26	27	28	29	30	31	6/1	2	3	4	5	6	7	8	9	10	11	12	13	14	15	16	17	18
5월	음력	1	2	3	4	5	6	7	8	9	10	11	12	13	14	15	16	17	18	19	20	21	22	23	24	25	26	27	28	29	
	일주	기유	경술	신해	임자	계축	갑인	을묘	병진	정사	무오	기미	경신	신유	임술	계해	갑자	을축	병인	정묘	무진	기사	경오	신미	임신	계유	갑술	을해	병자	정축	
	양력	19	20	21	22	23	24	25	26	27	28	29	30	7/1	2	3	4	5	6	7	8	9	10	11	12	13	14	15	16	17	
6월	음력	1	2	3	4	5	6	7	8	9	10	11	12	13	14	15	16	17	18	19	20	21	22	23	24	25	26	27	28	29	30
	일주	무인	기묘	경진	신사	임오	계미	갑신	을유	병술	정해	무자	기축	경인	신묘	임진	계사	갑오	을미	병신	정유	무술	기해	경자	신축	임인	계묘	갑진	을사	병오	정미
	양력	18	19	20	21	22	23	24	25	26	27	28	29	30	31	8/1	2	3	4	5	6	7	8	9	10	11	12	13	14	15	16
7월	음력	1	2	3	4	5	6	7	8	9	10	11	12	13	14	15	16	17	18	19	20	21	22	23	24	25	26	27	28	29	30
	일주	정미	무신	기유	경술	신해	임자	계축	갑인	을묘	병진	정사	무오	기미	경신	신유	임술	계해	갑자	을축	병인	정묘	무진	기사	경오	신미	임신	계유	갑술	을해	병자
	양력	16	17	18	19	20	21	22	23	24	25	26	27	28	29	30	31	9/1	2	3	4	5	6	7	8	9	10	11	12	13	14
8월	음력	1	2	3	4	5	6	7	8	9	10	11	12	13	14	15	16	17	18	19	20	21	22	23	24	25	26	27	28	29	
	일주	정축	무인	기묘	경진	신사	임오	계미	갑신	을유	병술	정해	무자	기축	경인	신묘	임진	계사	갑오	을미	병신	정유	무술	기해	경자	신축	임인	계묘	갑진	을사	
	양력	15	16	17	18	19	20	21	22	23	24	25	26	27	28	29	30	10/1	2	3	4	5	6	7	8	9	10	11	12	13	
9월	음력	1	2	3	4	5	6	7	8	9	10	11	12	13	14	15	16	17	18	19	20	21	22	23	24	25	26	27	28	29	
	일주	병오	정미	무신	기유	경술	신해	임자	계축	갑인	을묘	병진	정사	무오	기미	경신	신유	임술	계해	갑자	을축	병인	정묘	무진	기사	경오	신미	임신	계유	갑술	
	양력	14	15	16	17	18	19	20	21	22	23	24	25	26	27	28	29	30	31	11/1	2	3	4	5	6	7	8	9	10	11	
10월	음력	1	2	3	4	5	6	7	8	9	10	11	12	13	14	15	16	17	18	19	20	21	22	23	24	25	26	27	28	29	30
	일주	을해	병자	정축	무인	기묘	경진	신사	임오	계미	갑신	을유	병술	정해	무자	기축	경인	신묘	임진	계사	갑오	을미	병신	정유	무술	기해	경자	신축	임인	계묘	갑진
	양력	12	13	14	15	16	17	18	19	20	21	22	23	24	25	26	27	28	29	30	12/1	2	3	4	5	6	7	8	9	10	11
11월	음력	1	2	3	4	5	6	7	8	9	10	11	12	13	14	15	16	17	18	19	20	21	22	23	24	25	26	27	28	29	30
	일주	을사	병오	정미	무신	기유	경술	신해	임자	계축	갑인	을묘	병진	정사	무오	기미	경신	신유	임술	계해	갑자	을축	병인	정묘	무진	기사	경오	신미	임신	계유	갑술
	양력	12	13	14	15	16	17	18	19	20	21	22	23	24	25	26	27	28	29	30	31	1/1	2	3	4	5	6	7	8	9	10
12월	음력	1	2	3	4	5	6	7	8	9	10	11	12	13	14	15	16	17	18	19	20	21	22	23	24	25	26	27	28	29	30
	일주	을해	병자	정축	무인	기묘	경진	신사	임오	계미	갑신	을유	병술	정해	무자	기축	경인	신묘	임진	계사	갑오	을미	병신	정유	무술	기해	경자	신축	임인	계묘	갑진
	양력	11	12	13	14	15	16	17	18	19	20	21	22	23	24	25	26	27	28	29	30	31	2/1	2	3	4	5	6	7	8	

정미 丁未 1967년생 (음력기준)

1월
음력	1	2	3	4	5	6	7	8	9	10	11	12	13	14	15	16	17	18	19	20	21	22	23	24	25	26	27	28	29	30
일주	갑진	을사	병오	정미	무신	기유	경술	신해	임자	계축	갑인	을묘	병진	정사	무오	기미	경신	신유	임술	계해	갑자	을축	병인	정묘	무진	기사	경오	신미	임신	계유
양력	9	10	11	12	13	14	15	16	17	18	19	20	21	22	23	24	25	26	27	28	3/1	2	3	4	5	6	7	8	9	10

2월
음력	1	2	3	4	5	6	7	8	9	10	11	12	13	14	15	16	17	18	19	20	21	22	23	24	25	26	27	28	29	30
일주	갑술	을해	병자	정축	무인	기묘	경진	신사	임오	계미	갑신	을유	병술	정해	무자	기축	경인	신묘	임진	계사	갑오	을미	병신	정유	무술	기해	경자	신축	임인	
양력	11	12	13	14	15	16	17	18	19	20	21	22	23	24	25	26	27	28	29	30	31	4/1	2	3	4	5	6	7	8	

3월
음력	1	2	3	4	5	6	7	8	9	10	11	12	13	14	15	16	17	18	19	20	21	22	23	24	25	26	27	28	29	
일주	갑진	을사	병오	정미	무신	기유	경술	신해	임자	계축	갑인	을묘	병진	정사	무오	기미	경신	신유	임술	계해	갑자	을축	병인	정묘	무진	기사	경오	신미	임신	
양력	10	11	12	13	14	15	16	17	18	19	20	21	22	23	24	25	26	27	28	29	30	5/1	2	3	4	5	6	7	8	

4월
음력	1	2	3	4	5	6	7	8	9	10	11	12	13	14	15	16	17	18	19	20	21	22	23	24	25	26	27	28	29	30
일주	계유	갑술	을해	병자	정축	무인	기묘	경진	신사	임오	계미	갑신	을유	병술	정해	무자	기축	경인	신묘	임진	계사	갑오	을미	병신	정유	무술	기해	경자	신축	임인
양력	9	10	11	12	13	14	15	16	17	18	19	20	21	22	23	24	25	26	27	28	29	30	31	6/1	2	3	4	5	6	7

5월
음력	1	2	3	4	5	6	7	8	9	10	11	12	13	14	15	16	17	18	19	20	21	22	23	24	25	26	27	28	29	30
일주	계묘	갑진	을사	병오	정미	무신	기유	경술	신해	임자	계축	갑인	을묘	병진	정사	무오	기미	경신	신유	임술	계해	갑자	을축	병인	정묘	무진	기사	경오	신미	임신
양력	8	9	10	11	12	13	14	15	16	17	18	19	20	21	22	23	24	25	26	27	28	29	30	7/1	2	3	4	5	6	7

6월
음력	1	2	3	4	5	6	7	8	9	10	11	12	13	14	15	16	17	18	19	20	21	22	23	24	25	26	27	28	29	
일주	계유	갑술	을해	병자	정축	무인	기묘	경진	신사	임오	계미	갑신	을유	병술	정해	무자	기축	경인	신묘	임진	계사	갑오	을미	병신	정유	무술	기해	경자	신축	
양력	8	9	10	11	12	13	14	15	16	17	18	19	20	21	22	23	24	25	26	27	28	29	30	31	8/1	2	3	4	5	

7월
음력	1	2	3	4	5	6	7	8	9	10	11	12	13	14	15	16	17	18	19	20	21	22	23	24	25	26	27	28	29	
일주	임인	계묘	갑진	을사	병오	정미	무신	기유	경술	신해	임자	계축	갑인	을묘	병진	정사	무오	기미	경신	신유	임술	계해	갑자	을축	병인	정묘	무진	기사	경오	
양력	6	7	8	9	10	11	12	13	14	15	16	17	18	19	20	21	22	23	24	25	26	27	28	29	30	31	9/1	2	3	

8월
음력	1	2	3	4	5	6	7	8	9	10	11	12	13	14	15	16	17	18	19	20	21	22	23	24	25	26	27	28	29	30
일주	신미	임신	계유	갑술	을해	병자	정축	무인	기묘	경진	신사	임오	계미	갑신	을유	병술	정해	무자	기축	경인	신묘	임진	계사	갑오	을미	병신	정유	무술	기해	경자
양력	4	5	6	7	8	9	10	11	12	13	14	15	16	17	18	19	20	21	22	23	24	25	26	27	28	29	30	10/1	2	3

9월
음력	1	2	3	4	5	6	7	8	9	10	11	12	13	14	15	16	17	18	19	20	21	22	23	24	25	26	27	28	29	
일주	신축	임인	계묘	갑진	을사	병오	정미	무신	기유	경술	신해	임자	계축	갑인	을묘	병진	정사	무오	기미	경신	신유	임술	계해	갑자	을축	병인	정묘	무진	기사	
양력	4	5	6	7	8	9	10	11	12	13	14	15	16	17	18	19	20	21	22	23	24	25	26	27	28	29	30	31	11/1	

10월
음력	1	2	3	4	5	6	7	8	9	10	11	12	13	14	15	16	17	18	19	20	21	22	23	24	25	26	27	28	29	30
일주	경오	신미	임신	계유	갑술	을해	병자	정축	무인	기묘	경진	신사	임오	계미	갑신	을유	병술	정해	무자	기축	경인	신묘	임진	계사	갑오	을미	병신	정유	무술	기해
양력	2	3	4	5	6	7	8	9	10	11	12	13	14	15	16	17	18	19	20	21	22	23	24	25	26	27	28	29	30	12/1

11월
음력	1	2	3	4	5	6	7	8	9	10	11	12	13	14	15	16	17	18	19	20	21	22	23	24	25	26	27	28	29	
일주	경자	신축	임인	계묘	갑진	을사	병오	정미	무신	기유	경술	신해	임자	계축	갑인	을묘	병진	정사	무오	기미	경신	신유	임술	계해	갑자	을축	병인	정묘	무진	
양력	2	3	4	5	6	7	8	9	10	11	12	13	14	15	16	17	18	19	20	21	22	23	24	25	26	27	28	29	30	

12월
음력	1	2	3	4	5	6	7	8	9	10	11	12	13	14	15	16	17	18	19	20	21	22	23	24	25	26	27	28	29	30
일주	기사	경오	신미	임신	계유	갑술	을해	병자	정축	무인	기묘	경진	신사	임오	계미	갑신	을유	병술	정해	무자	기축	경인	신묘	임진	계사	갑오	을미	병신	정유	무술
양력	31	1/1	2	3	4	5	6	7	8	9	10	11	12	13	14	15	16	17	18	19	20	21	22	23	24	25	26	27	28	29

무신 戊申 1968년생 (음력기준)

1월	음력	1	2	3	4	5	6	7	8	9	10	11	12	13	14	15	16	17	18	19	20	21	22	23	24	25	26	27	28	29	
	일주	기해	경자	신축	임인	계묘	갑진	을사	병오	정미	무신	기유	경술	신해	임자	계축	갑인	을묘	병진	정사	무오	기미	경신	신유	임술	계해	갑자	을축	병인	정묘	
	양력	30	31	2/1	2	3	4	5	6	7	8	9	10	11	12	13	14	15	16	17	18	19	20	21	22	23	24	25	26	27	
2월	음력	1	2	3	4	5	6	7	8	9	10	11	12	13	14	15	16	17	18	19	20	21	22	23	24	25	26	27	28	29	30
	일주	무진	기사	경오	신미	임신	계유	갑술	을해	병자	정축	무인	기묘	경진	신사	임오	계미	갑신	을유	병술	정해	무자	기축	경인	신묘	임진	계사	갑오	을미	병신	정유
	양력	28	29	3/1	2	3	4	5	6	7	8	9	10	11	12	13	14	15	16	17	18	19	20	21	22	23	24	25	26	27	28
3월	음력	1	2	3	4	5	6	7	8	9	10	11	12	13	14	15	16	17	18	19	20	21	22	23	24	25	26	27	28	29	30
	일주	무술	기해	경자	신축	임인	계묘	갑진	을사	병오	정미	무신	기유	경술	신해	임자	계축	갑인	을묘	병진	정사	무오	기미	경신	신유	임술	계해	갑자	을축	병인	정묘
	양력	29	30	31	4/1	2	3	4	5	6	7	8	9	10	11	12	13	14	15	16	17	18	19	20	21	22	23	24	25	26	27
4월	음력	1	2	3	4	5	6	7	8	9	10	11	12	13	14	15	16	17	18	19	20	21	22	23	24	25	26	27	28	29	
	일주	무진	기사	경오	신미	임신	계유	갑술	을해	병자	정축	무인	기묘	경진	신사	임오	계미	갑신	을유	병술	정해	무자	기축	경인	신묘	임진	계사	갑오	을미	병신	
	양력	28	29	30	5/1	2	3	4	5	6	7	8	9	10	11	12	13	14	15	16	17	18	19	20	21	22	23	24	25	26	
5월	음력	1	2	3	4	5	6	7	8	9	10	11	12	13	14	15	16	17	18	19	20	21	22	23	24	25	26	27	28	29	30
	일주	정유	무술	기해	경자	신축	임인	계묘	갑진	을사	병오	정미	무신	기유	경술	신해	임자	계축	갑인	을묘	병진	정사	무오	기미	경신	신유	임술	계해	갑자	을축	병인
	양력	27	28	29	30	31	6/1	2	3	4	5	6	7	8	9	10	11	12	13	14	15	16	17	18	19	20	21	22	23	24	25
6월	음력	1	2	3	4	5	6	7	8	9	10	11	12	13	14	15	16	17	18	19	20	21	22	23	24	25	26	27	28	29	
	일주	정묘	무진	기사	경오	신미	임신	계유	갑술	을해	병자	정축	무인	기묘	경진	신사	임오	계미	갑신	을유	병술	정해	무자	기축	경인	신묘	임진	계사	갑오	을미	
	양력	26	27	28	29	30	7/1	2	3	4	5	6	7	8	9	10	11	12	13	14	15	16	17	18	19	20	21	22	23	24	
7월	음력	1	2	3	4	5	6	7	8	9	10	11	12	13	14	15	16	17	18	19	20	21	22	23	24	25	26	27	28	29	30
	일주	병신	정유	무술	기해	경자	신축	임인	계묘	갑진	을사	병오	정미	무신	기유	경술	신해	임자	계축	갑인	을묘	병진	정사	무오	기미	경신	신유	임술	계해	갑자	을축
	양력	25	26	27	28	29	30	31	8/1	2	3	4	5	6	7	8	9	10	11	12	13	14	15	16	17	18	19	20	21	22	23
윤7월	음력	1	2	3	4	5	6	7	8	9	10	11	12	13	14	15	16	17	18	19	20	21	22	23	24	25	26	27	28	29	
	일주	병인	정묘	무진	기사	경오	신미	임신	계유	갑술	을해	병자	정축	무인	기묘	경진	신사	임오	계미	갑신	을유	병술	정해	무자	기축	경인	신묘	임진	계사	갑오	
	양력	24	25	26	27	28	29	30	31	9/1	2	3	4	5	6	7	8	9	10	11	12	13	14	15	16	17	18	19	20	21	
8월	음력	1	2	3	4	5	6	7	8	9	10	11	12	13	14	15	16	17	18	19	20	21	22	23	24	25	26	27	28	29	30
	일주	을미	병신	정유	무술	기해	경자	신축	임인	계묘	갑진	을사	병오	정미	무신	기유	경술	신해	임자	계축	갑인	을묘	병진	정사	무오	기미	경신	신유	임술	계해	갑자
	양력	22	23	24	25	26	27	28	29	30	10/1	2	3	4	5	6	7	8	9	10	11	12	13	14	15	16	17	18	19	20	21
9월	음력	1	2	3	4	5	6	7	8	9	10	11	12	13	14	15	16	17	18	19	20	21	22	23	24	25	26	27	28	29	
	일주	을축	병인	정묘	무진	기사	경오	신미	임신	계유	갑술	을해	병자	정축	무인	기묘	경진	신사	임오	계미	갑신	을유	병술	정해	무자	기축	경인	신묘	임진	계사	
	양력	22	23	24	25	26	27	28	29	30	31	11/1	2	3	4	5	6	7	8	9	10	11	12	13	14	15	16	17	18	19	
10월	음력	1	2	3	4	5	6	7	8	9	10	11	12	13	14	15	16	17	18	19	20	21	22	23	24	25	26	27	28	29	30
	일주	갑오	을미	병신	정유	무술	기해	경자	신축	임인	계묘	갑진	을사	병오	정미	무신	기유	경술	신해	임자	계축	갑인	을묘	병진	정사	무오	기미	경신	신유	임술	계해
	양력	20	21	22	23	24	25	26	27	28	29	30	12/1	2	3	4	5	6	7	8	9	10	11	12	13	14	15	16	17	18	19
11월	음력	1	2	3	4	5	6	7	8	9	10	11	12	13	14	15	16	17	18	19	20	21	22	23	24	25	26	27	28	29	
	일주	갑자	을축	병인	정묘	무진	기사	경오	신미	임신	계유	갑술	을해	병자	정축	무인	기묘	경진	신사	임오	계미	갑신	을유	병술	정해	무자	기축	경인	신묘	임진	
	양력	20	21	22	23	24	25	26	27	28	29	30	31	1/1	2	3	4	5	6	7	8	9	10	11	12	13	14	15	16	17	
12월	음력	1	2	3	4	5	6	7	8	9	10	11	12	13	14	15	16	17	18	19	20	21	22	23	24	25	26	27	28	29	30
	일주	계사	갑오	을미	병신	정유	무술	기해	경자	신축	임인	계묘	갑진	을사	병오	정미	무신	기유	경술	신해	임자	계축	갑인	을묘	병진	정사	무오	기미	경신	신유	임술
	양력	18	19	20	21	22	23	24	25	26	27	28	29	30	31	2/1	2	3	4	5	6	7	8	9	10	11	12	13	14	15	16

기 유 己酉

1969년생 (음력기준)

1월	음력	1	2	3	4	5	6	7	8	9	10	11	12	13	14	15	16	17	18	19	20	21	22	23	24	25	26	27	28	29	
	일주	계해	갑자	을축	병인	정묘	무진	기사	경오	신미	임신	계유	갑술	을해	병자	정축	무인	기묘	경진	신사	임오	계미	갑신	을유	병술	정해	무자	기축	경인	신묘	
	양력	17	18	19	20	21	22	23	24	25	26	27	28	3/1	2	3	4	5	6	7	8	9	10	11	12	13	14	15	16	17	
2월	음력	1	2	3	4	5	6	7	8	9	10	11	12	13	14	15	16	17	18	19	20	21	22	23	24	25	26	27	28	29	30
	일주	임진	계사	갑오	을미	병신	정유	무술	기해	경자	신축	임인	계묘	갑진	을사	병오	정미	무신	기유	경술	신해	임자	계축	갑인	을묘	병진	정사	무오	기미	경신	신유
	양력	18	19	20	21	22	23	24	25	26	27	28	29	30	31	4/1	2	3	4	5	6	7	8	9	10	11	12	13	14	15	16
3월	음력	1	2	3	4	5	6	7	8	9	10	11	12	13	14	15	16	17	18	19	20	21	22	23	24	25	26	27	28	29	
	일주	임술	계해	갑자	을축	병인	정묘	무진	기사	경오	신미	임신	계유	갑술	을해	병자	정축	무인	기묘	경진	신사	임오	계미	갑신	을유	병술	정해	무자	기축	경인	
	양력	17	18	19	20	21	22	23	24	25	26	27	28	29	30	5/1	2	3	4	5	6	7	8	9	10	11	12	13	14	15	
4월	음력	1	2	3	4	5	6	7	8	9	10	11	12	13	14	15	16	17	18	19	20	21	22	23	24	25	26	27	28	29	30
	일주	신묘	임진	계사	갑오	을미	병신	정유	무술	기해	경자	신축	임인	계묘	갑진	을사	병오	정미	무신	기유	경술	신해	임자	계축	갑인	을묘	병진	정사	무오	기미	경신
	양력	16	17	18	19	20	21	22	23	24	25	26	27	28	29	30	31	6/1	2	3	4	5	6	7	8	9	10	11	12	13	14
5월	음력	1	2	3	4	5	6	7	8	9	10	11	12	13	14	15	16	17	18	19	20	21	22	23	24	25	26	27	28	29	
	일주	신유	임술	계해	갑자	을축	병인	정묘	무진	기사	경오	신미	임신	계유	갑술	을해	병자	정축	무인	기묘	경진	신사	임오	계미	갑신	을유	병술	정해	무자	기축	
	양력	15	16	17	18	19	20	21	22	23	24	25	26	27	28	29	30	7/1	2	3	4	5	6	7	8	9	10	11	12	13	
6월	음력	1	2	3	4	5	6	7	8	9	10	11	12	13	14	15	16	17	18	19	20	21	22	23	24	25	26	27	28	29	30
	일주	경인	신묘	임진	계사	갑오	을미	병신	정유	무술	기해	경자	신축	임인	계묘	갑진	을사	병오	정미	무신	기유	경술	신해	임자	계축	갑인	을묘	병진	정사	무오	기미
	양력	14	15	16	17	18	19	20	21	22	23	24	25	26	27	28	29	30	31	8/1	2	3	4	5	6	7	8	9	10	11	12
7월	음력	1	2	3	4	5	6	7	8	9	10	11	12	13	14	15	16	17	18	19	20	21	22	23	24	25	26	27	28	29	30
	일주	경신	신유	임술	계해	갑자	을축	병인	정묘	무진	기사	경오	신미	임신	계유	갑술	을해	병자	정축	무인	기묘	경진	신사	임오	계미	갑신	을유	병술	정해	무자	기축
	양력	13	14	15	16	17	18	19	20	21	22	23	24	25	26	27	28	29	30	31	9/1	2	3	4	5	6	7	8	9	10	11
8월	음력	1	2	3	4	5	6	7	8	9	10	11	12	13	14	15	16	17	18	19	20	21	22	23	24	25	26	27	28	29	
	일주	경인	신묘	임진	계사	갑오	을미	병신	정유	무술	기해	경자	신축	임인	계묘	갑진	을사	병오	정미	무신	기유	경술	신해	임자	계축	갑인	을묘	병진	정사	무오	
	양력	12	13	14	15	16	17	18	19	20	21	22	23	24	25	26	27	28	29	30	10/1	2	3	4	5	6	7	8	9	10	
9월	음력	1	2	3	4	5	6	7	8	9	10	11	12	13	14	15	16	17	18	19	20	21	22	23	24	25	26	27	28	29	30
	일주	기미	경신	신유	임술	계해	갑자	을축	병인	정묘	무진	기사	경오	신미	임신	계유	갑술	을해	병자	정축	무인	기묘	경진	신사	임오	계미	갑신	을유	병술	정해	무자
	양력	11	12	13	14	15	16	17	18	19	20	21	22	23	24	25	26	27	28	29	30	31	11/1	2	3	4	5	6	7	8	9
10월	음력	1	2	3	4	5	6	7	8	9	10	11	12	13	14	15	16	17	18	19	20	21	22	23	24	25	26	27	28	29	
	일주	기축	경인	신묘	임진	계사	갑오	을미	병신	정유	무술	기해	경자	신축	임인	계묘	갑진	을사	병오	정미	무신	기유	경술	신해	임자	계축	갑인	을묘	병진	정사	
	양력	10	11	12	13	14	15	16	17	18	19	20	21	22	23	24	25	26	27	28	29	30	12/1	2	3	4	5	6	7	8	
11월	음력	1	2	3	4	5	6	7	8	9	10	11	12	13	14	15	16	17	18	19	20	21	22	23	24	25	26	27	28	29	30
	일주	무오	기미	경신	신유	임술	계해	갑자	을축	병인	정묘	무진	기사	경오	신미	임신	계유	갑술	을해	병자	정축	무인	기묘	경진	신사	임오	계미	갑신	을유	병술	정해
	양력	9	10	11	12	13	14	15	16	17	18	19	20	21	22	23	24	25	26	27	28	29	30	31	1/1	2	3	4	5	6	7
12월	음력	1	2	3	4	5	6	7	8	9	10	11	12	13	14	15	16	17	18	19	20	21	22	23	24	25	26	27	28	29	
	일주	무자	기축	경인	신묘	임진	계사	갑오	을미	병신	정유	무술	기해	경자	신축	임인	계묘	갑진	을사	병오	정미	무신	기유	경술	신해	임자	계축	갑인	을묘	병진	
	양력	8	9	10	11	12	13	14	15	16	17	18	19	20	21	22	23	24	25	26	27	28	29	30	31	2/1	2	3	4	5	

경 술 庚戌

1970년생 (음력기준)

1월	음력	1	2	3	4	5	6	7	8	9	10	11	12	13	14	15	16	17	18	19	20	21	22	23	24	25	26	27	28	29	30
	일주	정사	무오	기미	경신	신유	임술	계해	갑자	을축	병인	정묘	무진	기사	경오	신미	임신	계유	갑술	을해	병자	정축	무인	기묘	경진	신사	임오	계미	갑신	을유	병술
	양력	6	7	8	9	10	11	12	13	14	15	16	17	18	19	20	21	22	23	24	25	26	27	28	3/1	2	3	4	5	6	7
2월	음력	1	2	3	4	5	6	7	8	9	10	11	12	13	14	15	16	17	18	19	20	21	22	23	24	25	26	27	28	29	
	일주	정해	무자	기축	경인	신묘	임진	계사	갑오	을미	병신	정유	무술	기해	경자	신축	임인	계묘	갑진	을사	병오	정미	무신	기유	경술	신해	임자	계축	갑인	을묘	
	양력	8	9	10	11	12	13	14	15	16	17	18	19	20	21	22	23	24	25	26	27	28	29	30	31	4/1	2	3	4	5	
3월	음력	1	2	3	4	5	6	7	8	9	10	11	12	13	14	15	16	17	18	19	20	21	22	23	24	25	26	27	28	29	
	일주	병진	정사	무오	기미	경신	신유	임술	계해	갑자	을축	병인	정묘	무진	기사	경오	신미	임신	계유	갑술	을해	병자	정축	무인	기묘	경진	신사	임오	계미	갑신	
	양력	6	7	8	9	10	11	12	13	14	15	16	17	18	19	20	21	22	23	24	25	26	27	28	29	30	5/1	2	3	4	
4월	음력	1	2	3	4	5	6	7	8	9	10	11	12	13	14	15	16	17	18	19	20	21	22	23	24	25	26	27	28	29	30
	일주	을유	병술	정해	무자	기축	경인	신묘	임진	계사	갑오	을미	병신	정유	무술	기해	경자	신축	임인	계묘	갑진	을사	병오	정미	무신	기유	경술	신해	임자	계축	갑인
	양력	5	6	7	8	9	10	11	12	13	14	15	16	17	18	19	20	21	22	23	24	25	26	27	28	29	30	31	6/1	2	3
5월	음력	1	2	3	4	5	6	7	8	9	10	11	12	13	14	15	16	17	18	19	20	21	22	23	24	25	26	27	28	29	30
	일주	을묘	병진	정사	무오	기미	경신	신유	임술	계해	갑자	을축	병인	정묘	무진	기사	경오	신미	임신	계유	갑술	을해	병자	정축	무인	기묘	경진	신사	임오	계미	갑신
	양력	4	5	6	7	8	9	10	11	12	13	14	15	16	17	18	19	20	21	22	23	24	25	26	27	28	29	30	7/1	2	3
6월	음력	1	2	3	4	5	6	7	8	9	10	11	12	13	14	15	16	17	18	19	20	21	22	23	24	25	26	27	28	29	
	일주	을유	병술	정해	무자	기축	경인	신묘	임진	계사	갑오	을미	병신	정유	무술	기해	경자	신축	임인	계묘	갑진	을사	병오	정미	무신	기유	경술	신해	임자	계축	
	양력	4	5	6	7	8	9	10	11	12	13	14	15	16	17	18	19	20	21	22	23	24	25	26	27	28	29	30	31	8/1	
7월	음력	1	2	3	4	5	6	7	8	9	10	11	12	13	14	15	16	17	18	19	20	21	22	23	24	25	26	27	28	29	30
	일주	갑인	을묘	병진	정사	무오	기미	경신	신유	임술	계해	갑자	을축	병인	정묘	무진	기사	경오	신미	임신	계유	갑술	을해	병자	정축	무인	기묘	경진	신사	임오	계미
	양력	2	3	4	5	6	7	8	9	10	11	12	13	14	15	16	17	18	19	20	21	22	23	24	25	26	27	28	29	30	31
8월	음력	1	2	3	4	5	6	7	8	9	10	11	12	13	14	15	16	17	18	19	20	21	22	23	24	25	26	27	28	29	
	일주	갑신	을유	병술	정해	무자	기축	경인	신묘	임진	계사	갑오	을미	병신	정유	무술	기해	경자	신축	임인	계묘	갑진	을사	병오	정미	무신	기유	경술	신해	임자	
	양력	9/1	2	3	4	5	6	7	8	9	10	11	12	13	14	15	16	17	18	19	20	21	22	23	24	25	26	27	28	29	
9월	음력	1	2	3	4	5	6	7	8	9	10	11	12	13	14	15	16	17	18	19	20	21	22	23	24	25	26	27	28	29	30
	일주	계축	갑인	을묘	병진	정사	무오	기미	경신	신유	임술	계해	갑자	을축	병인	정묘	무진	기사	경오	신미	임신	계유	갑술	을해	병자	정축	무인	기묘	경진	신사	임오
	양력	30	10/1	2	3	4	5	6	7	8	9	10	11	12	13	14	15	16	17	18	19	20	21	22	23	24	25	26	27	28	29
10월	음력	1	2	3	4	5	6	7	8	9	10	11	12	13	14	15	16	17	18	19	20	21	22	23	24	25	26	27	28	29	30
	일주	계미	갑신	을유	병술	정해	무자	기축	경인	신묘	임진	계사	갑오	을미	병신	정유	무술	기해	경자	신축	임인	계묘	갑진	을사	병오	정미	무신	기유	경술	신해	임자
	양력	30	31	11/1	2	3	4	5	6	7	8	9	10	11	12	13	14	15	16	17	18	19	20	21	22	23	24	25	26	27	28
11월	음력	1	2	3	4	5	6	7	8	9	10	11	12	13	14	15	16	17	18	19	20	21	22	23	24	25	26	27	28	29	
	일주	계축	갑인	을묘	병진	정사	무오	기미	경신	신유	임술	계해	갑자	을축	병인	정묘	무진	기사	경오	신미	임신	계유	갑술	을해	병자	정축	무인	기묘	경진	신사	
	양력	29	30	12/1	2	3	4	5	6	7	8	9	10	11	12	13	14	15	16	17	18	19	20	21	22	23	24	25	26	27	
12월	음력	1	2	3	4	5	6	7	8	9	10	11	12	13	14	15	16	17	18	19	20	21	22	23	24	25	26	27	28	29	30
	일주	임오	계미	갑신	을유	병술	정해	무자	기축	경인	신묘	임진	계사	갑오	을미	병신	정유	무술	기해	경자	신축	임인	계묘	갑진	을사	병오	정미	무신	기유	경술	신해
	양력	28	29	30	31	1/1	2	3	4	5	6	7	8	9	10	11	12	13	14	15	16	17	18	19	20	21	22	23	24	25	26

신 해 辛亥 1971년생 (음력기준)

1월
음력	1	2	3	4	5	6	7	8	9	10	11	12	13	14	15	16	17	18	19	20	21	22	23	24	25	26	27	28	29
일주	임자	계축	갑인	을묘	병진	정사	무오	기미	경신	신유	임술	계해	갑자	을축	병인	정묘	무진	기사	경오	신미	임신	계유	갑술	을해	병자	정축	무인	기묘	경진
양력	27	28	29	30	31	2/1	2	3	4	5	6	7	8	9	10	11	12	13	14	15	16	17	18	19	20	21	22	23	24

2월
음력	1	2	3	4	5	6	7	8	9	10	11	12	13	14	15	16	17	18	19	20	21	22	23	24	25	26	27	28	29	30
일주	신사	임오	계미	갑신	을유	병술	정해	무자	기축	경인	신묘	임진	계사	갑오	을미	병신	정유	무술	기해	경자	신축	임인	계묘	갑진	을사	병오	정미	무신	기유	경술
양력	25	26	27	28	3/1	2	3	4	5	6	7	8	9	10	11	12	13	14	15	16	17	18	19	20	21	22	23	24	25	26

3월
음력	1	2	3	4	5	6	7	8	9	10	11	12	13	14	15	16	17	18	19	20	21	22	23	24	25	26	27	28	29
일주	신해	임자	계축	갑인	을묘	병진	정사	무오	기미	경신	신유	임술	계해	갑자	을축	병인	정묘	무진	기사	경오	신미	임신	계유	갑술	을해	병자	정축	무인	기묘
양력	27	28	29	30	31	4/1	2	3	4	5	6	7	8	9	10	11	12	13	14	15	16	17	18	19	20	21	22	23	24

4월
음력	1	2	3	4	5	6	7	8	9	10	11	12	13	14	15	16	17	18	19	20	21	22	23	24	25	26	27	28	29
일주	경진	신사	임오	계미	갑신	을유	병술	정해	무자	기축	경인	신묘	임진	계사	갑오	을미	병신	정유	무술	기해	경자	신축	임인	계묘	갑진	을사	병오	정미	무신
양력	25	26	27	28	29	5/1	2	3	4	5	6	7	8	9	10	11	12	13	14	15	16	17	18	19	20	21	22	23

5월
음력	1	2	3	4	5	6	7	8	9	10	11	12	13	14	15	16	17	18	19	20	21	22	23	24	25	26	27	28	29	30
일주	기유	경술	신해	임자	계축	갑인	을묘	병진	정사	무오	기미	경신	신유	임술	계해	갑자	을축	병인	정묘	무진	기사	경오	신미	임신	계유	갑술	을해	병자	정축	무인
양력	24	25	26	27	28	29	30	31	6/1	2	3	4	5	6	7	8	9	10	11	12	13	14	15	16	17	18	19	20	21	22

윤달 5월
음력	1	2	3	4	5	6	7	8	9	10	11	12	13	14	15	16	17	18	19	20	21	22	23	24	25	26	27	28	29
일주	기묘	경진	신사	임오	계미	갑신	을유	병술	정해	무자	기축	경인	신묘	임진	계사	갑오	을미	병신	정유	무술	기해	경자	신축	임인	계묘	갑진	을사	병오	정미
양력	23	24	25	26	27	28	29	30	7/1	2	3	4	5	6	7	8	9	10	11	12	13	14	15	16	17	18	19	20	21

6월
음력	1	2	3	4	5	6	7	8	9	10	11	12	13	14	15	16	17	18	19	20	21	22	23	24	25	26	27	28	29	30
일주	무신	기유	경술	신해	임자	계축	갑인	을묘	병진	정사	무오	기미	경신	신유	임술	계해	갑자	을축	병인	정묘	무진	기사	경오	신미	임신	계유	갑술	을해	병자	정축
양력	22	23	24	25	26	27	28	29	30	31	8/1	2	3	4	5	6	7	8	9	10	11	12	13	14	15	16	17	18	19	20

7월
음력	1	2	3	4	5	6	7	8	9	10	11	12	13	14	15	16	17	18	19	20	21	22	23	24	25	26	27	28	29
일주	무인	기묘	경진	신사	임오	계미	갑신	을유	병술	정해	무자	기축	경인	신묘	임진	계사	갑오	을미	병신	정유	무술	기해	경자	신축	임인	계묘	갑진	을사	병오
양력	21	22	23	24	25	26	27	28	29	30	31	9/1	2	3	4	5	6	7	8	9	10	11	12	13	14	15	16	17	18

8월
음력	1	2	3	4	5	6	7	8	9	10	11	12	13	14	15	16	17	18	19	20	21	22	23	24	25	26	27	28	29	30
일주	정미	무신	기유	경술	신해	임자	계축	갑인	을묘	병진	정사	무오	기미	경신	신유	임술	계해	갑자	을축	병인	정묘	무진	기사	경오	신미	임신	계유	갑술	을해	병자
양력	19	20	21	22	23	24	25	26	27	28	29	30	10/1	2	3	4	5	6	7	8	9	10	11	12	13	14	15	16	17	18

9월
음력	1	2	3	4	5	6	7	8	9	10	11	12	13	14	15	16	17	18	19	20	21	22	23	24	25	26	27	28	29	30
일주	정축	무인	기묘	경진	신사	임오	계미	갑신	을유	병술	정해	무자	기축	경인	신묘	임진	계사	갑오	을미	병신	정유	무술	기해	경자	신축	임인	계묘	갑진	을사	병오
양력	19	20	21	22	23	24	25	26	27	28	29	30	31	11/1	2	3	4	5	6	7	8	9	10	11	12	13	14	15	16	17

10월
음력	1	2	3	4	5	6	7	8	9	10	11	12	13	14	15	16	17	18	19	20	21	22	23	24	25	26	27	28	29	30
일주	정미	무신	기유	경술	신해	임자	계축	갑인	을묘	병진	정사	무오	기미	경신	신유	임술	계해	갑자	을축	병인	정묘	무진	기사	경오	신미	임신	계유	갑술	을해	병자
양력	18	19	20	21	22	23	24	25	26	27	28	29	30	12/1	2	3	4	5	6	7	8	9	10	11	12	13	14	15	16	17

11월
음력	1	2	3	4	5	6	7	8	9	10	11	12	13	14	15	16	17	18	19	20	21	22	23	24	25	26	27	28	29
일주	정축	무인	기묘	경진	신사	임오	계미	갑신	을유	병술	정해	무자	기축	경인	신묘	임진	계사	갑오	을미	병신	정유	무술	기해	경자	신축	임인	계묘	갑진	을사
양력	18	19	20	21	22	23	24	25	26	27	28	29	30	31	1/1	2	3	4	5	6	7	8	9	10	11	12	13	14	15

12월
음력	1	2	3	4	5	6	7	8	9	10	11	12	13	14	15	16	17	18	19	20	21	22	23	24	25	26	27	28	29	30
일주	병오	정미	무신	기유	경술	신해	임자	계축	갑인	을묘	병진	정사	무오	기미	경신	신유	임술	계해	갑자	을축	병인	정묘	무진	기사	경오	신미	임신	계유	갑술	을해
양력	16	17	18	19	20	21	22	23	24	25	26	27	28	29	30	31	2/1	2	3	4	5	6	7	8	9	10	11	12	13	14

임 자 壬子

1972년생 (음력기준)

	음력	1	2	3	4	5	6	7	8	9	10	11	12	13	14	15	16	17	18	19	20	21	22	23	24	25	26	27	28	29	
1월	일주	병자	정축	무인	기묘	경진	신사	임오	계미	갑신	을유	병술	정해	무자	기축	경인	신묘	임진	계사	갑오	을미	병신	정유	무술	기해	경자	신축	임인	계묘	갑진	
	양력	15	16	17	18	19	20	21	22	23	24	25	26	27	28	29	3/1	2	3	4	5	6	7	8	9	10	11	12	13	14	
	음력	1	2	3	4	5	6	7	8	9	10	11	12	13	14	15	16	17	18	19	20	21	22	23	24	25	26	27	28	29	30
2월	일주	을사	병오	정미	무신	기유	경술	신해	임자	계축	갑인	을묘	병진	정사	무오	기미	경신	신유	임술	계해	갑자	을축	병인	정묘	무진	기사	경오	신미	임신	계유	갑술
	양력	15	16	17	18	19	20	21	22	23	24	25	26	27	28	29	30	31	4/1	2	3	4	5	6	7	8	9	10	11	12	13
	음력	1	2	3	4	5	6	7	8	9	10	11	12	13	14	15	16	17	18	19	20	21	22	23	24	25	26	27	28	29	
3월	일주	을해	병자	정축	무인	기묘	경진	신사	임오	계미	갑신	을유	병술	정해	무자	기축	경인	신묘	임진	계사	갑오	을미	병신	정유	무술	기해	경자	신축	임인	계묘	
	양력	14	15	16	17	18	19	20	21	22	23	24	25	26	27	28	29	30	5/1	2	3	4	5	6	7	8	9	10	11	12	
	음력	1	2	3	4	5	6	7	8	9	10	11	12	13	14	15	16	17	18	19	20	21	22	23	24	25	26	27	28	29	
4월	일주	갑진	을사	병오	정미	무신	기유	경술	신해	임자	계축	갑인	을묘	병진	정사	무오	기미	경신	신유	임술	계해	갑자	을축	병인	정묘	무진	기사	경오	신미	임신	
	양력	13	14	15	16	17	18	19	20	21	22	23	24	25	26	27	28	29	30	31	6/1	2	3	4	5	6	7	8	9	10	
	음력	1	2	3	4	5	6	7	8	9	10	11	12	13	14	15	16	17	18	19	20	21	22	23	24	25	26	27	28	29	30
5월	일주	계유	갑술	을해	병자	정축	무인	기묘	경진	신사	임오	계미	갑신	을유	병술	정해	무자	기축	경인	신묘	임진	계사	갑오	을미	병신	정유	무술	기해	경자	신축	임인
	양력	11	12	13	14	15	16	17	18	19	20	21	22	23	24	25	26	27	28	29	30	7/1	2	3	4	5	6	7	8	9	10
	음력	1	2	3	4	5	6	7	8	9	10	11	12	13	14	15	16	17	18	19	20	21	22	23	24	25	26	27	28	29	
6월	일주	계묘	갑진	을사	병오	정미	무신	기유	경술	신해	임자	계축	갑인	을묘	병진	정사	무오	기미	경신	신유	임술	계해	갑자	을축	병인	정묘	무진	기사	경오	신미	
	양력	11	12	13	14	15	16	17	18	19	20	21	22	23	24	25	26	27	28	29	30	31	8/1	2	3	4	5	6	7	8	
	음력	1	2	3	4	5	6	7	8	9	10	11	12	13	14	15	16	17	18	19	20	21	22	23	24	25	26	27	28	29	30
7월	일주	임신	계유	갑술	을해	병자	정축	무인	기묘	경진	신사	임오	계미	갑신	을유	병술	정해	무자	기축	경인	신묘	임진	계사	갑오	을미	병신	정유	무술	기해	경자	신축
	양력	9	10	11	12	13	14	15	16	17	18	19	20	21	22	23	24	25	26	27	28	29	30	31	9/1	2	3	4	5	6	7
	음력	1	2	3	4	5	6	7	8	9	10	11	12	13	14	15	16	17	18	19	20	21	22	23	24	25	26	27	28	29	
8월	일주	임인	계묘	갑진	을사	병오	정미	무신	기유	경술	신해	임자	계축	갑인	을묘	병진	정사	무오	기미	경신	신유	임술	계해	갑자	을축	병인	정묘	무진	기사	경오	
	양력	8	9	10	11	12	13	14	15	16	17	18	19	20	21	22	23	24	25	26	27	28	29	30	10/1	2	3	4	5	6	
	음력	1	2	3	4	5	6	7	8	9	10	11	12	13	14	15	16	17	18	19	20	21	22	23	24	25	26	27	28	29	30
9월	일주	신미	임신	계유	갑술	을해	병자	정축	무인	기묘	경진	신사	임오	계미	갑신	을유	병술	정해	무자	기축	경인	신묘	임진	계사	갑오	을미	병신	정유	무술	기해	경자
	양력	7	8	9	10	11	12	13	14	15	16	17	18	19	20	21	22	23	24	25	26	27	28	29	30	31	11/1	2	3	4	5
	음력	1	2	3	4	5	6	7	8	9	10	11	12	13	14	15	16	17	18	19	20	21	22	23	24	25	26	27	28	29	30
10월	일주	신축	임인	계묘	갑진	을사	병오	정미	무신	기유	경술	신해	임자	계축	갑인	을묘	병진	정사	무오	기미	경신	신유	임술	계해	갑자	을축	병인	정묘	무진	기사	경오
	양력	6	7	8	9	10	11	12	13	14	15	16	17	18	19	20	21	22	23	24	25	26	27	28	29	30	12/1	2	3	4	5
	음력	1	2	3	4	5	6	7	8	9	10	11	12	13	14	15	16	17	18	19	20	21	22	23	24	25	26	27	28	29	30
11월	일주	신미	임신	계유	갑술	을해	병자	정축	무인	기묘	경진	신사	임오	계미	갑신	을유	병술	정해	무자	기축	경인	신묘	임진	계사	갑오	을미	병신	정유	무술	기해	경자
	양력	6	7	8	9	10	11	12	13	14	15	16	17	18	19	20	21	22	23	24	25	26	27	28	29	30	31	1/1	2	3	4
	음력	1	2	3	4	5	6	7	8	9	10	11	12	13	14	15	16	17	18	19	20	21	22	23	24	25	26	27	28	29	
12월	일주	신축	임인	계묘	갑진	을사	병오	정미	무신	기유	경술	신해	임자	계축	갑인	을묘	병진	정사	무오	기미	경신	신유	임술	계해	갑자	을축	병인	정묘	무진	기사	
	양력	5	6	7	8	9	10	11	12	13	14	15	16	17	18	19	20	21	22	23	24	25	26	27	28	29	30	31	2/1	2	

계축 癸丑

1973년생 (음력기준)

1월	음력	1	2	3	4	5	6	7	8	9	10	11	12	13	14	15	16	17	18	19	20	21	22	23	24	25	26	27	28	29	30
	일주	경오	신미	임신	계유	갑술	을해	병자	정축	무인	기묘	경진	신사	임오	계미	갑신	을유	병술	정해	무자	기축	경인	신묘	임진	계사	갑오	을미	병신	정유	무술	기해
	양력	3	4	5	6	7	8	9	10	11	12	13	14	15	16	17	18	19	20	21	22	23	24	25	26	27	28	3/1	2	3	4
2월	음력	1	2	3	4	5	6	7	8	9	10	11	12	13	14	15	16	17	18	19	20	21	22	23	24	25	26	27	28	29	
	일주	경자	신축	임인	계묘	갑진	을사	병오	정미	무신	기유	경술	신해	임자	계축	갑인	을묘	병진	정사	무오	기미	경신	신유	임술	계해	갑자	을축	병인	정묘	무진	
	양력	5	6	7	8	9	10	11	12	13	14	15	16	17	18	19	20	21	22	23	24	25	26	27	28	29	30	31	4/1	2	
3월	음력	1	2	3	4	5	6	7	8	9	10	11	12	13	14	15	16	17	18	19	20	21	22	23	24	25	26	27	28	29	30
	일주	기사	경오	신미	임신	계유	갑술	을해	병자	정축	무인	기묘	경진	신사	임오	계미	갑신	을유	병술	정해	무자	기축	경인	신묘	임진	계사	갑오	을미	병신	정유	무술
	양력	3	4	5	6	7	8	9	10	11	12	13	14	15	16	17	18	19	20	21	22	23	24	25	26	27	28	29	30	5/1	2
4월	음력	1	2	3	4	5	6	7	8	9	10	11	12	13	14	15	16	17	18	19	20	21	22	23	24	25	26	27	28	29	
	일주	기해	경자	신축	임인	계묘	갑진	을사	병오	정미	무신	기유	경술	신해	임자	계축	갑인	을묘	병진	정사	무오	기미	경신	신유	임술	계해	갑자	을축	병인	정묘	
	양력	3	4	5	6	7	8	9	10	11	12	13	14	15	16	17	18	19	20	21	22	23	24	25	26	27	28	29	30	31	
5월	음력	1	2	3	4	5	6	7	8	9	10	11	12	13	14	15	16	17	18	19	20	21	22	23	24	25	26	27	28	29	
	일주	무진	기사	경오	신미	임신	계유	갑술	을해	병자	정축	무인	기묘	경진	신사	임오	계미	갑신	을유	병술	정해	무자	기축	경인	신묘	임진	계사	갑오	을미	병신	
	양력	6/1	2	3	4	5	6	7	8	9	10	11	12	13	14	15	16	17	18	19	20	21	22	23	24	25	26	27	28	29	
6월	음력	1	2	3	4	5	6	7	8	9	10	11	12	13	14	15	16	17	18	19	20	21	22	23	24	25	26	27	28	29	30
	일주	정유	무술	기해	경자	신축	임인	계묘	갑진	을사	병오	정미	무신	기유	경술	신해	임자	계축	갑인	을묘	병진	정사	무오	기미	경신	신유	임술	계해	갑자	을축	병인
	양력	30	7/1	2	3	4	5	6	7	8	9	10	11	12	13	14	15	16	17	18	19	20	21	22	23	24	25	26	27	28	29
7월	음력	1	2	3	4	5	6	7	8	9	10	11	12	13	14	15	16	17	18	19	20	21	22	23	24	25	26	27	28	29	
	일주	정묘	무진	기사	경오	신미	임신	계유	갑술	을해	병자	정축	무인	기묘	경진	신사	임오	계미	갑신	을유	병술	정해	무자	기축	경인	신묘	임진	계사	갑오	을미	
	양력	30	31	8/1	2	3	4	5	6	7	8	9	10	11	12	13	14	15	16	17	18	19	20	21	22	23	24	25	26	27	
8월	음력	1	2	3	4	5	6	7	8	9	10	11	12	13	14	15	16	17	18	19	20	21	22	23	24	25	26	27	28	29	
	일주	병신	정유	무술	기해	경자	신축	임인	계묘	갑진	을사	병오	정미	무신	기유	경술	신해	임자	계축	갑인	을묘	병진	정사	무오	기미	경신	신유	임술	계해	갑자	
	양력	28	29	30	31	9/1	2	3	4	5	6	7	8	9	10	11	12	13	14	15	16	17	18	19	20	21	22	23	24	25	
9월	음력	1	2	3	4	5	6	7	8	9	10	11	12	13	14	15	16	17	18	19	20	21	22	23	24	25	26	27	28	29	30
	일주	을축	병인	정묘	무진	기사	경오	신미	임신	계유	갑술	을해	병자	정축	무인	기묘	경진	신사	임오	계미	갑신	을유	병술	정해	무자	기축	경인	신묘	임진	계사	갑오
	양력	26	27	28	29	30	10/1	2	3	4	5	6	7	8	9	10	11	12	13	14	15	16	17	18	19	20	21	22	23	24	25
10월	음력	1	2	3	4	5	6	7	8	9	10	11	12	13	14	15	16	17	18	19	20	21	22	23	24	25	26	27	28	29	30
	일주	을미	병신	정유	무술	기해	경자	신축	임인	계묘	갑진	을사	병오	정미	무신	기유	경술	신해	임자	계축	갑인	을묘	병진	정사	무오	기미	경신	신유	임술	계해	갑자
	양력	26	27	28	29	30	31	11/1	2	3	4	5	6	7	8	9	10	11	12	13	14	15	16	17	18	19	20	21	22	23	24
11월	음력	1	2	3	4	5	6	7	8	9	10	11	12	13	14	15	16	17	18	19	20	21	22	23	24	25	26	27	28	29	30
	일주	을축	병인	정묘	무진	기사	경오	신미	임신	계유	갑술	을해	병자	정축	무인	기묘	경진	신사	임오	계미	갑신	을유	병술	정해	무자	기축	경인	신묘	임진	계사	갑오
	양력	25	26	27	28	29	30	12/1	2	3	4	5	6	7	8	9	10	11	12	13	14	15	16	17	18	19	20	21	22	23	24
12월	음력	1	2	3	4	5	6	7	8	9	10	11	12	13	14	15	16	17	18	19	20	21	22	23	24	25	26	27	28	29	
	일주	을미	병신	정유	무술	기해	경자	신축	임인	계묘	갑진	을사	병오	정미	무신	기유	경술	신해	임자	계축	갑인	을묘	병진	정사	무오	기미	경신	신유	임술	계해	
	양력	25	26	27	28	29	30	31	1/1	2	3	4	5	6	7	8	9	10	11	12	13	14	15	16	17	18	19	20	21	22	

갑인 甲寅   1974년생 (음력기준)

1월	음력	1	2	3	4	5	6	7	8	9	10	11	12	13	14	15	16	17	18	19	20	21	22	23	24	25	26	27	28	29	30
	일주	갑자	을축	병인	정묘	무진	기사	경오	신미	임신	계유	갑술	을해	병자	정축	무인	기묘	경진	신사	임오	계미	갑신	을유	병술	정해	무자	기축	경인	신묘	임진	계사
	양력	23	24	25	26	27	28	29	30	31	2/1	2	3	4	5	6	7	8	9	10	11	12	13	14	15	16	17	18	19	20	21
2월	음력	1	2	3	4	5	6	7	8	9	10	11	12	13	14	15	16	17	18	19	20	21	22	23	24	25	26	27	28	29	30
	일주	갑오	을미	병신	정유	무술	기해	경자	신축	임인	계묘	갑진	을사	병오	정미	무신	기유	경술	신해	임자	계축	갑인	을묘	병진	정사	무오	기미	경신	신유	임술	계해
	양력	22	23	24	25	26	27	28	3/1	2	3	4	5	6	7	8	9	10	11	12	13	14	15	16	17	18	19	20	21	22	23
3월	음력	1	2	3	4	5	6	7	8	9	10	11	12	13	14	15	16	17	18	19	20	21	22	23	24	25	26	27	28	29	
	일주	갑자	을축	병인	정묘	무진	기사	경오	신미	임신	계유	갑술	을해	병자	정축	무인	기묘	경진	신사	임오	계미	갑신	을유	병술	정해	무자	기축	경인	신묘	임진	
	양력	24	25	26	27	28	29	30	31	4/1	2	3	4	5	6	7	8	9	10	11	12	13	14	15	16	17	18	19	20	21	
4월	음력	1	2	3	4	5	6	7	8	9	10	11	12	13	14	15	16	17	18	19	20	21	22	23	24	25	26	27	28	29	30
	일주	계사	갑오	을미	병신	정유	무술	기해	경자	신축	임인	계묘	갑진	을사	병오	정미	무신	기유	경술	신해	임자	계축	갑인	을묘	병진	정사	무오	기미	경신	신유	임술
	양력	22	23	24	25	26	27	28	29	30	5/1	2	3	4	5	6	7	8	9	10	11	12	13	14	15	16	17	18	19	20	21
윤4월	음력	1	2	3	4	5	6	7	8	9	10	11	12	13	14	15	16	17	18	19	20	21	22	23	24	25	26	27	28	29	
	일주	계해	갑자	을축	병인	정묘	무진	기사	경오	신미	임신	계유	갑술	을해	병자	정축	무인	기묘	경진	신사	임오	계미	갑신	을유	병술	정해	무자	기축	경인	신묘	
	양력	22	23	24	25	26	27	28	29	30	31	6/1	2	3	4	5	6	7	8	9	10	11	12	13	14	15	16	17	18	19	
5월	음력	1	2	3	4	5	6	7	8	9	10	11	12	13	14	15	16	17	18	19	20	21	22	23	24	25	26	27	28	29	
	일주	임진	계사	갑오	을미	병신	정유	무술	기해	경자	신축	임인	계묘	갑진	을사	병오	정미	무신	기유	경술	신해	임자	계축	갑인	을묘	병진	정사	무오	기미	경신	
	양력	20	21	22	23	24	25	26	27	28	29	30	7/1	2	3	4	5	6	7	8	9	10	11	12	13	14	15	16	17	18	
6월	음력	1	2	3	4	5	6	7	8	9	10	11	12	13	14	15	16	17	18	19	20	21	22	23	24	25	26	27	28	29	30
	일주	신유	임술	계해	갑자	을축	병인	정묘	무진	기사	경오	신미	임신	계유	갑술	을해	병자	정축	무인	기묘	경진	신사	임오	계미	갑신	을유	병술	정해	무자	기축	경인
	양력	19	20	21	22	23	24	25	26	27	28	29	30	31	8/1	2	3	4	5	6	7	8	9	10	11	12	13	14	15	16	17
7월	음력	1	2	3	4	5	6	7	8	9	10	11	12	13	14	15	16	17	18	19	20	21	22	23	24	25	26	27	28	29	
	일주	신묘	임진	계사	갑오	을미	병신	정유	무술	기해	경자	신축	임인	계묘	갑진	을사	병오	정미	무신	기유	경술	신해	임자	계축	갑인	을묘	병진	정사	무오	기미	
	양력	18	19	20	21	22	23	24	25	26	27	28	29	30	31	9/1	2	3	4	5	6	7	8	9	10	11	12	13	14	15	
8월	음력	1	2	3	4	5	6	7	8	9	10	11	12	13	14	15	16	17	18	19	20	21	22	23	24	25	26	27	28	29	30
	일주	경신	신유	임술	계해	갑자	을축	병인	정묘	무진	기사	경오	신미	임신	계유	갑술	을해	병자	정축	무인	기묘	경진	신사	임오	계미	갑신	을유	병술	정해	무자	기축
	양력	16	17	18	19	20	21	22	23	24	25	26	27	28	29	30	10/1	2	3	4	5	6	7	8	9	10	11	12	13	14	
9월	음력	1	2	3	4	5	6	7	8	9	10	11	12	13	14	15	16	17	18	19	20	21	22	23	24	25	26	27	28	29	30
	일주	경인	신묘	임진	계사	갑오	을미	병신	정유	무술	기해	경자	신축	임인	계묘	갑진	을사	병오	정미	무신	기유	경술	신해	임자	계축	갑인	을묘	병진	정사	무오	기미
	양력	15	16	17	18	19	20	21	22	23	24	25	26	27	28	29	30	31	11/1	2	3	4	5	6	7	8	9	10	11	12	13
10월	음력	1	2	3	4	5	6	7	8	9	10	11	12	13	14	15	16	17	18	19	20	21	22	23	24	25	26	27	28	29	30
	일주	경신	신유	임술	계해	갑자	을축	병인	정묘	무진	기사	경오	신미	임신	계유	갑술	을해	병자	정축	무인	기묘	경진	신사	임오	계미	갑신	을유	병술	정해	무자	기축
	양력	14	15	16	17	18	19	20	21	22	23	24	25	26	27	28	29	30	12/1	2	3	4	5	6	7	8	9	10	11	12	13
11월	음력	1	2	3	4	5	6	7	8	9	10	11	12	13	14	15	16	17	18	19	20	21	22	23	24	25	26	27	28	29	
	일주	경인	신묘	임진	계사	갑오	을미	병신	정유	무술	기해	경자	신축	임인	계묘	갑진	을사	병오	정미	무신	기유	경술	신해	임자	계축	갑인	을묘	병진	정사	무오	
	양력	14	15	16	17	18	19	20	21	22	23	24	25	26	27	28	29	30	31	1/1	2	3	4	5	6	7	8	9	10	11	
12월	음력	1	2	3	4	5	6	7	8	9	10	11	12	13	14	15	16	17	18	19	20	21	22	23	24	25	26	27	28	29	30
	일주	무오	기미	경신	신유	임술	계해	갑자	을축	병인	정묘	무진	기사	경오	신미	임신	계유	갑술	을해	병자	정축	무인	기묘	경진	신사	임오	계미	갑신	을유	병술	정해
	양력	12	13	14	15	16	17	18	19	20	21	22	23	24	25	26	27	28	29	30	31	2/1	2	3	4	5	6	7	8	9	10

을 묘 乙卯　1975년생 (음력기준)

1월
음력	1	2	3	4	5	6	7	8	9	10	11	12	13	14	15	16	17	18	19	20	21	22	23	24	25	26	27	28	29	30
일주	무자	기축	경인	신묘	임진	계사	갑오	을미	병신	정유	무술	기해	경자	신축	임인	계묘	갑진	을사	병오	정미	무신	기유	경술	신해	임자	계축	갑인	을묘	병진	정사
양력	11	12	13	14	15	16	17	18	19	20	21	22	23	24	25	26	27	28	3/1	2	3	4	5	6	7	8	9	10	11	12

2월
음력	1	2	3	4	5	6	7	8	9	10	11	12	13	14	15	16	17	18	19	20	21	22	23	24	25	26	27	28	29	30
일주	무오	기미	경신	신유	임술	계해	갑자	을축	병인	정묘	무진	기사	경오	신미	임신	계유	갑술	을해	병자	정축	무인	기묘	경진	신사	임오	계미	갑신	을유	병술	정해
양력	13	14	15	16	17	18	19	20	21	22	23	24	25	26	27	28	29	30	31	4/1	2	3	4	5	6	7	8	9	10	11

3월
음력	1	2	3	4	5	6	7	8	9	10	11	12	13	14	15	16	17	18	19	20	21	22	23	24	25	26	27	28	29
일주	무자	기축	경인	신묘	임진	계사	갑오	을미	병신	정유	무술	기해	경자	신축	임인	계묘	갑진	을사	병오	정미	무신	기유	경술	신해	임자	계축	갑인	을묘	병진
양력	12	13	14	15	16	17	18	19	20	21	22	23	24	25	26	27	28	29	30	5/1	2	3	4	5	6	7	8	9	10

4월
음력	1	2	3	4	5	6	7	8	9	10	11	12	13	14	15	16	17	18	19	20	21	22	23	24	25	26	27	28	29	30
일주	정사	무오	기미	경신	신유	임술	계해	갑자	을축	병인	정묘	무진	기사	경오	신미	임신	계유	갑술	을해	병자	정축	무인	기묘	경진	신사	임오	계미	갑신	을유	병술
양력	11	12	13	14	15	16	17	18	19	20	21	22	23	24	25	26	27	28	29	30	31	6/1	2	3	4	5	6	7	8	9

5월
음력	1	2	3	4	5	6	7	8	9	10	11	12	13	14	15	16	17	18	19	20	21	22	23	24	25	26	27	28	29
일주	정해	무자	기축	경인	신묘	임진	계사	갑오	을미	병신	정유	무술	기해	경자	신축	임인	계묘	갑진	을사	병오	정미	무신	기유	경술	신해	임자	계축	갑인	을묘
양력	10	11	12	13	14	15	16	17	18	19	20	21	22	23	24	25	26	27	28	29	30	7/1	2	3	4	5	6	7	8

6월
음력	1	2	3	4	5	6	7	8	9	10	11	12	13	14	15	16	17	18	19	20	21	22	23	24	25	26	27	28	29
일주	병진	정사	무오	기미	경신	신유	임술	계해	갑자	을축	병인	정묘	무진	기사	경오	신미	임신	계유	갑술	을해	병자	정축	무인	기묘	경진	신사	임오	계미	갑신
양력	9	10	11	12	13	14	15	16	17	18	19	20	21	22	23	24	25	26	27	28	29	30	31	8/1	2	3	4	5	6

7월
음력	1	2	3	4	5	6	7	8	9	10	11	12	13	14	15	16	17	18	19	20	21	22	23	24	25	26	27	28	29	30
일주	을유	병술	정해	무자	기축	경인	신묘	임진	계사	갑오	을미	병신	정유	무술	기해	경자	신축	임인	계묘	갑진	을사	병오	정미	무신	기유	경술	신해	임자	계축	갑인
양력	7	8	9	10	11	12	13	14	15	16	17	18	19	20	21	22	23	24	25	26	27	28	29	30	31	9/1	2	3	4	5

8월
음력	1	2	3	4	5	6	7	8	9	10	11	12	13	14	15	16	17	18	19	20	21	22	23	24	25	26	27	28	29
일주	을묘	병진	정사	무오	기미	경신	신유	임술	계해	갑자	을축	병인	정묘	무진	기사	경오	신미	임신	계유	갑술	을해	병자	정축	무인	기묘	경진	신사	임오	계미
양력	6	7	8	9	10	11	12	13	14	15	16	17	18	19	20	21	22	23	24	25	26	27	28	29	30	10/1	2	3	4

9월
음력	1	2	3	4	5	6	7	8	9	10	11	12	13	14	15	16	17	18	19	20	21	22	23	24	25	26	27	28	29
일주	갑신	을유	병술	정해	무자	기축	경인	신묘	임진	계사	갑오	을미	병신	정유	무술	기해	경자	신축	임인	계묘	갑진	을사	병오	정미	무신	기유	경술	신해	임자
양력	5	6	7	8	9	10	11	12	13	14	15	16	17	18	19	20	21	22	23	24	25	26	27	28	29	30	31	11/1	2

10월
음력	1	2	3	4	5	6	7	8	9	10	11	12	13	14	15	16	17	18	19	20	21	22	23	24	25	26	27	28	29	30
일주	계축	갑인	을묘	병진	정사	무오	기미	경신	신유	임술	계해	갑자	을축	병인	정묘	무진	기사	경오	신미	임신	계유	갑술	을해	병자	정축	무인	기묘	경진	신사	임오
양력	3	4	5	6	7	8	9	10	11	12	13	14	15	16	17	18	19	20	21	22	23	24	25	26	27	28	29	30	12/1	2

11월
음력	1	2	3	4	5	6	7	8	9	10	11	12	13	14	15	16	17	18	19	20	21	22	23	24	25	26	27	28	29
일주	계미	갑신	을유	병술	정해	무자	기축	경인	신묘	임진	계사	갑오	을미	병신	정유	무술	기해	경자	신축	임인	계묘	갑진	을사	병오	정미	무신	기유	경술	신해
양력	3	4	5	6	7	8	9	10	11	12	13	14	15	16	17	18	19	20	21	22	23	24	25	26	27	28	29	30	31

12월
음력	1	2	3	4	5	6	7	8	9	10	11	12	13	14	15	16	17	18	19	20	21	22	23	24	25	26	27	28	29	30
일주	임자	계축	갑인	을묘	병진	정사	무오	기미	경신	신유	임술	계해	갑자	을축	병인	정묘	무진	기사	경오	신미	임신	계유	갑술	을해	병자	정축	무인	기묘	경진	신사
양력	1/1	2	3	4	5	6	7	8	9	10	11	12	13	14	15	16	17	18	19	20	21	22	23	24	25	26	27	28	29	30

병진 丙辰　　　　　　　　　　　1976년생 (음력기준)

1월	음력	1	2	3	4	5	6	7	8	9	10	11	12	13	14	15	16	17	18	19	20	21	22	23	24	25	26	27	28	29	30
	일주	임오	계미	갑신	을유	병술	정해	무자	기축	경인	신묘	임진	계사	갑오	을미	병신	정유	무술	기해	경자	신축	임인	계묘	갑진	을사	병오	정미	무신	기유	경술	신해
	양력	31	2/1	2	3	4	5	6	7	8	9	10	11	12	13	14	15	16	17	18	19	20	21	22	23	24	25	26	27	28	29
2월	음력	1	2	3	4	5	6	7	8	9	10	11	12	13	14	15	16	17	18	19	20	21	22	23	24	25	26	27	28	29	30
	일주	임자	계축	갑인	을묘	병진	정사	무오	기미	경신	신유	임술	계해	갑자	을축	병인	정묘	무진	기사	경오	신미	임신	계유	갑술	을해	병자	정축	무인	기묘	경진	신사
	양력	3/1	2	3	4	5	6	7	8	9	10	11	12	13	14	15	16	17	18	19	20	21	22	23	24	25	26	27	28	29	30
3월	음력	1	2	3	4	5	6	7	8	9	10	11	12	13	14	15	16	17	18	19	20	21	22	23	24	25	26	27	28	29	
	일주	임오	계미	갑신	을유	병술	정해	무자	기축	경인	신묘	임진	계사	갑오	을미	병신	정유	무술	기해	경자	신축	임인	계묘	갑진	을사	병오	정미	무신	기유	경술	
	양력	31	4/1	2	3	4	5	6	7	8	9	10	11	12	13	14	15	16	17	18	19	20	21	22	23	24	25	26	27	28	
4월	음력	1	2	3	4	5	6	7	8	9	10	11	12	13	14	15	16	17	18	19	20	21	22	23	24	25	26	27	28	29	30
	일주	신해	임자	계축	갑인	을묘	병진	정사	무오	기미	경신	신유	임술	계해	갑자	을축	병인	정묘	무진	기사	경오	신미	임신	계유	갑술	을해	병자	정축	무인	기묘	경진
	양력	29	30	5/1	2	3	4	5	6	7	8	9	10	11	12	13	14	15	16	17	18	19	20	21	22	23	24	25	26	27	28
5월	음력	1	2	3	4	5	6	7	8	9	10	11	12	13	14	15	16	17	18	19	20	21	22	23	24	25	26	27	28	29	
	일주	신사	임오	계미	갑신	을유	병술	정해	무자	기축	경인	신묘	임진	계사	갑오	을미	병신	정유	무술	기해	경자	신축	임인	계묘	갑진	을사	병오	정미	무신	기유	
	양력	29	30	31	6/1	2	3	4	5	6	7	8	9	10	11	12	13	14	15	16	17	18	19	20	21	22	23	24	25	26	
6월	음력	1	2	3	4	5	6	7	8	9	10	11	12	13	14	15	16	17	18	19	20	21	22	23	24	25	26	27	28	29	30
	일주	경술	신해	임자	계축	갑인	을묘	병진	정사	무오	기미	경신	신유	임술	계해	갑자	을축	병인	정묘	무진	기사	경오	신미	임신	계유	갑술	을해	병자	정축	무인	기묘
	양력	27	28	29	30	7/1	2	3	4	5	6	7	8	9	10	11	12	13	14	15	16	17	18	19	20	21	22	23	24	25	26
7월	음력	1	2	3	4	5	6	7	8	9	10	11	12	13	14	15	16	17	18	19	20	21	22	23	24	25	26	27	28	29	30
	일주	경진	신사	임오	계미	갑신	을유	병술	정해	무자	기축	경인	신묘	임진	계사	갑오	을미	병신	정유	무술	기해	경자	신축	임인	계묘	갑진	을사	병오	정미	무신	기유
	양력	27	28	29	30	31	8/1	2	3	4	5	6	7	8	9	10	11	12	13	14	15	16	17	18	19	20	21	22	23	24	25
8월	음력	1	2	3	4	5	6	7	8	9	10	11	12	13	14	15	16	17	18	19	20	21	22	23	24	25	26	27	28	29	30
	일주	경술	신해	임자	계축	갑인	을묘	병진	정사	무오	기미	경신	신유	임술	계해	갑자	을축	병인	정묘	무진	기사	경오	신미	임신	계유	갑술	을해	병자	정축	무인	기묘
	양력	25	26	27	28	29	30	31	9/1	2	3	4	5	6	7	8	9	10	11	12	13	14	15	16	17	18	19	20	21	22	23
윤달 8월	음력	1	2	3	4	5	6	7	8	9	10	11	12	13	14	15	16	17	18	19	20	21	22	23	24	25	26	27	28	29	
	일주	경진	신사	임오	계미	갑신	을유	병술	정해	무자	기축	경인	신묘	임진	계사	갑오	을미	병신	정유	무술	기해	경자	신축	임인	계묘	갑진	을사	병오	정미	무신	
	양력	24	25	26	27	28	29	30	10/1	2	3	4	5	6	7	8	9	10	11	12	13	14	15	16	17	18	19	20	21	22	
9월	음력	1	2	3	4	5	6	7	8	9	10	11	12	13	14	15	16	17	18	19	20	21	22	23	24	25	26	27	28	29	30
	일주	무신	기유	경술	신해	임자	계축	갑인	을묘	병진	정사	무오	기미	경신	신유	임술	계해	갑자	을축	병인	정묘	무진	기사	경오	신미	임신	계유	갑술	을해	병자	정축
	양력	23	24	25	26	27	28	29	30	31	11/1	2	3	4	5	6	7	8	9	10	11	12	13	14	15	16	17	18	19	20	21
10월	음력	1	2	3	4	5	6	7	8	9	10	11	12	13	14	15	16	17	18	19	20	21	22	23	24	25	26	27	28	29	
	일주	무인	기묘	경진	신사	임오	계미	갑신	을유	병술	정해	무자	기축	경인	신묘	임진	계사	갑오	을미	병신	정유	무술	기해	경자	신축	임인	계묘	갑진	을사	병오	
	양력	22	23	24	25	26	27	28	29	30	12/1	2	3	4	5	6	7	8	9	10	11	12	13	14	15	16	17	18	19	20	
11월	음력	1	2	3	4	5	6	7	8	9	10	11	12	13	14	15	16	17	18	19	20	21	22	23	24	25	26	27	28	29	
	일주	정미	무신	기유	경술	신해	임자	계축	갑인	을묘	병진	정사	무오	기미	경신	신유	임술	계해	갑자	을축	병인	정묘	무진	기사	경오	신미	임신	계유	갑술	을해	
	양력	21	22	23	24	25	26	27	28	29	30	31	1/1	2	3	4	5	6	7	8	9	10	11	12	13	14	15	16	17	18	
12월	음력	1	2	3	4	5	6	7	8	9	10	11	12	13	14	15	16	17	18	19	20	21	22	23	24	25	26	27	28	29	30
	일주	병자	정축	무인	기묘	경진	신사	임오	계미	갑신	을유	병술	정해	무자	기축	경인	신묘	임진	계사	갑오	을미	병신	정유	무술	기해	경자	신축	임인	계묘	갑진	을사
	양력	19	20	21	22	23	24	25	26	27	28	29	30	31	2/1	2	3	4	5	6	7	8	9	10	11	12	13	14	15	16	17

정사 丁巳 1977년생 (음력기준)

1월	음력	1	2	3	4	5	6	7	8	9	10	11	12	13	14	15	16	17	18	19	20	21	22	23	24	25	26	27	28	29	30
	일주	병오	정미	무신	기유	경술	신해	임자	계축	갑인	을묘	병진	정사	무오	기미	경신	신유	임술	계해	갑자	을축	병인	정묘	무진	기사	경오	신미	임신	계유	갑술	을해
	양력	18	19	20	21	22	23	24	25	26	27	28	3/1	2	3	4	5	6	7	8	9	10	11	12	13	14	15	16	17	18	19
2월	음력	1	2	3	4	5	6	7	8	9	10	11	12	13	14	15	16	17	18	19	20	21	22	23	24	25	26	27	28	29	
	일주	병자	정축	무인	기묘	경진	신사	임오	계미	갑신	을유	병술	정해	무자	기축	경인	신묘	임진	계사	갑오	을미	병신	정유	무술	기해	경자	신축	임인	계묘	갑진	
	양력	20	21	22	23	24	25	26	27	28	29	30	31	4/1	2	3	4	5	6	7	8	9	10	11	12	13	14	15	16	17	
3월	음력	1	2	3	4	5	6	7	8	9	10	11	12	13	14	15	16	17	18	19	20	21	22	23	24	25	26	27	28	29	30
	일주	을사	병오	정미	무신	기유	경술	신해	임자	계축	갑인	을묘	병진	정사	무오	기미	경신	신유	임술	계해	갑자	을축	병인	정묘	무진	기사	경오	신미	임신	계유	갑술
	양력	18	19	20	21	22	23	24	25	26	27	28	29	30	5/1	2	3	4	5	6	7	8	9	10	11	12	13	14	15	16	17
4월	음력	1	2	3	4	5	6	7	8	9	10	11	12	13	14	15	16	17	18	19	20	21	22	23	24	25	26	27	28	29	30
	일주	을해	병자	정축	무인	기묘	경진	신사	임오	계미	갑신	을유	병술	정해	무자	기축	경인	신묘	임진	계사	갑오	을미	병신	정유	무술	기해	경자	신축	임인	계묘	갑진
	양력	18	19	20	21	22	23	24	25	26	27	28	29	30	31	6/1	2	3	4	5	6	7	8	9	10	11	12	13	14	15	16
5월	음력	1	2	3	4	5	6	7	8	9	10	11	12	13	14	15	16	17	18	19	20	21	22	23	24	25	26	27	28	29	
	일주	을사	병오	정미	무신	기유	경술	신해	임자	계축	갑인	을묘	병진	정사	무오	기미	경신	신유	임술	계해	갑자	을축	병인	정묘	무진	기사	경오	신미	임신	계유	
	양력	17	18	19	20	21	22	23	24	25	26	27	28	29	30	7/1	2	3	4	5	6	7	8	9	10	11	12	13	14	15	
6월	음력	1	2	3	4	5	6	7	8	9	10	11	12	13	14	15	16	17	18	19	20	21	22	23	24	25	26	27	28	29	30
	일주	갑술	을해	병자	정축	무인	기묘	경진	신사	임오	계미	갑신	을유	병술	정해	무자	기축	경인	신묘	임진	계사	갑오	을미	병신	정유	무술	기해	경자	신축	임인	계묘
	양력	16	17	18	19	20	21	22	23	24	25	26	27	28	29	30	31	8/1	2	3	4	5	6	7	8	9	10	11	12	13	14
7월	음력	1	2	3	4	5	6	7	8	9	10	11	12	13	14	15	16	17	18	19	20	21	22	23	24	25	26	27	28	29	
	일주	갑진	을사	병오	정미	무신	기유	경술	신해	임자	계축	갑인	을묘	병진	정사	무오	기미	경신	신유	임술	계해	갑자	을축	병인	정묘	무진	기사	경오	신미	임신	
	양력	15	16	17	18	19	20	21	22	23	24	25	26	27	28	29	30	31	9/1	2	3	4	5	6	7	8	9	10	11	12	
8월	음력	1	2	3	4	5	6	7	8	9	10	11	12	13	14	15	16	17	18	19	20	21	22	23	24	25	26	27	28	29	30
	일주	계유	갑술	을해	병자	정축	무인	기묘	경진	신사	임오	계미	갑신	을유	병술	정해	무자	기축	경인	신묘	임진	계사	갑오	을미	병신	정유	무술	기해	경자	신축	임인
	양력	13	14	15	16	17	18	19	20	21	22	23	24	25	26	27	28	29	30	10/1	2	3	4	5	6	7	8	9	10	11	12
9월	음력	1	2	3	4	5	6	7	8	9	10	11	12	13	14	15	16	17	18	19	20	21	22	23	24	25	26	27	28	29	
	일주	계묘	갑진	을사	병오	정미	무신	기유	경술	신해	임자	계축	갑인	을묘	병진	정사	무오	기미	경신	신유	임술	계해	갑자	을축	병인	정묘	무진	기사	경오	신미	
	양력	13	14	15	16	17	18	19	20	21	22	23	24	25	26	27	28	29	30	31	11/1	2	3	4	5	6	7	8	9	10	
10월	음력	1	2	3	4	5	6	7	8	9	10	11	12	13	14	15	16	17	18	19	20	21	22	23	24	25	26	27	28	29	30
	일주	임신	계유	갑술	을해	병자	정축	무인	기묘	경진	신사	임오	계미	갑신	을유	병술	정해	무자	기축	경인	신묘	임진	계사	갑오	을미	병신	정유	무술	기해	경자	신축
	양력	11	12	13	14	15	16	17	18	19	20	21	22	23	24	25	26	27	28	29	30	12/1	2	3	4	5	6	7	8	9	10
11월	음력	1	2	3	4	5	6	7	8	9	10	11	12	13	14	15	16	17	18	19	20	21	22	23	24	25	26	27	28	29	
	일주	임인	계묘	갑진	을사	병오	정미	무신	기유	경술	신해	임자	계축	갑인	을묘	병진	정사	무오	기미	경신	신유	임술	계해	갑자	을축	병인	정묘	무진	기사	경오	
	양력	11	12	13	14	15	16	17	18	19	20	21	22	23	24	25	26	27	28	29	30	31	1/1	2	3	4	5	6	7	8	
12월	음력	1	2	3	4	5	6	7	8	9	10	11	12	13	14	15	16	17	18	19	20	21	22	23	24	25	26	27	28	29	
	일주	신미	임신	계유	갑술	을해	병자	정축	무인	기묘	경진	신사	임오	계미	갑신	을유	병술	정해	무자	기축	경인	신묘	임진	계사	갑오	을미	병신	정유	무술	기해	
	양력	9	10	11	12	13	14	15	16	17	18	19	20	21	22	23	24	25	26	27	28	29	30	31	2/1	2	3	4	5	6	

무 오 戊午 1978년생 (음력기준)

1월	음력	1	2	3	4	5	6	7	8	9	10	11	12	13	14	15	16	17	18	19	20	21	22	23	24	25	26	27	28	29	30
	일주	경자	신축	임인	계묘	갑진	을사	병오	정미	무신	기유	경술	신해	임자	계축	갑인	을묘	병진	정사	무오	기미	경신	신유	임술	계해	갑자	을축	병인	정묘	무진	기사
	양력	7	8	9	10	11	12	13	14	15	16	17	18	19	20	21	22	23	24	25	26	27	28	3/1	2	3	4	5	6	7	8
2월	음력	1	2	3	4	5	6	7	8	9	10	11	12	13	14	15	16	17	18	19	20	21	22	23	24	25	26	27	28	29	30
	일주	경오	신미	임신	계유	갑술	을해	병자	정축	무인	기묘	경진	신사	임오	계미	갑신	을유	병술	정해	무자	기축	경인	신묘	임진	계사	갑오	을미	병신	정유	무술	기해
	양력	9	10	11	12	13	14	15	16	17	18	19	20	21	22	23	24	25	26	27	28	29	30	31	4/1	2	3	4	5	6	7
3월	음력	1	2	3	4	5	6	7	8	9	10	11	12	13	14	15	16	17	18	19	20	21	22	23	24	25	26	27	28	29	
	일주	경자	신축	임인	계묘	갑진	을사	병오	정미	무신	기유	경술	신해	임자	계축	갑인	을묘	병진	정사	무오	기미	경신	신유	임술	계해	갑자	을축	병인	정묘	무진	
	양력	8	9	10	11	12	13	14	15	16	17	18	19	20	21	22	23	24	25	26	27	28	29	30	5/1	2	3	4	5	6	
4월	음력	1	2	3	4	5	6	7	8	9	10	11	12	13	14	15	16	17	18	19	20	21	22	23	24	25	26	27	28	29	30
	일주	기사	경오	신미	임신	계유	갑술	을해	병자	정축	무인	기묘	경진	신사	임오	계미	갑신	을유	병술	정해	무자	기축	경인	신묘	임진	계사	갑오	을미	병신	정유	무술
	양력	7	8	9	10	11	12	13	14	15	16	17	18	19	20	21	22	23	24	25	26	27	28	29	30	31	6/1	2	3	4	5
5월	음력	1	2	3	4	5	6	7	8	9	10	11	12	13	14	15	16	17	18	19	20	21	22	23	24	25	26	27	28	29	
	일주	기해	경자	신축	임인	계묘	갑진	을사	병오	정미	무신	기유	경술	신해	임자	계축	갑인	을묘	병진	정사	무오	기미	경신	신유	임술	계해	갑자	을축	병인	정묘	
	양력	6	7	8	9	10	11	12	13	14	15	16	17	18	19	20	21	22	23	24	25	26	27	28	29	30	7/1	2	3	4	
6월	음력	1	2	3	4	5	6	7	8	9	10	11	12	13	14	15	16	17	18	19	20	21	22	23	24	25	26	27	28	29	30
	일주	무진	기사	경오	신미	임신	계유	갑술	을해	병자	정축	무인	기묘	경진	신사	임오	계미	갑신	을유	병술	정해	무자	기축	경인	신묘	임진	계사	갑오	을미	병신	정유
	양력	5	6	7	8	9	10	11	12	13	14	15	16	17	18	19	20	21	22	23	24	25	26	27	28	29	30	31	8/1	2	3
7월	음력	1	2	3	4	5	6	7	8	9	10	11	12	13	14	15	16	17	18	19	20	21	22	23	24	25	26	27	28	29	
	일주	무술	기해	경자	신축	임인	계묘	갑진	을사	병오	정미	무신	기유	경술	신해	임자	계축	갑인	을묘	병진	정사	무오	기미	경신	신유	임술	계해	갑자	을축	병인	
	양력	4	5	6	7	8	9	10	11	12	13	14	15	16	17	18	19	20	21	22	23	24	25	26	27	28	29	30	31	9/1	
8월	음력	1	2	3	4	5	6	7	8	9	10	11	12	13	14	15	16	17	18	19	20	21	22	23	24	25	26	27	28	29	30
	일주	무진	기사	경오	신미	임신	계유	갑술	을해	병자	정축	무인	기묘	경진	신사	임오	계미	갑신	을유	병술	정해	무자	기축	경인	신묘	임진	계사	갑오	을미	병신	정유
	양력	3	4	5	6	7	8	9	10	11	12	13	14	15	16	17	18	19	20	21	22	23	24	25	26	27	28	29	30	10/1	
9월	음력	1	2	3	4	5	6	7	8	9	10	11	12	13	14	15	16	17	18	19	20	21	22	23	24	25	26	27	28	29	30
	일주	정유	무술	기해	경자	신축	임인	계묘	갑진	을사	병오	정미	무신	기유	경술	신해	임자	계축	갑인	을묘	병진	정사	무오	기미	경신	신유	임술	계해	갑자	을축	병인
	양력	2	3	4	5	6	7	8	9	10	11	12	13	14	15	16	17	18	19	20	21	22	23	24	25	26	27	28	29	30	31
10월	음력	1	2	3	4	5	6	7	8	9	10	11	12	13	14	15	16	17	18	19	20	21	22	23	24	25	26	27	28	29	
	일주	정묘	무진	기사	경오	신미	임신	계유	갑술	을해	병자	정축	무인	기묘	경진	신사	임오	계미	갑신	을유	병술	정해	무자	기축	경인	신묘	임진	계사	갑오	을미	
	양력	11/1	2	3	4	5	6	7	8	9	10	11	12	13	14	15	16	17	18	19	20	21	22	23	24	25	26	27	28	29	
11월	음력	1	2	3	4	5	6	7	8	9	10	11	12	13	14	15	16	17	18	19	20	21	22	23	24	25	26	27	28	29	30
	일주	병신	정유	무술	기해	경자	신축	임인	계묘	갑진	을사	병오	정미	무신	기유	경술	신해	임자	계축	갑인	을묘	병진	정사	무오	기미	경신	신유	임술	계해	갑자	을축
	양력	30	12/1	2	3	4	5	6	7	8	9	10	11	12	13	14	15	16	17	18	19	20	21	22	23	24	25	26	27	28	29
12월	음력	1	2	3	4	5	6	7	8	9	10	11	12	13	14	15	16	17	18	19	20	21	22	23	24	25	26	27	28	29	
	일주	병인	정묘	무진	기사	경오	신미	임신	계유	갑술	을해	병자	정축	무인	기묘	경진	신사	임오	계미	갑신	을유	병술	정해	무자	기축	경인	신묘	임진	계사	갑오	
	양력	30	31	1/1	2	3	4	5	6	7	8	9	10	11	12	13	14	15	16	17	18	19	20	21	22	23	24	25	26	27	

기 미 己未　　　　　1979년생 (음력기준)

1월	음력	1	2	3	4	5	6	7	8	9	10	11	12	13	14	15	16	17	18	19	20	21	22	23	24	25	26	27	28	29	30
	일주	을미	병신	정유	무술	기해	경자	신축	임인	계묘	갑진	을사	병오	정미	무신	기유	경술	신해	임자	계축	갑인	을묘	병진	정사	무오	기미	경신	신유	임술	계해	갑자
	양력	28	29	30	31	2/1	2	3	4	5	6	7	8	9	10	11	12	13	14	15	16	17	18	19	20	21	22	23	24	25	26
2월	음력	1	2	3	4	5	6	7	8	9	10	11	12	13	14	15	16	17	18	19	20	21	22	23	24	25	26	27	28	29	
	일주	을축	병인	정묘	무진	기사	경오	신미	임신	계유	갑술	을해	병자	정축	무인	기묘	경진	신사	임오	계미	갑신	을유	병술	정해	무자	기축	경인	신묘	임진	계사	
	양력	27	28	3/1	2	3	4	5	6	7	8	9	10	11	12	13	14	15	16	17	18	19	20	21	22	23	24	25	26	27	
3월	음력	1	2	3	4	5	6	7	8	9	10	11	12	13	14	15	16	17	18	19	20	21	22	23	24	25	26	27	28	29	
	일주	갑오	을미	병신	정유	무술	기해	경자	신축	임인	계묘	갑진	을사	병오	정미	무신	기유	경술	신해	임자	계축	갑인	을묘	병진	정사	무오	기미	경신	신유	임술	
	양력	28	29	30	31	4/1	2	3	4	5	6	7	8	9	10	11	12	13	14	15	16	17	18	19	20	21	22	23	24	25	
4월	음력	1	2	3	4	5	6	7	8	9	10	11	12	13	14	15	16	17	18	19	20	21	22	23	24	25	26	27	28	29	30
	일주	계해	갑자	을축	병인	정묘	무진	기사	경오	신미	임신	계유	갑술	을해	병자	정축	무인	기묘	경진	신사	임오	계미	갑신	을유	병술	정해	무자	기축	경인	신묘	임진
	양력	26	27	28	29	30	5/1	2	3	4	5	6	7	8	9	10	11	12	13	14	15	16	17	18	19	20	21	22	23	24	25
5월	음력	1	2	3	4	5	6	7	8	9	10	11	12	13	14	15	16	17	18	19	20	21	22	23	24	25	26	27	28	29	
	일주	계사	갑오	을미	병신	정유	무술	기해	경자	신축	임인	계묘	갑진	을사	병오	정미	무신	기유	경술	신해	임자	계축	갑인	을묘	병진	정사	무오	기미	경신	신유	
	양력	26	27	28	29	30	31	6/1	2	3	4	5	6	7	8	9	10	11	12	13	14	15	16	17	18	19	20	21	22	23	
6월	음력	1	2	3	4	5	6	7	8	9	10	11	12	13	14	15	16	17	18	19	20	21	22	23	24	25	26	27	28	29	30
	일주	임술	계해	갑자	을축	병인	정묘	무진	기사	경오	신미	임신	계유	갑술	을해	병자	정축	무인	기묘	경진	신사	임오	계미	갑신	을유	병술	정해	무자	기축	경인	신묘
	양력	24	25	26	27	28	29	30	7/1	2	3	4	5	6	7	8	9	10	11	12	13	14	15	16	17	18	19	20	21	22	23
윤달 6월	음력	1	2	3	4	5	6	7	8	9	10	11	12	13	14	15	16	17	18	19	20	21	22	23	24	25	26	27	28	29	
	일주	임진	계사	갑오	을미	병신	정유	무술	기해	경자	신축	임인	계묘	갑진	을사	병오	정미	무신	기유	경술	신해	임자	계축	갑인	을묘	병진	정사	무오	기미	경신	
	양력	24	25	26	27	28	29	30	31	8/1	2	3	4	5	6	7	8	9	10	11	12	13	14	15	16	17	18	19	20	21	22	
7월	음력	1	2	3	4	5	6	7	8	9	10	11	12	13	14	15	16	17	18	19	20	21	22	23	24	25	26	27	28	29	
	일주	신유	임술	계해	갑자	을축	병인	정묘	무진	기사	경오	신미	임신	계유	갑술	을해	병자	정축	무인	기묘	경진	신사	임오	계미	갑신	을유	병술	정해	무자	기축	
	양력	23	24	25	26	27	28	29	30	31	9/1	2	3	4	5	6	7	8	9	10	11	12	13	14	15	16	17	18	19	20	
8월	음력	1	2	3	4	5	6	7	8	9	10	11	12	13	14	15	16	17	18	19	20	21	22	23	24	25	26	27	28	29	30
	일주	경인	신묘	임진	계사	갑오	을미	병신	정유	무술	기해	경자	신축	임인	계묘	갑진	을사	병오	정미	무신	기유	경술	신해	임자	계축	갑인	을묘	병진	정사	무오	기미
	양력	21	22	23	24	25	26	27	28	29	30	10/1	2	3	4	5	6	7	8	9	10	11	12	13	14	15	16	17	18	19	20
9월	음력	1	2	3	4	5	6	7	8	9	10	11	12	13	14	15	16	17	18	19	20	21	22	23	24	25	26	27	28	29	30
	일주	경신	신유	임술	계해	갑자	을축	병인	정묘	무진	기사	경오	신미	임신	계유	갑술	을해	병자	정축	무인	기묘	경진	신사	임오	계미	갑신	을유	병술	정해	무자	기축
	양력	21	22	23	24	25	26	27	28	29	30	31	11/1	2	3	4	5	6	7	8	9	10	11	12	13	14	15	16	17	18	19
10월	음력	1	2	3	4	5	6	7	8	9	10	11	12	13	14	15	16	17	18	19	20	21	22	23	24	25	26	27	28	29	
	일주	경인	신묘	임진	계사	갑오	을미	병신	정유	무술	기해	경자	신축	임인	계묘	갑진	을사	병오	정미	무신	기유	경술	신해	임자	계축	갑인	을묘	병진	정사	무오	
	양력	20	21	22	23	24	25	26	27	28	29	30	12/1	2	3	4	5	6	7	8	9	10	11	12	13	14	15	16	17	18	
11월	음력	1	2	3	4	5	6	7	8	9	10	11	12	13	14	15	16	17	18	19	20	21	22	23	24	25	26	27	28	29	30
	일주	기미	경신	신유	임술	계해	갑자	을축	병인	정묘	무진	기사	경오	신미	임신	계유	갑술	을해	병자	정축	무인	기묘	경진	신사	임오	계미	갑신	을유	병술	정해	무자
	양력	19	20	21	22	23	24	25	26	27	28	29	30	31	1/1	2	3	4	5	6	7	8	9	10	11	12	13	14	15	16	17
12월	음력	1	2	3	4	5	6	7	8	9	10	11	12	13	14	15	16	17	18	19	20	21	22	23	24	25	26	27	28	29	
	일주	기축	경인	신묘	임진	계사	갑오	을미	병신	정유	무술	기해	경자	신축	임인	계묘	갑진	을사	병오	정미	무신	기유	경술	신해	임자	계축	갑인	을묘	병진	정사	
	양력	18	19	20	21	22	23	24	25	26	27	28	29	30	31	2/1	2	3	4	5	6	7	8	9	10	11	12	13	14	15	

경 신 庚申 1980년생 (음력기준)

1월	음력	1	2	3	4	5	6	7	8	9	10	11	12	13	14	15	16	17	18	19	20	21	22	23	24	25	26	27	28	29	30
	일주	기미	경신	신유	임술	계해	갑자	을축	병인	정묘	무진	기사	경오	신미	임신	계유	갑술	을해	병자	정축	무인	기묘	경진	신사	임오	계미	갑신	을유	병술	정해	무자
	양력	16	17	18	19	20	21	22	23	24	25	26	27	28	29	3/1	2	3	4	5	6	7	8	9	10	11	12	13	14	15	16
2월	음력	1	2	3	4	5	6	7	8	9	10	11	12	13	14	15	16	17	18	19	20	21	22	23	24	25	26	27	28	29	
	일주	기축	경인	신묘	임진	계사	갑오	을미	병신	정유	무술	기해	경자	신축	임인	계묘	갑진	을사	병오	정미	무신	기유	경술	신해	임자	계축	갑인	을묘	병진	정사	
	양력	17	18	19	20	21	22	23	24	25	26	27	28	29	30	31	4/1	2	3	4	5	6	7	8	9	10	11	12	13	14	
3월	음력	1	2	3	4	5	6	7	8	9	10	11	12	13	14	15	16	17	18	19	20	21	22	23	24	25	26	27	28	29	
	일주	무오	기미	경신	신유	임술	계해	갑자	을축	병인	정묘	무진	기사	경오	신미	임신	계유	갑술	을해	병자	정축	무인	기묘	경진	신사	임오	계미	갑신	을유	병술	
	양력	15	16	17	18	19	20	21	22	23	24	25	26	27	28	29	5/1	2	3	4	5	6	7	8	9	10	11	12	13		
4월	음력	1	2	3	4	5	6	7	8	9	10	11	12	13	14	15	16	17	18	19	20	21	22	23	24	25	26	27	28	29	30
	일주	정해	무자	기축	경인	신묘	임진	계사	갑오	을미	병신	정유	무술	기해	경자	신축	임인	계묘	갑진	을사	병오	정미	무신	기유	경술	신해	임자	계축	갑인	을묘	병진
	양력	14	15	16	17	18	19	20	21	22	23	24	25	26	27	28	29	30	31	6/1	2	3	4	5	6	7	8	9	10	11	12
5월	음력	1	2	3	4	5	6	7	8	9	10	11	12	13	14	15	16	17	18	19	20	21	22	23	24	25	26	27	28	29	
	일주	정사	무오	기미	경신	신유	임술	계해	갑자	을축	병인	정묘	무진	기사	경오	신미	임신	계유	갑술	을해	병자	정축	무인	기묘	경진	신사	임오	계미	갑신	을유	
	양력	13	14	15	16	17	18	19	20	21	22	23	24	25	26	27	28	29	30	7/1	2	3	4	5	6	7	8	9	10	11	
6월	음력	1	2	3	4	5	6	7	8	9	10	11	12	13	14	15	16	17	18	19	20	21	22	23	24	25	26	27	28	29	30
	일주	병술	정해	무자	기축	경인	신묘	임진	계사	갑오	을미	병신	정유	무술	기해	경자	신축	임인	계묘	갑진	을사	병오	정미	무신	기유	경술	신해	임자	계축	갑인	을묘
	양력	12	13	14	15	16	17	18	19	20	21	22	23	24	25	26	27	28	29	30	31	8/1	2	3	4	5	6	7	8	9	10
7월	음력	1	2	3	4	5	6	7	8	9	10	11	12	13	14	15	16	17	18	19	20	21	22	23	24	25	26	27	28	29	
	일주	병진	정사	무오	기미	경신	신유	임술	계해	갑자	을축	병인	정묘	무진	기사	경오	신미	임신	계유	갑술	을해	병자	정축	무인	기묘	경진	신사	임오	계미	갑신	
	양력	11	12	13	14	15	16	17	18	19	20	21	22	23	24	25	26	27	28	29	30	31	9/1	2	3	4	5	6	7	8	
8월	음력	1	2	3	4	5	6	7	8	9	10	11	12	13	14	15	16	17	18	19	20	21	22	23	24	25	26	27	28	29	30
	일주	을유	병술	정해	무자	기축	경인	신묘	임진	계사	갑오	을미	병신	정유	무술	기해	경자	신축	임인	계묘	갑진	을사	병오	정미	무신	기유	경술	신해	임자	계축	갑인
	양력	9	10	11	12	13	14	15	16	17	18	19	20	21	22	23	24	25	26	27	28	29	30	10/1	2	3	4	5	6	7	8
9월	음력	1	2	3	4	5	6	7	8	9	10	11	12	13	14	15	16	17	18	19	20	21	22	23	24	25	26	27	28	29	30
	일주	을묘	병진	정사	무오	기미	경신	신유	임술	계해	갑자	을축	병인	정묘	무진	기사	경오	신미	임신	계유	갑술	을해	병자	정축	무인	기묘	경진	신사	임오	계미	갑신
	양력	9	10	11	12	13	14	15	16	17	18	19	20	21	22	23	24	25	26	27	28	29	30	31	11/1	2	3	4	5	6	7
10월	음력	1	2	3	4	5	6	7	8	9	10	11	12	13	14	15	16	17	18	19	20	21	22	23	24	25	26	27	28	29	
	일주	을유	병술	정해	무자	기축	경인	신묘	임진	계사	갑오	을미	병신	정유	무술	기해	경자	신축	임인	계묘	갑진	을사	병오	정미	무신	기유	경술	신해	임자	계축	
	양력	8	9	10	11	12	13	14	15	16	17	18	19	20	21	22	23	24	25	26	27	28	29	30	12/1	2	3	4	5	6	
11월	음력	1	2	3	4	5	6	7	8	9	10	11	12	13	14	15	16	17	18	19	20	21	22	23	24	25	26	27	28	29	30
	일주	갑인	을묘	병진	정사	무오	기미	경신	신유	임술	계해	갑자	을축	병인	정묘	무진	기사	경오	신미	임신	계유	갑술	을해	병자	정축	무인	기묘	경진	신사	임오	계미
	양력	7	8	9	10	11	12	13	14	15	16	17	18	19	20	21	22	23	24	25	26	27	28	29	30	31	1/1	2	3	4	5
12월	음력	1	2	3	4	5	6	7	8	9	10	11	12	13	14	15	16	17	18	19	20	21	22	23	24	25	26	27	28	29	30
	일주	갑신	을유	병술	정해	무자	기축	경인	신묘	임진	계사	갑오	을미	병신	정유	무술	기해	경자	신축	임인	계묘	갑진	을사	병오	정미	무신	기유	경술	신해	임자	계축
	양력	6	7	8	9	10	11	12	13	14	15	16	17	18	19	20	21	22	23	24	25	26	27	28	29	30	31	2/1	2	3	4

신 유 辛酉

1981년생 (음력기준)

1월	음력	1	2	3	4	5	6	7	8	9	10	11	12	13	14	15	16	17	18	19	20	21	22	23	24	25	26	27	28	29	
	일주	갑인	을묘	병진	정사	무오	기미	경신	신유	임술	계해	갑자	을축	병인	정묘	무진	기사	경오	신미	임신	계유	갑술	을해	병자	정축	무인	기묘	경진	신사	임오	
	양력	5	6	7	8	9	10	11	12	13	14	15	16	17	18	19	20	21	22	23	24	25	26	27	28	3/1	2	3	4	5	
2월	음력	1	2	3	4	5	6	7	8	9	10	11	12	13	14	15	16	17	18	19	20	21	22	23	24	25	26	27	28	29	30
	일주	계미	갑신	을유	병술	정해	무자	기축	경인	신묘	임진	계사	갑오	을미	병신	정유	무술	기해	경자	신축	임인	계묘	갑진	을사	병오	정미	무신	기유	경술	신해	임자
	양력	6	7	8	9	10	11	12	13	14	15	16	17	18	19	20	21	22	23	24	25	26	27	28	29	30	31	4/1	2	3	4
3월	음력	1	2	3	4	5	6	7	8	9	10	11	12	13	14	15	16	17	18	19	20	21	22	23	24	25	26	27	28	29	
	일주	계축	갑인	을묘	병진	정사	무오	기미	경신	신유	임술	계해	갑자	을축	병인	정묘	무진	기사	경오	신미	임신	계유	갑술	을해	병자	정축	무인	기묘	경진	신사	
	양력	5	6	7	8	9	10	11	12	13	14	15	16	17	18	19	20	21	22	23	24	25	26	27	28	29	30	5/1	2	3	
4월	음력	1	2	3	4	5	6	7	8	9	10	11	12	13	14	15	16	17	18	19	20	21	22	23	24	25	26	27	28	29	
	일주	임오	계미	갑신	을유	병술	정해	무자	기축	경인	신묘	임진	계사	갑오	을미	병신	정유	무술	기해	경자	신축	임인	계묘	갑진	을사	병오	정미	무신	기유	경술	
	양력	4	5	6	7	8	9	10	11	12	13	14	15	16	17	18	19	20	21	22	23	24	25	26	27	28	29	30	31	6/1	
5월	음력	1	2	3	4	5	6	7	8	9	10	11	12	13	14	15	16	17	18	19	20	21	22	23	24	25	26	27	28	29	30
	일주	신해	임자	계축	갑인	을묘	병진	정사	무오	기미	경신	신유	임술	계해	갑자	을축	병인	정묘	무진	기사	경오	신미	임신	계유	갑술	을해	병자	정축	무인	기묘	경진
	양력	2	3	4	5	6	7	8	9	10	11	12	13	14	15	16	17	18	19	20	21	22	23	24	25	26	27	28	29	30	7/1
6월	음력	1	2	3	4	5	6	7	8	9	10	11	12	13	14	15	16	17	18	19	20	21	22	23	24	25	26	27	28	29	
	일주	신사	임오	계미	갑신	을유	병술	정해	무자	기축	경인	신묘	임진	계사	갑오	을미	병신	정유	무술	기해	경자	신축	임인	계묘	갑진	을사	병오	정미	무신	기유	
	양력	2	3	4	5	6	7	8	9	10	11	12	13	14	15	16	17	18	19	20	21	22	23	24	25	26	27	28	29	30	
7월	음력	1	2	3	4	5	6	7	8	9	10	11	12	13	14	15	16	17	18	19	20	21	22	23	24	25	26	27	28	29	
	일주	경술	신해	임자	계축	갑인	을묘	병진	정사	무오	기미	경신	신유	임술	계해	갑자	을축	병인	정묘	무진	기사	경오	신미	임신	계유	갑술	을해	병자	정축	무인	
	양력	31	8/1	2	3	4	5	6	7	8	9	10	11	12	13	14	15	16	17	18	19	20	21	22	23	24	25	26	27	28	
8월	음력	1	2	3	4	5	6	7	8	9	10	11	12	13	14	15	16	17	18	19	20	21	22	23	24	25	26	27	28	29	30
	일주	기묘	경진	신사	임오	계미	갑신	을유	병술	정해	무자	기축	경인	신묘	임진	계사	갑오	을미	병신	정유	무술	기해	경자	신축	임인	계묘	갑진	을사	병오	정미	무신
	양력	29	30	31	9/1	2	3	4	5	6	7	8	9	10	11	12	13	14	15	16	17	18	19	20	21	22	23	24	25	26	27
9월	음력	1	2	3	4	5	6	7	8	9	10	11	12	13	14	15	16	17	18	19	20	21	22	23	24	25	26	27	28	29	30
	일주	기유	경술	신해	임자	계축	갑인	을묘	병진	정사	무오	기미	경신	신유	임술	계해	갑자	을축	병인	정묘	무진	기사	경오	신미	임신	계유	갑술	을해	병자	정축	무인
	양력	28	29	30	10/1	2	3	4	5	6	7	8	9	10	11	12	13	14	15	16	17	18	19	20	21	22	23	24	25	26	27
10월	음력	1	2	3	4	5	6	7	8	9	10	11	12	13	14	15	16	17	18	19	20	21	22	23	24	25	26	27	28	29	
	일주	기묘	경진	신사	임오	계미	갑신	을유	병술	정해	무자	기축	경인	신묘	임진	계사	갑오	을미	병신	정유	무술	기해	경자	신축	임인	계묘	갑진	을사	병오	정미	
	양력	28	29	30	31	11/1	2	3	4	5	6	7	8	9	10	11	12	13	14	15	16	17	18	19	20	21	22	23	24	25	
11월	음력	1	2	3	4	5	6	7	8	9	10	11	12	13	14	15	16	17	18	19	20	21	22	23	24	25	26	27	28	29	30
	일주	무신	기유	경술	신해	임자	계축	갑인	을묘	병진	정사	무오	기미	경신	신유	임술	계해	갑자	을축	병인	정묘	무진	기사	경오	신미	임신	계유	갑술	을해	병자	정축
	양력	26	27	28	29	30	12/1	2	3	4	5	6	7	8	9	10	11	12	13	14	15	16	17	18	19	20	21	22	23	24	25
12월	음력	1	2	3	4	5	6	7	8	9	10	11	12	13	14	15	16	17	18	19	20	21	22	23	24	25	26	27	28	29	30
	일주	무인	기묘	경진	신사	임오	계미	갑신	을유	병술	정해	무자	기축	경인	신묘	임진	계사	갑오	을미	병신	정유	무술	기해	경자	신축	임인	계묘	갑진	을사	병오	정미
	양력	26	27	28	29	30	31	1/1	2	3	4	5	6	7	8	9	10	11	12	13	14	15	16	17	18	19	20	21	22	23	24

임 술 壬戌　　1982년생(음력기준)

1월	음력	1	2	3	4	5	6	7	8	9	10	11	12	13	14	15	16	17	18	19	20	21	22	23	24	25	26	27	28	29	30
	일주	무신	기유	경술	신해	임자	계축	갑인	을묘	병진	정사	무오	기미	경신	신유	임술	계해	갑자	을축	병인	정묘	무진	기사	경오	신미	임신	계유	갑술	을해	병자	정축
	양력	25	26	27	28	29	30	31	2/1	2	3	4	5	6	7	8	9	10	11	12	13	14	15	16	17	18	19	20	21	22	23
2월	음력	1	2	3	4	5	6	7	8	9	10	11	12	13	14	15	16	17	18	19	20	21	22	23	24	25	26	27	28	29	
	일주	무인	기묘	경진	신사	임오	계미	갑신	을유	병술	정해	무자	기축	경인	신묘	임진	계사	갑오	을미	병신	정유	무술	기해	경자	신축	임인	계묘	갑진	을사	병오	
	양력	24	25	26	27	28	3/1	2	3	4	5	6	7	8	9	10	11	12	13	14	15	16	17	18	19	20	21	22	23	24	
3월	음력	1	2	3	4	5	6	7	8	9	10	11	12	13	14	15	16	17	18	19	20	21	22	23	24	25	26	27	28	29	30
	일주	정미	무신	기유	경술	신해	임자	계축	갑인	을묘	병진	정사	무오	기미	경신	신유	임술	계해	갑자	을축	병인	정묘	무진	기사	경오	신미	임신	계유	갑술	을해	병자
	양력	25	26	27	28	29	30	31	4/1	2	3	4	5	6	7	8	9	10	11	12	13	14	15	16	17	18	19	20	21	22	23
4월	음력	1	2	3	4	5	6	7	8	9	10	11	12	13	14	15	16	17	18	19	20	21	22	23	24	25	26	27	28		
	일주	정축	무인	기묘	경진	신사	임오	계미	갑신	을유	병술	정해	무자	기축	경인	신묘	임진	계사	갑오	을미	병신	정유	무술	기해	경자	신축	임인	계묘	갑진		
	양력	24	25	26	27	28	29	30	5/1	2	3	4	5	6	7	8	9	10	11	12	13	14	15	16	17	18	19	20	21	22	
윤달 4월	음력	1	2	3	4	5	6	7	8	9	10	11	12	13	14	15	16	17	18	19	20	21	22	23	24	25	26	27	28	29	
	일주	병오	정미	무신	기유	경술	신해	임자	계축	갑인	을묘	병진	정사	무오	기미	경신	신유	임술	계해	갑자	을축	병인	정묘	무진	기사	경오	신미	임신	계유	갑술	
	양력	23	24	25	26	27	28	29	30	31	6/1	2	3	4	5	6	7	8	9	10	11	12	13	14	15	16	17	18	19	20	
5월	음력	1	2	3	4	5	6	7	8	9	10	11	12	13	14	15	16	17	18	19	20	21	22	23	24	25	26	27	28	29	30
	일주	을해	병자	정축	무인	기묘	경진	신사	임오	계미	갑신	을유	병술	정해	무자	기축	경인	신묘	임진	계사	갑오	을미	병신	정유	무술	기해	경자	신축	임인	계묘	갑진
	양력	21	22	23	24	25	26	27	28	29	30	7/1	2	3	4	5	6	7	8	9	10	11	12	13	14	15	16	17	18	19	20
6월	음력	1	2	3	4	5	6	7	8	9	10	11	12	13	14	15	16	17	18	19	20	21	22	23	24	25	26	27	28	29	
	일주	을사	병오	정미	무신	기유	경술	신해	임자	계축	갑인	을묘	병진	정사	무오	기미	경신	신유	임술	계해	갑자	을축	병인	정묘	무진	기사	경오	신미	임신	계유	
	양력	21	22	23	24	25	26	27	28	29	30	31	8/1	2	3	4	5	6	7	8	9	10	11	12	13	14	15	16	17	18	
7월	음력	1	2	3	4	5	6	7	8	9	10	11	12	13	14	15	16	17	18	19	20	21	22	23	24	25	26	27	28	29	
	일주	갑술	을해	병자	정축	무인	기묘	경진	신사	임오	계미	갑신	을유	병술	정해	무자	기축	경인	신묘	임진	계사	갑오	을미	병신	정유	무술	기해	경자	신축	임인	
	양력	19	20	21	22	23	24	25	26	27	28	29	30	31	9/1	2	3	4	5	6	7	8	9	10	11	12	13	14	15	16	
8월	음력	1	2	3	4	5	6	7	8	9	10	11	12	13	14	15	16	17	18	19	20	21	22	23	24	25	26	27	28	29	30
	일주	계묘	갑진	을사	병오	정미	무신	기유	경술	신해	임자	계축	갑인	을묘	병진	정사	무오	기미	경신	신유	임술	계해	갑자	을축	병인	정묘	무진	기사	경오	신미	임신
	양력	17	18	19	20	21	22	23	24	25	26	27	28	29	30	10/1	2	3	4	5	6	7	8	9	10	11	12	13	14	15	16
9월	음력	1	2	3	4	5	6	7	8	9	10	11	12	13	14	15	16	17	18	19	20	21	22	23	24	25	26	27	28	29	30
	일주	계유	갑술	을해	병자	정축	무인	기묘	경진	신사	임오	계미	갑신	을유	병술	정해	무자	기축	경인	신묘	임진	계사	갑오	을미	병신	정유	무술	기해	경자	신축	임인
	양력	17	18	19	20	21	22	23	24	25	26	27	28	29	30	31	11/1	2	3	4	5	6	7	8	9	10	11	12	13	14	15
10월	음력	1	2	3	4	5	6	7	8	9	10	11	12	13	14	15	16	17	18	19	20	21	22	23	24	25	26	27	28	29	
	일주	계묘	갑진	을사	병오	정미	무신	기유	경술	신해	임자	계축	갑인	을묘	병진	정사	무오	기미	경신	신유	임술	계해	갑자	을축	병인	정묘	무진	기사	경오	신미	
	양력	16	17	18	19	20	21	22	23	24	25	26	27	28	29	30	12/1	2	3	4	5	6	7	8	9	10	11	12	13	14	
11월	음력	1	2	3	4	5	6	7	8	9	10	11	12	13	14	15	16	17	18	19	20	21	22	23	24	25	26	27	28	29	30
	일주	임신	계유	갑술	을해	병자	정축	무인	기묘	경진	신사	임오	계미	갑신	을유	병술	정해	무자	기축	경인	신묘	임진	계사	갑오	을미	병신	정유	무술	기해	경자	신축
	양력	15	16	17	18	19	20	21	22	23	24	25	26	27	28	29	30	31	1/1	2	3	4	5	6	7	8	9	10	11	12	13
12월	음력	1	2	3	4	5	6	7	8	9	10	11	12	13	14	15	16	17	18	19	20	21	22	23	24	25	26	27	28	29	30
	일주	임인	계묘	갑진	을사	병오	정미	무신	기유	경술	신해	임자	계축	갑인	을묘	병진	정사	무오	기미	경신	신유	임술	계해	갑자	을축	병인	정묘	무진	기사	경오	신미
	양력	14	15	16	17	18	19	20	21	22	23	24	25	26	27	28	29	30	31	2/1	2	3	4	5	6	7	8	9	10	11	12

계해 癸亥　　1983년생(음력기준)

1월	음력	1	2	3	4	5	6	7	8	9	10	11	12	13	14	15	16	17	18	19	20	21	22	23	24	25	26	27	28	29	30	
	일주	임신	계유	갑술	을해	병자	정축	무인	기묘	경진	신사	임오	계미	갑신	을유	병술	정해	무자	기축	경인	신묘	임진	계사	갑오	을미	병신	정유	무술	기해	경자	신축	
	양력	13	14	15	16	17	18	19	20	21	22	23	24	25	26	27	28	3/1	2	3	4	5	6	7	8	9	10	11	12	13	14	
2월	음력	1	2	3	4	5	6	7	8	9	10	11	12	13	14	15	16	17	18	19	20	21	22	23	24	25	26	27	28	29		
	일주	임인	계묘	갑진	을사	병오	정미	무신	기유	경술	신해	임자	계축	갑인	을묘	병진	정사	무오	기미	경신	신유	임술	계해	갑자	을축	병인	정묘	무진	기사	경오		
	양력	15	16	17	18	19	20	21	22	23	24	25	26	27	28	29	30	31	4/1	2	3	4	5	6	7	8	9	10	11	12		
3월	음력	1	2	3	4	5	6	7	8	9	10	11	12	13	14	15	16	17	18	19	20	21	22	23	24	25	26	27	28	29	30	
	일주	신미	임신	계유	갑술	을해	병자	정축	무인	기묘	경진	신사	임오	계미	갑신	을유	병술	정해	무자	기축	경인	신묘	임진	계사	갑오	을미	병신	정유	무술	기해	경자	
	양력	13	14	15	16	17	18	19	20	21	22	23	24	25	26	27	28	29	30	5/1	2	3	4	5	6	7	8	9	10	11	12	
4월	음력	1	2	3	4	5	6	7	8	9	10	11	12	13	14	15	16	17	18	19	20	21	22	23	24	25	26	27	28	29		
	일주	신축	임인	계묘	갑진	을사	병오	정미	무신	기유	경술	신해	임자	계축	갑인	을묘	병진	정사	무오	기미	경신	신유	임술	계해	갑자	을축	병인	정묘	무진	기사		
	양력	13	14	15	16	17	18	19	20	21	22	23	24	25	26	27	28	29	30	31	6/1	2	3	4	5	6	7	8	9	10		
5월	음력	1	2	3	4	5	6	7	8	9	10	11	12	13	14	15	16	17	18	19	20	21	22	23	24	25	26	27	28	29	30	
	일주	경오	신미	임신	계유	갑술	을해	병자	정축	무인	기묘	경진	신사	임오	계미	갑신	을유	병술	정해	무자	기축	경인	신묘	임진	계사	갑오	을미	병신	정유	무술	기해	
	양력	11	12	13	14	15	16	17	18	19	20	21	22	23	24	25	26	27	28	29	30	7/1	2	3	4	5	6	7	8	9	10	
6월	음력	1	2	3	4	5	6	7	8	9	10	11	12	13	14	15	16	17	18	19	20	21	22	23	24	25	26	27	28	29	30	
	일주	기해	경자	신축	임인	계묘	갑진	을사	병오	정미	무신	기유	경술	신해	임자	계축	갑인	을묘	병진	정사	무오	기미	경신	신유	임술	계해	갑자	을축	병인	정묘	무진	
	양력	10	11	12	13	14	15	16	17	18	19	20	21	22	23	24	25	26	27	28	29	30	31	8/1	2	3	4	5	6	7	8	
7월	음력	1	2	3	4	5	6	7	8	9	10	11	12	13	14	15	16	17	18	19	20	21	22	23	24	25	26	27	28	29		
	일주	기사	경오	신미	임신	계유	갑술	을해	병자	정축	무인	기묘	경진	신사	임오	계미	갑신	을유	병술	정해	무자	기축	경인	신묘	임진	계사	갑오	을미	병신	정유		
	양력	9	10	11	12	13	14	15	16	17	18	19	20	21	22	23	24	25	26	27	28	29	30	31	9/1	2	3	4	5	6		
8월	음력	1	2	3	4	5	6	7	8	9	10	11	12	13	14	15	16	17	18	19	20	21	22	23	24	25	26	27	28	29	30	
	일주	무술	기해	경자	신축	임인	계묘	갑진	을사	병오	정미	무신	기유	경술	신해	임자	계축	갑인	을묘	병진	정사	무오	기미	경신	신유	임술	계해	갑자	을축	병인	정묘	
	양력	7	8	9	10	11	12	13	14	15	16	17	18	19	20	21	22	23	24	25	26	27	28	29	30	10/1	2	3	4	5		
9월	음력	1	2	3	4	5	6	7	8	9	10	11	12	13	14	15	16	17	18	19	20	21	22	23	24	25	26	27	28	29	30	
	일주	정묘	무진	기사	경오	신미	임신	계유	갑술	을해	병자	정축	무인	기묘	경진	신사	임오	계미	갑신	을유	병술	정해	무자	기축	경인	신묘	임진	계사	갑오	을미	병신	
	양력	6	7	8	9	10	11	12	13	14	15	16	17	18	19	20	21	22	23	24	25	26	27	28	29	30	11/1	2	3	4		
10월	음력	1	2	3	4	5	6	7	8	9	10	11	12	13	14	15	16	17	18	19	20	21	22	23	24	25	26	27	28	29		
	일주	정유	무술	기해	경자	신축	임인	계묘	갑진	을사	병오	정미	무신	기유	경술	신해	임자	계축	갑인	을묘	병진	정사	무오	기미	경신	신유	임술	계해	갑자	을축		
	양력	5	6	7	8	9	10	11	12	13	14	15	16	17	18	19	20	21	22	23	24	25	26	27	28	29	30	12/1	2	3		
11월	음력	1	2	3	4	5	6	7	8	9	10	11	12	13	14	15	16	17	18	19	20	21	22	23	24	25	26	27	28	29	30	
	일주	병인	정묘	무진	기사	경오	신미	임신	계유	갑술	을해	병자	정축	무인	기묘	경진	신사	임오	계미	갑신	을유	병술	정해	무자	기축	경인	신묘	임진	계사	갑오	을미	
	양력	4	5	6	7	8	9	10	11	12	13	14	15	16	17	18	19	20	21	22	23	24	25	26	27	28	29	30	31	1/1	2	
12월	음력	1	2	3	4	5	6	7	8	9	10	11	12	13	14	15	16	17	18	19	20	21	22	23	24	25	26	27	28	29	30	
	일주	병신	정유	무술	기해	경자	신축	임인	계묘	갑진	을사	병오	정미	무신	기유	경술	신해	임자	계축	갑인	을묘	병진	정사	무오	기미	경신	신유	임술	계해	갑자	을축	
	양력	3	4	5	6	7	8	9	10	11	12	13	14	15	16	17	18	19	20	21	22	23	24	25	26	27	28	29	30	31	2/1	

갑 자 甲子　　　1984년생 (음력기준)

1월
	1	2	3	4	5	6	7	8	9	10	11	12	13	14	15	16	17	18	19	20	21	22	23	24	25	26	27	28	29	30
음력	1	2	3	4	5	6	7	8	9	10	11	12	13	14	15	16	17	18	19	20	21	22	23	24	25	26	27	28	29	30
일주	병인	정묘	무진	기사	경오	신미	임신	계유	갑술	을해	병자	정축	무인	기묘	경진	신사	임오	계미	갑신	을유	병술	정해	무자	기축	경인	신묘	임진	계사	갑오	을미
양력	2	3	4	5	6	7	8	9	10	11	12	13	14	15	16	17	18	19	20	21	22	23	24	25	26	27	28	29	3/1	2

2월
	1	2	3	4	5	6	7	8	9	10	11	12	13	14	15	16	17	18	19	20	21	22	23	24	25	26	27	28	29
음력	1	2	3	4	5	6	7	8	9	10	11	12	13	14	15	16	17	18	19	20	21	22	23	24	25	26	27	28	29
일주	병신	정유	무술	기해	경자	신축	임인	계묘	갑진	을사	병오	정미	무신	기유	경술	신해	임자	계축	갑인	을묘	병진	정사	무오	기미	경신	신유	임술	계해	갑자
양력	3	4	5	6	7	8	9	10	11	12	13	14	15	16	17	18	19	20	21	22	23	24	25	26	27	28	29	30	31

3월
	1	2	3	4	5	6	7	8	9	10	11	12	13	14	15	16	17	18	19	20	21	22	23	24	25	26	27	28	29	30
음력	1	2	3	4	5	6	7	8	9	10	11	12	13	14	15	16	17	18	19	20	21	22	23	24	25	26	27	28	29	30
일주	을축	병인	정묘	무진	기사	경오	신미	임신	계유	갑술	을해	병자	정축	무인	기묘	경진	신사	임오	계미	갑신	을유	병술	정해	무자	기축	경인	신묘	임진	계사	갑오
양력	4/1	2	3	4	5	6	7	8	9	10	11	12	13	14	15	16	17	18	19	20	21	22	23	24	25	26	27	28	29	30

4월
	1	2	3	4	5	6	7	8	9	10	11	12	13	14	15	16	17	18	19	20	21	22	23	24	25	26	27	28	29	30
음력	1	2	3	4	5	6	7	8	9	10	11	12	13	14	15	16	17	18	19	20	21	22	23	24	25	26	27	28	29	30
일주	을미	병신	정유	무술	기해	경자	신축	임인	계묘	갑진	을사	병오	정미	무신	기유	경술	신해	임자	계축	갑인	을묘	병진	정사	무오	기미	경신	신유	임술	계해	갑자
양력	5/1	2	3	4	5	6	7	8	9	10	11	12	13	14	15	16	17	18	19	20	21	22	23	24	25	26	27	28	29	30

5월
	1	2	3	4	5	6	7	8	9	10	11	12	13	14	15	16	17	18	19	20	21	22	23	24	25	26	27	28	29
음력	1	2	3	4	5	6	7	8	9	10	11	12	13	14	15	16	17	18	19	20	21	22	23	24	25	26	27	28	29
일주	을축	병인	정묘	무진	기사	경오	신미	임신	계유	갑술	을해	병자	정축	무인	기묘	경진	신사	임오	계미	갑신	을유	병술	정해	무자	기축	경인	신묘	임진	계사
양력	31	6/1	2	3	4	5	6	7	8	9	10	11	12	13	14	15	16	17	18	19	20	21	22	23	24	25	26	27	28

6월
	1	2	3	4	5	6	7	8	9	10	11	12	13	14	15	16	17	18	19	20	21	22	23	24	25	26	27	28	29
음력	1	2	3	4	5	6	7	8	9	10	11	12	13	14	15	16	17	18	19	20	21	22	23	24	25	26	27	28	29
일주	갑오	을미	병신	정유	무술	기해	경자	신축	임인	계묘	갑진	을사	병오	정미	무신	기유	경술	신해	임자	계축	갑인	을묘	병진	정사	무오	기미	경신	신유	임술
양력	29	30	7/1	2	3	4	5	6	7	8	9	10	11	12	13	14	15	16	17	18	19	20	21	22	23	24	25	26	27

7월
	1	2	3	4	5	6	7	8	9	10	11	12	13	14	15	16	17	18	19	20	21	22	23	24	25	26	27	28	29	30
음력	1	2	3	4	5	6	7	8	9	10	11	12	13	14	15	16	17	18	19	20	21	22	23	24	25	26	27	28	29	30
일주	계해	갑자	을축	병인	정묘	무진	기사	경오	신미	임신	계유	갑술	을해	병자	정축	무인	기묘	경진	신사	임오	계미	갑신	을유	병술	정해	무자	기축	경인	신묘	임진
양력	28	29	30	31	8/1	2	3	4	5	6	7	8	9	10	11	12	13	14	15	16	17	18	19	20	21	22	23	24	25	26

8월
	1	2	3	4	5	6	7	8	9	10	11	12	13	14	15	16	17	18	19	20	21	22	23	24	25	26	27	28	29
음력	1	2	3	4	5	6	7	8	9	10	11	12	13	14	15	16	17	18	19	20	21	22	23	24	25	26	27	28	29
일주	계사	갑오	을미	병신	정유	무술	기해	경자	신축	임인	계묘	갑진	을사	병오	정미	무신	기유	경술	신해	임자	계축	갑인	을묘	병진	정사	무오	기미	경신	신유
양력	27	28	29	30	31	9/1	2	3	4	5	6	7	8	9	10	11	12	13	14	15	16	17	18	19	20	21	22	23	24

9월
	1	2	3	4	5	6	7	8	9	10	11	12	13	14	15	16	17	18	19	20	21	22	23	24	25	26	27	28	29
음력	1	2	3	4	5	6	7	8	9	10	11	12	13	14	15	16	17	18	19	20	21	22	23	24	25	26	27	28	29
일주	임술	계해	갑자	을축	병인	정묘	무진	기사	경오	신미	임신	계유	갑술	을해	병자	정축	무인	기묘	경진	신사	임오	계미	갑신	을유	병술	정해	무자	기축	경인
양력	25	26	27	28	29	30	10/1	2	3	4	5	6	7	8	9	10	11	12	13	14	15	16	17	18	19	20	21	22	23

10월
	1	2	3	4	5	6	7	8	9	10	11	12	13	14	15	16	17	18	19	20	21	22	23	24	25	26	27	28	29	30
음력	1	2	3	4	5	6	7	8	9	10	11	12	13	14	15	16	17	18	19	20	21	22	23	24	25	26	27	28	29	30
일주	신묘	임진	계사	갑오	을미	병신	정유	무술	기해	경자	신축	임인	계묘	갑진	을사	병오	정미	무신	기유	경술	신해	임자	계축	갑인	을묘	병진	정사	무오	기미	경신
양력	24	25	26	27	28	29	30	31	11/1	2	3	4	5	6	7	8	9	10	11	12	13	14	15	16	17	18	19	20	21	22

윤달 10월
	1	2	3	4	5	6	7	8	9	10	11	12	13	14	15	16	17	18	19	20	21	22	23	24	25	26	27	28	29
음력	1	2	3	4	5	6	7	8	9	10	11	12	13	14	15	16	17	18	19	20	21	22	23	24	25	26	27	28	29
일주	신유	임술	계해	갑자	을축	병인	정묘	무진	기사	경오	신미	임신	계유	갑술	을해	병자	정축	무인	기묘	경진	신사	임오	계미	갑신	을유	병술	정해	무자	기축
양력	23	24	25	26	27	28	29	30	12/1	2	3	4	5	6	7	8	9	10	11	12	13	14	15	16	17	18	19	20	21

11월
	1	2	3	4	5	6	7	8	9	10	11	12	13	14	15	16	17	18	19	20	21	22	23	24	25	26	27	28	29	30
음력	1	2	3	4	5	6	7	8	9	10	11	12	13	14	15	16	17	18	19	20	21	22	23	24	25	26	27	28	29	30
일주	경인	신묘	임진	계사	갑오	을미	병신	정유	무술	기해	경자	신축	임인	계묘	갑진	을사	병오	정미	무신	기유	경술	신해	임자	계축	갑인	을묘	병진	정사	무오	기미
양력	22	23	24	25	26	27	28	29	30	31	1/1	2	3	4	5	6	7	8	9	10	11	12	13	14	15	16	17	18	19	20

12월
	1	2	3	4	5	6	7	8	9	10	11	12	13	14	15	16	17	18	19	20	21	22	23	24	25	26	27	28	29	30
음력	1	2	3	4	5	6	7	8	9	10	11	12	13	14	15	16	17	18	19	20	21	22	23	24	25	26	27	28	29	30
일주	경신	신유	임술	계해	갑자	을축	병인	정묘	무진	기사	경오	신미	임신	계유	갑술	을해	병자	정축	무인	기묘	경진	신사	임오	계미	갑신	을유	병술	정해	무자	기축
양력	21	22	23	24	25	26	27	28	29	30	31	2/1	2	3	4	5	6	7	8	9	10	11	12	13	14	15	16	17	18	19

을축 乙丑 1985년생(음력기준)

1월
음력	1	2	3	4	5	6	7	8	9	10	11	12	13	14	15	16	17	18	19	20	21	22	23	24	25	26	27	28	29	
일주	경인	신묘	임진	계사	갑오	을미	병신	정유	무술	기해	경자	신축	임인	계묘	갑진	을사	병오	정미	무신	기유	경술	신해	임자	계축	갑인	을묘	병진	정사	무오	
양력	20	21	22	23	24	25	26	27	28	3/1	2	3	4	5	6	7	8	9	10	11	12	13	14	15	16	17	18	19	20	

2월
음력	1	2	3	4	5	6	7	8	9	10	11	12	13	14	15	16	17	18	19	20	21	22	23	24	25	26	27	28	29	30
일주	기미	경신	신유	임술	계해	갑자	을축	병인	정묘	무진	기사	경오	신미	임신	계유	갑술	을해	병자	정축	무인	기묘	경진	신사	임오	계미	갑신	을유	병술	정해	무자
양력	21	22	23	24	25	26	27	28	29	30	31	4/1	2	3	4	5	6	7	8	9	10	11	12	13	14	15	16	17	18	19

3월
음력	1	2	3	4	5	6	7	8	9	10	11	12	13	14	15	16	17	18	19	20	21	22	23	24	25	26	27	28	29	30
일주	기축	경인	신묘	임진	계사	갑오	을미	병신	정유	무술	기해	경자	신축	임인	계묘	갑진	을사	병오	정미	무신	기유	경술	신해	임자	계축	갑인	을묘	병진	정사	무오
양력	20	21	22	23	24	25	26	27	28	29	30	5/1	2	3	4	5	6	7	8	9	10	11	12	13	14	15	16	17	18	19

4월
음력	1	2	3	4	5	6	7	8	9	10	11	12	13	14	15	16	17	18	19	20	21	22	23	24	25	26	27	28	29	
일주	기미	경신	신유	임술	계해	갑자	을축	병인	정묘	무진	기사	경오	신미	임신	계유	갑술	을해	병자	정축	무인	기묘	경진	신사	임오	계미	갑신	을유	병술	정해	
양력	20	21	22	23	24	25	26	27	28	29	30	31	6/1	2	3	4	5	6	7	8	9	10	11	12	13	14	15	16	17	

5월
음력	1	2	3	4	5	6	7	8	9	10	11	12	13	14	15	16	17	18	19	20	21	22	23	24	25	26	27	28	29	30
일주	무자	기축	경인	신묘	임진	계사	갑오	을미	병신	정유	무술	기해	경자	신축	임인	계묘	갑진	을사	병오	정미	무신	기유	경술	신해	임자	계축	갑인	을묘	병진	정사
양력	18	19	20	21	22	23	24	25	26	27	28	29	30	31	7/1	2	3	4	5	6	7	8	9	10	11	12	13	14	15	16	17

6월
음력	1	2	3	4	5	6	7	8	9	10	11	12	13	14	15	16	17	18	19	20	21	22	23	24	25	26	27	28	29	
일주	무오	기미	경신	신유	임술	계해	갑자	을축	병인	정묘	무진	기사	경오	신미	임신	계유	갑술	을해	병자	정축	무인	기묘	경진	신사	임오	계미	갑신	을유	병술	
양력	18	19	20	21	22	23	24	25	26	27	28	29	30	31	8/1	2	3	4	5	6	7	8	9	10	11	12	13	14	15	

7월
음력	1	2	3	4	5	6	7	8	9	10	11	12	13	14	15	16	17	18	19	20	21	22	23	24	25	26	27	28	29	30
일주	정해	무자	기축	경인	신묘	임진	계사	갑오	을미	병신	정유	무술	기해	경자	신축	임인	계묘	갑진	을사	병오	정미	무신	기유	경술	신해	임자	계축	갑인	을묘	병진
양력	16	17	18	19	20	21	22	23	24	25	26	27	28	29	30	31	9/1	2	3	4	5	6	7	8	9	10	11	12	13	14

8월
음력	1	2	3	4	5	6	7	8	9	10	11	12	13	14	15	16	17	18	19	20	21	22	23	24	25	26	27	28	29	
일주	정사	무오	기미	경신	신유	임술	계해	갑자	을축	병인	정묘	무진	기사	경오	신미	임신	계유	갑술	을해	병자	정축	무인	기묘	경진	신사	임오	계미	갑신	을유	
양력	15	16	17	18	19	20	21	22	23	24	25	26	27	28	29	30	10/1	2	3	4	5	6	7	8	9	10	11	12	13	

9월
음력	1	2	3	4	5	6	7	8	9	10	11	12	13	14	15	16	17	18	19	20	21	22	23	24	25	26	27	28	29	
일주	병술	정해	무자	기축	경인	신묘	임진	계사	갑오	을미	병신	정유	무술	기해	경자	신축	임인	계묘	갑진	을사	병오	정미	무신	기유	경술	신해	임자	계축	갑인	
양력	14	15	16	17	18	19	20	21	22	23	24	25	26	27	28	29	30	31	11/1	2	3	4	5	6	7	8	9	10	11	

10월
음력	1	2	3	4	5	6	7	8	9	10	11	12	13	14	15	16	17	18	19	20	21	22	23	24	25	26	27	28	29	30
일주	을묘	병진	정사	무오	기미	경신	신유	임술	계해	갑자	을축	병인	정묘	무진	기사	경오	신미	임신	계유	갑술	을해	병자	정축	무인	기묘	경진	신사	임오	계미	갑신
양력	12	13	14	15	16	17	18	19	20	21	22	23	24	25	26	27	28	29	30	12/1	2	3	4	5	6	7	8	9	10	11

11월
음력	1	2	3	4	5	6	7	8	9	10	11	12	13	14	15	16	17	18	19	20	21	22	23	24	25	26	27	28	29	
일주	을유	병술	정해	무자	기축	경인	신묘	임진	계사	갑오	을미	병신	정유	무술	기해	경자	신축	임인	계묘	갑진	을사	병오	정미	무신	기유	경술	신해	임자	계축	
양력	12	13	14	15	16	17	18	19	20	21	22	23	24	25	26	27	28	29	30	31	1/1	2	3	4	5	6	7	8	9	

12월
음력	1	2	3	4	5	6	7	8	9	10	11	12	13	14	15	16	17	18	19	20	21	22	23	24	25	26	27	28	29	30
일주	갑인	을묘	병진	정사	무오	기미	경신	신유	임술	계해	갑자	을축	병인	정묘	무진	기사	경오	신미	임신	계유	갑술	을해	병자	정축	무인	기묘	경진	신사	임오	계미
양력	10	11	12	13	14	15	16	17	18	19	20	21	22	23	24	25	26	27	28	29	30	31	2/1	2	3	4	5	6	7	8

병 인 丙寅　　　1986년생(음력기준)

1월	음력	1	2	3	4	5	6	7	8	9	10	11	12	13	14	15	16	17	18	19	20	21	22	23	24	25	26	27	28	29
	일주	갑신	을유	병술	정해	무자	기축	경인	신묘	임진	계사	갑오	을미	병신	정유	무술	기해	경자	신축	임인	계묘	갑진	을사	병오	정미	무신	기유	경술	신해	임자	
	양력	9	10	11	12	13	14	15	16	17	18	19	20	21	22	23	24	25	26	27	28	3/1	2	3	4	5	6	7	8	9	
2월	음력	1	2	3	4	5	6	7	8	9	10	11	12	13	14	15	16	17	18	19	20	21	22	23	24	25	26	27	28	29	30
	일주	계축	갑인	을묘	병진	정사	무오	기미	경신	신유	임술	계해	갑자	을축	병인	정묘	무진	기사	경오	신미	임신	계유	갑술	을해	병자	정축	무인	기묘	경진	신사	임
	양력	10	11	12	13	14	15	16	17	18	19	20	21	22	23	24	25	26	27	28	29	30	31	4/1	2	3	4	5	6	7	8
3월	음력	1	2	3	4	5	6	7	8	9	10	11	12	13	14	15	16	17	18	19	20	21	22	23	24	25	26	27	28	29	30
	일주	계미	갑신	을유	병술	정해	무자	기축	경인	신묘	임진	계사	갑오	을미	병신	정유	무술	기해	경자	신축	임인	계묘	갑진	을사	병오	정미	무신	기유	경술	신해	임
	양력	9	10	11	12	13	14	15	16	17	18	19	20	21	22	23	24	25	26	27	28	29	30	5/1	2	3	4	5	6	7	8
4월	음력	1	2	3	4	5	6	7	8	9	10	11	12	13	14	15	16	17	18	19	20	21	22	23	24	25	26	27	28	29	
	일주	계축	갑인	을묘	병진	정사	무오	기미	경신	신유	임술	계해	갑자	을축	병인	정묘	무진	기사	경오	신미	임신	계유	갑술	을해	병자	정축	무인	기묘	경진	신사	
	양력	9	10	11	12	13	14	15	16	17	18	19	20	21	22	23	24	25	26	27	28	29	30	31	6/1	2	3	4	5	6	
5월	음력	1	2	3	4	5	6	7	8	9	10	11	12	13	14	15	16	17	18	19	20	21	22	23	24	25	26	27	28	29	30
	일주	임오	계미	갑신	을유	병술	정해	무자	기축	경인	신묘	임진	계사	갑오	을미	병신	정유	무술	기해	경자	신축	임인	계묘	갑진	을사	병오	정미	무신	기유	경술	신해
	양력	7	8	9	10	11	12	13	14	15	16	17	18	19	20	21	22	23	24	25	26	27	28	29	30	7/1	2	3	4	5	6
6월	음력	1	2	3	4	5	6	7	8	9	10	11	12	13	14	15	16	17	18	19	20	21	22	23	24	25	26	27	28	29	30
	일주	임자	계축	갑인	을묘	병진	정사	무오	기미	경신	신유	임술	계해	갑자	을축	병인	정묘	무진	기사	경오	신미	임신	계유	갑술	을해	병자	정축	무인	기묘	경진	신사
	양력	7	8	9	10	11	12	13	14	15	16	17	18	19	20	21	22	23	24	25	26	27	28	29	30	31	8/1	2	3	4	5
7월	음력	1	2	3	4	5	6	7	8	9	10	11	12	13	14	15	16	17	18	19	20	21	22	23	24	25	26	27	28	29	
	일주	임오	계미	갑신	을유	병술	정해	무자	기축	경인	신묘	임진	계사	갑오	을미	병신	정유	무술	기해	경자	신축	임인	계묘	갑진	을사	병오	정미	무신	기유	경술	
	양력	6	7	8	9	10	11	12	13	14	15	16	17	18	19	20	21	22	23	24	25	26	27	28	29	30	31	9/1	2	3	
8월	음력	1	2	3	4	5	6	7	8	9	10	11	12	13	14	15	16	17	18	19	20	21	22	23	24	25	26	27	28	29	30
	일주	신해	임자	계축	갑인	을묘	병진	정사	무오	기미	경신	신유	임술	계해	갑자	을축	병인	정묘	무진	기사	경오	신미	임신	계유	갑술	을해	병자	정축	무인	기묘	경진
	양력	4	5	6	7	8	9	10	11	12	13	14	15	16	17	18	19	20	21	22	23	24	25	26	27	28	29	30	10/1	2	3
9월	음력	1	2	3	4	5	6	7	8	9	10	11	12	13	14	15	16	17	18	19	20	21	22	23	24	25	26	27	28	29	
	일주	신사	임오	계미	갑신	을유	병술	정해	무자	기축	경인	신묘	임진	계사	갑오	을미	병신	정유	무술	기해	경자	신축	임인	계묘	갑진	을사	병오	정미	무신	기유	
	양력	4	5	6	7	8	9	10	11	12	13	14	15	16	17	18	19	20	21	22	23	24	25	26	27	28	29	30	31	11/1	
10월	음력	1	2	3	4	5	6	7	8	9	10	11	12	13	14	15	16	17	18	19	20	21	22	23	24	25	26	27	28	29	30
	일주	경술	신해	임자	계축	갑인	을묘	병진	정사	무오	기미	경신	신유	임술	계해	갑자	을축	병인	정묘	무진	기사	경오	신미	임신	계유	갑술	을해	병자	정축	무인	기묘
	양력	2	3	4	5	6	7	8	9	10	11	12	13	14	15	16	17	18	19	20	21	22	23	24	25	26	27	28	29	30	12/1
11월	음력	1	2	3	4	5	6	7	8	9	10	11	12	13	14	15	16	17	18	19	20	21	22	23	24	25	26	27	28	29	
	일주	경진	신사	임오	계미	갑신	을유	병술	정해	무자	기축	경인	신묘	임진	계사	갑오	을미	병신	정유	무술	기해	경자	신축	임인	계묘	갑진	을사	병오	정미	무신	
	양력	2	3	4	5	6	7	8	9	10	11	12	13	14	15	16	17	18	19	20	21	22	23	24	25	26	27	28	29	30	
12월	음력	1	2	3	4	5	6	7	8	9	10	11	12	13	14	15	16	17	18	19	20	21	22	23	24	25	26	27	28	29	
	일주	기유	경술	신해	임자	계축	갑인	을묘	병진	정사	무오	기미	경신	신유	임술	계해	갑자	을축	병인	정묘	무진	기사	경오	신미	임신	계유	갑술	을해	병자	정축	
	양력	31	1/1	2	3	4	5	6	7	8	9	10	11	12	13	14	15	16	17	18	19	20	21	22	23	24	25	26	27	28	

정 묘 丁卯　　1987년생(음력기준)

1월
음력	1	2	3	4	5	6	7	8	9	10	11	12	13	14	15	16	17	18	19	20	21	22	23	24	25	26	27	28	29	30
일주	무인	기묘	경진	신사	임오	계미	갑신	을유	병술	정해	무자	기축	경인	신묘	임진	계사	갑오	을미	병신	정유	무술	기해	경자	신축	임인	계묘	갑진	을사	병오	정미
양력	29	30	31	2/1	2	3	4	5	6	7	8	9	10	11	12	13	14	15	16	17	18	19	20	21	22	23	24	25	26	27

2월
음력	1	2	3	4	5	6	7	8	9	10	11	12	13	14	15	16	17	18	19	20	21	22	23	24	25	26	27	28	29
일주	무신	기유	경술	신해	임자	계축	갑인	을묘	병진	정사	무오	기미	경신	신유	임술	계해	갑자	을축	병인	정묘	무진	기사	경오	신미	임신	계유	갑술	을해	병자
양력	28	3/1	2	3	4	5	6	7	8	9	10	11	12	13	14	15	16	17	18	19	20	21	22	23	24	25	26	27	28

3월
음력	1	2	3	4	5	6	7	8	9	10	11	12	13	14	15	16	17	18	19	20	21	22	23	24	25	26	27	28	29	30
일주	정축	무인	기묘	경진	신사	임오	계미	갑신	을유	병술	정해	무자	기축	경인	신묘	임진	계사	갑오	을미	병신	정유	무술	기해	경자	신축	임인	계묘	갑진	을사	병오
양력	29	30	31	4/1	2	3	4	5	6	7	8	9	10	11	12	13	14	15	16	17	18	19	20	21	22	23	24	25	26	27

4월
음력	1	2	3	4	5	6	7	8	9	10	11	12	13	14	15	16	17	18	19	20	21	22	23	24	25	26	27	28	29	30
일주	정미	무신	기유	경술	신해	임자	계축	갑인	을묘	병진	정사	무오	기미	경신	신유	임술	계해	갑자	을축	병인	정묘	무진	기사	경오	신미	임신	계유	갑술	을해	병자
양력	28	29	30	5/1	2	3	4	5	6	7	8	9	10	11	12	13	14	15	16	17	18	19	20	21	22	23	24	25	26	27

5월
음력	1	2	3	4	5	6	7	8	9	10	11	12	13	14	15	16	17	18	19	20	21	22	23	24	25	26	27	28	29	30
일주	정축	무인	기묘	경진	신사	임오	계미	갑신	을유	병술	정해	무자	기축	경인	신묘	임진	계사	갑오	을미	병신	정유	무술	기해	경자	신축	임인	계묘	갑진	을사	병오
양력	28	29	30	31	6/1	2	3	4	5	6	7	8	9	10	11	12	13	14	15	16	17	18	19	20	21	22	23	24	25	26

6월
음력	1	2	3	4	5	6	7	8	9	10	11	12	13	14	15	16	17	18	19	20	21	22	23	24	25	26	27	28	29	30
일주	병오	정미	무신	기유	경술	신해	임자	계축	갑인	을묘	병진	정사	무오	기미	경신	신유	임술	계해	갑자	을축	병인	정묘	무진	기사	경오	신미	임신	계유	갑술	을해
양력	26	27	28	29	30	7/1	2	3	4	5	6	7	8	9	10	11	12	13	14	15	16	17	18	19	20	21	22	23	24	25

윤달 6월
음력	1	2	3	4	5	6	7	8	9	10	11	12	13	14	15	16	17	18	19	20	21	22	23	24	25	26	27	28	29
일주	병자	정축	무인	기묘	경진	신사	임오	계미	갑신	을유	병술	정해	무자	기축	경인	신묘	임진	계사	갑오	을미	병신	정유	무술	기해	경자	신축	임인	계묘	갑진
양력	26	27	28	29	30	31	8/1	2	3	4	5	6	7	8	9	10	11	12	13	14	15	16	17	18	19	20	21	22	23

7월
음력	1	2	3	4	5	6	7	8	9	10	11	12	13	14	15	16	17	18	19	20	21	22	23	24	25	26	27	28	29	30
일주	을사	병오	정미	무신	기유	경술	신해	임자	계축	갑인	을묘	병진	정사	무오	기미	경신	신유	임술	계해	갑자	을축	병인	정묘	무진	기사	경오	신미	임신	계유	갑술
양력	24	25	26	27	28	29	30	31	9/1	2	3	4	5	6	7	8	9	10	11	12	13	14	15	16	17	18	19	20	21	22

8월
음력	1	2	3	4	5	6	7	8	9	10	11	12	13	14	15	16	17	18	19	20	21	22	23	24	25	26	27	28	29	30
일주	을해	병자	정축	무인	기묘	경진	신사	임오	계미	갑신	을유	병술	정해	무자	기축	경인	신묘	임진	계사	갑오	을미	병신	정유	무술	기해	경자	신축	임인	계묘	갑진
양력	23	24	25	26	27	28	29	30	10/1	2	3	4	5	6	7	8	9	10	11	12	13	14	15	16	17	18	19	20	21	22

9월
음력	1	2	3	4	5	6	7	8	9	10	11	12	13	14	15	16	17	18	19	20	21	22	23	24	25	26	27	28	29
일주	을사	병오	정미	무신	기유	경술	신해	임자	계축	갑인	을묘	병진	정사	무오	기미	경신	신유	임술	계해	갑자	을축	병인	정묘	무진	기사	경오	신미	임신	계유
양력	23	24	25	26	27	28	29	30	31	11/1	2	3	4	5	6	7	8	9	10	11	12	13	14	15	16	17	18	19	20

10월
음력	1	2	3	4	5	6	7	8	9	10	11	12	13	14	15	16	17	18	19	20	21	22	23	24	25	26	27	28	29	30
일주	갑술	을해	병자	정축	무인	기묘	경진	신사	임오	계미	갑신	을유	병술	정해	무자	기축	경인	신묘	임진	계사	갑오	을미	병신	정유	무술	기해	경자	신축	임인	계묘
양력	21	22	23	24	25	26	27	28	29	30	12/1	2	3	4	5	6	7	8	9	10	11	12	13	14	15	16	17	18	19	20

11월
음력	1	2	3	4	5	6	7	8	9	10	11	12	13	14	15	16	17	18	19	20	21	22	23	24	25	26	27	28	29
일주	갑진	을사	병오	정미	무신	기유	경술	신해	임자	계축	갑인	을묘	병진	정사	무오	기미	경신	신유	임술	계해	갑자	을축	병인	정묘	무진	기사	경오	신미	임신
양력	21	22	23	24	25	26	27	28	29	30	31	1/1	2	3	4	5	6	7	8	9	10	11	12	13	14	15	16	17	18

12월
음력	1	2	3	4	5	6	7	8	9	10	11	12	13	14	15	16	17	18	19	20	21	22	23	24	25	26	27	28	29	30
일주	계유	갑술	을해	병자	정축	무인	기묘	경진	신사	임오	계미	갑신	을유	병술	정해	무자	기축	경인	신묘	임진	계사	갑오	을미	병신	정유	무술	기해	경자	신축	임인
양력	19	20	21	22	23	24	25	26	27	28	29	30	31	2/1	2	3	4	5	6	7	8	9	10	11	12	13	14	15	16	17

무 진 戊辰　　1988년생(음력기준)

1월	음력	1	2	3	4	5	6	7	8	9	10	11	12	13	14	15	16	17	18	19	20	21	22	23	24	25	26	27	28	29	
	일주	계묘	갑진	을사	병오	정미	무신	기유	경술	신해	임자	계축	갑인	을묘	병진	정사	무오	기미	경신	신유	임술	계해	갑자	을축	병인	정묘	무진	기사	경오	신미	
	양력	18	19	20	21	22	23	24	25	26	27	28	29	3/1	2	3	4	5	6	7	8	9	10	11	12	13	14	15	16	17	
2월	음력	1	2	3	4	5	6	7	8	9	10	11	12	13	14	15	16	17	18	19	20	21	22	23	24	25	26	27	28	29	
	일주	임신	계유	갑술	을해	병자	정축	무인	기묘	경진	신사	임오	계미	갑신	을유	병술	정해	무자	기축	경인	신묘	임진	계사	갑오	을미	병신	정유	무술	기해		
	양력	18	19	20	21	22	23	24	25	26	27	28	29	30	31	4/1	2	3	4	5	6	7	8	9	10	11	12	13	14	15	
3월	음력	1	2	3	4	5	6	7	8	9	10	11	12	13	14	15	16	17	18	19	20	21	22	23	24	25	26	27	28	29	30
	일주	신축	임인	계묘	갑진	을사	병오	정미	무신	기유	경술	신해	임자	계축	갑인	을묘	병진	정사	무오	기미	경신	신유	임술	계해	갑자	을축	병인	정묘	무진	기사	경오
	양력	16	17	18	19	20	21	22	23	24	25	26	27	28	29	30	5/1	2	3	4	5	6	7	8	9	10	11	12	13	14	15
4월	음력	1	2	3	4	5	6	7	8	9	10	11	12	13	14	15	16	17	18	19	20	21	22	23	24	25	26	27	28	29	
	일주	신미	임신	계유	갑술	을해	병자	정축	무인	기묘	경진	신사	임오	계미	갑신	을유	병술	정해	무자	기축	경인	신묘	임진	계사	갑오	을미	병신	정유	무술	기해	
	양력	16	17	18	19	20	21	22	23	24	25	26	27	28	29	30	31	6/1	2	3	4	5	6	7	8	9	10	11	12	13	
5월	음력	1	2	3	4	5	6	7	8	9	10	11	12	13	14	15	16	17	18	19	20	21	22	23	24	25	26	27	28	29	30
	일주	경자	신축	임인	계묘	갑진	을사	병오	정미	무신	기유	경술	신해	임자	계축	갑인	을묘	병진	정사	무오	기미	경신	신유	임술	계해	갑자	을축	병인	정묘	무진	기사
	양력	14	15	16	17	18	19	20	21	22	23	24	25	26	27	28	29	30	7/1	2	3	4	5	6	7	8	9	10	11	12	13
6월	음력	1	2	3	4	5	6	7	8	9	10	11	12	13	14	15	16	17	18	19	20	21	22	23	24	25	26	27	28	29	
	일주	경오	신미	임신	계유	갑술	을해	병자	정축	무인	기묘	경진	신사	임오	계미	갑신	을유	병술	정해	무자	기축	경인	신묘	임진	계사	갑오	을미	병신	정유	무술	
	양력	14	15	16	17	18	19	20	21	22	23	24	25	26	27	28	29	30	31	8/1	2	3	4	5	6	7	8	9	10	11	
7월	음력	1	2	3	4	5	6	7	8	9	10	11	12	13	14	15	16	17	18	19	20	21	22	23	24	25	26	27	28	29	30
	일주	기해	경자	신축	임인	계묘	갑진	을사	병오	정미	무신	기유	경술	신해	임자	계축	갑인	을묘	병진	정사	무오	기미	경신	신유	임술	계해	갑자	을축	병인	정묘	무진
	양력	12	13	14	15	16	17	18	19	20	21	22	23	24	25	26	27	28	29	30	31	9/1	2	3	4	5	6	7	8	9	10
8월	음력	1	2	3	4	5	6	7	8	9	10	11	12	13	14	15	16	17	18	19	20	21	22	23	24	25	26	27	28	29	30
	일주	기사	경오	신미	임신	계유	갑술	을해	병자	정축	무인	기묘	경진	신사	임오	계미	갑신	을유	병술	정해	무자	기축	경인	신묘	임진	계사	갑오	을미	병신	정유	무술
	양력	11	12	13	14	15	16	17	18	19	20	21	22	23	24	25	26	27	28	29	30	10/1	2	3	4	5	6	7	8	9	10
9월	음력	1	2	3	4	5	6	7	8	9	10	11	12	13	14	15	16	17	18	19	20	21	22	23	24	25	26	27	28	29	
	일주	기해	경자	신축	임인	계묘	갑진	을사	병오	정미	무신	기유	경술	신해	임자	계축	갑인	을묘	병진	정사	무오	기미	경신	신유	임술	계해	갑자	을축	병인	정묘	
	양력	11	12	13	14	15	16	17	18	19	20	21	22	23	24	25	26	27	28	29	30	31	11/1	2	3	4	5	6	7	8	
10월	음력	1	2	3	4	5	6	7	8	9	10	11	12	13	14	15	16	17	18	19	20	21	22	23	24	25	26	27	28	29	30
	일주	무진	기사	경오	신미	임신	계유	갑술	을해	병자	정축	무인	기묘	경진	신사	임오	계미	갑신	을유	병술	정해	무자	기축	경인	신묘	임진	계사	갑오	을미	병신	정유
	양력	9	10	11	12	13	14	15	16	17	18	19	20	21	22	23	24	25	26	27	28	29	30	12/1	2	3	4	5	6	7	8
11월	음력	1	2	3	4	5	6	7	8	9	10	11	12	13	14	15	16	17	18	19	20	21	22	23	24	25	26	27	28	29	30
	일주	무술	기해	경자	신축	임인	계묘	갑진	을사	병오	정미	무신	기유	경술	신해	임자	계축	갑인	을묘	병진	정사	무오	기미	경신	신유	임술	계해	갑자	을축	병인	정묘
	양력	9	10	11	12	13	14	15	16	17	18	19	20	21	22	23	24	25	26	27	28	29	30	31	1/1	2	3	4	5	6	7
12월	음력	1	2	3	4	5	6	7	8	9	10	11	12	13	14	15	16	17	18	19	20	21	22	23	24	25	26	27	28	29	
	일주	무진	기사	경오	신미	임신	계유	갑술	을해	병자	정축	무인	기묘	경진	신사	임오	계미	갑신	을유	병술	정해	무자	기축	경인	신묘	임진	계사	갑오	을미	병신	
	양력	8	9	10	11	12	13	14	15	16	17	18	19	20	21	22	23	24	25	26	27	28	29	30	31	2/1	2	3	4	5	

기 사 己巳

1989년생 (음력기준)

1월

음력	1	2	3	4	5	6	7	8	9	10	11	12	13	14	15	16	17	18	19	20	21	22	23	24	25	26	27	28	29	30
일주	정유	무술	기해	경자	신축	임인	계묘	갑진	을사	병오	정미	무신	기유	경술	신해	임자	계축	갑인	을묘	병진	정사	무오	기미	경신	신유	임술	계해	갑자	을축	병인
양력	6	7	8	9	10	11	12	13	14	15	16	17	18	19	20	21	22	23	24	25	26	27	28	3/1	2	3	4	5	6	7

2월

음력	1	2	3	4	5	6	7	8	9	10	11	12	13	14	15	16	17	18	19	20	21	22	23	24	25	26	27	28	29
일주	정묘	무진	기사	경오	신미	임신	계유	갑술	을해	병자	정축	무인	기묘	경진	신사	임오	계미	갑신	을유	병술	정해	무자	기축	경인	신묘	임진	계사	갑오	을미
양력	8	9	10	11	12	13	14	15	16	17	18	19	20	21	22	23	24	25	26	27	28	29	30	31	4/1	2	3	4	5

3월

음력	1	2	3	4	5	6	7	8	9	10	11	12	13	14	15	16	17	18	19	20	21	22	23	24	25	26	27	28	29	30
일주	병신	정유	무술	기해	경자	신축	임인	계묘	갑진	을사	병오	정미	무신	기유	경술	신해	임자	계축	갑인	을묘	병진	정사	무오	기미	경신	신유	임술	계해	갑자	을축
양력	6	7	8	9	10	11	12	13	14	15	16	17	18	19	20	21	22	23	24	25	26	27	28	29	30	5/1	2	3	4

4월

음력	1	2	3	4	5	6	7	8	9	10	11	12	13	14	15	16	17	18	19	20	21	22	23	24	25	26	27	28	29	30
일주	을축	병인	정묘	무진	기사	경오	신미	임신	계유	갑술	을해	병자	정축	무인	기묘	경진	신사	임오	계미	갑신	을유	병술	정해	무자	기축	경인	신묘	임진	계사	갑오
양력	5	6	7	8	9	10	11	12	13	14	15	16	17	18	19	20	21	22	23	24	25	26	27	28	29	30	31	6/1	2	3

5월

음력	1	2	3	4	5	6	7	8	9	10	11	12	13	14	15	16	17	18	19	20	21	22	23	24	25	26	27	28	29
일주	을미	병신	정유	무술	기해	경자	신축	임인	계묘	갑진	을사	병오	정미	무신	기유	경술	신해	임자	계축	갑인	을묘	병진	정사	무오	기미	경신	신유	임술	계해
양력	4	5	6	7	8	9	10	11	12	13	14	15	16	17	18	19	20	21	22	23	24	25	26	27	28	29	30	7/1	2

6월

음력	1	2	3	4	5	6	7	8	9	10	11	12	13	14	15	16	17	18	19	20	21	22	23	24	25	26	27	28	29	30
일주	갑자	을축	병인	정묘	무진	기사	경오	신미	임신	계유	갑술	을해	병자	정축	무인	기묘	경진	신사	임오	계미	갑신	을유	병술	정해	무자	기축	경인	신묘	임진	계사
양력	3	4	5	6	7	8	9	10	11	12	13	14	15	16	17	18	19	20	21	22	23	24	25	26	27	28	29	30	31	8/1

7월

음력	1	2	3	4	5	6	7	8	9	10	11	12	13	14	15	16	17	18	19	20	21	22	23	24	25	26	27	28	29
일주	갑오	을미	병신	정유	무술	기해	경자	신축	임인	계묘	갑진	을사	병오	정미	무신	기유	경술	신해	임자	계축	갑인	을묘	병진	정사	무오	기미	경신	신유	임술
양력	2	3	4	5	6	7	8	9	10	11	12	13	14	15	16	17	18	19	20	21	22	23	24	25	26	27	28	29	30

8월

음력	1	2	3	4	5	6	7	8	9	10	11	12	13	14	15	16	17	18	19	20	21	22	23	24	25	26	27	28	29	30
일주	계해	갑자	을축	병인	정묘	무진	기사	경오	신미	임신	계유	갑술	을해	병자	정축	무인	기묘	경진	신사	임오	계미	갑신	을유	병술	정해	무자	기축	경인	신묘	임진
양력	31	9/1	2	3	4	5	6	7	8	9	10	11	12	13	14	15	16	17	18	19	20	21	22	23	24	25	26	27	28	29

9월

음력	1	2	3	4	5	6	7	8	9	10	11	12	13	14	15	16	17	18	19	20	21	22	23	24	25	26	27	28	29
일주	계사	갑오	을미	병신	정유	무술	기해	경자	신축	임인	계묘	갑진	을사	병오	정미	무신	기유	경술	신해	임자	계축	갑인	을묘	병진	정사	무오	기미	경신	신유
양력	30	10/1	2	3	4	5	6	7	8	9	10	11	12	13	14	15	16	17	18	19	20	21	22	23	24	25	26	27	28

10월

음력	1	2	3	4	5	6	7	8	9	10	11	12	13	14	15	16	17	18	19	20	21	22	23	24	25	26	27	28	29
일주	계해	갑자	을축	병인	정묘	무진	기사	경오	신미	임신	계유	갑술	을해	병자	정축	무인	기묘	경진	신사	임오	계미	갑신	을유	병술	정해	무자	기축	경인	신묘
양력	30	31	11/1	2	3	4	5	6	7	8	9	10	11	12	13	14	15	16	17	18	19	20	21	22	23	24	25	26	27

11월

음력	1	2	3	4	5	6	7	8	9	10	11	12	13	14	15	16	17	18	19	20	21	22	23	24	25	26	27	28	29	30
일주	임진	계사	갑오	을미	병신	정유	무술	기해	경자	신축	임인	계묘	갑진	을사	병오	정미	무신	기유	경술	신해	임자	계축	갑인	을묘	병진	정사	무오	기미	경신	신유
양력	28	29	30	12/1	2	3	4	5	6	7	8	9	10	11	12	13	14	15	16	17	18	19	20	21	22	23	24	25	26	27

12월

음력	1	2	3	4	5	6	7	8	9	10	11	12	13	14	15	16	17	18	19	20	21	22	23	24	25	26	27	28	29	30
일주	임술	계해	갑자	을축	병인	정묘	무진	기사	경오	신미	임신	계유	갑술	을해	병자	정축	무인	기묘	경진	신사	임오	계미	갑신	을유	병술	정해	무자	기축	경인	신묘
양력	28	29	30	31	1/1	2	3	4	5	6	7	8	9	10	11	12	13	14	15	16	17	18	19	20	21	22	23	24	25	26

경 오 庚午　　1990년생(음력기준)

1월	음력	1	2	3	4	5	6	7	8	9	10	11	12	13	14	15	16	17	18	19	20	21	22	23	24	25	26	27	28	29	
	일주	임진	계사	갑오	을미	병신	정유	무술	기해	경자	신축	임인	계묘	갑진	을사	병오	정미	무신	기유	경술	신해	임자	계축	갑인	을묘	병진	정사	무오	기미	경신	
	양력	27	28	29	30	31	2/1	2	3	4	5	6	7	8	9	10	11	12	13	14	15	16	17	18	19	20	21	22	23	24	
2월	음력	1	2	3	4	5	6	7	8	9	10	11	12	13	14	15	16	17	18	19	20	21	22	23	24	25	26	27	28	29	30
	일주	신유	임술	계해	갑자	을축	병인	정묘	무진	기사	경오	신미	임신	계유	갑술	을해	병자	정축	무인	기묘	경진	신사	임오	계미	갑신	을유	병술	정해	무자	기축	경인
	양력	25	26	27	28	3/1	2	3	4	5	6	7	8	9	10	11	12	13	14	15	16	17	18	19	20	21	22	23	24	25	26
3월	음력	1	2	3	4	5	6	7	8	9	10	11	12	13	14	15	16	17	18	19	20	21	22	23	24	25	26	27	28	29	
	일주	신묘	임진	계사	갑오	을미	병신	정유	무술	기해	경자	신축	임인	계묘	갑진	을사	병오	정미	무신	기유	경술	신해	임자	계축	갑인	을묘	병진	정사	무오	기미	
	양력	27	28	29	30	31	4/1	2	3	4	5	6	7	8	9	10	11	12	13	14	15	16	17	18	19	20	21	22	23	24	
4월	음력	1	2	3	4	5	6	7	8	9	10	11	12	13	14	15	16	17	18	19	20	21	22	23	24	25	26	27	28	29	
	일주	경신	신유	임술	계해	갑자	을축	병인	정묘	무진	기사	경오	신미	임신	계유	갑술	을해	병자	정축	무인	기묘	경진	신사	임오	계미	갑신	을유	병술	정해	무자	
	양력	25	26	27	28	29	30	5/1	2	3	4	5	6	7	8	9	10	11	12	13	14	15	16	17	18	19	20	21	22	23	
5월	음력	1	2	3	4	5	6	7	8	9	10	11	12	13	14	15	16	17	18	19	20	21	22	23	24	25	26	27	28	29	30
	일주	기축	경인	신묘	임진	계사	갑오	을미	병신	정유	무술	기해	경자	신축	임인	계묘	갑진	을사	병오	정미	무신	기유	경술	신해	임자	계축	갑인	을묘	병진	정사	무오
	양력	24	25	26	27	28	29	30	31	6/1	2	3	4	5	6	7	8	9	10	11	12	13	14	15	16	17	18	19	20	21	22
윤달 5월	음력	1	2	3	4	5	6	7	8	9	10	11	12	13	14	15	16	17	18	19	20	21	22	23	24	25	26	27	28	29	
	일주	기미	경신	신유	임술	계해	갑자	을축	병인	정묘	무진	기사	경오	신미	임신	계유	갑술	을해	병자	정축	무인	기묘	경진	신사	임오	계미	갑신	을유	병술	정해	
	양력	23	24	25	26	27	28	29	30	7/1	2	3	4	5	6	7	8	9	10	11	12	13	14	15	16	17	18	19	20	21	
6월	음력	1	2	3	4	5	6	7	8	9	10	11	12	13	14	15	16	17	18	19	20	21	22	23	24	25	26	27	28	29	
	일주	무자	기축	경인	신묘	임진	계사	갑오	을미	병신	정유	무술	기해	경자	신축	임인	계묘	갑진	을사	병오	정미	무신	기유	경술	신해	임자	계축	갑인	을묘	병진	
	양력	22	23	24	25	26	27	28	29	30	31	8/1	2	3	4	5	6	7	8	9	10	11	12	13	14	15	16	17	18	19	
7월	음력	1	2	3	4	5	6	7	8	9	10	11	12	13	14	15	16	17	18	19	20	21	22	23	24	25	26	27	28	29	30
	일주	정사	무오	기미	경신	신유	임술	계해	갑자	을축	병인	정묘	무진	기사	경오	신미	임신	계유	갑술	을해	병자	정축	무인	기묘	경진	신사	임오	계미	갑신	을유	병술
	양력	20	21	22	23	24	25	26	27	28	29	30	31	9/1	2	3	4	5	6	7	8	9	10	11	12	13	14	15	16	17	18
8월	음력	1	2	3	4	5	6	7	8	9	10	11	12	13	14	15	16	17	18	19	20	21	22	23	24	25	26	27	28	29	30
	일주	정해	무자	기축	경인	신묘	임진	계사	갑오	을미	병신	정유	무술	기해	경자	신축	임인	계묘	갑진	을사	병오	정미	무신	기유	경술	신해	임자	계축	갑인	을묘	병진
	양력	19	20	21	22	23	24	25	26	27	28	29	30	10/1	2	3	4	5	6	7	8	9	10	11	12	13	14	15	16	17	18
9월	음력	1	2	3	4	5	6	7	8	9	10	11	12	13	14	15	16	17	18	19	20	21	22	23	24	25	26	27	28	29	
	일주	정사	무오	기미	경신	신유	임술	계해	갑자	을축	병인	정묘	무진	기사	경오	신미	임신	계유	갑술	을해	병자	정축	무인	기묘	경진	신사	임오	계미	갑신	을유	
	양력	19	20	21	22	23	24	25	26	27	28	29	30	31	11/1	2	3	4	5	6	7	8	9	10	11	12	13	14	15	16	
10월	음력	1	2	3	4	5	6	7	8	9	10	11	12	13	14	15	16	17	18	19	20	21	22	23	24	25	26	27	28	29	30
	일주	병술	정해	무자	기축	경인	신묘	임진	계사	갑오	을미	병신	정유	무술	기해	경자	신축	임인	계묘	갑진	을사	병오	정미	무신	기유	경술	신해	임자	계축	갑인	을묘
	양력	17	18	19	20	21	22	23	24	25	26	27	28	29	30	12/1	2	3	4	5	6	7	8	9	10	11	12	13	14	15	16
11월	음력	1	2	3	4	5	6	7	8	9	10	11	12	13	14	15	16	17	18	19	20	21	22	23	24	25	26	27	28	29	30
	일주	병진	정사	무오	기미	경신	신유	임술	계해	갑자	을축	병인	정묘	무진	기사	경오	신미	임신	계유	갑술	을해	병자	정축	무인	기묘	경진	신사	임오	계미	갑신	을유
	양력	17	18	19	20	21	22	23	24	25	26	27	28	29	30	31	1/1	2	3	4	5	6	7	8	9	10	11	12	13	14	15
12월	음력	1	2	3	4	5	6	7	8	9	10	11	12	13	14	15	16	17	18	19	20	21	22	23	24	25	26	27	28	29	30
	일주	병술	정해	무자	기축	경인	신묘	임진	계사	갑오	을미	병신	정유	무술	기해	경자	신축	임인	계묘	갑진	을사	병오	정미	무신	기유	경술	신해	임자	계축	갑인	을묘
	양력	16	17	18	19	20	21	22	23	24	25	26	27	28	29	30	31	2/1	2	3	4	5	6	7	8	9	10	11	12	13	14

신미 辛未 1991년생 (음력기준)

1월	음력	1	2	3	4	5	6	7	8	9	10	11	12	13	14	15	16	17	18	19	20	21	22	23	24	25	26	27	28	29	
	일주	병진	정사	무오	기미	경신	신유	임술	계해	갑자	을축	병인	정묘	무진	기사	경오	신미	임신	계유	갑술	을해	병자	정축	무인	기묘	경진	신사	임오	계미	갑신	
	양력	15	16	17	18	19	20	21	22	23	24	25	26	27	28	3/1	2	3	4	5	6	7	8	9	10	11	12	13	14	15	
2월	음력	1	2	3	4	5	6	7	8	9	10	11	12	13	14	15	16	17	18	19	20	21	22	23	24	25	26	27	28	29	30
	일주	을유	병술	정해	무자	기축	경인	신묘	임진	계사	갑오	을미	병신	정유	무술	기해	경자	신축	임인	계묘	갑진	을사	병오	정미	무신	기유	경술	신해	임자	계축	갑인
	양력	16	17	18	19	20	21	22	23	24	25	26	27	28	29	30	31	4/1	2	3	4	5	6	7	8	9	10	11	12	13	14
3월	음력	1	2	3	4	5	6	7	8	9	10	11	12	13	14	15	16	17	18	19	20	21	22	23	24	25	26	27	28	29	
	일주	을묘	병진	정사	무오	기미	경신	신유	임술	계해	갑자	을축	병인	정묘	무진	기사	경오	신미	임신	계유	갑술	을해	병자	정축	무인	기묘	경진	신사	임오	계미	
	양력	15	16	17	18	19	20	21	22	23	24	25	26	27	28	29	30	5/1	2	3	4	5	6	7	8	9	10	11	12	13	
4월	음력	1	2	3	4	5	6	7	8	9	10	11	12	13	14	15	16	17	18	19	20	21	22	23	24	25	26	27	28	29	
	일주	갑신	을유	병술	정해	무자	기축	경인	신묘	임진	계사	갑오	을미	병신	정유	무술	기해	경자	신축	임인	계묘	갑진	을사	병오	정미	무신	기유	경술	신해	임자	
	양력	14	15	16	17	18	19	20	21	22	23	24	25	26	27	28	29	30	31	6/1	2	3	4	5	6	7	8	9	10	11	
5월	음력	1	2	3	4	5	6	7	8	9	10	11	12	13	14	15	16	17	18	19	20	21	22	23	24	25	26	27	28	29	30
	일주	계축	갑인	을묘	병진	정사	무오	기미	경신	신유	임술	계해	갑자	을축	병인	정묘	무진	기사	경오	신미	임신	계유	갑술	을해	병자	정축	무인	기묘	경진	신사	임오
	양력	12	13	14	15	16	17	18	19	20	21	22	23	24	25	26	27	28	29	30	7/1	2	3	4	5	6	7	8	9	10	11
6월	음력	1	2	3	4	5	6	7	8	9	10	11	12	13	14	15	16	17	18	19	20	21	22	23	24	25	26	27	28	29	
	일주	계미	갑신	을유	병술	정해	무자	기축	경인	신묘	임진	계사	갑오	을미	병신	정유	무술	기해	경자	신축	임인	계묘	갑진	을사	병오	정미	무신	기유	경술	신해	
	양력	12	13	14	15	16	17	18	19	20	21	22	23	24	25	26	27	28	29	30	31	8/1	2	3	4	5	6	7	8	9	
7월	음력	1	2	3	4	5	6	7	8	9	10	11	12	13	14	15	16	17	18	19	20	21	22	23	24	25	26	27	28	29	
	일주	임자	계축	갑인	을묘	병진	정사	무오	기미	경신	신유	임술	계해	갑자	을축	병인	정묘	무진	기사	경오	신미	임신	계유	갑술	을해	병자	정축	무인	기묘	경진	
	양력	10	11	12	13	14	15	16	17	18	19	20	21	22	23	24	25	26	27	28	29	30	31	9/1	2	3	4	5	6	7	
8월	음력	1	2	3	4	5	6	7	8	9	10	11	12	13	14	15	16	17	18	19	20	21	22	23	24	25	26	27	28	29	30
	일주	신사	임오	계미	갑신	을유	병술	정해	무자	기축	경인	신묘	임진	계사	갑오	을미	병신	정유	무술	기해	경자	신축	임인	계묘	갑진	을사	병오	정미	무신	기유	경술
	양력	8	9	10	11	12	13	14	15	16	17	18	19	20	21	22	23	24	25	26	27	28	29	30	10/1	2	3	4	5	6	7
9월	음력	1	2	3	4	5	6	7	8	9	10	11	12	13	14	15	16	17	18	19	20	21	22	23	24	25	26	27	28	29	
	일주	신해	임자	계축	갑인	을묘	병진	정사	무오	기미	경신	신유	임술	계해	갑자	을축	병인	정묘	무진	기사	경오	신미	임신	계유	갑술	을해	병자	정축	무인	기묘	
	양력	8	9	10	11	12	13	14	15	16	17	18	19	20	21	22	23	24	25	26	27	28	29	30	31	11/1	2	3	4	5	
10월	음력	1	2	3	4	5	6	7	8	9	10	11	12	13	14	15	16	17	18	19	20	21	22	23	24	25	26	27	28	29	30
	일주	경진	신사	임오	계미	갑신	을유	병술	정해	무자	기축	경인	신묘	임진	계사	갑오	을미	병신	정유	무술	기해	경자	신축	임인	계묘	갑진	을사	병오	정미	무신	기유
	양력	6	7	8	9	10	11	12	13	14	15	16	17	18	19	20	21	22	23	24	25	26	27	28	29	12/1	2	3	4	5	
11월	음력	1	2	3	4	5	6	7	8	9	10	11	12	13	14	15	16	17	18	19	20	21	22	23	24	25	26	27	28	29	30
	일주	경술	신해	임자	계축	갑인	을묘	병진	정사	무오	기미	경신	신유	임술	계해	갑자	을축	병인	정묘	무진	기사	경오	신미	임신	계유	갑술	을해	병자	정축	무인	기묘
	양력	6	7	8	9	10	11	12	13	14	15	16	17	18	19	20	21	22	23	24	25	26	27	28	29	30	31	1/1	2	3	4
12월	음력	1	2	3	4	5	6	7	8	9	10	11	12	13	14	15	16	17	18	19	20	21	22	23	24	25	26	27	28	29	30
	일주	경진	신사	임오	계미	갑신	을유	병술	정해	무자	기축	경인	신묘	임진	계사	갑오	을미	병신	정유	무술	기해	경자	신축	임인	계묘	갑진	을사	병오	정미	무신	기유
	양력	5	6	7	8	9	10	11	12	13	14	15	16	17	18	19	20	21	22	23	24	25	26	27	28	29	30	31	2/1	2	3

임신 壬申 1992년생 (음력기준)

1월	음력	1	2	3	4	5	6	7	8	9	10	11	12	13	14	15	16	17	18	19	20	21	22	23	24	25	26	27	28	29	
	일주	경술	신해	임자	계축	갑인	을묘	병진	정사	무오	기미	경신	신유	임술	계해	갑자	을축	병인	정묘	무진	기사	경오	신미	임신	계유	갑술	을해	병자	정축	무인	
	양력	4	5	6	7	8	9	10	11	12	13	14	15	16	17	18	19	20	21	22	23	24	25	26	27	28	29	3/1	2	3	
2월	음력	1	2	3	4	5	6	7	8	9	10	11	12	13	14	15	16	17	18	19	20	21	22	23	24	25	26	27	28	29	30
	일주	기묘	경진	신사	임오	계미	갑신	을유	병술	정해	무자	기축	경인	신묘	임진	계사	갑오	을미	병신	정유	무술	기해	경자	신축	임인	계묘	갑진	을사	병오	정미	무신
	양력	4	5	6	7	8	9	10	11	12	13	14	15	16	17	18	19	20	21	22	23	24	25	26	27	28	29	30	31	4/1	2
3월	음력	1	2	3	4	5	6	7	8	9	10	11	12	13	14	15	16	17	18	19	20	21	22	23	24	25	26	27	28	29	30
	일주	기유	경술	신해	임자	계축	갑인	을묘	병진	정사	무오	기미	경신	신유	임술	계해	갑자	을축	병인	정묘	무진	기사	경오	신미	임신	계유	갑술	을해	병자	정축	무인
	양력	3	4	5	6	7	8	9	10	11	12	13	14	15	16	17	18	19	20	21	22	23	24	25	26	27	28	29	30	5/1	2
4월	음력	1	2	3	4	5	6	7	8	9	10	11	12	13	14	15	16	17	18	19	20	21	22	23	24	25	26	27	28	29	
	일주	기묘	경진	신사	임오	계미	갑신	을유	병술	정해	무자	기축	경인	신묘	임진	계사	갑오	을미	병신	정유	무술	기해	경자	신축	임인	계묘	갑진	을사	병오	정미	
	양력	3	4	5	6	7	8	9	10	11	12	13	14	15	16	17	18	19	20	21	22	23	24	25	26	27	28	29	30	31	
5월	음력	1	2	3	4	5	6	7	8	9	10	11	12	13	14	15	16	17	18	19	20	21	22	23	24	25	26	27	28	29	
	일주	무신	기유	경술	신해	임자	계축	갑인	을묘	병진	정사	무오	기미	경신	신유	임술	계해	갑자	을축	병인	정묘	무진	기사	경오	신미	임신	계유	갑술	을해	병자	
	양력	6/1	2	3	4	5	6	7	8	9	10	11	12	13	14	15	16	17	18	19	20	21	22	23	24	25	26	27	28	29	
6월	음력	1	2	3	4	5	6	7	8	9	10	11	12	13	14	15	16	17	18	19	20	21	22	23	24	25	26	27	28	29	30
	일주	정축	무인	기묘	경진	신사	임오	계미	갑신	을유	병술	정해	무자	기축	경인	신묘	임진	계사	갑오	을미	병신	정유	무술	기해	경자	신축	임인	계묘	갑진	을사	병오
	양력	30	7/1	2	3	4	5	6	7	8	9	10	11	12	13	14	15	16	17	18	19	20	21	22	23	24	25	26	27	28	29
7월	음력	1	2	3	4	5	6	7	8	9	10	11	12	13	14	15	16	17	18	19	20	21	22	23	24	25	26	27	28	29	
	일주	정미	무신	기유	경술	신해	임자	계축	갑인	을묘	병진	정사	무오	기미	경신	신유	임술	계해	갑자	을축	병인	정묘	무진	기사	경오	신미	임신	계유	갑술	을해	
	양력	30	31	8/1	2	3	4	5	6	7	8	9	10	11	12	13	14	15	16	17	18	19	20	21	22	23	24	25	26	27	
8월	음력	1	2	3	4	5	6	7	8	9	10	11	12	13	14	15	16	17	18	19	20	21	22	23	24	25	26	27	28	29	
	일주	병자	정축	무인	기묘	경진	신사	임오	계미	갑신	을유	병술	정해	무자	기축	경인	신묘	임진	계사	갑오	을미	병신	정유	무술	기해	경자	신축	임인	계묘	갑진	
	양력	28	29	30	31	9/1	2	3	4	5	6	7	8	9	10	11	12	13	14	15	16	17	18	19	20	21	22	23	24	25	
9월	음력	1	2	3	4	5	6	7	8	9	10	11	12	13	14	15	16	17	18	19	20	21	22	23	24	25	26	27	28	29	30
	일주	을사	병오	정미	무신	기유	경술	신해	임자	계축	갑인	을묘	병진	정사	무오	기미	경신	신유	임술	계해	갑자	을축	병인	정묘	무진	기사	경오	신미	임신	계유	갑술
	양력	26	27	28	29	30	10/1	2	3	4	5	6	7	8	9	10	11	12	13	14	15	16	17	18	19	20	21	22	23	24	25
10월	음력	1	2	3	4	5	6	7	8	9	10	11	12	13	14	15	16	17	18	19	20	21	22	23	24	25	26	27	28	29	
	일주	을해	병자	정축	무인	기묘	경진	신사	임오	계미	갑신	을유	병술	정해	무자	기축	경인	신묘	임진	계사	갑오	을미	병신	정유	무술	기해	경자	신축	임인	계묘	
	양력	26	27	28	29	30	31	11/1	2	3	4	5	6	7	8	9	10	11	12	13	14	15	16	17	18	19	20	21	22	23	
11월	음력	1	2	3	4	5	6	7	8	9	10	11	12	13	14	15	16	17	18	19	20	21	22	23	24	25	26	27	28	29	30
	일주	갑진	을사	병오	정미	무신	기유	경술	신해	임자	계축	갑인	을묘	병진	정사	무오	기미	경신	신유	임술	계해	갑자	을축	병인	정묘	무진	기사	경오	신미	임신	계유
	양력	24	25	26	27	28	29	30	12/1	2	3	4	5	6	7	8	9	10	11	12	13	14	15	16	17	18	19	20	21	22	23
12월	음력	1	2	3	4	5	6	7	8	9	10	11	12	13	14	15	16	17	18	19	20	21	22	23	24	25	26	27	28	29	30
	일주	갑술	을해	병자	정축	무인	기묘	경진	신사	임오	계미	갑신	을유	병술	정해	무자	기축	경인	신묘	임진	계사	갑오	을미	병신	정유	무술	기해	경자	신축	임인	계묘
	양력	24	25	26	27	28	29	30	31	1/1	2	3	4	5	6	7	8	9	10	11	12	13	14	15	16	17	18	19	20	21	22

계 유 癸酉　　1993년생(음력기준)

1월

음력	1	2	3	4	5	6	7	8	9	10	11	12	13	14	15	16	17	18	19	20	21	22	23	24	25	26	27	28	29
일주	갑진	을사	병오	정미	무신	기유	경술	신해	임자	계축	갑인	을묘	병진	정사	무오	기미	경신	신유	임술	계해	갑자	을축	병인	정묘	무진	기사	경오	신미	임신
양력	23	24	25	26	27	28	29	30	31	2/1	2	3	4	5	6	7	8	9	10	11	12	13	14	15	16	17	18	19	20

2월

음력	1	2	3	4	5	6	7	8	9	10	11	12	13	14	15	16	17	18	19	20	21	22	23	24	25	26	27	28	29	30
일주	계유	갑술	을해	병자	정축	무인	기묘	경진	신사	임오	계미	갑신	을유	병술	정해	무자	기축	경인	신묘	임진	계사	갑오	을미	병신	정유	무술	기해	경자	신축	임인
양력	21	22	23	24	25	26	27	28	3/1	2	3	4	5	6	7	8	9	10	11	12	13	14	15	16	17	18	19	20	21	22

3월

음력	1	2	3	4	5	6	7	8	9	10	11	12	13	14	15	16	17	18	19	20	21	22	23	24	25	26	27	28	29	30
일주	계묘	갑진	을사	병오	정미	무신	기유	경술	신해	임자	계축	갑인	을묘	병진	정사	무오	기미	경신	신유	임술	계해	갑자	을축	병인	정묘	무진	기사	경오	신미	임신
양력	23	24	25	26	27	28	29	30	31	4/1	2	3	4	5	6	7	8	9	10	11	12	13	14	15	16	17	18	19	20	21

윤달 3월

음력	1	2	3	4	5	6	7	8	9	10	11	12	13	14	15	16	17	18	19	20	21	22	23	24	25	26	27	28	29
일주	계유	갑술	을해	병자	정축	무인	기묘	경진	신사	임오	계미	갑신	을유	병술	정해	무자	기축	경인	신묘	임진	계사	갑오	을미	병신	정유	무술	기해	경자	신축
양력	22	23	24	25	26	27	28	29	30	5/1	2	3	4	5	6	7	8	9	10	11	12	13	14	15	16	17	18	19	20

4월

음력	1	2	3	4	5	6	7	8	9	10	11	12	13	14	15	16	17	18	19	20	21	22	23	24	25	26	27	28	29	30
일주	임인	계묘	갑진	을사	병오	정미	무신	기유	경술	신해	임자	계축	갑인	을묘	병진	정사	무오	기미	경신	신유	임술	계해	갑자	을축	병인	정묘	무진	기사	경오	신미
양력	21	22	23	24	25	26	27	28	29	30	31	6/1	2	3	4	5	6	7	8	9	10	11	12	13	14	15	16	17	18	19

5월

음력	1	2	3	4	5	6	7	8	9	10	11	12	13	14	15	16	17	18	19	20	21	22	23	24	25	26	27	28	29
일주	임신	계유	갑술	을해	병자	정축	무인	기묘	경진	신사	임오	계미	갑신	을유	병술	정해	무자	기축	경인	신묘	임진	계사	갑오	을미	병신	정유	무술	기해	경자
양력	20	21	22	23	24	25	26	27	28	29	30	7/1	2	3	4	5	6	7	8	9	10	11	12	13	14	15	16	17	18

6월

음력	1	2	3	4	5	6	7	8	9	10	11	12	13	14	15	16	17	18	19	20	21	22	23	24	25	26	27	28	29	30
일주	신축	임인	계묘	갑진	을사	병오	정미	무신	기유	경술	신해	임자	계축	갑인	을묘	병진	정사	무오	기미	경신	신유	임술	계해	갑자	을축	병인	정묘	무진	기사	경오
양력	19	20	21	22	23	24	25	26	27	28	29	30	31	8/1	2	3	4	5	6	7	8	9	10	11	12	13	14	15	16	17

7월

음력	1	2	3	4	5	6	7	8	9	10	11	12	13	14	15	16	17	18	19	20	21	22	23	24	25	26	27	28	29
일주	신미	임신	계유	갑술	을해	병자	정축	무인	기묘	경진	신사	임오	계미	갑신	을유	병술	정해	무자	기축	경인	신묘	임진	계사	갑오	을미	병신	정유	무술	기해
양력	18	19	20	21	22	23	24	25	26	27	28	29	30	31	9/1	2	3	4	5	6	7	8	9	10	11	12	13	14	15

8월

음력	1	2	3	4	5	6	7	8	9	10	11	12	13	14	15	16	17	18	19	20	21	22	23	24	25	26	27	28	29
일주	경자	신축	임인	계묘	갑진	을사	병오	정미	무신	기유	경술	신해	임자	계축	갑인	을묘	병진	정사	무오	기미	경신	신유	임술	계해	갑자	을축	병인	정묘	무진
양력	16	17	18	19	20	21	22	23	24	25	26	27	28	29	30	10/1	2	3	4	5	6	7	8	9	10	11	12	13	14

9월

음력	1	2	3	4	5	6	7	8	9	10	11	12	13	14	15	16	17	18	19	20	21	22	23	24	25	26	27	28	29	30
일주	기사	경오	신미	임신	계유	갑술	을해	병자	정축	무인	기묘	경진	신사	임오	계미	갑신	을유	병술	정해	무자	기축	경인	신묘	임진	계사	갑오	을미	병신	정유	무술
양력	15	16	17	18	19	20	21	22	23	24	25	26	27	28	29	30	31	11/1	2	3	4	5	6	7	8	9	10	11	12	13

10월

음력	1	2	3	4	5	6	7	8	9	10	11	12	13	14	15	16	17	18	19	20	21	22	23	24	25	26	27	28	29
일주	기해	경자	신축	임인	계묘	갑진	을사	병오	정미	무신	기유	경술	신해	임자	계축	갑인	을묘	병진	정사	무오	기미	경신	신유	임술	계해	갑자	을축	병인	정묘
양력	14	15	16	17	18	19	20	21	22	23	24	25	26	27	28	29	30	12/1	2	3	4	5	6	7	8	9	10	11	12

11월

음력	1	2	3	4	5	6	7	8	9	10	11	12	13	14	15	16	17	18	19	20	21	22	23	24	25	26	27	28	29	30
일주	무진	기사	경오	신미	임신	계유	갑술	을해	병자	정축	무인	기묘	경진	신사	임오	계미	갑신	을유	병술	정해	무자	기축	경인	신묘	임진	계사	갑오	을미	병신	정유
양력	13	14	15	16	17	18	19	20	21	22	23	24	25	26	27	28	29	30	31	1/1	2	3	4	5	6	7	8	9	10	11

12월

음력	1	2	3	4	5	6	7	8	9	10	11	12	13	14	15	16	17	18	19	20	21	22	23	24	25	26	27	28	29
일주	무술	기해	경자	신축	임인	계묘	갑진	을사	병오	정미	무신	기유	경술	신해	임자	계축	갑인	을묘	병진	정사	무오	기미	경신	신유	임술	계해	갑자	을축	병인
양력	12	13	14	15	16	17	18	19	20	21	22	23	24	25	26	27	28	29	30	31	2/1	2	3	4	5	6	7	8	9

갑술 甲戌　　　1994년생(음력기준)

1월	음력	1	2	3	4	5	6	7	8	9	10	11	12	13	14	15	16	17	18	19	20	21	22	23	24	25	26	27	28	29	30
	일주	정묘	무진	기사	경오	신미	임신	계유	갑술	을해	병자	정축	무인	기묘	경진	신사	임오	계미	갑신	을유	병술	정해	무자	기축	경인	신묘	임진	계사	갑오	을미	병신
	양력	10	11	12	13	14	15	16	17	18	19	20	21	22	23	24	25	26	27	28	3/1	2	3	4	5	6	7	8	9	10	11
2월	음력	1	2	3	4	5	6	7	8	9	10	11	12	13	14	15	16	17	18	19	20	21	22	23	24	25	26	27	28	29	30
	일주	정유	무술	기해	경자	신축	임인	계묘	갑진	을사	병오	정미	무신	기유	경술	신해	임자	계축	갑인	을묘	병진	정사	무오	기미	경신	신유	임술	계해	갑자	을축	병인
	양력	12	13	14	15	16	17	18	19	20	21	22	23	24	25	26	27	28	29	30	31	4/1	2	3	4	5	6	7	8	9	10
3월	음력	1	2	3	4	5	6	7	8	9	10	11	12	13	14	15	16	17	18	19	20	21	22	23	24	25	26	27	28	29	30
	일주	정묘	무진	기사	경오	신미	임신	계유	갑술	을해	병자	정축	무인	기묘	경진	신사	임오	계미	갑신	을유	병술	정해	무자	기축	경인	신묘	임진	계사	갑오	을미	병신
	양력	11	12	13	14	15	16	17	18	19	20	21	22	23	24	25	26	27	28	29	30	5/1	2	3	4	5	6	7	8	9	10
4월	음력	1	2	3	4	5	6	7	8	9	10	11	12	13	14	15	16	17	18	19	20	21	22	23	24	25	26	27	28	29	
	일주	정유	무술	기해	경자	신축	임인	계묘	갑진	을사	병오	정미	무신	기유	경술	신해	임자	계축	갑인	을묘	병진	정사	무오	기미	경신	신유	임술	계해	갑자	을축	
	양력	11	12	13	14	15	16	17	18	19	20	21	22	23	24	25	26	27	28	29	30	31	6/1	2	3	4	5	6	7	8	
5월	음력	1	2	3	4	5	6	7	8	9	10	11	12	13	14	15	16	17	18	19	20	21	22	23	24	25	26	27	28	29	30
	일주	병인	정묘	무진	기사	경오	신미	임신	계유	갑술	을해	병자	정축	무인	기묘	경진	신사	임오	계미	갑신	을유	병술	정해	무자	기축	경인	신묘	임진	계사	갑오	을미
	양력	9	10	11	12	13	14	15	16	17	18	19	20	21	22	23	24	25	26	27	28	29	30	7/1	2	3	4	5	6	7	8
6월	음력	1	2	3	4	5	6	7	8	9	10	11	12	13	14	15	16	17	18	19	20	21	22	23	24	25	26	27	28	29	
	일주	병신	정유	무술	기해	경자	신축	임인	계묘	갑진	을사	병오	정미	무신	기유	경술	신해	임자	계축	갑인	을묘	병진	정사	무오	기미	경신	신유	임술	계해	갑자	
	양력	9	10	11	12	13	14	15	16	17	18	19	20	21	22	23	24	25	26	27	28	29	30	31	8/1	2	3	4	5	6	
7월	음력	1	2	3	4	5	6	7	8	9	10	11	12	13	14	15	16	17	18	19	20	21	22	23	24	25	26	27	28	29	30
	일주	을축	병인	정묘	무진	기사	경오	신미	임신	계유	갑술	을해	병자	정축	무인	기묘	경진	신사	임오	계미	갑신	을유	병술	정해	무자	기축	경인	신묘	임진	계사	갑오
	양력	7	8	9	10	11	12	13	14	15	16	17	18	19	20	21	22	23	24	25	26	27	28	29	30	31	9/1	2	3	4	5
8월	음력	1	2	3	4	5	6	7	8	9	10	11	12	13	14	15	16	17	18	19	20	21	22	23	24	25	26	27	28	29	
	일주	을미	병신	정유	무술	기해	경자	신축	임인	계묘	갑진	을사	병오	정미	무신	기유	경술	신해	임자	계축	갑인	을묘	병진	정사	무오	기미	경신	신유	임술	계해	
	양력	6	7	8	9	10	11	12	13	14	15	16	17	18	19	20	21	22	23	24	25	26	27	28	29	30	10/1	2	3	4	
9월	음력	1	2	3	4	5	6	7	8	9	10	11	12	13	14	15	16	17	18	19	20	21	22	23	24	25	26	27	28	29	
	일주	갑자	을축	병인	정묘	무진	기사	경오	신미	임신	계유	갑술	을해	병자	정축	무인	기묘	경진	신사	임오	계미	갑신	을유	병술	정해	무자	기축	경인	신묘	임진	
	양력	5	6	7	8	9	10	11	12	13	14	15	16	17	18	19	20	21	22	23	24	25	26	27	28	29	30	31	11/1	2	
10월	음력	1	2	3	4	5	6	7	8	9	10	11	12	13	14	15	16	17	18	19	20	21	22	23	24	25	26	27	28	29	30
	일주	계사	갑오	을미	병신	정유	무술	기해	경자	신축	임인	계묘	갑진	을사	병오	정미	무신	기유	경술	신해	임자	계축	갑인	을묘	병진	정사	무오	기미	경신	신유	임술
	양력	3	4	5	6	7	8	9	10	11	12	13	14	15	16	17	18	19	20	21	22	23	24	25	26	27	28	29	30	12/1	2
11월	음력	1	2	3	4	5	6	7	8	9	10	11	12	13	14	15	16	17	18	19	20	21	22	23	24	25	26	27	28	29	
	일주	계해	갑자	을축	병인	정묘	무진	기사	경오	신미	임신	계유	갑술	을해	병자	정축	무인	기묘	경진	신사	임오	계미	갑신	을유	병술	정해	무자	기축	경인	신묘	
	양력	3	4	5	6	7	8	9	10	11	12	13	14	15	16	17	18	19	20	21	22	23	24	25	26	27	28	29	30	31	
12월	음력	1	2	3	4	5	6	7	8	9	10	11	12	13	14	15	16	17	18	19	20	21	22	23	24	25	26	27	28	29	30
	일주	임진	계사	갑오	을미	병신	정유	무술	기해	경자	신축	임인	계묘	갑진	을사	병오	정미	무신	기유	경술	신해	임자	계축	갑인	을묘	병진	정사	무오	기미	경신	신유
	양력	1/1	2	3	4	5	6	7	8	9	10	11	12	13	14	15	16	17	18	19	20	21	22	23	24	25	26	27	28	29	30

을해 乙亥　　1995년생 (음력기준)

		음력	1	2	3	4	5	6	7	8	9	10	11	12	13	14	15	16	17	18	19	20	21	22	23	24	25	26	27	28	29	30
1월		일주	임술	계해	갑자	을축	병인	정묘	무진	기사	경오	신미	임신	계유	갑술	을해	병자	정축	무인	기묘	경진	신사	임오	계미	갑신	을유	병술	정해	무자	기축	경인	
		양력	31	2/1	2	3	4	5	6	7	8	9	10	11	12	13	14	15	16	17	18	19	20	21	22	23	24	25	26	27	28	
2월		음력	1	2	3	4	5	6	7	8	9	10	11	12	13	14	15	16	17	18	19	20	21	22	23	24	25	26	27	28	29	30
		일주	신묘	임진	계사	갑오	을미	병신	정유	무술	기해	경자	신축	임인	계묘	갑진	을사	병오	정미	무신	기유	경술	신해	임자	계축	갑인	을묘	병진	정사	무오	기미	경신
		양력	3/1	2	3	4	5	6	7	8	9	10	11	12	13	14	15	16	17	18	19	20	21	22	23	24	25	26	27	28	29	30
3월		음력	1	2	3	4	5	6	7	8	9	10	11	12	13	14	15	16	17	18	19	20	21	22	23	24	25	26	27	28	29	
		일주	신유	임술	계해	갑자	을축	병인	정묘	무진	기사	경오	신미	임신	계유	갑술	을해	병자	정축	무인	기묘	경진	신사	임오	계미	갑신	을유	병술	정해	무자	기축	
		양력	31	4/1	2	3	4	5	6	7	8	9	10	11	12	13	14	15	16	17	18	19	20	21	22	23	24	25	26	27	28	29	
4월		음력	1	2	3	4	5	6	7	8	9	10	11	12	13	14	15	16	17	18	19	20	21	22	23	24	25	26	27	28		
		일주	경인	신묘	임진	계사	갑오	을미	병신	정유	무술	기해	경자	신축	임인	계묘	갑진	을사	병오	정미	무신	기유	경술	신해	임자	계축	갑인	을묘	병진	정사		
		양력	30	5/1	2	3	4	5	6	7	8	9	10	11	12	13	14	15	16	17	18	19	20	21	22	23	24	25	26	27	28		
5월		음력	1	2	3	4	5	6	7	8	9	10	11	12	13	14	15	16	17	18	19	20	21	22	23	24	25	26	27	28	29	30
		일주	무오	기미	경신	신유	임술	계해	갑자	을축	병인	정묘	무진	기사	경오	신미	임신	계유	갑술	을해	병자	정축	무인	기묘	경진	신사	임오	계미	갑신	을유	병술	정해
		양력	29	30	31	6/1	2	3	4	5	6	7	8	9	10	11	12	13	14	15	16	17	18	19	20	21	22	23	24	25	26	27
6월		음력	1	2	3	4	5	6	7	8	9	10	11	12	13	14	15	16	17	18	19	20	21	22	23	24	25	26	27	28	29	30
		일주	무자	기축	경인	신묘	임진	계사	갑오	을미	병신	정유	무술	기해	경자	신축	임인	계묘	갑진	을사	병오	정미	무신	기유	경술	신해	임자	계축	갑인	을묘	병진	정사
		양력	28	29	30	7/1	2	3	4	5	6	7	8	9	10	11	12	13	14	15	16	17	18	19	20	21	22	23	24	25	26	27
7월		음력	1	2	3	4	5	6	7	8	9	10	11	12	13	14	15	16	17	18	19	20	21	22	23	24	25	26	27	28	29	
		일주	무오	기미	경신	신유	임술	계해	갑자	을축	병인	정묘	무진	기사	경오	신미	임신	계유	갑술	을해	병자	정축	무인	기묘	경진	신사	임오	계미	갑신	을유	병술	
		양력	28	29	30	31	8/1	2	3	4	5	6	7	8	9	10	11	12	13	14	15	16	17	18	19	20	21	22	23	24	25	
8월		음력	1	2	3	4	5	6	7	8	9	10	11	12	13	14	15	16	17	18	19	20	21	22	23	24	25	26	27	28	29	30
		일주	정해	무자	기축	경인	신묘	임진	계사	갑오	을미	병신	정유	무술	기해	경자	신축	임인	계묘	갑진	을사	병오	정미	무신	기유	경술	신해	임자	계축	갑인	을묘	병진
		양력	26	27	28	29	30	31	9/1	2	3	4	5	6	7	8	9	10	11	12	13	14	15	16	17	18	19	20	21	22	23	24
윤달 8월		음력	1	2	3	4	5	6	7	8	9	10	11	12	13	14	15	16	17	18	19	20	21	22	23	24	25	26	27	28	29	
		일주	정사	무오	기미	경신	신유	임술	계해	갑자	을축	병인	정묘	무진	기사	경오	신미	임신	계유	갑술	을해	병자	정축	무인	기묘	경진	신사	임오	계미	갑신	을유	
		양력	25	26	27	28	29	30	10/1	2	3	4	5	6	7	8	9	10	11	12	13	14	15	16	17	18	19	20	21	22	23	
9월		음력	1	2	3	4	5	6	7	8	9	10	11	12	13	14	15	16	17	18	19	20	21	22	23	24	25	26	27	28	29	30
		일주	무술	기해	경자	신축	임인	계묘	갑진	을사	병오	정미	무신	기유	경술	신해	임자	계축	갑인	을묘	병진	정사	무오	기미	경신	신유	임술	계해	갑자	을축	병인	정묘
		양력	24	25	26	27	28	29	30	31	11/1	2	3	4	5	6	7	8	9	10	11	12	13	14	15	16	17	18	19	20	21	22
10월		음력	1	2	3	4	5	6	7	8	9	10	11	12	13	14	15	16	17	18	19	20	21	22	23	24	25	26	27	28	29	
		일주	무진	기사	경오	신미	임신	계유	갑술	을해	병자	정축	무인	기묘	경진	신사	임오	계미	갑신	을유	병술	정해	무자	기축	경인	신묘	임진	계사	갑오	을미	병신	
		양력	23	24	25	26	27	28	29	30	12/1	2	3	4	5	6	7	8	9	10	11	12	13	14	15	16	17	18	19	20	21	
11월		음력	1	2	3	4	5	6	7	8	9	10	11	12	13	14	15	16	17	18	19	20	21	22	23	24	25	26	27	28	29	
		일주	정해	무자	기축	경인	신묘	임진	계사	갑오	을미	병신	정유	무술	기해	경자	신축	임인	계묘	갑진	을사	병오	정미	무신	기유	경술	신해	임자	계축	갑인	을묘	
		양력	22	23	24	25	26	27	28	29	30	31	1/1	2	3	4	5	6	7	8	9	10	11	12	13	14	15	16	17	18	19	
12월		음력	1	2	3	4	5	6	7	8	9	10	11	12	13	14	15	16	17	18	19	20	21	22	23	24	25	26	27	28	29	30
		일주	병진	정사	무오	기미	경신	신유	임술	계해	갑자	을축	병인	정묘	무진	기사	경오	신미	임신	계유	갑술	을해	병자	정축	무인	기묘	경진	신사	임오	계미	갑신	을유
		양력	20	21	22	23	24	25	26	27	28	29	30	31	2/1	2	3	4	5	6	7	8	9	10	11	12	13	14	15	16	17	18

병자 丙子 1996년생 (음력기준)

1월	음력	1	2	3	4	5	6	7	8	9	10	11	12	13	14	15	16	17	18	19	20	21	22	23	24	25	26	27	28	29	
	일주	병술	정해	무자	기축	경인	신묘	임진	계사	갑오	을미	병신	정유	무술	기해	경자	신축	임인	계묘	갑진	을사	병오	정미	무신	기유	경술	신해	임자	계축	갑인	
	양력	19	20	21	22	23	24	25	26	27	28	29	3/1	2	3	4	5	6	7	8	9	10	11	12	13	14	15	16	17	18	
2월	음력	1	2	3	4	5	6	7	8	9	10	11	12	13	14	15	16	17	18	19	20	21	22	23	24	25	26	27	28	29	30
	일주	을묘	병진	정사	무오	기미	경신	신유	임술	계해	갑자	을축	병인	정묘	무진	기사	경오	신미	임신	계유	갑술	을해	병자	정축	무인	기묘	경진	신사	임오	계미	갑신
	양력	19	20	21	22	23	24	25	26	27	28	29	30	31	4/1	2	3	4	5	6	7	8	9	10	11	12	13	14	15	16	17
3월	음력	1	2	3	4	5	6	7	8	9	10	11	12	13	14	15	16	17	18	19	20	21	22	23	24	25	26	27	28	29	
	일주	을유	병술	정해	무자	기축	경인	신묘	임진	계사	갑오	을미	병신	정유	무술	기해	경자	신축	임인	계묘	갑진	을사	병오	정미	무신	기유	경술	신해	임자	계축	
	양력	18	19	20	21	22	23	24	25	26	27	28	29	30	5/1	2	3	4	5	6	7	8	9	10	11	12	13	14	15	16	
4월	음력	1	2	3	4	5	6	7	8	9	10	11	12	13	14	15	16	17	18	19	20	21	22	23	24	25	26	27	28	29	30
	일주	갑인	을묘	병진	정사	무오	기미	경신	신유	임술	계해	갑자	을축	병인	정묘	무진	기사	경오	신미	임신	계유	갑술	을해	병자	정축	무인	기묘	경진	신사	임오	계미
	양력	17	18	19	20	21	22	23	24	25	26	27	28	29	30	31	6/1	2	3	4	5	6	7	8	9	10	11	12	13	14	15
5월	음력	1	2	3	4	5	6	7	8	9	10	11	12	13	14	15	16	17	18	19	20	21	22	23	24	25	26	27	28	29	30
	일주	갑신	을유	병술	정해	무자	기축	경인	신묘	임진	계사	갑오	을미	병신	정유	무술	기해	경자	신축	임인	계묘	갑진	을사	병오	정미	무신	기유	경술	신해	임자	계축
	양력	16	17	18	19	20	21	22	23	24	25	26	27	28	29	30	7/1	2	3	4	5	6	7	8	9	10	11	12	13	14	15
6월	음력	1	2	3	4	5	6	7	8	9	10	11	12	13	14	15	16	17	18	19	20	21	22	23	24	25	26	27	28	29	
	일주	갑인	을묘	병진	정사	무오	기미	경신	신유	임술	계해	갑자	을축	병인	정묘	무진	기사	경오	신미	임신	계유	갑술	을해	병자	정축	무인	기묘	경진	신사	임오	
	양력	16	17	18	19	20	21	22	23	24	25	26	27	28	29	30	31	8/1	2	3	4	5	6	7	8	9	10	11	12	13	
7월	음력	1	2	3	4	5	6	7	8	9	10	11	12	13	14	15	16	17	18	19	20	21	22	23	24	25	26	27	28	29	30
	일주	계미	갑신	을유	병술	정해	무자	기축	경인	신묘	임진	계사	갑오	을미	병신	정유	무술	기해	경자	신축	임인	계묘	갑진	을사	병오	정미	무신	기유	경술	신해	임자
	양력	14	15	16	17	18	19	20	21	22	23	24	25	26	27	28	29	30	31	9/1	2	3	4	5	6	7	8	9	10	11	12
8월	음력	1	2	3	4	5	6	7	8	9	10	11	12	13	14	15	16	17	18	19	20	21	22	23	24	25	26	27	28	29	
	일주	계축	갑인	을묘	병진	정사	무오	기미	경신	신유	임술	계해	갑자	을축	병인	정묘	무진	기사	경오	신미	임신	계유	갑술	을해	병자	정축	무인	기묘	경진	신사	
	양력	13	14	15	16	17	18	19	20	21	22	23	24	25	26	27	28	29	30	10/1	2	3	4	5	6	7	8	9	10	11	
9월	음력	1	2	3	4	5	6	7	8	9	10	11	12	13	14	15	16	17	18	19	20	21	22	23	24	25	26	27	28	29	30
	일주	임오	계미	갑신	을유	병술	정해	무자	기축	경인	신묘	임진	계사	갑오	을미	병신	정유	무술	기해	경자	신축	임인	계묘	갑진	을사	병오	정미	무신	기유	경술	신해
	양력	12	13	14	15	16	17	18	19	20	21	22	23	24	25	26	27	28	29	30	31	11/1	2	3	4	5	6	7	8	9	10
10월	음력	1	2	3	4	5	6	7	8	9	10	11	12	13	14	15	16	17	18	19	20	21	22	23	24	25	26	27	28	29	30
	일주	임자	계축	갑인	을묘	병진	정사	무오	기미	경신	신유	임술	계해	갑자	을축	병인	정묘	무진	기사	경오	신미	임신	계유	갑술	을해	병자	정축	무인	기묘	경진	신사
	양력	11	12	13	14	15	16	17	18	19	20	21	22	23	24	25	26	27	28	29	30	12/1	2	3	4	5	6	7	8	9	10
11월	음력	1	2	3	4	5	6	7	8	9	10	11	12	13	14	15	16	17	18	19	20	21	22	23	24	25	26	27	28	29	
	일주	임오	계미	갑신	을유	병술	정해	무자	기축	경인	신묘	임진	계사	갑오	을미	병신	정유	무술	기해	경자	신축	임인	계묘	갑진	을사	병오	정미	무신	기유	경술	
	양력	11	12	13	14	15	16	17	18	19	20	21	22	23	24	25	26	27	28	29	30	31	1/1	2	3	4	5	6	7	8	
12월	음력	1	2	3	4	5	6	7	8	9	10	11	12	13	14	15	16	17	18	19	20	21	22	23	24	25	26	27	28	29	30
	일주	신해	임자	계축	갑인	을묘	병진	정사	무오	기미	경신	신유	임술	계해	갑자	을축	병인	정묘	무진	기사	경오	신미	임신	계유	갑술	을해	병자	정축	무인	기묘	경진
	양력	9	10	11	12	13	14	15	16	17	18	19	20	21	22	23	24	25	26	27	28	29	30	31	2/1	2	3	4	5	6	7

정축 丁丑

1997년생(음력기준)

1월	음력	1	2	3	4	5	6	7	8	9	10	11	12	13	14	15	16	17	18	19	20	21	22	23	24	25	26	27	28	29	
	일주	신사	임오	계미	갑신	을유	병술	정해	무자	기축	경인	신묘	임진	계사	갑오	을미	병신	정유	무술	기해	경자	신축	임인	계묘	갑진	을사	병오	정미	무신	기유	
	양력	8	9	10	11	12	13	14	15	16	17	18	19	20	21	22	23	24	25	26	27	28	3/1	2	3	4	5	6	7	8	
2월	음력	1	2	3	4	5	6	7	8	9	10	11	12	13	14	15	16	17	18	19	20	21	22	23	24	25	26	27	28	29	
	일주	경술	신해	임자	계축	갑인	을묘	병진	정사	무오	기미	경신	신유	임술	계해	갑자	을축	병인	정묘	무진	기사	경오	신미	임신	계유	갑술	을해	병자	정축	무인	
	양력	9	10	11	12	13	14	15	16	17	18	19	20	21	22	23	24	25	26	27	28	29	30	31	4/1	2	3	4	5	6	
3월	음력	1	2	3	4	5	6	7	8	9	10	11	12	13	14	15	16	17	18	19	20	21	22	23	24	25	26	27	28	29	30
	일주	기묘	경진	신사	임오	계미	갑신	을유	병술	정해	무자	기축	경인	신묘	임진	계사	갑오	을미	병신	정유	무술	기해	경자	신축	임인	계묘	갑진	을사	병오	정미	무신
	양력	7	8	9	10	11	12	13	14	15	16	17	18	19	20	21	22	23	24	25	26	27	28	29	30	5/1	2	3	4	5	6
4월	음력	1	2	3	4	5	6	7	8	9	10	11	12	13	14	15	16	17	18	19	20	21	22	23	24	25	26	27	28	29	
	일주	기유	경술	신해	임자	계축	갑인	을묘	병진	정사	무오	기미	경신	신유	임술	계해	갑자	을축	병인	정묘	무진	기사	경오	신미	임신	계유	갑술	을해	병자	정축	
	양력	7	8	9	10	11	12	13	14	15	16	17	18	19	20	21	22	23	24	25	26	27	28	29	30	31	6/1	2	3	4	
5월	음력	1	2	3	4	5	6	7	8	9	10	11	12	13	14	15	16	17	18	19	20	21	22	23	24	25	26	27	28	29	30
	일주	무인	기묘	경진	신사	임오	계미	갑신	을유	병술	정해	무자	기축	경인	신묘	임진	계사	갑오	을미	병신	정유	무술	기해	경자	신축	임인	계묘	갑진	을사	병오	정미
	양력	5	6	7	8	9	10	11	12	13	14	15	16	17	18	19	20	21	22	23	24	25	26	27	28	29	30	7/1	2	3	4
6월	음력	1	2	3	4	5	6	7	8	9	10	11	12	13	14	15	16	17	18	19	20	21	22	23	24	25	26	27	28	29	
	일주	무신	기유	경술	신해	임자	계축	갑인	을묘	병진	정사	무오	기미	경신	신유	임술	계해	갑자	을축	병인	정묘	무진	기사	경오	신미	임신	계유	갑술	을해	병자	
	양력	5	6	7	8	9	10	11	12	13	14	15	16	17	18	19	20	21	22	23	24	25	26	27	28	29	30	31	8/1	2	
7월	음력	1	2	3	4	5	6	7	8	9	10	11	12	13	14	15	16	17	18	19	20	21	22	23	24	25	26	27	28	29	30
	일주	정축	무인	기묘	경진	신사	임오	계미	갑신	을유	병술	정해	무자	기축	경인	신묘	임진	계사	갑오	을미	병신	정유	무술	기해	경자	신축	임인	계묘	갑진	을사	병오
	양력	3	4	5	6	7	8	9	10	11	12	13	14	15	16	17	18	19	20	21	22	23	24	25	26	27	28	29	30	31	9/1
8월	음력	1	2	3	4	5	6	7	8	9	10	11	12	13	14	15	16	17	18	19	20	21	22	23	24	25	26	27	28	29	30
	일주	정미	무신	기유	경술	신해	임자	계축	갑인	을묘	병진	정사	무오	기미	경신	신유	임술	계해	갑자	을축	병인	정묘	무진	기사	경오	신미	임신	계유	갑술	을해	병자
	양력	2	3	4	5	6	7	8	9	10	11	12	13	14	15	16	17	18	19	20	21	22	23	24	25	26	27	28	29	30	10/1
9월	음력	1	2	3	4	5	6	7	8	9	10	11	12	13	14	15	16	17	18	19	20	21	22	23	24	25	26	27	28	29	
	일주	정축	무인	기묘	경진	신사	임오	계미	갑신	을유	병술	정해	무자	기축	경인	신묘	임진	계사	갑오	을미	병신	정유	무술	기해	경자	신축	임인	계묘	갑진	을사	
	양력	2	3	4	5	6	7	8	9	10	11	12	13	14	15	16	17	18	19	20	21	22	23	24	25	26	27	28	29	30	
10월	음력	1	2	3	4	5	6	7	8	9	10	11	12	13	14	15	16	17	18	19	20	21	22	23	24	25	26	27	28	29	30
	일주	병오	정미	무신	기유	경술	신해	임자	계축	갑인	을묘	병진	정사	무오	기미	경신	신유	임술	계해	갑자	을축	병인	정묘	무진	기사	경오	신미	임신	계유	갑술	을해
	양력	31	11/1	2	3	4	5	6	7	8	9	10	11	12	13	14	15	16	17	18	19	20	21	22	23	24	25	26	27	28	29
11월	음력	1	2	3	4	5	6	7	8	9	10	11	12	13	14	15	16	17	18	19	20	21	22	23	24	25	26	27	28	29	30
	일주	병자	정축	무인	기묘	경진	신사	임오	계미	갑신	을유	병술	정해	무자	기축	경인	신묘	임진	계사	갑오	을미	병신	정유	무술	기해	경자	신축	임인	계묘	갑진	을사
	양력	30	12/1	2	3	4	5	6	7	8	9	10	11	12	13	14	15	16	17	18	19	20	21	22	23	24	25	26	27	28	29
12월	음력	1	2	3	4	5	6	7	8	9	10	11	12	13	14	15	16	17	18	19	20	21	22	23	24	25	26	27	28	29	
	일주	병오	정미	무신	기유	경술	신해	임자	계축	갑인	을묘	병진	정사	무오	기미	경신	신유	임술	계해	갑자	을축	병인	정묘	무진	기사	경오	신미	임신	계유	갑술	
	양력	30	31	1/1	2	3	4	5	6	7	8	9	10	11	12	13	14	15	16	17	18	19	20	21	22	23	24	25	26	27	

무인 戊寅　1998년생 (음력기준)

		1	2	3	4	5	6	7	8	9	10	11	12	13	14	15	16	17	18	19	20	21	22	23	24	25	26	27	28	29	30
1월	음력	1	2	3	4	5	6	7	8	9	10	11	12	13	14	15	16	17	18	19	20	21	22	23	24	25	26	27	28	29	30
	일주	을해	병자	정축	무인	기묘	경진	신사	임오	계미	갑신	을유	병술	정해	무자	기축	경인	신묘	임진	계사	갑오	을미	병신	정유	무술	기해	경자	신축	임인	계묘	갑진
	양력	28	29	30	31	2/1	2	3	4	5	6	7	8	9	10	11	12	13	14	15	16	17	18	19	20	21	22	23	24	25	26
2월	음력	1	2	3	4	5	6	7	8	9	10	11	12	13	14	15	16	17	18	19	20	21	22	23	24	25	26	27	28	29	
	일주	을사	병오	정미	무신	기유	경술	신해	임자	계축	갑인	을묘	병진	정사	무오	기미	경신	신유	임술	계해	갑자	을축	병인	정묘	무진	기사	경오	신미	임신	계유	
	양력	27	28	3/1	2	3	4	5	6	7	8	9	10	11	12	13	14	15	16	17	18	19	20	21	22	23	24	25	26	27	
3월	음력	1	2	3	4	5	6	7	8	9	10	11	12	13	14	15	16	17	18	19	20	21	22	23	24	25	26	27	28	29	
	일주	갑술	을해	병자	정축	무인	기묘	경진	신사	임오	계미	갑신	을유	병술	정해	무자	기축	경인	신묘	임진	계사	갑오	을미	병신	정유	무술	기해	경자	신축	임인	
	양력	28	29	30	31	4/1	2	3	4	5	6	7	8	9	10	11	12	13	14	15	16	17	18	19	20	21	22	23	24	25	
4월	음력	1	2	3	4	5	6	7	8	9	10	11	12	13	14	15	16	17	18	19	20	21	22	23	24	25	26	27	28	29	30
	일주	계묘	갑진	을사	병오	정미	무신	기유	경술	신해	임자	계축	갑인	을묘	병진	정사	무오	기미	경신	신유	임술	계해	갑자	을축	병인	정묘	무진	기사	경오	신미	임신
	양력	26	27	28	29	30	5/1	2	3	4	5	6	7	8	9	10	11	12	13	14	15	16	17	18	19	20	21	22	23	24	25
5월	음력	1	2	3	4	5	6	7	8	9	10	11	12	13	14	15	16	17	18	19	20	21	22	23	24	25	26	27	28	29	
	일주	계유	갑술	을해	병자	정축	무인	기묘	경진	신사	임오	계미	갑신	을유	병술	정해	무자	기축	경인	신묘	임진	계사	갑오	을미	병신	정유	무술	기해	경자	신축	
	양력	26	27	28	29	30	31	6/1	2	3	4	5	6	7	8	9	10	11	12	13	14	15	16	17	18	19	20	21	22	23	
윤달 5월	음력	1	2	3	4	5	6	7	8	9	10	11	12	13	14	15	16	17	18	19	20	21	22	23	24	25	26	27	28	29	
	일주	임인	계묘	갑진	을사	병오	정미	무신	기유	경술	신해	임자	계축	갑인	을묘	병진	정사	무오	기미	경신	신유	임술	계해	갑자	을축	병인	정묘	무진	기사	경오	
	양력	24	25	26	27	28	29	30	7/1	2	3	4	5	6	7	8	9	10	11	12	13	14	15	16	17	18	19	20	21	22	
6월	음력	1	2	3	4	5	6	7	8	9	10	11	12	13	14	15	16	17	18	19	20	21	22	23	24	25	26	27	28	29	30
	일주	신미	임신	계유	갑술	을해	병자	정축	무인	기묘	경진	신사	임오	계미	갑신	을유	병술	정해	무자	기축	경인	신묘	임진	계사	갑오	을미	병신	정유	무술	기해	경자
	양력	23	24	25	26	27	28	29	30	31	8/1	2	3	4	5	6	7	8	9	10	11	12	13	14	15	16	17	18	19	20	21
7월	음력	1	2	3	4	5	6	7	8	9	10	11	12	13	14	15	16	17	18	19	20	21	22	23	24	25	26	27	28	29	30
	일주	신축	임인	계묘	갑진	을사	병오	정미	무신	기유	경술	신해	임자	계축	갑인	을묘	병진	정사	무오	기미	경신	신유	임술	계해	갑자	을축	병인	정묘	무진	기사	경오
	양력	22	23	24	25	26	27	28	29	30	31	9/1	2	3	4	5	6	7	8	9	10	11	12	13	14	15	16	17	18	19	20
8월	음력	1	2	3	4	5	6	7	8	9	10	11	12	13	14	15	16	17	18	19	20	21	22	23	24	25	26	27	28	29	
	일주	신미	임신	계유	갑술	을해	병자	정축	무인	기묘	경진	신사	임오	계미	갑신	을유	병술	정해	무자	기축	경인	신묘	임진	계사	갑오	을미	병신	정유	무술	기해	
	양력	21	22	23	24	25	26	27	28	29	30	10/1	2	3	4	5	6	7	8	9	10	11	12	13	14	15	16	17	18	19	
9월	음력	1	2	3	4	5	6	7	8	9	10	11	12	13	14	15	16	17	18	19	20	21	22	23	24	25	26	27	28	29	30
	일주	경자	신축	임인	계묘	갑진	을사	병오	정미	무신	기유	경술	신해	임자	계축	갑인	을묘	병진	정사	무오	기미	경신	신유	임술	계해	갑자	을축	병인	정묘	무진	기사
	양력	20	21	22	23	24	25	26	27	28	29	30	31	11/1	2	3	4	5	6	7	8	9	10	11	12	13	14	15	16	17	18
10월	음력	1	2	3	4	5	6	7	8	9	10	11	12	13	14	15	16	17	18	19	20	21	22	23	24	25	26	27	28	29	30
	일주	경오	신미	임신	계유	갑술	을해	병자	정축	무인	기묘	경진	신사	임오	계미	갑신	을유	병술	정해	무자	기축	경인	신묘	임진	계사	갑오	을미	병신	정유	무술	기해
	양력	19	20	21	22	23	24	25	26	27	28	29	30	12/1	2	3	4	5	6	7	8	9	10	11	12	13	14	15	16	17	18
11월	음력	1	2	3	4	5	6	7	8	9	10	11	12	13	14	15	16	17	18	19	20	21	22	23	24	25	26	27	28	29	30
	일주	경자	신축	임인	계묘	갑진	을사	병오	정미	무신	기유	경술	신해	임자	계축	갑인	을묘	병진	정사	무오	기미	경신	신유	임술	계해	갑자	을축	병인	정묘	무진	기사
	양력	19	20	21	22	23	24	25	26	27	28	29	30	31	1/1	2	3	4	5	6	7	8	9	10	11	12	13	14	15	16	17
12월	음력	1	2	3	4	5	6	7	8	9	10	11	12	13	14	15	16	17	18	19	20	21	22	23	24	25	26	27	28	29	30
	일주	경오	신미	임신	계유	갑술	을해	병자	정축	무인	기묘	경진	신사	임오	계미	갑신	을유	병술	정해	무자	기축	경인	신묘	임진	계사	갑오	을미	병신	정유	무술	기해
	양력	18	19	20	21	22	23	24	25	26	27	28	29	30	31	2/1	2	3	4	5	6	7	8	9	10	11	12	13	14	15

기 묘 己卯　　1999년생 (음력기준)

1월
음력	1	2	3	4	5	6	7	8	9	10	11	12	13	14	15	16	17	18	19	20	21	22	23	24	25	26	27	28	29	30
일주	기해	경자	신축	임인	계묘	갑진	을사	병오	정미	무신	기유	경술	신해	임자	계축	갑인	을묘	병진	정사	무오	기미	경신	신유	임술	계해	갑자	을축	병인	정묘	무진
양력	16	17	18	19	20	21	22	23	24	25	26	27	28	3/1	2	3	4	5	6	7	8	9	10	11	12	13	14	15	16	17

2월
음력	1	2	3	4	5	6	7	8	9	10	11	12	13	14	15	16	17	18	19	20	21	22	23	24	25	26	27	28	29
일주	기사	경오	신미	임신	계유	갑술	을해	병자	정축	무인	기묘	경진	신사	임오	계미	갑신	을유	병술	정해	무자	기축	경인	신묘	임진	계사	갑오	을미	병신	정유
양력	18	19	20	21	22	23	24	25	26	27	28	29	30	31	4/1	2	3	4	5	6	7	8	9	10	11	12	13	14	15

3월
음력	1	2	3	4	5	6	7	8	9	10	11	12	13	14	15	16	17	18	19	20	21	22	23	24	25	26	27	28	29	30
일주	무술	기해	경자	신축	임인	계묘	갑진	을사	병오	정미	무신	기유	경술	신해	임자	계축	갑인	을묘	병진	정사	무오	기미	경신	신유	임술	계해	갑자	을축	병인	정묘
양력	16	17	18	19	20	21	22	23	24	25	26	27	28	29	30	5/1	2	3	4	5	6	7	8	9	10	11	12	13	14

4월
음력	1	2	3	4	5	6	7	8	9	10	11	12	13	14	15	16	17	18	19	20	21	22	23	24	25	26	27	28	29	30
일주	정묘	무진	기사	경오	신미	임신	계유	갑술	을해	병자	정축	무인	기묘	경진	신사	임오	계미	갑신	을유	병술	정해	무자	기축	경인	신묘	임진	계사	갑오	을미	병신
양력	15	16	17	18	19	20	21	22	23	24	25	26	27	28	29	30	31	6/1	2	3	4	5	6	7	8	9	10	11	12	13

5월
음력	1	2	3	4	5	6	7	8	9	10	11	12	13	14	15	16	17	18	19	20	21	22	23	24	25	26	27	28	29
일주	정유	무술	기해	경자	신축	임인	계묘	갑진	을사	병오	정미	무신	기유	경술	신해	임자	계축	갑인	을묘	병진	정사	무오	기미	경신	신유	임술	계해	갑자	을축
양력	14	15	16	17	18	19	20	21	22	23	24	25	26	27	28	29	30	7/1	2	3	4	5	6	7	8	9	10	11	12

6월
음력	1	2	3	4	5	6	7	8	9	10	11	12	13	14	15	16	17	18	19	20	21	22	23	24	25	26	27	28	29
일주	병인	정묘	무진	기사	경오	신미	임신	계유	갑술	을해	병자	정축	무인	기묘	경진	신사	임오	계미	갑신	을유	병술	정해	무자	기축	경인	신묘	임진	계사	갑오
양력	13	14	15	16	17	18	19	20	21	22	23	24	25	26	27	28	29	30	31	8/1	2	3	4	5	6	7	8	9	10

7월
음력	1	2	3	4	5	6	7	8	9	10	11	12	13	14	15	16	17	18	19	20	21	22	23	24	25	26	27	28	29	30
일주	을미	병신	정유	무술	기해	경자	신축	임인	계묘	갑진	을사	병오	정미	무신	기유	경술	신해	임자	계축	갑인	을묘	병진	정사	무오	기미	경신	신유	임술	계해	갑자
양력	11	12	13	14	15	16	17	18	19	20	21	22	23	24	25	26	27	28	29	30	31	9/1	2	3	4	5	6	7	8	9

8월
음력	1	2	3	4	5	6	7	8	9	10	11	12	13	14	15	16	17	18	19	20	21	22	23	24	25	26	27	28	29
일주	을축	병인	정묘	무진	기사	경오	신미	임신	계유	갑술	을해	병자	정축	무인	기묘	경진	신사	임오	계미	갑신	을유	병술	정해	무자	기축	경인	신묘	임진	계사
양력	10	11	12	13	14	15	16	17	18	19	20	21	22	23	24	25	26	27	28	29	30	10/1	2	3	4	5	6	7	8

9월
음력	1	2	3	4	5	6	7	8	9	10	11	12	13	14	15	16	17	18	19	20	21	22	23	24	25	26	27	28	29	30
일주	갑오	을미	병신	정유	무술	기해	경자	신축	임인	계묘	갑진	을사	병오	정미	무신	기유	경술	신해	임자	계축	갑인	을묘	병진	정사	무오	기미	경신	신유	임술	계해
양력	9	10	11	12	13	14	15	16	17	18	19	20	21	22	23	24	25	26	27	28	29	30	31	11/1	2	3	4	5	6	7

10월
음력	1	2	3	4	5	6	7	8	9	10	11	12	13	14	15	16	17	18	19	20	21	22	23	24	25	26	27	28	29	30
일주	갑자	을축	병인	정묘	무진	기사	경오	신미	임신	계유	갑술	을해	병자	정축	무인	기묘	경진	신사	임오	계미	갑신	을유	병술	정해	무자	기축	경인	신묘	임진	계사
양력	8	9	10	11	12	13	14	15	16	17	18	19	20	21	22	23	24	25	26	27	28	29	30	12/1	2	3	4	5	6	7

11월
음력	1	2	3	4	5	6	7	8	9	10	11	12	13	14	15	16	17	18	19	20	21	22	23	24	25	26	27	28	29	30
일주	갑오	을미	병신	정유	무술	기해	경자	신축	임인	계묘	갑진	을사	병오	정미	무신	기유	경술	신해	임자	계축	갑인	을묘	병진	정사	무오	기미	경신	신유	임술	계해
양력	8	9	10	11	12	13	14	15	16	17	18	19	20	21	22	23	24	25	26	27	28	29	30	31	1/1	2	3	4	5	6

12월
음력	1	2	3	4	5	6	7	8	9	10	11	12	13	14	15	16	17	18	19	20	21	22	23	24	25	26	27	28	29
일주	갑자	을축	병인	정묘	무진	기사	경오	신미	임신	계유	갑술	을해	병자	정축	무인	기묘	경진	신사	임오	계미	갑신	을유	병술	정해	무자	기축	경인	신묘	임진
양력	7	8	9	10	11	12	13	14	15	16	17	18	19	20	21	22	23	24	25	26	27	28	29	30	31	2/1	2	3	4

경 진 庚辰　2000년생(음력기준)

1월	음력	1	2	3	4	5	6	7	8	9	10	11	12	13	14	15	16	17	18	19	20	21	22	23	24	25	26	27	28	29	30
	일주	계사	갑오	을미	병신	정유	무술	기해	경자	신축	임인	계묘	갑진	을사	병오	정미	무신	기유	경술	신해	임자	계축	갑인	을묘	병진	정사	무오	기미	경신	신유	임술
	양력	5	6	7	8	9	10	11	12	13	14	15	16	17	18	19	20	21	22	23	24	25	26	27	28	29	3/1	2	3	4	5
2월	음력	1	2	3	4	5	6	7	8	9	10	11	12	13	14	15	16	17	18	19	20	21	22	23	24	25	26	27	28	29	30
	일주	계해	갑자	을축	병인	정묘	무진	기사	경오	신미	임신	계유	갑술	을해	병자	정축	무인	기묘	경진	신사	임오	계미	갑신	을유	병술	정해	무자	기축	경인	신묘	임진
	양력	6	7	8	9	10	11	12	13	14	15	16	17	18	19	20	21	22	23	24	25	26	27	28	29	30	31	4/1	2	3	4
3월	음력	1	2	3	4	5	6	7	8	9	10	11	12	13	14	15	16	17	18	19	20	21	22	23	24	25	26	27	28	29	
	일주	계사	갑오	을미	병신	정유	무술	기해	경자	신축	임인	계묘	갑진	을사	병오	정미	무신	기유	경술	신해	임자	계축	갑인	을묘	병진	정사	무오	기미	경신	신유	
	양력	5	6	7	8	9	10	11	12	13	14	15	16	17	18	19	20	21	22	23	24	25	26	27	28	29	30	5/1	2	3	
4월	음력	1	2	3	4	5	6	7	8	9	10	11	12	13	14	15	16	17	18	19	20	21	22	23	24	25	26	27	28	29	30
	일주	임술	계해	갑자	을축	병인	정묘	무진	기사	경오	신미	임신	계유	갑술	을해	병자	정축	무인	기묘	경진	신사	임오	계미	갑신	을유	병술	정해	무자	기축	경인	신묘
	양력	4	5	6	7	8	9	10	11	12	13	14	15	16	17	18	19	20	21	22	23	24	25	26	27	28	29	30	31	6/1	
5월	음력	1	2	3	4	5	6	7	8	9	10	11	12	13	14	15	16	17	18	19	20	21	22	23	24	25	26	27	28	29	30
	일주	신묘	임진	계사	갑오	을미	병신	정유	무술	기해	경자	신축	임인	계묘	갑진	을사	병오	정미	무신	기유	경술	신해	임자	계축	갑인	을묘	병진	정사	무오	기미	경신
	양력	2	3	4	5	6	7	8	9	10	11	12	13	14	15	16	17	18	19	20	21	22	23	24	25	26	27	28	29	30	7/1
6월	음력	1	2	3	4	5	6	7	8	9	10	11	12	13	14	15	16	17	18	19	20	21	22	23	24	25	26	27	28	29	
	일주	신유	임술	계해	갑자	을축	병인	정묘	무진	기사	경오	신미	임신	계유	갑술	을해	병자	정축	무인	기묘	경진	신사	임오	계미	갑신	을유	병술	정해	무자	기축	
	양력	2	3	4	5	6	7	8	9	10	11	12	13	14	15	16	17	18	19	20	21	22	23	24	25	26	27	28	29	30	
7월	음력	1	2	3	4	5	6	7	8	9	10	11	12	13	14	15	16	17	18	19	20	21	22	23	24	25	26	27	28	29	30
	일주	경인	신묘	임진	계사	갑오	을미	병신	정유	무술	기해	경자	신축	임인	계묘	갑진	을사	병오	정미	무신	기유	경술	신해	임자	계축	갑인	을묘	병진	정사	무오	기미
	양력	31	8/1	2	3	4	5	6	7	8	9	10	11	12	13	14	15	16	17	18	19	20	21	22	23	24	25	26	27	28	
8월	음력	1	2	3	4	5	6	7	8	9	10	11	12	13	14	15	16	17	18	19	20	21	22	23	24	25	26	27	28	29	30
	일주	기미	경신	신유	임술	계해	갑자	을축	병인	정묘	무진	기사	경오	신미	임신	계유	갑술	을해	병자	정축	무인	기묘	경진	신사	임오	계미	갑신	을유	병술	정해	무자
	양력	29	30	31	9/1	2	3	4	5	6	7	8	9	10	11	12	13	14	15	16	17	18	19	20	21	22	23	24	25	26	27
9월	음력	1	2	3	4	5	6	7	8	9	10	11	12	13	14	15	16	17	18	19	20	21	22	23	24	25	26	27	28	29	
	일주	기축	경인	신묘	임진	계사	갑오	을미	병신	정유	무술	기해	경자	신축	임인	계묘	갑진	을사	병오	정미	무신	기유	경술	신해	임자	계축	갑인	을묘	병진	정사	
	양력	28	29	30	10/1	2	3	4	5	6	7	8	9	10	11	12	13	14	15	16	17	18	19	20	21	22	23	24	25	26	
10월	음력	1	2	3	4	5	6	7	8	9	10	11	12	13	14	15	16	17	18	19	20	21	22	23	24	25	26	27	28	29	30
	일주	무오	기미	경신	신유	임술	계해	갑자	을축	병인	정묘	무진	기사	경오	신미	임신	계유	갑술	을해	병자	정축	무인	기묘	경진	신사	임오	계미	갑신	을유	병술	정해
	양력	27	28	29	30	11/1	2	3	4	5	6	7	8	9	10	11	12	13	14	15	16	17	18	19	20	21	22	23	24	25	
11월	음력	1	2	3	4	5	6	7	8	9	10	11	12	13	14	15	16	17	18	19	20	21	22	23	24	25	26	27	28	29	30
	일주	무자	기축	경인	신묘	임진	계사	갑오	을미	병신	정유	무술	기해	경자	신축	임인	계묘	갑진	을사	병오	정미	무신	기유	경술	신해	임자	계축	갑인	을묘	병진	정사
	양력	26	27	28	29	30	12/1	2	3	4	5	6	7	8	9	10	11	12	13	14	15	16	17	18	19	20	21	22	23	24	25
12월	음력	1	2	3	4	5	6	7	8	9	10	11	12	13	14	15	16	17	18	19	20	21	22	23	24	25	26	27	28	29	
	일주	무오	기미	경신	신유	임술	계해	갑자	을축	병인	정묘	무진	기사	경오	신미	임신	계유	갑술	을해	병자	정축	무인	기묘	경진	신사	임오	계미	갑신	을유	병술	
	양력	26	27	28	29	30	31	1/1	2	3	4	5	6	7	8	9	10	11	12	13	14	15	16	17	18	19	20	21	22	23	

신 사 辛巳   2001년생 (음력기준)

1월	음력	1	2	3	4	5	6	7	8	9	10	11	12	13	14	15	16	17	18	19	20	21	22	23	24	25	26	27	28	29	30	
	일주	정해	무자	기축	경인	신묘	임진	계사	갑오	을미	병신	정유	무술	기해	경자	신축	임인	계묘	갑진	을사	병오	정미	무신	기유	경술	신해	임자	계축	갑인	을묘	병진	
	양력	24	25	26	27	28	29	30	31	2/1	2	3	4	5	6	7	8	9	10	11	12	13	14	15	16	17	18	19	20	21	22	
2월	음력	1	2	3	4	5	6	7	8	9	10	11	12	13	14	15	16	17	18	19	20	21	22	23	24	25	26	27	28	29	30	
	일주	정사	무오	기미	경신	신유	임술	계해	갑자	을축	병인	정묘	무진	기사	경오	신미	임신	계유	갑술	을해	병자	정축	무인	기묘	경진	신사	임오	계미	갑신	을유	병술	
	양력	23	24	25	26	27	28	3/1	2	3	4	5	6	7	8	9	10	11	12	13	14	15	16	17	18	19	20	21	22	23	24	
3월	음력	1	2	3	4	5	6	7	8	9	10	11	12	13	14	15	16	17	18	19	20	21	22	23	24	25	26	27	28	29		
	일주	정해	무자	기축	경인	신묘	임진	계사	갑오	을미	병신	정유	무술	기해	경자	신축	임인	계묘	갑진	을사	병오	정미	무신	기유	경술	신해	임자	계축	갑인	을묘		
	양력	25	26	27	28	29	30	31	4/1	2	3	4	5	6	7	8	9	10	11	12	13	14	15	16	17	18	19	20	21	22		
4월	음력	1	2	3	4	5	6	7	8	9	10	11	12	13	14	15	16	17	18	19	20	21	22	23	24	25	26	27	28	29		
	일주	정사	무오	기미	경신	신유	임술	계해	갑자	을축	병인	정묘	무진	기사	경오	신미	임신	계유	갑술	을해	병자	정축	무인	기묘	경진	신사	임오	계미	갑신	을유		
	양력	24	25	26	27	28	29	30	5/1	2	3	4	5	6	7	8	9	10	11	12	13	14	15	16	17	18	19	20	21	22		
윤달 4월	음력	1	2	3	4	5	6	7	8	9	10	11	12	13	14	15	16	17	18	19	20	21	22	23	24	25	26	27	28	29	30	
	일주	병술	정해	무자	기축	경인	신묘	임진	계사	갑오	을미	병신	정유	무술	기해	경자	신축	임인	계묘	갑진	을사	병오	정미	무신	기유	경술	신해	임자	계축	갑인	을묘	
	양력	23	24	25	26	27	28	29	30	31	6/1	2	3	4	5	6	7	8	9	10	11	12	13	14	15	16	17	18	19	20		
5월	음력	1	2	3	4	5	6	7	8	9	10	11	12	13	14	15	16	17	18	19	20	21	22	23	24	25	26	27	28	29	30	
	일주	을묘	병진	정사	무오	기미	경신	신유	임술	계해	갑자	을축	병인	정묘	무진	기사	경오	신미	임신	계유	갑술	을해	병자	정축	무인	기묘	경진	신사	임오	계미	갑신	
	양력	21	22	23	24	25	26	27	28	29	30	7/1	2	3	4	5	6	7	8	9	10	11	12	13	14	15	16	17	18	19	20	
6월	음력	1	2	3	4	5	6	7	8	9	10	11	12	13	14	15	16	17	18	19	20	21	22	23	24	25	26	27	28	29		
	일주	을유	병술	정해	무자	기축	경인	신묘	임진	계사	갑오	을미	병신	정유	무술	기해	경자	신축	임인	계묘	갑진	을사	병오	정미	무신	기유	경술	신해	임자	계축		
	양력	21	22	23	24	25	26	27	28	29	30	31	8/1	2	3	4	5	6	7	8	9	10	11	12	13	14	15	16	17	18		
7월	음력	1	2	3	4	5	6	7	8	9	10	11	12	13	14	15	16	17	18	19	20	21	22	23	24	25	26	27	28	29		
	일주	갑인	을묘	병진	정사	무오	기미	경신	신유	임술	계해	갑자	을축	병인	정묘	무진	기사	경오	신미	임신	계유	갑술	을해	병자	정축	무인	기묘	경진	신사	임오		
	양력	19	20	21	22	23	24	25	26	27	28	29	30	31	9/1	2	3	4	5	6	7	8	9	10	11	12	13	14	15	16		
8월	음력	1	2	3	4	5	6	7	8	9	10	11	12	13	14	15	16	17	18	19	20	21	22	23	24	25	26	27	28	29	30	
	일주	계미	갑신	을유	병술	정해	무자	기축	경인	신묘	임진	계사	갑오	을미	병신	정유	무술	기해	경자	신축	임인	계묘	갑진	을사	병오	정미	무신	기유	경술	신해	임자	
	양력	17	18	19	20	21	22	23	24	25	26	27	28	29	30	10/1	2	3	4	5	6	7	8	9	10	11	12	13	14	15	16	
9월	음력	1	2	3	4	5	6	7	8	9	10	11	12	13	14	15	16	17	18	19	20	21	22	23	24	25	26	27	28	29		
	일주	계축	갑인	을묘	병진	정사	무오	기미	경신	신유	임술	계해	갑자	을축	병인	정묘	무진	기사	경오	신미	임신	계유	갑술	을해	병자	정축	무인	기묘	경진	신사		
	양력	17	18	19	20	21	22	23	24	25	26	27	28	29	30	31	11/1	2	3	4	5	6	7	8	9	10	11	12	13	14		
10월	음력	1	2	3	4	5	6	7	8	9	10	11	12	13	14	15	16	17	18	19	20	21	22	23	24	25	26	27	28	29	30	
	일주	임오	계미	갑신	을유	병술	정해	무자	기축	경인	신묘	임진	계사	갑오	을미	병신	정유	무술	기해	경자	신축	임인	계묘	갑진	을사	병오	정미	무신	기유	경술	신해	
	양력	15	16	17	18	19	20	21	22	23	24	25	26	27	28	29	30	12/1	2	3	4	5	6	7	8	9	10	11	12	13	14	
11월	음력	1	2	3	4	5	6	7	8	9	10	11	12	13	14	15	16	17	18	19	20	21	22	23	24	25	26	27	28	29		
	일주	임자	계축	갑인	을묘	병진	정사	무오	기미	경신	신유	임술	계해	갑자	을축	병인	정묘	무진	기사	경오	신미	임신	계유	갑술	을해	병자	정축	무인	기묘	경진		
	양력	15	16	17	18	19	20	21	22	23	24	25	26	27	28	29	30	31	1/1	2	3	4	5	6	7	8	9	10	11	12		
12월	음력	1	2	3	4	5	6	7	8	9	10	11	12	13	14	15	16	17	18	19	20	21	22	23	24	25	26	27	28	29	30	
	일주	신사	임오	계미	갑신	을유	병술	정해	무자	기축	경인	신묘	임진	계사	갑오	을미	병신	정유	무술	기해	경자	신축	임인	계묘	갑진	을사	병오	정미	무신	기유	경술	
	양력	13	14	15	16	17	18	19	20	21	22	23	24	25	26	27	28	29	30	31	2/1	2	3	4	5	6	7	8	9	10	11	

임 오 壬午

2002년생(음력기준)

1월	음력	1	2	3	4	5	6	7	8	9	10	11	12	13	14	15	16	17	18	19	20	21	22	23	24	25	26	27	28	29	30
	일주	신해	임자	계축	갑인	을묘	병진	정사	무오	기미	경신	신유	임술	계해	갑자	을축	병인	정묘	무진	기사	경오	신미	임신	계유	갑술	을해	병자	정축	무인	기묘	경진
	양력	12	13	14	15	16	17	18	19	20	21	22	23	24	25	26	27	28	3/1	2	3	4	5	6	7	8	9	10	11	12	13
2월	음력	1	2	3	4	5	6	7	8	9	10	11	12	13	14	15	16	17	18	19	20	21	22	23	24	25	26	27	28	29	30
	일주	신사	임오	계미	갑신	을유	병술	정해	무자	기축	경인	신묘	임진	계사	갑오	을미	병신	정유	무술	기해	경자	신축	임인	계묘	갑진	을사	병오	정미	무신	기유	경술
	양력	14	15	16	17	18	19	20	21	22	23	24	25	26	27	28	29	30	31	4/1	2	3	4	5	6	7	8	9	10	11	12
3월	음력	1	2	3	4	5	6	7	8	9	10	11	12	13	14	15	16	17	18	19	20	21	22	23	24	25	26	27	28	29	
	일주	신해	임자	계축	갑인	을묘	병진	정사	무오	기미	경신	신유	임술	계해	갑자	을축	병인	정묘	무진	기사	경오	신미	임신	계유	갑술	을해	병자	정축	무인	기묘	
	양력	13	14	15	16	17	18	19	20	21	22	23	24	25	26	27	28	29	30	5/1	2	3	4	5	6	7	8	9	10	11	
4월	음력	1	2	3	4	5	6	7	8	9	10	11	12	13	14	15	16	17	18	19	20	21	22	23	24	25	26	27	28	29	30
	일주	경진	신사	임오	계미	갑신	을유	병술	정해	무자	기축	경인	신묘	임진	계사	갑오	을미	병신	정유	무술	기해	경자	신축	임인	계묘	갑진	을사	병오	정미	무신	기유
	양력	12	13	14	15	16	17	18	19	20	21	22	23	24	25	26	27	28	29	30	31	6/1	2	3	4	5	6	7	8	9	10
5월	음력	1	2	3	4	5	6	7	8	9	10	11	12	13	14	15	16	17	18	19	20	21	22	23	24	25	26	27	28	29	
	일주	경술	신해	임자	계축	갑인	을묘	병진	정사	무오	기미	경신	신유	임술	계해	갑자	을축	병인	정묘	무진	기사	경오	신미	임신	계유	갑술	을해	병자	정축	무인	
	양력	11	12	13	14	15	16	17	18	19	20	21	22	23	24	25	26	27	28	29	30	7/1	2	3	4	5	6	7	8	9	
6월	음력	1	2	3	4	5	6	7	8	9	10	11	12	13	14	15	16	17	18	19	20	21	22	23	24	25	26	27	28	29	30
	일주	기묘	경진	신사	임오	계미	갑신	을유	병술	정해	무자	기축	경인	신묘	임진	계사	갑오	을미	병신	정유	무술	기해	경자	신축	임인	계묘	갑진	을사	병오	정미	무신
	양력	10	11	12	13	14	15	16	17	18	19	20	21	22	23	24	25	26	27	28	29	30	31	8/1	2	3	4	5	6	7	8
7월	음력	1	2	3	4	5	6	7	8	9	10	11	12	13	14	15	16	17	18	19	20	21	22	23	24	25	26	27	28	29	
	일주	기유	경술	신해	임자	계축	갑인	을묘	병진	정사	무오	기미	경신	신유	임술	계해	갑자	을축	병인	정묘	무진	기사	경오	신미	임신	계유	갑술	을해	병자	정축	
	양력	9	10	11	12	13	14	15	16	17	18	19	20	21	22	23	24	25	26	27	28	29	30	31	9/1	2	3	4	5	6	
8월	음력	1	2	3	4	5	6	7	8	9	10	11	12	13	14	15	16	17	18	19	20	21	22	23	24	25	26	27	28	29	
	일주	무인	기묘	경진	신사	임오	계미	갑신	을유	병술	정해	무자	기축	경인	신묘	임진	계사	갑오	을미	병신	정유	무술	기해	경자	신축	임인	계묘	갑진	을사	병오	
	양력	7	8	9	10	11	12	13	14	15	16	17	18	19	20	21	22	23	24	25	26	27	28	29	30	10/1	2	3	4	5	
9월	음력	1	2	3	4	5	6	7	8	9	10	11	12	13	14	15	16	17	18	19	20	21	22	23	24	25	26	27	28	29	30
	일주	정미	무신	기유	경술	신해	임자	계축	갑인	을묘	병진	정사	무오	기미	경신	신유	임술	계해	갑자	을축	병인	정묘	무진	기사	경오	신미	임신	계유	갑술	을해	병자
	양력	6	7	8	9	10	11	12	13	14	15	16	17	18	19	20	21	22	23	24	25	26	27	28	29	30	31	11/1	2	3	4
10월	음력	1	2	3	4	5	6	7	8	9	10	11	12	13	14	15	16	17	18	19	20	21	22	23	24	25	26	27	28	29	
	일주	정축	무인	기묘	경진	신사	임오	계미	갑신	을유	병술	정해	무자	기축	경인	신묘	임진	계사	갑오	을미	병신	정유	무술	기해	경자	신축	임인	계묘	갑진	을사	
	양력	5	6	7	8	9	10	11	12	13	14	15	16	17	18	19	20	21	22	23	24	25	26	27	28	29	30	12/1	2	3	
11월	음력	1	2	3	4	5	6	7	8	9	10	11	12	13	14	15	16	17	18	19	20	21	22	23	24	25	26	27	28	29	30
	일주	병오	정미	무신	기유	경술	신해	임자	계축	갑인	을묘	병진	정사	무오	기미	경신	신유	임술	계해	갑자	을축	병인	정묘	무진	기사	경오	신미	임신	계유	갑술	을해
	양력	4	5	6	7	8	9	10	11	12	13	14	15	16	17	18	19	20	21	22	23	24	25	26	27	28	29	30	31	1/1	2
12월	음력	1	2	3	4	5	6	7	8	9	10	11	12	13	14	15	16	17	18	19	20	21	22	23	24	25	26	27	28	29	
	일주	병자	정축	무인	기묘	경진	신사	임오	계미	갑신	을유	병술	정해	무자	기축	경인	신묘	임진	계사	갑오	을미	병신	정유	무술	기해	경자	신축	임인	계묘	갑진	
	양력	3	4	5	6	7	8	9	10	11	12	13	14	15	16	17	18	19	20	21	22	23	24	25	26	27	28	29	30	31	

계미 癸未　　2003년생(음력기준)

1월	음력	1	2	3	4	5	6	7	8	9	10	11	12	13	14	15	16	17	18	19	20	21	22	23	24	25	26	27	28	29	30
	일주	을사	병오	정미	무신	기유	경술	신해	임자	계축	갑인	을묘	병진	정사	무오	기미	경신	신유	임술	계해	갑자	을축	병인	정묘	무진	기사	경오	신미	임신	계유	갑술
	양력	2/1	2	3	4	5	6	7	8	9	10	11	12	13	14	15	16	17	18	19	20	21	22	23	24	25	26	27	28	3/1	2
2월	음력	1	2	3	4	5	6	7	8	9	10	11	12	13	14	15	16	17	18	19	20	21	22	23	24	25	26	27	28	29	30
	일주	을해	병자	정축	무인	기묘	경진	신사	임오	계미	갑신	을유	병술	정해	무자	기축	경인	신묘	임진	계사	갑오	을미	병신	정유	무술	기해	경자	신축	임인	계묘	갑진
	양력	3	4	5	6	7	8	9	10	11	12	13	14	15	16	17	18	19	20	21	22	23	24	25	26	27	28	29	30	31	4/1
3월	음력	1	2	3	4	5	6	7	8	9	10	11	12	13	14	15	16	17	18	19	20	21	22	23	24	25	26	27	28	29	
	일주	을사	병오	정미	무신	기유	경술	신해	임자	계축	갑인	을묘	병진	정사	무오	기미	경신	신유	임술	계해	갑자	을축	병인	정묘	무진	기사	경오	신미	임신	계유	
	양력	2	3	4	5	6	7	8	9	10	11	12	13	14	15	16	17	18	19	20	21	22	23	24	25	26	27	28	29	30	
4월	음력	1	2	3	4	5	6	7	8	9	10	11	12	13	14	15	16	17	18	19	20	21	22	23	24	25	26	27	28	29	30
	일주	갑술	을해	병자	정축	무인	기묘	경진	신사	임오	계미	갑신	을유	병술	정해	무자	기축	경인	신묘	임진	계사	갑오	을미	병신	정유	무술	기해	경자	신축	임인	계묘
	양력	5/1	2	3	4	5	6	7	8	9	10	11	12	13	14	15	16	17	18	19	20	21	22	23	24	25	26	27	28	29	30
5월	음력	1	2	3	4	5	6	7	8	9	10	11	12	13	14	15	16	17	18	19	20	21	22	23	24	25	26	27	28	29	
	일주	갑진	을사	병오	정미	무신	기유	경술	신해	임자	계축	갑인	을묘	병진	정사	무오	기미	경신	신유	임술	계해	갑자	을축	병인	정묘	무진	기사	경오	신미	임신	
	양력	31	6/1	2	3	4	5	6	7	8	9	10	11	12	13	14	15	16	17	18	19	20	21	22	23	24	25	26	27	28	29	
6월	음력	1	2	3	4	5	6	7	8	9	10	11	12	13	14	15	16	17	18	19	20	21	22	23	24	25	26	27	28	29	
	일주	계유	갑술	을해	병자	정축	무인	기묘	경진	신사	임오	계미	갑신	을유	병술	정해	무자	기축	경인	신묘	임진	계사	갑오	을미	병신	정유	무술	기해	경자	신축	
	양력	30	7/1	2	3	4	5	6	7	8	9	10	11	12	13	14	15	16	17	18	19	20	21	22	23	24	25	26	27	28	
7월	음력	1	2	3	4	5	6	7	8	9	10	11	12	13	14	15	16	17	18	19	20	21	22	23	24	25	26	27	28	29	30
	일주	계묘	갑진	을사	병오	정미	무신	기유	경술	신해	임자	계축	갑인	을묘	병진	정사	무오	기미	경신	신유	임술	계해	갑자	을축	병인	정묘	무진	기사	경오	신미	임신
	양력	29	30	31	8/1	2	3	4	5	6	7	8	9	10	11	12	13	14	15	16	17	18	19	20	21	22	23	24	25	26	27
8월	음력	1	2	3	4	5	6	7	8	9	10	11	12	13	14	15	16	17	18	19	20	21	22	23	24	25	26	27	28	29	
	일주	계유	갑술	을해	병자	정축	무인	기묘	경진	신사	임오	계미	갑신	을유	병술	정해	무자	기축	경인	신묘	임진	계사	갑오	을미	병신	정유	무술	기해	경자	신축	
	양력	28	29	30	31	9/1	2	3	4	5	6	7	8	9	10	11	12	13	14	15	16	17	18	19	20	21	22	23	24	25	
9월	음력	1	2	3	4	5	6	7	8	9	10	11	12	13	14	15	16	17	18	19	20	21	22	23	24	25	26	27	28	29	
	일주	임인	계묘	갑진	을사	병오	정미	무신	기유	경술	신해	임자	계축	갑인	을묘	병진	정사	무오	기미	경신	신유	임술	계해	갑자	을축	병인	정묘	무진	기사	경오	
	양력	26	27	28	29	30	10/1	2	3	4	5	6	7	8	9	10	11	12	13	14	15	16	17	18	19	20	21	22	23	24	
10월	음력	1	2	3	4	5	6	7	8	9	10	11	12	13	14	15	16	17	18	19	20	21	22	23	24	25	26	27	28	29	30
	일주	신미	임신	계유	갑술	을해	병자	정축	무인	기묘	경진	신사	임오	계미	갑신	을유	병술	정해	무자	기축	경인	신묘	임진	계사	갑오	을미	병신	정유	무술	기해	경자
	양력	25	26	27	28	29	30	31	11/1	2	3	4	5	6	7	8	9	10	11	12	13	14	15	16	17	18	19	20	21	22	23
11월	음력	1	2	3	4	5	6	7	8	9	10	11	12	13	14	15	16	17	18	19	20	21	22	23	24	25	26	27	28	29	
	일주	신축	임인	계묘	갑진	을사	병오	정미	무신	기유	경술	신해	임자	계축	갑인	을묘	병진	정사	무오	기미	경신	신유	임술	계해	갑자	을축	병인	정묘	무진	기사	
	양력	24	25	26	27	28	29	30	12/1	2	3	4	5	6	7	8	9	10	11	12	13	14	15	16	17	18	19	20	21	22	
12월	음력	1	2	3	4	5	6	7	8	9	10	11	12	13	14	15	16	17	18	19	20	21	22	23	24	25	26	27	28	29	30
	일주	경오	신미	임신	계유	갑술	을해	병자	정축	무인	기묘	경진	신사	임오	계미	갑신	을유	병술	정해	무자	기축	경인	신묘	임진	계사	갑오	을미	병신	정유	무술	기해
	양력	23	24	25	26	27	28	29	30	31	1/1	2	3	4	5	6	7	8	9	10	11	12	13	14	15	16	17	18	19	20	21

갑신 甲申   2004년생 (음력기준)

1월	음력	1	2	3	4	5	6	7	8	9	10	11	12	13	14	15	16	17	18	19	20	21	22	23	24	25	26	27	28	29	
	일주	경자	신축	임인	계묘	갑진	을사	병오	정미	무신	기유	경술	신해	임자	계축	갑인	을묘	병진	정사	무오	기미	경신	신유	임술	계해	갑자	을축	병인	정묘	무진	
	양력	22	23	24	25	26	27	28	29	30	31	2/1	2	3	4	5	6	7	8	9	10	11	12	13	14	15	16	17	18	19	
2월	음력	1	2	3	4	5	6	7	8	9	10	11	12	13	14	15	16	17	18	19	20	21	22	23	24	25	26	27	28	29	30
	일주	기사	경오	신미	임신	계유	갑술	을해	병자	정축	무인	기묘	경진	신사	임오	계미	갑신	을유	병술	정해	무자	기축	경인	신묘	임진	계사	갑오	을미	병신	정유	무술
	양력	20	21	22	23	24	25	26	27	28	29	3/1	2	3	4	5	6	7	8	9	10	11	12	13	14	15	16	17	18	19	20
윤달 2월	음력	1	2	3	4	5	6	7	8	9	10	11	12	13	14	15	16	17	18	19	20	21	22	23	24	25	26	27	28	29	
	일주	기해	경자	신축	임인	계묘	갑진	을사	병오	정미	무신	기유	경술	신해	임자	계축	갑인	을묘	병진	정사	무오	기미	경신	신유	임술	계해	갑자	을축	병인	정묘	
	양력	21	22	23	24	25	26	27	28	29	30	31	4/1	2	3	4	5	6	7	8	9	10	11	12	13	14	15	16	17	18	
3월	음력	1	2	3	4	5	6	7	8	9	10	11	12	13	14	15	16	17	18	19	20	21	22	23	24	25	26	27	28	29	30
	일주	무진	기사	경오	신미	임신	계유	갑술	을해	병자	정축	무인	기묘	경진	신사	임오	계미	갑신	을유	병술	정해	무자	기축	경인	신묘	임진	계사	갑오	을미	병신	정유
	양력	19	20	21	22	23	24	25	26	27	28	29	30	5/1	2	3	4	5	6	7	8	9	10	11	12	13	14	15	16	17	18
4월	음력	1	2	3	4	5	6	7	8	9	10	11	12	13	14	15	16	17	18	19	20	21	22	23	24	25	26	27	28	29	30
	일주	무술	기해	경자	신축	임인	계묘	갑진	을사	병오	정미	무신	기유	경술	신해	임자	계축	갑인	을묘	병진	정사	무오	기미	경신	신유	임술	계해	갑자	을축	병인	정묘
	양력	19	20	21	22	23	24	25	26	27	28	29	30	31	6/1	2	3	4	5	6	7	8	9	10	11	12	13	14	15	16	17
5월	음력	1	2	3	4	5	6	7	8	9	10	11	12	13	14	15	16	17	18	19	20	21	22	23	24	25	26	27	28	29	
	일주	무진	기사	경오	신미	임신	계유	갑술	을해	병자	정축	무인	기묘	경진	신사	임오	계미	갑신	을유	병술	정해	무자	기축	경인	신묘	임진	계사	갑오	을미	병신	
	양력	18	19	20	21	22	23	24	25	26	27	28	29	30	31	7/1	2	3	4	5	6	7	8	9	10	11	12	13	14	15	16
6월	음력	1	2	3	4	5	6	7	8	9	10	11	12	13	14	15	16	17	18	19	20	21	22	23	24	25	26	27	28	29	30
	일주	정유	무술	기해	경자	신축	임인	계묘	갑진	을사	병오	정미	무신	기유	경술	신해	임자	계축	갑인	을묘	병진	정사	무오	기미	경신	신유	임술	계해	갑자	을축	병인
	양력	17	18	19	20	21	22	23	24	25	26	27	28	29	30	31	8/1	2	3	4	5	6	7	8	9	10	11	12	13	14	15
7월	음력	1	2	3	4	5	6	7	8	9	10	11	12	13	14	15	16	17	18	19	20	21	22	23	24	25	26	27	28	29	
	일주	정묘	무진	기사	경오	신미	임신	계유	갑술	을해	병자	정축	무인	기묘	경진	신사	임오	계미	갑신	을유	병술	정해	무자	기축	경인	신묘	임진	계사	갑오	을미	
	양력	16	17	18	19	20	21	22	23	24	25	26	27	28	29	30	31	9/1	2	3	4	5	6	7	8	9	10	11	12	13	
8월	음력	1	2	3	4	5	6	7	8	9	10	11	12	13	14	15	16	17	18	19	20	21	22	23	24	25	26	27	28	29	30
	일주	병신	정유	무술	기해	경자	신축	임인	계묘	갑진	을사	병오	정미	무신	기유	경술	신해	임자	계축	갑인	을묘	병진	정사	무오	기미	경신	신유	임술	계해	갑자	을축
	양력	14	15	16	17	18	19	20	21	22	23	24	25	26	27	28	29	30	10/1	2	3	4	5	6	7	8	9	10	11	12	13
9월	음력	1	2	3	4	5	6	7	8	9	10	11	12	13	14	15	16	17	18	19	20	21	22	23	24	25	26	27	28	29	
	일주	병인	정묘	무진	기사	경오	신미	임신	계유	갑술	을해	병자	정축	무인	기묘	경진	신사	임오	계미	갑신	을유	병술	정해	무자	기축	경인	신묘	임진	계사	갑오	
	양력	14	15	16	17	18	19	20	21	22	23	24	25	26	27	28	29	30	11/1	2	3	4	5	6	7	8	9	10	11		
10월	음력	1	2	3	4	5	6	7	8	9	10	11	12	13	14	15	16	17	18	19	20	21	22	23	24	25	26	27	28	29	30
	일주	을미	병신	정유	무술	기해	경자	신축	임인	계묘	갑진	을사	병오	정미	무신	기유	경술	신해	임자	계축	갑인	을묘	병진	정사	무오	기미	경신	신유	임술	계해	갑자
	양력	12	13	14	15	16	17	18	19	20	21	22	23	24	25	26	27	28	29	30	12/1	2	3	4	5	6	7	8	9	10	11
11월	음력	1	2	3	4	5	6	7	8	9	10	11	12	13	14	15	16	17	18	19	20	21	22	23	24	25	26	27	28	29	
	일주	을축	병인	정묘	무진	기사	경오	신미	임신	계유	갑술	을해	병자	정축	무인	기묘	경진	신사	임오	계미	갑신	을유	병술	정해	무자	기축	경인	신묘	임진	계사	
	양력	12	13	14	15	16	17	18	19	20	21	22	23	24	25	26	27	28	29	30	31	1/1	2	3	4	5	6	7	8	9	
12월	음력	1	2	3	4	5	6	7	8	9	10	11	12	13	14	15	16	17	18	19	20	21	22	23	24	25	26	27	28	29	30
	일주	갑오	을미	병신	정유	무술	기해	경자	신축	임인	계묘	갑진	을사	병오	정미	무신	기유	경술	신해	임자	계축	갑인	을묘	병진	정사	무오	기미	경신	신유	임술	계해
	양력	10	11	12	13	14	15	16	17	18	19	20	21	22	23	24	25	26	27	28	29	30	31	2/1	2	3	4	5	6	7	8

을 유 乙酉　　　2005년생(음력기준)

1월	음력	1	2	3	4	5	6	7	8	9	10	11	12	13	14	15	16	17	18	19	20	21	22	23	24	25	26	27	28	29	
	일주	갑자	을축	병인	정묘	무진	기사	경오	신미	임신	계유	갑술	을해	병자	정축	무인	기묘	경진	신사	임오	계미	갑신	을유	병술	정해	무자	기축	경인	신묘	임진	
	양력	9	10	11	12	13	14	15	16	17	18	19	20	21	22	23	24	25	26	27	28	3/1	2	3	4	5	6	7	8	9	
2월	음력	1	2	3	4	5	6	7	8	9	10	11	12	13	14	15	16	17	18	19	20	21	22	23	24	25	26	27	28	29	30
	일주	계사	갑오	을미	병신	정유	무술	기해	경자	신축	임인	계묘	갑진	을사	병오	정미	무신	기유	경술	신해	임자	계축	갑인	을묘	병진	정사	무오	기미	경신	신유	임술
	양력	10	11	12	13	14	15	16	17	18	19	20	21	22	23	24	25	26	27	28	29	30	31	4/1	2	3	4	5	6	7	8
3월	음력	1	2	3	4	5	6	7	8	9	10	11	12	13	14	15	16	17	18	19	20	21	22	23	24	25	26	27	28	29	
	일주	계해	갑자	을축	병인	정묘	무진	기사	경오	신미	임신	계유	갑술	을해	병자	정축	무인	기묘	경진	신사	임오	계미	갑신	을유	병술	정해	무자	기축	경인	신묘	
	양력	9	10	11	12	13	14	15	16	17	18	19	20	21	22	23	24	25	26	27	28	29	30	5/1	2	3	4	5	6	7	
4월	음력	1	2	3	4	5	6	7	8	9	10	11	12	13	14	15	16	17	18	19	20	21	22	23	24	25	26	27	28	29	30
	일주	임진	계사	갑오	을미	병신	정유	무술	기해	경자	신축	임인	계묘	갑진	을사	병오	정미	무신	기유	경술	신해	임자	계축	갑인	을묘	병진	정사	무오	기미	경신	신유
	양력	8	9	10	11	12	13	14	15	16	17	18	19	20	21	22	23	24	25	26	27	28	29	30	31	6/1	2	3	4	5	6
5월	음력	1	2	3	4	5	6	7	8	9	10	11	12	13	14	15	16	17	18	19	20	21	22	23	24	25	26	27	28	29	
	일주	임술	계해	갑자	을축	병인	정묘	무진	기사	경오	신미	임신	계유	갑술	을해	병자	정축	무인	기묘	경진	신사	임오	계미	갑신	을유	병술	정해	무자	기축	경인	
	양력	7	8	9	10	11	12	13	14	15	16	17	18	19	20	21	22	23	24	25	26	27	28	29	30	7/1	2	3	4	5	
6월	음력	1	2	3	4	5	6	7	8	9	10	11	12	13	14	15	16	17	18	19	20	21	22	23	24	25	26	27	28	29	30
	일주	신묘	임진	계사	갑오	을미	병신	정유	무술	기해	경자	신축	임인	계묘	갑진	을사	병오	정미	무신	기유	경술	신해	임자	계축	갑인	을묘	병진	정사	무오	기미	경신
	양력	6	7	8	9	10	11	12	13	14	15	16	17	18	19	20	21	22	23	24	25	26	27	28	29	30	31	8/1	2	3	4
7월	음력	1	2	3	4	5	6	7	8	9	10	11	12	13	14	15	16	17	18	19	20	21	22	23	24	25	26	27	28	29	30
	일주	신유	임술	계해	갑자	을축	병인	정묘	무진	기사	경오	신미	임신	계유	갑술	을해	병자	정축	무인	기묘	경진	신사	임오	계미	갑신	을유	병술	정해	무자	기축	경인
	양력	5	6	7	8	9	10	11	12	13	14	15	16	17	18	19	20	21	22	23	24	25	26	27	28	29	30	31	9/1	2	3
8월	음력	1	2	3	4	5	6	7	8	9	10	11	12	13	14	15	16	17	18	19	20	21	22	23	24	25	26	27	28	29	
	일주	신묘	임진	계사	갑오	을미	병신	정유	무술	기해	경자	신축	임인	계묘	갑진	을사	병오	정미	무신	기유	경술	신해	임자	계축	갑인	을묘	병진	정사	무오	기미	
	양력	4	5	6	7	8	9	10	11	12	13	14	15	16	17	18	19	20	21	22	23	24	25	26	27	28	29	30	10/1	2	
9월	음력	1	2	3	4	5	6	7	8	9	10	11	12	13	14	15	16	17	18	19	20	21	22	23	24	25	26	27	28	29	30
	일주	경신	신유	임술	계해	갑자	을축	병인	정묘	무진	기사	경오	신미	임신	계유	갑술	을해	병자	정축	무인	기묘	경진	신사	임오	계미	갑신	을유	병술	정해	무자	기축
	양력	3	4	5	6	7	8	9	10	11	12	13	14	15	16	17	18	19	20	21	22	23	24	25	26	27	28	29	30	31	11/1
10월	음력	1	2	3	4	5	6	7	8	9	10	11	12	13	14	15	16	17	18	19	20	21	22	23	24	25	26	27	28	29	30
	일주	경인	신묘	임진	계사	갑오	을미	병신	정유	무술	기해	경자	신축	임인	계묘	갑진	을사	병오	정미	무신	기유	경술	신해	임자	계축	갑인	을묘	병진	정사	무오	기미
	양력	2	3	4	5	6	7	8	9	10	11	12	13	14	15	16	17	18	19	20	21	22	23	24	25	26	27	28	29	30	12/1
11월	음력	1	2	3	4	5	6	7	8	9	10	11	12	13	14	15	16	17	18	19	20	21	22	23	24	25	26	27	28	29	
	일주	경신	신유	임술	계해	갑자	을축	병인	정묘	무진	기사	경오	신미	임신	계유	갑술	을해	병자	정축	무인	기묘	경진	신사	임오	계미	갑신	을유	병술	정해	무자	
	양력	2	3	4	5	6	7	8	9	10	11	12	13	14	15	16	17	18	19	20	21	22	23	24	25	26	27	28	29	30	
12월	음력	1	2	3	4	5	6	7	8	9	10	11	12	13	14	15	16	17	18	19	20	21	22	23	24	25	26	27	28	29	30
	일주	기축	경인	신묘	임진	계사	갑오	을미	병신	정유	기해	경자	신축	임인	계묘	갑진	을사	병오	정미	무신	기유	경술	신해	임자	계축	갑인	을묘	병진	정사	무오	기미
	양력	31	1/1	2	3	4	5	6	7	8	9	10	11	12	13	14	15	16	17	18	19	20	21	22	23	24	25	26	27	28	29

병술 丙戌 2006년생 (음력기준)

1월	음력	1	2	3	4	5	6	7	8	9	10	11	12	13	14	15	16	17	18	19	20	21	22	23	24	25	26	27	28	29	30	
	일주	무오	기미	경신	신유	임술	계해	갑자	을축	병인	정묘	무진	기사	경오	신미	임신	계유	갑술	을해	병자	정축	무인	기묘	경진	신사	임오	계미	갑신	을유	병술	정해	
	양력	29	30	31	2/1	2	3	4	5	6	7	8	9	10	11	12	13	14	15	16	17	18	19	20	21	22	23	24	25	26	27	
2월	음력	1	2	3	4	5	6	7	8	9	10	11	12	13	14	15	16	17	18	19	20	21	22	23	24	25	26	27	28	29		
	일주	무자	기축	경인	신묘	임진	계사	갑오	을미	병신	정유	무술	기해	경자	신축	임인	계묘	갑진	을사	병오	정미	무신	기유	경술	신해	임자	계축	갑인	을묘	병진		
	양력	28	3/1	2	3	4	5	6	7	8	9	10	11	12	13	14	15	16	17	18	19	20	21	22	23	24	25	26	27	28		
3월	음력	1	2	3	4	5	6	7	8	9	10	11	12	13	14	15	16	17	18	19	20	21	22	23	24	25	26	27	28	29	30	
	일주	정사	무오	기미	경신	신유	임술	계해	갑자	을축	병인	정묘	무진	기사	경오	신미	임신	계유	갑술	을해	병자	정축	무인	기묘	경진	신사	임오	계미	갑신	을유	병술	
	양력	29	30	31	4/1	2	3	4	5	6	7	8	9	10	11	12	13	14	15	16	17	18	19	20	21	22	23	24	25	26	27	
4월	음력	1	2	3	4	5	6	7	8	9	10	11	12	13	14	15	16	17	18	19	20	21	22	23	24	25	26	27	28	29		
	일주	정해	무자	기축	경인	신묘	임진	계사	갑오	을미	병신	정유	무술	기해	경자	신축	임인	계묘	갑진	을사	병오	정미	무신	기유	경술	신해	임자	계축	갑인	을묘		
	양력	28	29	30	5/1	2	3	4	5	6	7	8	9	10	11	12	13	14	15	16	17	18	19	20	21	22	23	24	25	26		
5월	음력	1	2	3	4	5	6	7	8	9	10	11	12	13	14	15	16	17	18	19	20	21	22	23	24	25	26	27	28	29	30	
	일주	병진	정사	무오	기미	경신	신유	임술	계해	갑자	을축	병인	정묘	무진	기사	경오	신미	임신	계유	갑술	을해	병자	정축	무인	기묘	경진	신사	임오	계미	갑신	을유	
	양력	27	28	29	30	31	6/1	2	3	4	5	6	7	8	9	10	11	12	13	14	15	16	17	18	19	20	21	22	23	24	25	
6월	음력	1	2	3	4	5	6	7	8	9	10	11	12	13	14	15	16	17	18	19	20	21	22	23	24	25	26	27	28	29		
	일주	병술	정해	무자	기축	경인	신묘	임진	계사	갑오	을미	병신	정유	무술	기해	경자	신축	임인	계묘	갑진	을사	병오	정미	무신	기유	경술	신해	임자	계축	갑인		
	양력	26	27	28	29	7/1	2	3	4	5	6	7	8	9	10	11	12	13	14	15	16	17	18	19	20	21	22	23	24			
7월	음력	1	2	3	4	5	6	7	8	9	10	11	12	13	14	15	16	17	18	19	20	21	22	23	24	25	26	27	28	29	30	
	일주	을묘	병진	정사	무오	기미	경신	신유	임술	계해	갑자	을축	병인	정묘	무진	기사	경오	신미	임신	계유	갑술	을해	병자	정축	무인	기묘	경진	신사	임오	계미	갑신	
	양력	25	26	27	28	29	30	31	8/1	2	3	4	5	6	7	8	9	10	11	12	13	14	15	16	17	18	19	20	21	22	23	
윤7월	음력	1	2	3	4	5	6	7	8	9	10	11	12	13	14	15	16	17	18	19	20	21	22	23	24	25	26	27	28	29		
	일주	을유	병술	정해	무자	기축	경인	신묘	임진	계사	갑오	을미	병신	정유	무술	기해	경자	신축	임인	계묘	갑진	을사	병오	정미	무신	기유	경술	신해	임자	계축		
	양력	24	25	26	27	28	29	30	31	9/1	2	3	4	5	6	7	8	9	10	11	12	13	14	15	16	17	18	19	20	21		
8월	음력	1	2	3	4	5	6	7	8	9	10	11	12	13	14	15	16	17	18	19	20	21	22	23	24	25	26	27	28	29	30	
	일주	갑인	을묘	병진	정사	무오	기미	경신	신유	임술	계해	갑자	을축	병인	정묘	무진	기사	경오	신미	임신	계유	갑술	을해	병자	정축	무인	기묘	경진	신사	임오	계미	
	양력	22	23	24	25	26	27	28	29	30	10/1	2	3	4	5	6	7	8	9	10	11	12	13	14	15	16	17	18	19	20	21	
9월	음력	1	2	3	4	5	6	7	8	9	10	11	12	13	14	15	16	17	18	19	20	21	22	23	24	25	26	27	28	29	30	
	일주	갑신	을유	병술	정해	무자	기축	경인	신묘	임진	계사	갑오	을미	병신	정유	무술	기해	경자	신축	임인	계묘	갑진	을사	병오	정미	무신	기유	경술	신해	임자	계축	
	양력	22	23	24	25	26	27	28	29	30	31	11/1	2	3	4	5	6	7	8	9	10	11	12	13	14	15	16	17	18	19	20	
10월	음력	1	2	3	4	5	6	7	8	9	10	11	12	13	14	15	16	17	18	19	20	21	22	23	24	25	26	27	28	29		
	일주	갑인	을묘	병진	정사	무오	기미	경신	신유	임술	계해	갑자	을축	병인	정묘	무진	기사	경오	신미	임신	계유	갑술	을해	병자	정축	무인	기묘	경진	신사	임오		
	양력	21	22	23	24	25	26	27	28	29	30	12/1	2	3	4	5	6	7	8	9	10	11	12	13	14	15	16	17	18	19		
11월	음력	1	2	3	4	5	6	7	8	9	10	11	12	13	14	15	16	17	18	19	20	21	22	23	24	25	26	27	28	29	30	
	일주	계미	갑신	을유	병술	정해	무자	기축	경인	신묘	임진	계사	갑오	을미	병신	정유	무술	기해	경자	신축	임인	계묘	갑진	을사	병오	정미	무신	기유	경술	신해	임자	
	양력	20	21	22	23	24	25	26	27	28	29	30	31	1/1	2	3	4	5	6	7	8	9	10	11	12	13	14	15	16	17	18	
12월	음력	1	2	3	4	5	6	7	8	9	10	11	12	13	14	15	16	17	18	19	20	21	22	23	24	25	26	27	28	29	30	
	일주	계축	갑인	을묘	병진	정사	무오	기미	경신	신유	임술	계해	갑자	을축	병인	정묘	무진	기사	경오	신미	임신	계유	갑술	을해	병자	정축	무인	기묘	경진	신사	임오	
	양력	19	20	21	22	23	24	25	26	27	28	29	30	31	2/1	2	3	4	5	6	7	8	9	10	11	12	13	14	15	16	17	

정해 丁亥 2007년생 (음력기준)

1월	음력	1	2	3	4	5	6	7	8	9	10	11	12	13	14	15	16	17	18	19	20	21	22	23	24	25	26	27	28	29
	일주	계미	갑신	을유	병술	정해	무자	기축	경인	신묘	임진	계사	갑오	을미	병신	정유	무술	기해	경자	신축	임인	계묘	갑진	을사	병오	정미	무신	기유	경술	신해
	양력	18	19	20	21	22	23	24	25	26	27	28	3/1	2	3	4	5	6	7	8	9	10	11	12	13	14	15	16	17	18
2월	음력	1	2	3	4	5	6	7	8	9	10	11	12	13	14	15	16	17	18	19	20	21	22	23	24	25	26	27	28	
	일주	임자	계축	갑인	을묘	병진	정사	무오	기미	경신	신유	임술	계해	갑자	을축	병인	정묘	무진	기사	경오	신미	임신	계유	갑술	을해	병자	정축	무인	기묘	
	양력	19	20	21	22	23	24	25	26	27	28	29	30	31	4/1	2	3	4	5	6	7	8	9	10	11	12	13	14	15	16
3월	음력	1	2	3	4	5	6	7	8	9	10	11	12	13	14	15	16	17	18	19	20	21	22	23	24	25	26	27	28	30
	일주	신사	임오	계미	갑신	을유	병술	정해	무자	기축	경인	신묘	임진	계사	갑오	을미	병신	정유	무술	기해	경자	신축	임인	계묘	갑진	을사	병오	정미	무신	기유	경
	양력	17	18	19	20	21	22	23	24	25	26	27	28	29	30	5/1	2	3	4	5	6	7	8	9	10	11	12	13	14	15	16
4월	음력	1	2	3	4	5	6	7	8	9	10	11	12	13	14	15	16	17	18	19	20	21	22	23	24	25	26	27	28	
	일주	신해	임자	계축	갑인	을묘	병진	정사	무오	기미	경신	신유	임술	계해	갑자	을축	병인	정묘	무진	기사	경오	신미	임신	계유	갑술	을해	병자	정축	무인	기묘	
	양력	17	18	19	20	21	22	23	24	25	26	27	28	29	30	31	6/1	2	3	4	5	6	7	8	9	10	11	12	13	14	
5월	음력	1	2	3	4	5	6	7	8	9	10	11	12	13	14	15	16	17	18	19	20	21	22	23	24	25	26	27	28	30
	일주	경진	신사	임오	계미	갑신	을유	병술	정해	무자	기축	경인	신묘	임진	계사	갑오	을미	병신	정유	무술	기해	경자	신축	임인	계묘	갑진	을사	병오	정미	무신	
	양력	15	16	17	18	19	20	21	22	23	24	25	26	27	28	29	30	7/1	2	3	4	5	6	7	8	9	10	11	12	13	
6월	음력	1	2	3	4	5	6	7	8	9	10	11	12	13	14	15	16	17	18	19	20	21	22	23	24	25	26	27	28	30
	일주	기유	경술	신해	임자	계축	갑인	을묘	병진	정사	무오	기미	경신	신유	임술	계해	갑자	을축	병인	정묘	무진	기사	경오	신미	임신	계유	갑술	을해	병자	정축	무인
	양력	14	15	16	17	18	19	20	21	22	23	24	25	26	27	28	29	30	31	8/1	2	3	4	5	6	7	8	9	10	11	12
7월	음력	1	2	3	4	5	6	7	8	9	10	11	12	13	14	15	16	17	18	19	20	21	22	23	24	25	26	27	28	
	일주	기묘	경진	신사	임오	계미	갑신	을유	병술	정해	무자	기축	경인	신묘	임진	계사	갑오	을미	병신	정유	무술	기해	경자	신축	임인	계묘	갑진	을사	병오	정미	
	양력	13	14	15	16	17	18	19	20	21	22	23	24	25	26	27	28	29	30	31	9/1	2	3	4	5	6	7	8	9	10	
8월	음력	1	2	3	4	5	6	7	8	9	10	11	12	13	14	15	16	17	18	19	20	21	22	23	24	25	26	27	28	30
	일주	무신	기유	경술	신해	임자	계축	갑인	을묘	병진	정사	무오	기미	경신	신유	임술	계해	갑자	을축	병인	정묘	무진	기사	경오	신미	임신	계유	갑술	을해	병자	정축
	양력	11	12	13	14	15	16	17	18	19	20	21	22	23	24	25	26	27	28	29	30	10/1	2	3	4	5	6	7	8	9	10
9월	음력	1	2	3	4	5	6	7	8	9	10	11	12	13	14	15	16	17	18	19	20	21	22	23	24	25	26	27	28	30
	일주	무인	기묘	경진	신사	임오	계미	갑신	을유	병술	정해	무자	기축	경인	신묘	임진	계사	갑오	을미	병신	정유	무술	기해	경자	신축	임인	계묘	갑진	을사	병오	정미
	양력	11	12	13	14	15	16	17	18	19	20	21	22	23	24	25	26	27	28	29	30	31	11/1	2	3	4	5	6	7	8	9
10월	음력	1	2	3	4	5	6	7	8	9	10	11	12	13	14	15	16	17	18	19	20	21	22	23	24	25	26	27	28	30
	일주	무신	기유	경술	신해	임자	계축	갑인	을묘	병진	정사	무오	기미	경신	신유	임술	계해	갑자	을축	병인	정묘	무진	기사	경오	신미	임신	계유	갑술	을해	병자	정축
	양력	10	11	12	13	14	15	16	17	18	19	20	21	22	23	24	25	26	27	28	29	30	12/1	2	3	4	5	6	7	8	9
11월	음력	1	2	3	4	5	6	7	8	9	10	11	12	13	14	15	16	17	18	19	20	21	22	23	24	25	26	27	28	
	일주	무인	기묘	경진	신사	임오	계미	갑신	을유	병술	정해	무자	기축	경인	신묘	임진	계사	갑오	을미	병신	정유	무술	기해	경자	신축	임인	계묘	갑진	을사	병오	
	양력	10	11	12	13	14	15	16	17	18	19	20	21	22	23	24	25	26	27	28	29	30	31	1/1	2	3	4	5	6	7	
12월	음력	1	2	3	4	5	6	7	8	9	10	11	12	13	14	15	16	17	18	19	20	21	22	23	24	25	26	27	28	30
	일주	정미	무신	기유	경술	신해	임자	계축	갑인	을묘	병진	정사	무오	기미	경신	신유	임술	계해	갑자	을축	병인	정묘	무진	기사	경오	신미	임신	계유	갑술	을해	병자
	양력	8	9	10	11	12	13	14	15	16	17	18	19	20	21	22	23	24	25	26	27	28	29	30	31	2/1	2	3	4	5	6

무 자 戊子

2008년생 (음력기준)

1월	음력	1	2	3	4	5	6	7	8	9	10	11	12	13	14	15	16	17	18	19	20	21	22	23	24	25	26	27	28	29	30
	일주	정축	무인	기묘	경진	신사	임오	계미	갑신	을유	병술	정해	무자	기축	경인	신묘	임진	계사	갑오	을미	병신	정유	무술	기해	경자	신축	임인	계묘	갑진	을사	병오	
	양력	7	8	9	10	11	12	13	14	15	16	17	18	19	20	21	22	23	24	25	26	27	28	29	3/1	2	3	4	5	6	7	
2월	음력	1	2	3	4	5	6	7	8	9	10	11	12	13	14	15	16	17	18	19	20	21	22	23	24	25	26	27	28	29	
	일주	정미	무신	기유	경술	신해	임자	계축	갑인	을묘	병진	정사	무오	기미	경신	신유	임술	계해	갑자	을축	병인	정묘	무진	기사	경오	신미	임신	계유	갑술	을해		
	양력	8	9	10	11	12	13	14	15	16	17	18	19	20	21	22	23	24	25	26	27	28	29	30	31	4/1	2	3	4	5		
3월	음력	1	2	3	4	5	6	7	8	9	10	11	12	13	14	15	16	17	18	19	20	21	22	23	24	25	26	27	28	29	30	
	일주	병자	정축	무인	기묘	경진	신사	임오	계미	갑신	을유	병술	정해	무자	기축	경인	신묘	임진	계사	갑오	을미	병신	정유	무술	기해	경자	신축	임인	계묘	갑진	을사	
	양력	6	7	8	9	10	11	12	13	14	15	16	17	18	19	20	21	22	23	24	25	26	27	28	29	30	5/1	2	3	4		
4월	음력	1	2	3	4	5	6	7	8	9	10	11	12	13	14	15	16	17	18	19	20	21	22	23	24	25	26	27	28	29	30	
	일주	을사	병오	정미	무신	기유	경술	신해	임자	계축	갑인	을묘	병진	정사	무오	기미	경신	신유	임술	계해	갑자	을축	병인	정묘	무진	기사	경오	신미	임신	계유	갑술	
	양력	5	6	7	8	9	10	11	12	13	14	15	16	17	18	19	20	21	22	23	24	25	26	27	28	29	30	31	6/1	2	3	
5월	음력	1	2	3	4	5	6	7	8	9	10	11	12	13	14	15	16	17	18	19	20	21	22	23	24	25	26	27	28	29		
	일주	을해	병자	정축	무인	기묘	경진	신사	임오	계미	갑신	을유	병술	정해	무자	기축	경인	신묘	임진	계사	갑오	을미	병신	정유	무술	기해	경자	신축	임인	계묘		
	양력	4	5	6	7	8	9	10	11	12	13	14	15	16	17	18	19	20	21	22	23	24	25	26	27	28	29	30	7/1	2		
6월	음력	1	2	3	4	5	6	7	8	9	10	11	12	13	14	15	16	17	18	19	20	21	22	23	24	25	26	27	28	29		
	일주	갑진	을사	병오	정미	무신	기유	경술	신해	임자	계축	갑인	을묘	병진	정사	무오	기미	경신	신유	임술	계해	갑자	을축	병인	정묘	무진	기사	경오	신미	임신		
	양력	3	4	5	6	7	8	9	10	11	12	13	14	15	16	17	18	19	20	21	22	23	24	25	26	27	28	29	30	31		
7월	음력	1	2	3	4	5	6	7	8	9	10	11	12	13	14	15	16	17	18	19	20	21	22	23	24	25	26	27	28	29	30	
	일주	계유	갑술	을해	병자	정축	무인	기묘	경진	신사	임오	계미	갑신	을유	병술	정해	무자	기축	경인	신묘	임진	계사	갑오	을미	병신	정유	무술	기해	경자	신축	임인	
	양력	8/1	2	3	4	5	6	7	8	9	10	11	12	13	14	15	16	17	18	19	20	21	22	23	24	25	26	27	28	29	30	
8월	음력	1	2	3	4	5	6	7	8	9	10	11	12	13	14	15	16	17	18	19	20	21	22	23	24	25	26	27	28	29		
	일주	계묘	갑진	을사	병오	정미	무신	기유	경술	신해	임자	계축	갑인	을묘	병진	정사	무오	기미	경신	신유	임술	계해	갑자	을축	병인	정묘	무진	기사	경오	신미		
	양력	31	9/1	2	3	4	5	6	7	8	9	10	11	12	13	14	15	16	17	18	19	20	21	22	23	24	25	26	27	28		
9월	음력	1	2	3	4	5	6	7	8	9	10	11	12	13	14	15	16	17	18	19	20	21	22	23	24	25	26	27	28	29	30	
	일주	임신	계유	갑술	을해	병자	정축	무인	기묘	경진	신사	임오	계미	갑신	을유	병술	정해	무자	기축	경인	신묘	임진	계사	갑오	을미	병신	정유	무술	기해	경자	신축	
	양력	29	30	10/1	2	3	4	5	6	7	8	9	10	11	12	13	14	15	16	17	18	19	20	21	22	23	24	25	26	27	28	
10월	음력	1	2	3	4	5	6	7	8	9	10	11	12	13	14	15	16	17	18	19	20	21	22	23	24	25	26	27	28	29	30	
	일주	임인	계묘	갑진	을사	병오	정미	무신	기유	경술	신해	임자	계축	갑인	을묘	병진	정사	무오	기미	경신	신유	임술	계해	갑자	을축	병인	정묘	무진	기사	경오	신미	
	양력	29	30	31	11/1	2	3	4	5	6	7	8	9	10	11	12	13	14	15	16	17	18	19	20	21	22	23	24	25	26	27	
11월	음력	1	2	3	4	5	6	7	8	9	10	11	12	13	14	15	16	17	18	19	20	21	22	23	24	25	26	27	28	29		
	일주	임신	계유	갑술	을해	병자	정축	무인	기묘	경진	신사	임오	계미	갑신	을유	병술	정해	무자	기축	경인	신묘	임진	계사	갑오	을미	병신	정유	무술	기해	경자		
	양력	28	29	30	12/1	2	3	4	5	6	7	8	9	10	11	12	13	14	15	16	17	18	19	20	21	22	23	24	25	26		
12월	음력	1	2	3	4	5	6	7	8	9	10	11	12	13	14	15	16	17	18	19	20	21	22	23	24	25	26	27	28	29	30	
	일주	신축	임인	계묘	갑진	을사	병오	정미	무신	기유	경술	신해	임자	계축	갑인	을묘	병진	정사	무오	기미	경신	신유	임술	계해	갑자	을축	병인	정묘	무진	기사	경오	
	양력	27	28	29	30	31	1/1	2	3	4	5	6	7	8	9	10	11	12	13	14	15	16	17	18	19	20	21	22	23	24	25	

기축己丑 2009년생(음력기준)

1월	음력	1	2	3	4	5	6	7	8	9	10	11	12	13	14	15	16	17	18	19	20	21	22	23	24	25	26	27	28	29	30
	일주	신미	임신	계유	갑술	을해	병자	정축	무인	기묘	경진	신사	임오	계미	갑신	을유	병술	정해	무자	기축	경인	신묘	임진	계사	갑오	을미	병신	정유	무술	기해	경자
	양력	26	27	28	29	30	31	2/1	2	3	4	5	6	7	8	9	10	11	12	13	14	15	16	17	18	19	20	21	22	23	24
2월	음력	1	2	3	4	5	6	7	8	9	10	11	12	13	14	15	16	17	18	19	20	21	22	23	24	25	26	27	28	29	30
	일주	신축	임인	계묘	갑진	을사	병오	정미	무신	기유	경술	신해	임자	계축	갑인	을묘	병진	정사	무오	기미	경신	신유	임술	계해	갑자	을축	병인	정묘	무진	기사	경오
	양력	25	26	27	28	3/1	2	3	4	5	6	7	8	9	10	11	12	13	14	15	16	17	18	19	20	21	22	23	24	25	26
3월	음력	1	2	3	4	5	6	7	8	9	10	11	12	13	14	15	16	17	18	19	20	21	22	23	24	25	26	27	28	29	
	일주	신미	임신	계유	갑술	을해	병자	정축	무인	기묘	경진	신사	임오	계미	갑신	을유	병술	정해	무자	기축	경인	신묘	임진	계사	갑오	을미	병신	정유	무술	기해	
	양력	27	28	29	30	31	4/1	2	3	4	5	6	7	8	9	10	11	12	13	14	15	16	17	18	19	20	21	22	23	24	
4월	음력	1	2	3	4	5	6	7	8	9	10	11	12	13	14	15	16	17	18	19	20	21	22	23	24	25	26	27	28	29	
	일주	경자	신축	임인	계묘	갑진	을사	병오	정미	무신	기유	경술	신해	임자	계축	갑인	을묘	병진	정사	무오	기미	경신	신유	임술	계해	갑자	을축	병인	정묘	무진	
	양력	25	26	27	28	29	30	5/1	2	3	4	5	6	7	8	9	10	11	12	13	14	15	16	17	18	19	20	21	22	23	
5월	음력	1	2	3	4	5	6	7	8	9	10	11	12	13	14	15	16	17	18	19	20	21	22	23	24	25	26	27	28	29	30
	일주	기사	경오	신미	임신	계유	갑술	을해	병자	정축	무인	기묘	경진	신사	임오	계미	갑신	을유	병술	정해	무자	기축	경인	신묘	임진	계사	갑오	을미	병신	정유	무술
	양력	24	25	26	27	28	29	30	31	6/1	2	3	4	5	6	7	8	9	10	11	12	13	14	15	16	17	18	19	20	21	22
윤달 5월	음력	1	2	3	4	5	6	7	8	9	10	11	12	13	14	15	16	17	18	19	20	21	22	23	24	25	26	27	28	29	
	일주	기해	경자	신축	임인	계묘	갑진	을사	병오	정미	무신	기유	경술	신해	임자	계축	갑인	을묘	병진	정사	무오	기미	경신	신유	임술	계해	갑자	을축	병인	정묘	
	양력	23	24	25	26	27	28	29	30	7/1	2	3	4	5	6	7	8	9	10	11	12	13	14	15	16	17	18	19	20	21	
6월	음력	1	2	3	4	5	6	7	8	9	10	11	12	13	14	15	16	17	18	19	20	21	22	23	24	25	26	27	28	29	
	일주	무진	기사	경오	신미	임신	계유	갑술	을해	병자	정축	무인	기묘	경진	신사	임오	계미	갑신	을유	병술	정해	무자	기축	경인	신묘	임진	계사	갑오	을미	병신	
	양력	22	23	24	25	26	27	28	29	30	31	8/1	2	3	4	5	6	7	8	9	10	11	12	13	14	15	16	17	18	19	
7월	음력	1	2	3	4	5	6	7	8	9	10	11	12	13	14	15	16	17	18	19	20	21	22	23	24	25	26	27	28	29	30
	일주	정유	무술	기해	경자	신축	임인	계묘	갑진	을사	병오	정미	무신	기유	경술	신해	임자	계축	갑인	을묘	병진	정사	무오	기미	경신	신유	임술	계해	갑자	을축	병인
	양력	20	21	22	23	24	25	26	27	28	29	30	31	9/1	2	3	4	5	6	7	8	9	10	11	12	13	14	15	16	17	18
8월	음력	1	2	3	4	5	6	7	8	9	10	11	12	13	14	15	16	17	18	19	20	21	22	23	24	25	26	27	28	29	
	일주	정묘	무진	기사	경오	신미	임신	계유	갑술	을해	병자	정축	무인	기묘	경진	신사	임오	계미	갑신	을유	병술	정해	무자	기축	경인	신묘	임진	계사	갑오	을미	
	양력	19	20	21	22	23	24	25	26	27	28	29	30	10/1	2	3	4	5	6	7	8	9	10	11	12	13	14	15	16	17	
9월	음력	1	2	3	4	5	6	7	8	9	10	11	12	13	14	15	16	17	18	19	20	21	22	23	24	25	26	27	28	29	30
	일주	병신	정유	무술	기해	경자	신축	임인	계묘	갑진	을사	병오	정미	무신	기유	경술	신해	임자	계축	갑인	을묘	병진	정사	무오	기미	경신	신유	임술	계해	갑자	을축
	양력	18	19	20	21	22	23	24	25	26	27	28	29	30	31	11/1	2	3	4	5	6	7	8	9	10	11	12	13	14	15	16
10월	음력	1	2	3	4	5	6	7	8	9	10	11	12	13	14	15	16	17	18	19	20	21	22	23	24	25	26	27	28	29	
	일주	병인	정묘	무진	기사	경오	신미	임신	계유	갑술	을해	병자	정축	무인	기묘	경진	신사	임오	계미	갑신	을유	병술	정해	무자	기축	경인	신묘	임진	계사	갑오	
	양력	17	18	19	20	21	22	23	24	25	26	27	28	29	30	12/1	2	3	4	5	6	7	8	9	10	11	12	13	14	15	
11월	음력	1	2	3	4	5	6	7	8	9	10	11	12	13	14	15	16	17	18	19	20	21	22	23	24	25	26	27	28	29	30
	일주	을미	병신	정유	무술	기해	경자	신축	임인	계묘	갑진	을사	병오	정미	무신	기유	경술	신해	임자	계축	갑인	을묘	병진	정사	무오	기미	경신	신유	임술	계해	갑자
	양력	16	17	18	19	20	21	22	23	24	25	26	27	28	29	30	31	1/1	2	3	4	5	6	7	8	9	10	11	12	13	14
12월	음력	1	2	3	4	5	6	7	8	9	10	11	12	13	14	15	16	17	18	19	20	21	22	23	24	25	26	27	28	29	30
	일주	을축	병인	정묘	무진	기사	경오	신미	임신	계유	갑술	을해	병자	정축	무인	기묘	경진	신사	임오	계미	갑신	을유	병술	정해	무자	기축	경인	신묘	임진	계사	갑오
	양력	15	16	17	18	19	20	21	22	23	24	25	26	27	28	29	30	31	2/1	2	3	4	5	6	7	8	9	10	11	12	13

경 인 庚寅　　　2010년생(음력기준)

1월	음력	1	2	3	4	5	6	7	8	9	10	11	12	13	14	15	16	17	18	19	20	21	22	23	24	25	26	27	28	29	30
	일주	을미	병신	정유	무술	기해	경자	신축	임인	계묘	갑진	을사	병오	정미	무신	기유	경술	신해	임자	계축	갑인	을묘	병진	정사	무오	기미	경신	신유	임술	계해	갑자
	양력	14	15	16	17	18	19	20	21	22	23	24	25	26	27	28	3/1	2	3	4	5	6	7	8	9	10	11	12	13	14	15
2월	음력	1	2	3	4	5	6	7	8	9	10	11	12	13	14	15	16	17	18	19	20	21	22	23	24	25	26	27	28	29	
	일주	을축	병인	정묘	무진	기사	경오	신미	임신	계유	갑술	을해	병자	정축	무인	기묘	경진	신사	임오	계미	갑신	을유	병술	정해	무자	기축	경인	신묘	임진	계사	
	양력	16	17	18	19	20	21	22	23	24	25	26	27	28	29	30	31	4/1	2	3	4	5	6	7	8	9	10	11	12	13	
3월	음력	1	2	3	4	5	6	7	8	9	10	11	12	13	14	15	16	17	18	19	20	21	22	23	24	25	26	27	28	29	30
	일주	갑오	을미	병신	정유	무술	기해	경자	신축	임인	계묘	갑진	을사	병오	정미	무신	기유	경술	신해	임자	계축	갑인	을묘	병진	정사	무오	기미	경신	신유	임술	계해
	양력	14	15	16	17	18	19	20	21	22	23	24	25	26	27	28	29	30	5/1	2	3	4	5	6	7	8	9	10	11	12	13
4월	음력	1	2	3	4	5	6	7	8	9	10	11	12	13	14	15	16	17	18	19	20	21	22	23	24	25	26	27	28	29	
	일주	갑자	을축	병인	정묘	무진	기사	경오	신미	임신	계유	갑술	을해	병자	정축	무인	기묘	경진	신사	임오	계미	갑신	을유	병술	정해	무자	기축	경인	신묘	임진	
	양력	14	15	16	17	18	19	20	21	22	23	24	25	26	27	28	29	30	31	6/1	2	3	4	5	6	7	8	9	10	11	
5월	음력	1	2	3	4	5	6	7	8	9	10	11	12	13	14	15	16	17	18	19	20	21	22	23	24	25	26	27	28	29	30
	일주	계사	갑오	을미	병신	정유	무술	기해	경자	신축	임인	계묘	갑진	을사	병오	정미	무신	기유	경술	신해	임자	계축	갑인	을묘	병진	정사	무오	기미	경신	신유	임술
	양력	12	13	14	15	16	17	18	19	20	21	22	23	24	25	26	27	28	29	30	7/1	2	3	4	5	6	7	8	9	10	11
6월	음력	1	2	3	4	5	6	7	8	9	10	11	12	13	14	15	16	17	18	19	20	21	22	23	24	25	26	27	28	29	
	일주	계해	갑자	을축	병인	정묘	무진	기사	경오	신미	임신	계유	갑술	을해	병자	정축	무인	기묘	경진	신사	임오	계미	갑신	을유	병술	정해	무자	기축	경인	신묘	
	양력	12	13	14	15	16	17	18	19	20	21	22	23	24	25	26	27	28	29	30	31	8/1	2	3	4	5	6	7	8	9	
7월	음력	1	2	3	4	5	6	7	8	9	10	11	12	13	14	15	16	17	18	19	20	21	22	23	24	25	26	27	28	29	
	일주	임진	계사	갑오	을미	병신	정유	무술	기해	경자	신축	임인	계묘	갑진	을사	병오	정미	무신	기유	경술	신해	임자	계축	갑인	을묘	병진	정사	무오	기미	경신	
	양력	10	11	12	13	14	15	16	17	18	19	20	21	22	23	24	25	26	27	28	29	30	31	9/1	2	3	4	5	6	7	
8월	음력	1	2	3	4	5	6	7	8	9	10	11	12	13	14	15	16	17	18	19	20	21	22	23	24	25	26	27	28	29	30
	일주	신유	임술	계해	갑자	을축	병인	정묘	무진	기사	경오	신미	임신	계유	갑술	을해	병자	정축	무인	기묘	경진	신사	임오	계미	갑신	을유	병술	정해	무자	기축	경인
	양력	8	9	10	11	12	13	14	15	16	17	18	19	20	21	22	23	24	25	26	27	28	29	30	10/1	2	3	4	5	6	7
9월	음력	1	2	3	4	5	6	7	8	9	10	11	12	13	14	15	16	17	18	19	20	21	22	23	24	25	26	27	28	29	
	일주	신묘	임진	계사	갑오	을미	병신	정유	무술	기해	경자	신축	임인	계묘	갑진	을사	병오	정미	무신	기유	경술	신해	임자	계축	갑인	을묘	병진	정사	무오	기미	
	양력	8	9	10	11	12	13	14	15	16	17	18	19	20	21	22	23	24	25	26	27	28	29	30	31	11/1	2	3	4	5	
10월	음력	1	2	3	4	5	6	7	8	9	10	11	12	13	14	15	16	17	18	19	20	21	22	23	24	25	26	27	28	29	30
	일주	경신	신유	임술	계해	갑자	을축	병인	정묘	무진	기사	경오	신미	임신	계유	갑술	을해	병자	정축	무인	기묘	경진	신사	임오	계미	갑신	을유	병술	정해	무자	기축
	양력	6	7	8	9	10	11	12	13	14	15	16	17	18	19	20	21	22	23	24	25	26	27	28	29	30	12/1	2	3	4	5
11월	음력	1	2	3	4	5	6	7	8	9	10	11	12	13	14	15	16	17	18	19	20	21	22	23	24	25	26	27	28	29	
	일주	경인	신묘	임진	계사	갑오	을미	병신	정유	무술	기해	경자	신축	임인	계묘	갑진	을사	병오	정미	무신	기유	경술	신해	임자	계축	갑인	을묘	병진	정사	무오	
	양력	6	7	8	9	10	11	12	13	14	15	16	17	18	19	20	21	22	23	24	25	26	27	28	29	30	31	1/1	2	3	
12월	음력	1	2	3	4	5	6	7	8	9	10	11	12	13	14	15	16	17	18	19	20	21	22	23	24	25	26	27	28	29	30
	일주	기미	경신	신유	임술	계해	갑자	을축	병인	정묘	무진	기사	경오	신미	임신	계유	갑술	을해	병자	정축	무인	기묘	경진	신사	임오	계미	갑신	을유	병술	정해	무자
	양력	4	5	6	7	8	9	10	11	12	13	14	15	16	17	18	19	20	21	22	23	24	25	26	27	28	29	30	31	2/1	2

신 묘 辛卯　　　2011년생(음력기준)

1월	음력	1	2	3	4	5	6	7	8	9	10	11	12	13	14	15	16	17	18	19	20	21	22	23	24	25	26	27	28	29	30
	일주	기축	경인	신묘	임진	계사	갑오	을미	병신	정유	무술	기해	경자	신축	임인	계묘	갑진	을사	병오	정미	무신	기유	경술	신해	임자	계축	갑인	을묘	병진	정사	무오
	양력	3	4	5	6	7	8	9	10	11	12	13	14	15	16	17	18	19	20	21	22	23	24	25	26	27	28	3/1	2	3	4
2월	음력	1	2	3	4	5	6	7	8	9	10	11	12	13	14	15	16	17	18	19	20	21	22	23	24	25	26	27	28	29	
	일주	기미	경신	신유	임술	계해	갑자	을축	병인	정묘	무진	기사	경오	신미	임신	계유	갑술	을해	병자	정축	무인	기묘	경진	신사	임오	계미	갑신	을유	병술	정해	
	양력	5	6	7	8	9	10	11	12	13	14	15	16	17	18	19	20	21	22	23	24	25	26	27	28	29	30	31	4/1	2	
3월	음력	1	2	3	4	5	6	7	8	9	10	11	12	13	14	15	16	17	18	19	20	21	22	23	24	25	26	27	28	29	30
	일주	무자	기축	경인	신묘	임진	계사	갑오	을미	병신	정유	무술	기해	경자	신축	임인	계묘	갑진	을사	병오	정미	무신	기유	경술	신해	임자	계축	갑인	을묘	병진	정사
	양력	3	4	5	6	7	8	9	10	11	12	13	14	15	16	17	18	19	20	21	22	23	24	25	26	27	28	29	30	5/1	2
4월	음력	1	2	3	4	5	6	7	8	9	10	11	12	13	14	15	16	17	18	19	20	21	22	23	24	25	26	27	28	29	30
	일주	무오	기미	경신	신유	임술	계해	갑자	을축	병인	정묘	무진	기사	경오	신미	임신	계유	갑술	을해	병자	정축	무인	기묘	경진	신사	임오	계미	갑신	을유	병술	정해
	양력	3	4	5	6	7	8	9	10	11	12	13	14	15	16	17	18	19	20	21	22	23	24	25	26	27	28	29	30	31	6/1
5월	음력	1	2	3	4	5	6	7	8	9	10	11	12	13	14	15	16	17	18	19	20	21	22	23	24	25	26	27	28	29	
	일주	무자	기축	경인	신묘	임진	계사	갑오	을미	병신	정유	무술	기해	경자	신축	임인	계묘	갑진	을사	병오	정미	무신	기유	경술	신해	임자	계축	갑인	을묘	병진	
	양력	2	3	4	5	6	7	8	9	10	11		12	13	14	15	16	17	18	19	20	21	22	23	24	25	26	27	28	29	30
6월	음력	1	2	3	4	5	6	7	8	9	10	11	12	13	14	15	16	17	18	19	20	21	22	23	24	25	26	27	28	29	30
	일주	정사	무오	기미	경신	신유	임술	계해	갑자	을축	병인	정묘	무진	기사	경오	신미	임신	계유	갑술	을해	병자	정축	무인	기묘	경진	신사	임오	계미	갑신	을유	병술
	양력	7/1	2	3	4	5	6	7	8	9	10	11	12	13	14	15	16	17	18	19	20	21	22	23	24	25	26	27	28	29	30
7월	음력	1	2	3	4	5	6	7	8	9	10	11	12	13	14	15	16	17	18	19	20	21	22	23	24	25	26	27	28	29	
	일주	정해	무자	기축	경인	신묘	임진	계사	갑오	을미	병신	정유	무술	기해	경자	신축	임인	계묘	갑진	을사	병오	정미	무신	기유	경술	신해	임자	계축	갑인	을묘	
	양력	31	8/1	2	3	4	5	6	7	8	9	10	11	12	13	14	15	16	17	18	19	20	21	22	23	24	25	26	27	28	
8월	음력	1	2	3	4	5	6	7	8	9	10	11	12	13	14	15	16	17	18	19	20	21	22	23	24	25	26	27	28	29	
	일주	병진	정사	무오	기미	경신	신유	임술	계해	갑자	을축	병인	정묘	무진	기사	경오	신미	임신	계유	갑술	을해	병자	정축	무인	기묘	경진	신사	임오	계미	갑신	
	양력	29	30	31	9/1	2	3	4	5	6	7	8	9	10	11	12	13	14	15	16	17	18	19	20	21	22	23	24	25	26	
9월	음력	1	2	3	4	5	6	7	8	9	10	11	12	13	14	15	16	17	18	19	20	21	22	23	24	25	26	27	28	29	30
	일주	을유	병술	정해	무자	기축	경인	신묘	임진	계사	갑오	을미	병신	정유	무술	기해	경자	신축	임인	계묘	갑진	을사	병오	정미	무신	기유	경술	신해	임자	계축	갑인
	양력	27	28	29	30	10/1	2	3	4	5	6	7	8	9	10	11	12	13	14	15	16	17	18	19	20	21	22	23	24	25	26
10월	음력	1	2	3	4	5	6	7	8	9	10	11	12	13	14	15	16	17	18	19	20	21	22	23	24	25	26	27	28	29	
	일주	을묘	병진	정사	무오	기미	경신	신유	임술	계해	갑자	을축	병인	정묘	무진	기사	경오	신미	임신	계유	갑술	을해	병자	정축	무인	기묘	경진	신사	임오	계미	
	양력	27	28	29	30	31	11/1	2	3	4	5	6	7	8	9	10	11	12	13	14	15	16	17	18	19	20	21	22	23	24	
11월	음력	1	2	3	4	5	6	7	8	9	10	11	12	13	14	15	16	17	18	19	20	21	22	23	24	25	26	27	28	29	30
	일주	갑신	을유	병술	정해	무자	기축	경인	신묘	임진	계사	갑오	을미	병신	정유	무술	기해	경자	신축	임인	계묘	갑진	을사	병오	정미	무신	기유	경술	신해	임자	계축
	양력	25	26	27	28	29	30	12/1	2	3	4	5	6	7	8	9	10	11	12	13	14	15	16	17	18	19	20	21	22	23	24
12월	음력	1	2	3	4	5	6	7	8	9	10	11	12	13	14	15	16	17	18	19	20	21	22	23	24	25	26	27	28	29	
	일주	갑인	을묘	병진	정사	무오	기미	경신	신유	임술	계해	갑자	을축	병인	정묘	무진	기사	경오	신미	임신	계유	갑술	을해	병자	정축	무인	기묘	경진	신사	임오	
	양력	25	26	27	28	29	30	31	1/1	2	3	4	5	6	7	8	9	10	11	12	13	14	15	16	17	18	19	20	21	22	

임진 壬辰 (2012년생 음력기준)

월		1	2	3	4	5	6	7	8	9	10	11	12	13	14	15	16	17	18	19	20	21	22	23	24	25	26	27	28	29	30
1월	일주	계미	갑신	을유	병술	정해	무자	기축	경인	신묘	임진	계사	갑오	을미	병신	정유	무술	기해	경자	신축	임인	계묘	갑진	을사	병오	정미	무신	기유	경술	신해	임자
	양력	23	24	25	26	27	28	29	30	31	2/1	2	3	4	5	6	7	8	9	10	11	12	13	14	15	16	17	18	19	20	21
2월	일주	계축	갑인	을묘	병진	정사	무오	기미	경신	신유	임술	계해	갑자	을축	병인	정묘	무진	기사	경오	신미	임신	계유	갑술	을해	병자	정축	무인	기묘	경진	신사	
	양력	22	23	24	25	26	27	28	29	3/1	2	3	4	5	6	7	8	9	10	11	12	13	14	15	16	17	18	19	20	21	
3월	일주	임오	계미	갑신	을유	병술	정해	무자	기축	경인	신묘	임진	계사	갑오	을미	병신	정유	무술	기해	경자	신축	임인	계묘	갑진	을사	병오	정미	무신	기유	경술	신해
	양력	22	23	24	25	26	27	28	29	30	31	4/1	2	3	4	5	6	7	8	9	10	11	12	13	14	15	16	17	18	19	20
윤3월	일주	임자	계축	갑인	을묘	병진	정사	무오	기미	경신	신유	임술	계해	갑자	을축	병인	정묘	무진	기사	경오	신미	임신	계유	갑술	을해	병자	정축	무인	기묘	경진	신사
	양력	21	22	23	24	25	26	27	28	29	30	5/1	2	3	4	5	6	7	8	9	10	11	12	13	14	15	16	17	18	19	20
4월	일주	임오	계미	갑신	을유	병술	정해	무자	기축	경인	신묘	임진	계사	갑오	을미	병신	정유	무술	기해	경자	신축	임인	계묘	갑진	을사	병오	정미	무신	기유	경술	
	양력	21	22	23	24	25	26	27	28	29	30	31	6/1	2	3	4	5	6	7	8	9	10	11	12	13	14	15	16	17	18	19	
5월	일주	임자	계축	갑인	을묘	병진	정사	무오	기미	경신	신유	임술	계해	갑자	을축	병인	정묘	무진	기사	경오	신미	임신	계유	갑술	을해	병자	정축	무인	기묘	경진	
	양력	20	21	22	23	24	25	26	27	28	29	30	7/1	2	3	4	5	6	7	8	9	10	11	12	13	14	15	16	17	18	
6월	일주	신사	임오	계미	갑신	을유	병술	정해	무자	기축	경인	신묘	임진	계사	갑오	을미	병신	정유	무술	기해	경자	신축	임인	계묘	갑진	을사	병오	정미	무신	기유	경술
	양력	19	20	21	22	23	24	25	26	27	28	29	30	31	8/1	2	3	4	5	6	7	8	9	10	11	12	13	14	15	16	17
7월	일주	신해	임자	계축	갑인	을묘	병진	정사	무오	기미	경신	신유	임술	계해	갑자	을축	병인	정묘	무진	기사	경오	신미	임신	계유	갑술	을해	병자	정축	무인	기묘	
	양력	18	19	20	21	22	23	24	25	26	27	28	29	30	31	9/1	2	3	4	5	6	7	8	9	10	11	12	13	14	15	
8월	일주	경진	신사	임오	계미	갑신	을유	병술	정해	무자	기축	경인	신묘	임진	계사	갑오	을미	병신	정유	무술	기해	경자	신축	임인	계묘	갑진	을사	병오	정미	무신	
	양력	16	17	18	19	20	21	22	23	24	25	26	27	28	29	30	10/1	2	3	4	5	6	7	8	9	10	11	12	13	14	
9월	일주	기유	경술	신해	임자	계축	갑인	을묘	병진	정사	무오	기미	경신	신유	임술	계해	갑자	을축	병인	정묘	무진	기사	경오	신미	임신	계유	갑술	을해	병자	정축	무인
	양력	15	16	17	18	19	20	21	22	23	24	25	26	27	28	29	30	31	11/1	2	3	4	5	6	7	8	9	10	11	12	13
10월	일주	기묘	경진	신사	임오	계미	갑신	을유	병술	정해	무자	기축	경인	신묘	임진	계사	갑오	을미	병신	정유	무술	기해	경자	신축	임인	계묘	갑진	을사	병오	정미	
	양력	14	15	16	17	18	19	20	21	22	23	24	25	26	27	28	29	30	12/1	2	3	4	5	6	7	8	9	10	11	12	
11월	일주	무신	기유	경술	신해	임자	계축	갑인	을묘	병진	정사	무오	기미	경신	신유	임술	계해	갑자	을축	병인	정묘	무진	기사	경오	신미	임신	계유	갑술	을해	병자	정축
	양력	13	14	15	16	17	18	19	20	21	22	23	24	25	26	27	28	29	30	31	1/1	2	3	4	5	6	7	8	9	10	11
12월	일주	무인	기묘	경진	신사	임오	계미	갑신	을유	병술	정해	무자	기축	경인	신묘	임진	계사	갑오	을미	병신	정유	무술	기해	경자	신축	임인	계묘	갑진	을사	병오	정미
	양력	12	13	14	15	16	17	18	19	20	21	22	23	24	25	26	27	28	29	30	31	2/1	2	3	4	5	6	7	8	9	

계사 癸巳　　　2013년생(음력기준)

1월	음력	1	2	3	4	5	6	7	8	9	10	11	12	13	14	15	16	17	18	19	20	21	22	23	24	25	26	27	28	29	30
	일주	정미	무신	기유	경술	신해	임자	계축	갑인	을묘	병진	정사	무오	기미	경신	신유	임술	계해	갑자	을축	병인	정묘	무진	기사	경오	신미	임신	계유	갑술	을해	병자
	양력	10	11	12	13	14	15	16	17	18	19	20	21	22	23	24	25	26	27	28	3/1	2	3	4	5	6	7	8	9	10	11
2월	음력	1	2	3	4	5	6	7	8	9	10	11	12	13	14	15	16	17	18	19	20	21	22	23	24	25	26	27	28	29	
	일주	정축	무인	기묘	경진	신사	임오	계미	갑신	을유	병술	정해	무자	기축	경인	신묘	임진	계사	갑오	을미	병신	정유	무술	기해	경자	신축	임인	계묘	갑진	을사	
	양력	12	13	14	15	16	17	18	19	20	21	22	23	24	25	26	27	28	29	30	31	4/1	2	3	4	5	6	7	8	9	
3월	음력	1	2	3	4	5	6	7	8	9	10	11	12	13	14	15	16	17	18	19	20	21	22	23	24	25	26	27	28	29	30
	일주	병오	정미	무신	기유	경술	신해	임자	계축	갑인	을묘	병진	정사	무오	기미	경신	신유	임술	계해	갑자	을축	병인	정묘	무진	기사	경오	신미	임신	계유	갑술	을해
	양력	10	11	12	13	14	15	16	17	18	19	20	21	22	23	24	25	26	27	28	29	30	5/1	2	3	4	5	6	7	8	9
4월	음력	1	2	3	4	5	6	7	8	9	10	11	12	13	14	15	16	17	18	19	20	21	22	23	24	25	26	27	28	29	30
	일주	병자	정축	무인	기묘	경진	신사	임오	계미	갑신	을유	병술	정해	무자	기축	경인	신묘	임진	계사	갑오	을미	병신	정유	무술	기해	경자	신축	임인	계묘	갑진	을사
	양력	10	11	12	13	14	15	16	17	18	19	20	21	22	23	24	25	26	27	28	29	30	31	6/1	2	3	4	5	6	7	8
5월	음력	1	2	3	4	5	6	7	8	9	10	11	12	13	14	15	16	17	18	19	20	21	22	23	24	25	26	27	28	29	
	일주	병오	정미	무신	기유	경술	신해	임자	계축	갑인	을묘	병진	정사	무오	기미	경신	신유	임술	계해	갑자	을축	병인	정묘	무진	기사	경오	신미	임신	계유	갑술	
	양력	9	10	11	12	13	14	15	16	17	18	19	20	21	22	23	24	25	26	27	28	29	30	7/1	2	3	4	5	6	7	
6월	음력	1	2	3	4	5	6	7	8	9	10	11	12	13	14	15	16	17	18	19	20	21	22	23	24	25	26	27	28	29	30
	일주	을해	병자	정축	무인	기묘	경진	신사	임오	계미	갑신	을유	병술	정해	무자	기축	경인	신묘	임진	계사	갑오	을미	병신	정유	무술	기해	경자	신축	임인	계묘	갑진
	양력	8	9	10	11	12	13	14	15	16	17	18	19	20	21	22	23	24	25	26	27	28	29	30	8/1	2	3	4	5	6	
7월	음력	1	2	3	4	5	6	7	8	9	10	11	12	13	14	15	16	17	18	19	20	21	22	23	24	25	26	27	28	29	
	일주	을사	병오	정미	무신	기유	경술	신해	임자	계축	갑인	을묘	병진	정사	무오	기미	경신	신유	임술	계해	갑자	을축	병인	정묘	무진	기사	경오	신미	임신	계유	
	양력	7	8	9	10	11	12	13	14	15	16	17	18	19	20	21	22	23	24	25	26	27	28	29	30	31	9/1	2	3	4	
8월	음력	1	2	3	4	5	6	7	8	9	10	11	12	13	14	15	16	17	18	19	20	21	22	23	24	25	26	27	28	29	30
	일주	갑술	을해	병자	정축	무인	기묘	경진	신사	임오	계미	갑신	을유	병술	정해	무자	기축	경인	신묘	임진	계사	갑오	을미	병신	정유	무술	기해	경자	신축	임인	계묘
	양력	5	6	7	8	9	10	11	12	13	14	15	16	17	18	19	20	21	22	23	24	25	26	27	28	29	30	10/1	2	3	4
9월	음력	1	2	3	4	5	6	7	8	9	10	11	12	13	14	15	16	17	18	19	20	21	22	23	24	25	26	27	28	29	
	일주	갑진	을사	병오	정미	무신	기유	경술	신해	임자	계축	갑인	을묘	병진	정사	무오	기미	경신	신유	임술	계해	갑자	을축	병인	정묘	무진	기사	경오	신미	임신	
	양력	5	6	7	8	9	10	11	12	13	14	15	16	17	18	19	20	21	22	23	24	25	26	27	28	29	30	31	11/1	2	
10월	음력	1	2	3	4	5	6	7	8	9	10	11	12	13	14	15	16	17	18	19	20	21	22	23	24	25	26	27	28	29	30
	일주	계유	갑술	을해	병자	정축	무인	기묘	경진	신사	임오	계미	갑신	을유	병술	정해	무자	기축	경인	신묘	임진	계사	갑오	을미	병신	정유	무술	기해	경자	신축	임인
	양력	3	4	5	6	7	8	9	10	11	12	13	14	15	16	17	18	19	20	21	22	23	24	25	26	27	28	29	30	12/1	2
11월	음력	1	2	3	4	5	6	7	8	9	10	11	12	13	14	15	16	17	18	19	20	21	22	23	24	25	26	27	28	29	
	일주	계묘	갑진	을사	병오	정미	무신	기유	경술	신해	임자	계축	갑인	을묘	병진	정사	무오	기미	경신	신유	임술	계해	갑자	을축	병인	정묘	무진	기사	경오	신미	
	양력	3	4	5	6	7	8	9	10	11	12	13	14	15	16	17	18	19	20	21	22	23	24	25	26	27	28	29	30	31	
12월	음력	1	2	3	4	5	6	7	8	9	10	11	12	13	14	15	16	17	18	19	20	21	22	23	24	25	26	27	28	29	30
	일주	임신	계유	갑술	을해	병자	정축	무인	기묘	경진	신사	임오	계미	갑신	을유	병술	정해	무자	기축	경인	신묘	임진	계사	갑오	을미	병신	정유	무술	기해	경자	신축
	양력	1/1	2	3	4	5	6	7	8	9	10	11	12	13	14	15	16	17	18	19	20	21	22	23	24	25	26	27	28	29	30

갑 오 甲午 2014년생 (음력기준)

1월	음력	1	2	3	4	5	6	7	8	9	10	11	12	13	14	15	16	17	18	19	20	21	22	23	24	25	26	27	28	29	
	일주	임인	계묘	갑진	을사	병오	정미	무신	기유	경술	신해	임자	계축	갑인	을묘	병진	정사	무오	기미	경신	신유	임술	계해	갑자	을축	병인	정묘	무진	기사	경오	
	양력	31	2/1	2	3	4	5	6	7	8	9	10	11	12	13	14	15	16	17	18	19	20	21	22	23	24	25	26	27	28	
2월	음력	1	2	3	4	5	6	7	8	9	10	11	12	13	14	15	16	17	18	19	20	21	22	23	24	25	26	27	28	29	30
	일주	신미	임신	계유	갑술	을해	병자	정축	무인	기묘	경진	신사	임오	계미	갑신	을유	병술	정해	무자	기축	경인	신묘	임진	계사	갑오	을미	병신	정유	무술	기해	경자
	양력	3/1	2	3	4	5	6	7	8	9	10	11	12	13	14	15	16	17	18	19	20	21	22	23	24	25	26	27	28	29	30
3월	음력	1	2	3	4	5	6	7	8	9	10	11	12	13	14	15	16	17	18	19	20	21	22	23	24	25	26	27	28	29	
	일주	신축	임인	계묘	갑진	을사	병오	정미	무신	기유	경술	신해	임자	계축	갑인	을묘	병진	정사	무오	기미	경신	신유	임술	계해	갑자	을축	병인	정묘	무진	기사	
	양력	31	4/1	2	3	4	5	6	7	8	9	10	11	12	13	14	15	16	17	18	19	20	21	22	23	24	25	26	27	28	
4월	음력	1	2	3	4	5	6	7	8	9	10	11	12	13	14	15	16	17	18	19	20	21	22	23	24	25	26	27	28	29	30
	일주	경오	신미	임신	계유	갑술	을해	병자	정축	무인	기묘	경진	신사	임오	계미	갑신	을유	병술	정해	무자	기축	경인	신묘	임진	계사	갑오	을미	병신	정유	무술	기해
	양력	29	30	5/1	2	3	4	5	6	7	8	9	10	11	12	13	14	15	16	17	18	19	20	21	22	23	24	25	26	27	28
5월	음력	1	2	3	4	5	6	7	8	9	10	11	12	13	14	15	16	17	18	19	20	21	22	23	24	25	26	27	28	29	30
	일주	경자	신축	임인	계묘	갑진	을사	병오	정미	무신	기유	경술	신해	임자	계축	갑인	을묘	병진	정사	무오	기미	경신	신유	임술	계해	갑자	을축	병인	정묘	무진	기사
	양력	29	30	31	6/1	2	3	4	5	6	7	8	9	10	11	12	13	14	15	16	17	18	19	20	21	22	23	24	25	26	
6월	음력	1	2	3	4	5	6	7	8	9	10	11	12	13	14	15	16	17	18	19	20	21	22	23	24	25	26	27	28	29	30
	일주	기사	경오	신미	임신	계유	갑술	을해	병자	정축	무인	기묘	경진	신사	임오	계미	갑신	을유	병술	정해	무자	기축	경인	신묘	임진	계사	갑오	을미	병신	정유	무술
	양력	27	28	29	30	7/1	2	3	4	5	6	7	8	9	10	11	12	13	14	15	16	17	18	19	20	21	22	23	24	25	26
7월	음력	1	2	3	4	5	6	7	8	9	10	11	12	13	14	15	16	17	18	19	20	21	22	23	24	25	26	27	28	29	
	일주	기해	경자	신축	임인	계묘	갑진	을사	병오	정미	무신	기유	경술	신해	임자	계축	갑인	을묘	병진	정사	무오	기미	경신	신유	임술	계해	갑자	을축	병인	정묘	
	양력	27	28	29	30	31	8/1	2	3	4	5	6	7	8	9	10	11	12	13	14	15	16	17	18	19	20	21	22	23	24	
8월	음력	1	2	3	4	5	6	7	8	9	10	11	12	13	14	15	16	17	18	19	20	21	22	23	24	25	26	27	28	29	30
	일주	무진	기사	경오	신미	임신	계유	갑술	을해	병자	정축	무인	기묘	경진	신사	임오	계미	갑신	을유	병술	정해	무자	기축	경인	신묘	임진	계사	갑오	을미	병신	정유
	양력	25	26	27	28	29	30	31	9/1	2	3	4	5	6	7	8	9	10	11	12	13	14	15	16	17	18	19	20	21	22	23
9월	음력	1	2	3	4	5	6	7	8	9	10	11	12	13	14	15	16	17	18	19	20	21	22	23	24	25	26	27	28	29	30
	일주	무술	기해	경자	신축	임인	계묘	갑진	을사	병오	정미	무신	기유	경술	신해	임자	계축	갑인	을묘	병진	정사	무오	기미	경신	신유	임술	계해	갑자	을축	병인	정묘
	양력	24	25	26	27	28	29	30	10/1	2	3	4	5	6	7	8	9	10	11	12	13	14	15	16	17	18	19	20	21	22	23
윤달 9월	음력	1	2	3	4	5	6	7	8	9	10	11	12	13	14	15	16	17	18	19	20	21	22	23	24	25	26	27	28	29	
	일주	무진	기사	경오	신미	임신	계유	갑술	을해	병자	정축	무인	기묘	경진	신사	임오	계미	갑신	을유	병술	정해	무자	기축	경인	신묘	임진	계사	갑오	을미	병신	
	양력	24	25	26	27	28	29	30	31	11/1	2	3	4	5	6	7	8	9	10	11	12	13	14	15	16	17	18	19	20	21	
10월	음력	1	2	3	4	5	6	7	8	9	10	11	12	13	14	15	16	17	18	19	20	21	22	23	24	25	26	27	28	29	30
	일주	정유	무술	기해	경자	신축	임인	계묘	갑진	을사	병오	정미	무신	기유	경술	신해	임자	계축	갑인	을묘	병진	정사	무오	기미	경신	신유	임술	계해	갑자	을축	병인
	양력	22	23	24	25	26	27	28	29	30	12/1	2	3	4	5	6	7	8	9	10	11	12	13	14	15	16	17	18	19	20	21
11월	음력	1	2	3	4	5	6	7	8	9	10	11	12	13	14	15	16	17	18	19	20	21	22	23	24	25	26	27	28	29	
	일주	정묘	무진	기사	경오	신미	임신	계유	갑술	을해	병자	정축	무인	기묘	경진	신사	임오	계미	갑신	을유	병술	정해	무자	기축	경인	신묘	임진	계사	갑오	을미	
	양력	22	23	24	25	26	27	28	29	30	31	1/1	2	3	4	5	6	7	8	9	10	11	12	13	14	15	16	17	18	19	
12월	음력	1	2	3	4	5	6	7	8	9	10	11	12	13	14	15	16	17	18	19	20	21	22	23	24	25	26	27	28	29	30
	일주	병신	정유	무술	기해	경자	신축	임인	계묘	갑진	을사	병오	정미	무신	기유	경술	신해	임자	계축	갑인	을묘	병진	정사	무오	기미	경신	신유	임술	계해	갑자	을축
	양력	20	21	22	23	24	25	26	27	28	29	30	31	2/1	2	3	4	5	6	7	8	9	10	11	12	13	14	15	16	17	18

을미 乙未 2015년생(음력기준)

1월	음력	1	2	3	4	5	6	7	8	9	10	11	12	13	14	15	16	17	18	19	20	21	22	23	24	25	26	27	28	29	
	일주	병인	정묘	무진	기사	경오	신미	임신	계유	갑술	을해	병자	정축	무인	기묘	경진	신사	임오	계미	갑신	을유	병술	정해	무자	기축	경인	신묘	임진	계사	갑오	
	양력	19	20	21	22	23	24	25	26	27	28	29	30	31	2/1	2	3	4	5	6	7	8	9	10	11	12	13	14	15	16	17	18	19
2월	음력	1	2	3	4	5	6	7	8	9	10	11	12	13	14	15	16	17	18	19	20	21	22	23	24	25	26	27	28	29	30
	일주	을미	병신	정유	무술	기해	경자	신축	임인	계묘	갑진	을사	병오	정미	무신	기유	경술	신해	임자	계축	갑인	을묘	병진	정사	무오	기미	경신	신유	임술	계해	갑자	
	양력	20	21	22	23	24	25	26	27	28	29	30	31	4/1	2	3	4	5	6	7	8	9	10	11	12	13	14	15	16	17	18	
3월	음력	1	2	3	4	5	6	7	8	9	10	11	12	13	14	15	16	17	18	19	20	21	22	23	24	25	26	27	28	29	
	일주	을축	병인	정묘	무진	기사	경오	신미	임신	계유	갑술	을해	병자	정축	무인	기묘	경진	신사	임오	계미	갑신	을유	병술	정해	무자	기축	경인	신묘	임진	계사		
	양력	19	20	21	22	23	24	25	26	27	28	29	30	5/1	2	3	4	5	6	7	8	9	10	11	12	13	14	15	16	17		
4월	음력	1	2	3	4	5	6	7	8	9	10	11	12	13	14	15	16	17	18	19	20	21	22	23	24	25	26	27	28	29	
	일주	갑오	을미	병신	정유	무술	기해	경자	신축	임인	계묘	갑진	을사	병오	정미	무신	기유	경술	신해	임자	계축	갑인	을묘	병진	정사	무오	기미	경신	신유	임술		
	양력	18	19	20	21	22	23	24	25	26	27	28	29	30	31	6/1	2	3	4	5	6	7	8	9	10	11	12	13	14	15		
5월	음력	1	2	3	4	5	6	7	8	9	10	11	12	13	14	15	16	17	18	19	20	21	22	23	24	25	26	27	28	29	30
	일주	계해	갑자	을축	병인	정묘	무진	기사	경오	신미	임신	계유	갑술	을해	병자	정축	무인	기묘	경진	신사	임오	계미	갑신	을유	병술	정해	무자	기축	경인	신묘	임진	
	양력	16	17	18	19	20	21	22	23	24	25	26	27	28	29	30	7/1	2	3	4	5	6	7	8	9	10	11	12	13	14	15	
6월	음력	1	2	3	4	5	6	7	8	9	10	11	12	13	14	15	16	17	18	19	20	21	22	23	24	25	26	27	28	29	
	일주	계사	갑오	을미	병신	정유	무술	기해	경자	신축	임인	계묘	갑진	을사	병오	정미	무신	기유	경술	신해	임자	계축	갑인	을묘	병진	정사	무오	기미	경신	신유		
	양력	16	17	18	19	20	21	22	23	24	25	26	27	28	29	30	31	8/1	2	3	4	5	6	7	8	9	10	11	12	13		
7월	음력	1	2	3	4	5	6	7	8	9	10	11	12	13	14	15	16	17	18	19	20	21	22	23	24	25	26	27	28	29	30
	일주	임술	계해	갑자	을축	병인	정묘	무진	기사	경오	신미	임신	계유	갑술	을해	병자	정축	무인	기묘	경진	신사	임오	계미	갑신	을유	병술	정해	무자	기축	경인	신묘	
	양력	14	15	16	17	18	19	20	21	22	23	24	25	26	27	28	29	30	31	9/1	2	3	4	5	6	7	8	9	10	11	12	
8월	음력	1	2	3	4	5	6	7	8	9	10	11	12	13	14	15	16	17	18	19	20	21	22	23	24	25	26	27	28	29	30
	일주	임진	계사	갑오	을미	병신	정유	무술	기해	경자	신축	임인	계묘	갑진	을사	병오	정미	무신	기유	경술	신해	임자	계축	갑인	을묘	병진	정사	무오	기미	경신	신유	
	양력	13	14	15	16	17	18	19	20	21	22	23	24	25	26	27	28	29	30	10/1	2	3	4	5	6	7	8	9	10	11	12	
9월	음력	1	2	3	4	5	6	7	8	9	10	11	12	13	14	15	16	17	18	19	20	21	22	23	24	25	26	27	28	29	30
	일주	임술	계해	갑자	을축	병인	정묘	무진	기사	경오	신미	임신	계유	갑술	을해	병자	정축	무인	기묘	경진	신사	임오	계미	갑신	을유	병술	정해	무자	기축	경인	신묘	
	양력	13	14	15	16	17	18	19	20	21	22	23	24	25	26	27	28	29	30	31	11/1	2	3	4	5	6	7	8	9	10	11	
10월	음력	1	2	3	4	5	6	7	8	9	10	11	12	13	14	15	16	17	18	19	20	21	22	23	24	25	26	27	28	29	
	일주	임진	계사	갑오	을미	병신	정유	무술	기해	경자	신축	임인	계묘	갑진	을사	병오	정미	무신	기유	경술	신해	임자	계축	갑인	을묘	병진	정사	무오	기미	경신		
	양력	12	13	14	15	16	17	18	19	20	21	22	23	24	25	26	27	28	29	30	12/1	2	3	4	5	6	7	8	9	10		
11월	음력	1	2	3	4	5	6	7	8	9	10	11	12	13	14	15	16	17	18	19	20	21	22	23	24	25	26	27	28	29	30
	일주	신유	임술	계해	갑자	을축	병인	정묘	무진	기사	경오	신미	임신	계유	갑술	을해	병자	정축	무인	기묘	경진	신사	임오	계미	갑신	을유	병술	정해	무자	기축	경인	
	양력	11	12	13	14	15	16	17	18	19	20	21	22	23	24	25	26	27	28	29	30	31	1/1	2	3	4	5	6	7	8	9	
12월	음력	1	2	3	4	5	6	7	8	9	10	11	12	13	14	15	16	17	18	19	20	21	22	23	24	25	26	27	28	29	
	일주	신묘	임진	계사	갑오	을미	병신	정유	무술	기해	경자	신축	임인	계묘	갑진	을사	병오	정미	무신	기유	경술	신해	임자	계축	갑인	을묘	병진	정사	무오	기미		
	양력	10	11	12	13	14	15	16	17	18	19	20	21	22	23	24	25	26	27	28	29	30	31	2/1	2	3	4	5	6	7		

병신 丙申   2016년생(음력기준)

1월	음력	1	2	3	4	5	6	7	8	9	10	11	12	13	14	15	16	17	18	19	20	21	22	23	24	25	26	27	28	29	30
1월	일주	경신	신유	임술	계해	갑자	을축	병인	정묘	무진	기사	경오	신미	임신	계유	갑술	을해	병자	정축	무인	기묘	경진	신사	임오	계미	갑신	을유	병술	정해	무자	기축
1월	양력	8	9	10	11	12	13	14	15	16	17	18	19	20	21	22	23	24	25	26	27	28	29	3/1	2	3	4	5	6	7	8
2월	음력	1	2	3	4	5	6	7	8	9	10	11	12	13	14	15	16	17	18	19	20	21	22	23	24	25	26	27	28	29	
2월	일주	경인	신묘	임진	계사	갑오	을미	병신	정유	무술	기해	경자	신축	임인	계묘	갑진	을사	병오	정미	무신	기유	경술	신해	임자	계축	갑인	을묘	병진	정사	무오	
2월	양력	9	10	11	12	13	14	15	16	17	18	19	20	21	22	23	24	25	26	27	28	29	30	31	4/1	2	3	4	5	6	
3월	음력	1	2	3	4	5	6	7	8	9	10	11	12	13	14	15	16	17	18	19	20	21	22	23	24	25	26	27	28	29	30
3월	일주	기미	경신	신유	임술	계해	갑자	을축	병인	정묘	무진	기사	경오	신미	임신	계유	갑술	을해	병자	정축	무인	기묘	경진	신사	임오	계미	갑신	을유	병술	정해	무자
3월	양력	7	8	9	10	11	12	13	14	15	16	17	18	19	20	21	22	23	24	25	26	27	28	29	5/1	2	3	4	5	6	
4월	음력	1	2	3	4	5	6	7	8	9	10	11	12	13	14	15	16	17	18	19	20	21	22	23	24	25	26	27	28	29	
4월	일주	기축	경인	신묘	임진	계사	갑오	을미	병신	정유	무술	기해	경자	신축	임인	계묘	갑진	을사	병오	정미	무신	기유	경술	신해	임자	계축	갑인	을묘	병진	정사	
4월	양력	7	8	9	10	11	12	13	14	15	16	17	18	19	20	21	22	23	24	25	26	27	28	29	30	31	6/1	2	3	4	
5월	음력	1	2	3	4	5	6	7	8	9	10	11	12	13	14	15	16	17	18	19	20	21	22	23	24	25	26	27	28	29	30
5월	일주	무오	기미	경신	신유	임술	계해	갑자	을축	병인	정묘	무진	기사	경오	신미	임신	계유	갑술	을해	병자	정축	무인	기묘	경진	신사	임오	계미	갑신	을유	병술	정해
5월	양력	5	6	7	8	9	10	11	12	13	14	15	16	17	18	19	20	21	22	23	24	25	26	27	28	29	30	7/1	2	3	
6월	음력	1	2	3	4	5	6	7	8	9	10	11	12	13	14	15	16	17	18	19	20	21	22	23	24	25	26	27	28	29	30
6월	일주	정해	무자	기축	경인	신묘	임진	계사	갑오	을미	병신	정유	무술	기해	경자	신축	임인	계묘	갑진	을사	병오	정미	무신	기유	경술	신해	임자	계축	갑인	을묘	병진
6월	양력	4	5	6	7	8	9	10	11	12	13	14	15	16	17	18	19	20	21	22	23	24	25	26	27	28	29	30	31	8/1	2
7월	음력	1	2	3	4	5	6	7	8	9	10	11	12	13	14	15	16	17	18	19	20	21	22	23	24	25	26	27	28	29	
7월	일주	정사	무오	기미	경신	신유	임술	계해	갑자	을축	병인	정묘	무진	기사	경오	신미	임신	계유	갑술	을해	병자	정축	무인	기묘	경진	신사	임오	계미	갑신	을유	
7월	양력	3	4	5	6	7	8	9	10	11	12	13	14	15	16	17	18	19	20	21	22	23	24	25	26	27	28	29	30	31	
8월	음력	1	2	3	4	5	6	7	8	9	10	11	12	13	14	15	16	17	18	19	20	21	22	23	24	25	26	27	28	29	30
8월	일주	병술	정해	무자	기축	경인	신묘	임진	계사	갑오	을미	병신	정유	무술	기해	경자	신축	임인	계묘	갑진	을사	병오	정미	무신	기유	경술	신해	임자	계축	갑인	을묘
8월	양력	9/1	2	3	4	5	6	7	8	9	10	11	12	13	14	15	16	17	18	19	20	21	22	23	24	25	26	27	28	29	30
9월	음력	1	2	3	4	5	6	7	8	9	10	11	12	13	14	15	16	17	18	19	20	21	22	23	24	25	26	27	28	29	30
9월	일주	병진	정사	무오	기미	경신	신유	임술	계해	갑자	을축	병인	정묘	무진	기사	경오	신미	임신	계유	갑술	을해	병자	정축	무인	기묘	경진	신사	임오	계미	갑신	을유
9월	양력	10/1	2	3	4	5	6	7	8	9	10	11	12	13	14	15	16	17	18	19	20	21	22	23	24	25	26	27	28	29	30
10월	음력	1	2	3	4	5	6	7	8	9	10	11	12	13	14	15	16	17	18	19	20	21	22	23	24	25	26	27	28	29	
10월	일주	병술	정해	무자	기축	경인	신묘	임진	계사	갑오	을미	병신	정유	무술	기해	경자	신축	임인	계묘	갑진	을사	병오	정미	무신	기유	경술	신해	임자	계축	갑인	
10월	양력	31	11/1	2	3	4	5	6	7	8	9	10	11	12	13	14	15	16	17	18	19	20	21	22	23	24	25	26	27	28	
11월	음력	1	2	3	4	5	6	7	8	9	10	11	12	13	14	15	16	17	18	19	20	21	22	23	24	25	26	27	28	29	30
11월	일주	을묘	병진	정사	무오	기미	경신	신유	임술	계해	갑자	을축	병인	정묘	무진	기사	경오	신미	임신	계유	갑술	을해	병자	정축	무인	기묘	경진	신사	임오	계미	갑신
11월	양력	29	30	12/1	2	3	4	5	6	7	8	9	10	11	12	13	14	15	16	17	18	19	20	21	22	23	24	25	26	27	28
12월	음력	1	2	3	4	5	6	7	8	9	10	11	12	13	14	15	16	17	18	19	20	21	22	23	24	25	26	27	28	29	30
12월	일주	을유	병술	정해	무자	기축	경인	신묘	임진	계사	갑오	을미	병신	정유	무술	기해	경자	신축	임인	계묘	갑진	을사	병오	정미	무신	기유	경술	신해	임자	계축	갑인
12월	양력	29	30	31	1/1	2	3	4	5	6	7	8	9	10	11	12	13	14	15	16	17	18	19	20	21	22	23	24	25	26	27

전립선엔 파워샘 K-파워추출물

정말 제일 신기한 것은 남성의 생식기가 더 커지고, 또 더 커져서 완전히 조루를 해결할 수 있다.

신장이 약한 사람, 소변의 (배뇨) 횟수가 잦고, 찔끔찔끔 나오고, 하복부가 당기듯이 아프고, 허리가 시리듯 쑤시고 다리에 힘이 없는 사람에게 파워샘 K-파워추출물은 효과가 탁월합니다. 신장의 기능이 약하면 전립선이 동시에 문제가 생깁니다. 신장은 예로부터 몸의 근원이라 하였기에 신장을 강하게 하여 건강한 몸을 만들고 그렇게 하면 사람의 내분비를 조정할 수 있고 활력이 생기고 성면역력이 생깁니다. 약해지고 손상된 신장기관의 기능이 되살아나며 기능이 평행되고 충만해집니다. 따라서 신장의 약기가 거의 없어 조루, 성욕이 없고 생식기가 작고 신장의 기능이 약하고 허리가 아프고 다리에 힘이 없는 증상을 고칠 수 있습니다.

▶ **파워샘 K-파워추출물은**
- 자연에서 자생하는 천연의 식물재료들을 과학적으로 배합하여 6시간 이상 추출하고 농축하여 건조한 다음 과립 상태의 분말로 만든 원료입니다.
- 주성분으로는 산수유, 숙지황, 백봉령, 산약, 황기, 계피, 오미자 등 25가지 재료들로 구성됩니다.
- 신장을 보호해주고 따뜻하게 해 주며 신장의 양기를 강하게 해주고 기의 흐름이 막혀 뭉쳐있던 것을 원활하게 해 줍니다.

▶ **개발자**

김 동 철 생명공학박사

〈주요경력〉
- 現 나노텍바이오 대표
- 동양미래대학 생명화공과 교수
- ㈜ 대웅제약 중앙연구소 선임연구원 (우루사, 베아제 미란타 외 수백종 의약품 분석 연구 및 개발참여)
- ㈜ 옥시 개발과장(하마로이드 외 수종 개발참여)

파워샘K-파워추출물
3.5g×60포(총210g), 과립형
제조원 : 나노텍바이오

기존의 기능성 식품과 달리 재발 확률이 거의 없습니다.

병세가 가벼운 경우 3개월 이내, 심한 사람인 경우 6개월 이내에 치료됩니다.

복용시 음주는 반드시 금해야 하고 가능하면 스트레스 역시 피하는 것이 좋습니다.

과립형으로 드시기에 편하며 포켓용으로 휴대(외출, 여행시)가 간편합니다.

식후 1일 2회(아침, 저녁) 따뜻한 물과 함께 1포(3.0g~4.0g)씩 섭취합니다.

상담문의 ☎ 1577-7217   인터넷주문 www.sspark24.com

"당뇨엔 당박사 110"

균형잡힌 영양식을 통해 제대로 먹지 않고서는 당뇨를 치료할 수 없다.
식사 외에 비타민과 미네랄이 골고루 갖추어진 이 제품을 권장하는 이유이다.

생명공학박사 김동철교수가 24년 당뇨연구끝에 자연식물 60여 가지를 나노기법(추출온도와 추출시간 및 흡수에 영향을 주는 분말의 입자 크기)으로 저온추출한 NTB-A추출물로 심혈을 기울여 개발한 "당박사(과립형)"를 신제품 출시함으로 섭취하기에 편하고 휴대가 간편하여 당뇨와 고혈당으로 고생하는 많은 당뇨 환자분들께 희소식이 되고 있습니다.

▶당박사 110(NTB-A 추출물)은

- 식품의약품안전청(KFDA)식품공전19-5 특수의료용도식품, 당뇨환자용 식품에 정식품목제조 신고한 제품입니다.
- 당박사는 자연식품 60여 가지를 나노기법으로 저온추출한 NTB-A추출물로 당뇨인에게 필요한 필수영양소인 비타민과 미네랄을 함유, 균형잡힌 영양공급을 도와줍니다.
- 당뇨는 신체 오장육부의 기능에 이상이 생기면 혈당이 상승하며 초기에는 잘 나타나지 않고 인슐린 분비기능이 떨어질 때 서서히 드러납니다.
- 당박사는 저하된 오장육부의 기능을 강화, 체질개선과 자연적인 혈당조절로 당뇨인의 건강증진 및 삶의 질 향상에 도움을 드리는 제품입니다

▶개발자

김 동 철 생명공학박사

〈주요경력〉
- 現 나노텍바이오 대표
- 동양미래대학 생명화공과 교수
- ㈜대웅제약 중앙연구소 선임연구원
  (우루사, 베아제, 미란타 외 수백종 의약품 분석연구 및 개발참여)
- ㈜ 옥시 개발과장(하마로이드 외 수종 개발참여)

당뇨환자용(특수의료용도식품)
3.7g×60포(총222g), 과립형
제조원 : 나노텍바이오

- 당뇨전문회사가 만들면 다릅니다.
- 특수의료용도, 당뇨환자용 식품은 일반혈당관리 제품과는 다릅니다.
- 자연식물 60여 가지를 과학적으로 배합하고 나노기법으로 저온추출하여 과립화한 제품입니다.
- 과립형으로 드시기에 편하며 포켓용으로 휴대(외출, 여행시)가 간편합니다.
- 1일 2~3회 한포씩 식사 전 · 후 충분한 물과 함께 섭취합니다.
- 본제품은 당뇨환자의 식사 전부 또는 일부를 대신하기 위하여 제조된 것으로 식사 전 · 후에 복용하세요

상담문의 ☎ 1577-7217   인터넷주문 www.sspark24.com

건강 & 웰빙 전문 인터넷 쇼핑몰

Health Keeper
상상파크
www.sspark24.com

상상파크 1577-7217

상상파크는 국내외 특허인증 건강 상품과 지역청정 특산품만으로 고객감동과 사회봉사를 위해 노력하는 건강&웰빙 전문몰입니다. 1년 365일, 건강한 삶을 위한 가장 귀한 선물만을 제공하는 늘 깨어있는 신뢰의 건강도우미로서 고객감동을 최우선으로 합니다.

"세상에서 가장 귀한 선물은 건강입니다"

NAVER | 상상파크 | 검색